AMÉRICA LATINA
SOB FOGO CRUZADO

Mary Jo McConahay

AMÉRICA LATINA
SOB FOGO CRUZADO

A LUTA PELO CONTROLE DAS RIQUEZAS E RECURSOS
DOS PAÍSES LATINO-AMERICANOS

DURANTE A SEGUNDA GUERRA MUNDIAL

TRADUÇÃO
MÁRIO MOLINA

SEOMAN

Título do original: *The Tango War.*

Copyright © 2018 Mary Jo McConahay.

Copyright da edição brasileira © 2021 Editora Pensamento-Cultrix Ltda.

Publicado mediante acordo com St. Martin's Press.

1ª edição 2021.

Todos os direitos reservados. Nenhuma parte desta obra pode ser reproduzida ou usada de qualquer forma ou por qualquer meio, eletrônico ou mecânico, inclusive fotocópias, gravações ou sistema de armazenamento em banco de dados, sem permissão por escrito, exceto nos casos de trechos curtos citados em resenhas críticas ou artigos de revistas.

A Editora Seoman não se responsabiliza por eventuais mudanças ocorridas nos endereços convencionais ou eletrônicos citados neste livro.

Editor: Adilson Silva Ramachandra
Gerente editorial: Roseli de S. Ferraz
Preparação de originais: Danilo Di Giorgi
Gerente de produção editorial: Indiara Faria Kayo
Editoração Eletrônica: S2 Books
Revisão: Ana Lucia Gonçalves

Dados Internacionais de Catalogação na Publicação (CIP)
(Câmara Brasileira do Livro, SP, Brasil)

Mcconahay, Mary Jo
 América Latina sob fogo cruzado : a luta pelo controle das riquezas e recursos dos países latino-americanos durante a Segunda Guerra Mundial / Mary Jo Mcconahay ; tradução Mário Molina. -- São Paulo : Editora Pensamento Cultrix, 2021.

 Título original: The tango war.
 ISBN 978-65-87143-02-6

 1. América Latina - História 2. América Latina - História -1898-1948 3. Guerra Mundial, 1939-1945 - América Latina I. Título.

20-36524   CDD-980.033

Índices para catálogo sistemático:

1. América Latina : Segunda Guerra Mundial : História 980.033

Cibele Maria Dias - Bibliotecária - CRB-8/9427

Seoman é um selo editorial da Pensamento-Cultrix.

Direitos de tradução para o Brasil adquiridos com exclusividade pela
EDITORA PENSAMENTO-CULTRIX LTDA., que se reserva a
propriedade literária desta tradução.
Rua Dr. Mário Vicente, 368 — 04270-000 — São Paulo, SP – Fone: (11) 2066-9000
http://www.editoraseoman.com.br
E-mail: atendimento@editoraseoman.com.br
Foi feito o depósito legal.

Em memória dos meus pais, James Cornelius McConahay e Mary Thérèse Rakowski McConahay, ambos da Marinha dos Estados Unidos. Eles tornaram o mundo um lugar melhor.

SUMÁRIO

Introdução - Temporal à Vista 11

PARTE I - AS PRESAS 15

    1 - A Luta pelos Céus Austrais 17

    2 - Ouro Negro, Petróleo para Abastecer a Guerra 38

    3 - Ouro Branco, a História dos Soldados da Borracha 63

PARTE II - OS INDESEJÁVEIS 93

    4 - "Onde Eles Não Podiam Entrar": A Vida dos Judeus 95

    5 - Nazistas e Não Nazistas na Terra da Borboleta Branca 124

    6 - No País Inca, Capturando "Japoneses" 141

    7 - Internos, um Caso de Família 161

PARTE III - OS ILUSIONISTAS 179

    8 - Sedução 181

    9 - Espiões, Chefes de Espiões 206

    10 - Operação Bolívar, Espionagem Alemã na América do Sul 234

PARTE IV - OS GUERREIROS 251

    11 - A Batalha do Atlântico: Mares do Sul 253

    12 - Cobras Fumantes 274

PARTE V - O FIM SEM UM FIM 299

    13 - Ratlines 301

    14 - Conexões, a Guerra Fria 328

Agradecimentos 345

Fontes 347

Índice Remissivo 366

AMÉRICA LATINA
1939-1945

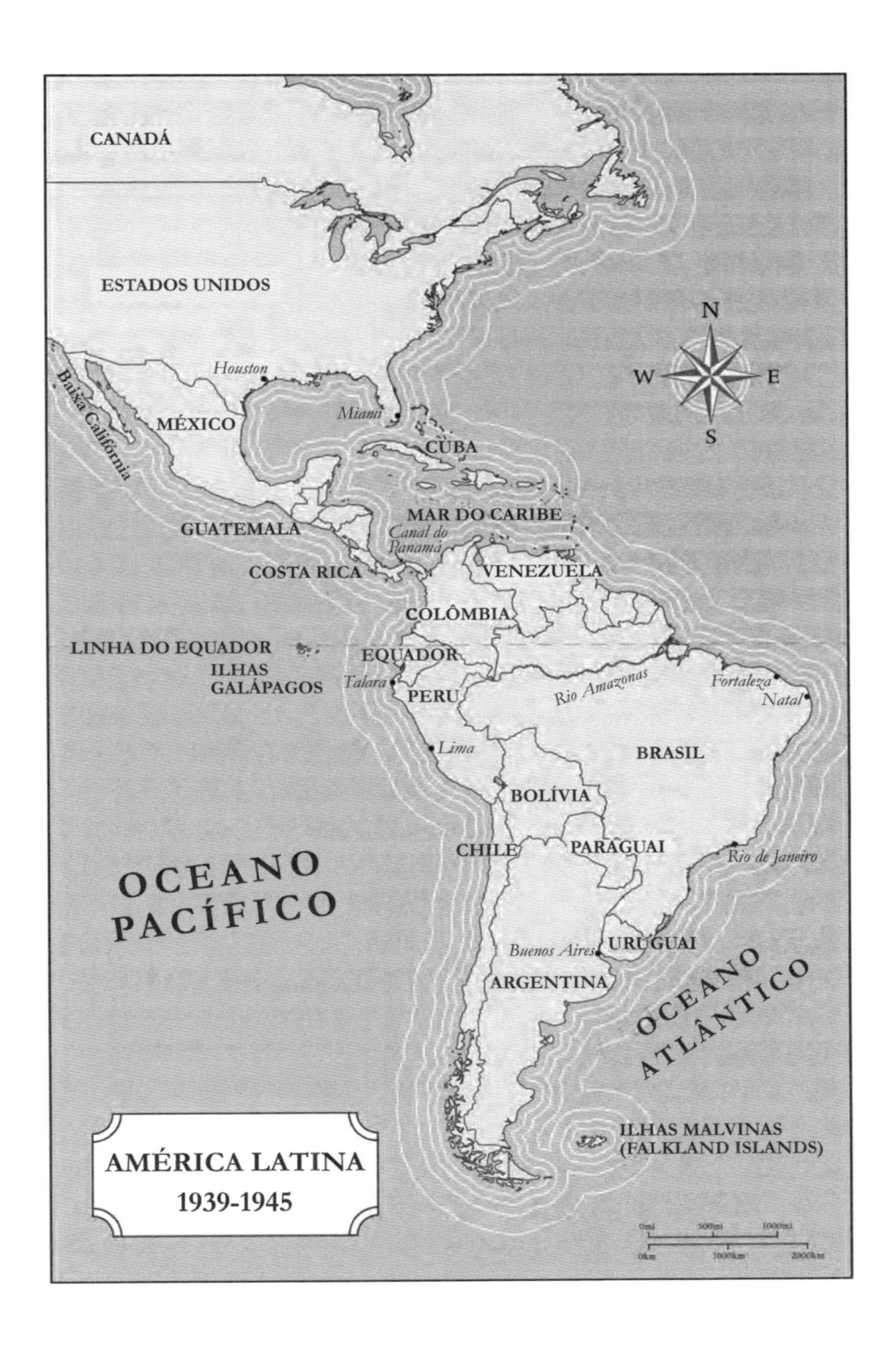

INTRODUÇÃO

TEMPORAL À VISTA

Em um café na Tiergartenstrasse, mulheres se reúnem em torno de um bolo Floresta Negra e um Apfelstrudel, planejando uma noite de cinema para sua seção da NS-Frauenschaft, A Liga das Mulheres Nacional-Socialistas (nazistas). Na frente do café, moças em vestidos estilo avental, com tranças louras pulando, e rapazes usando lederhosen* *passam diante das janelas amplas, retornando da Neue Deutsche Schule [Nova Escola Alemã]. Alguns jovens erguem os olhos para o céu na esperança de ver "o Zepp", o dirigível prateado Graf Zeppelin, passando lá no alto. Jornaleiros anunciam o Der Urwaldsbole e o Deutsches Volksblatt, enquanto em um terreno desocupado garotos muito novos, usando suásticas em braçadeiras, praticam ordem unida sob a tutela de adolescentes do Nazi Youth Club and the Gymnastics Society [Clube de Jovens Nazistas e da Sociedade de Ginástica]. O aniversário de Hitler está muito próximo. Haverá desfiles! Os homens do partido marcharão com as camisas dos uniformes, com os braços estendidos diante de si, fazendo a saudação do Führer...*

Esses momentos em uma "Tiergartenstrasse" poderiam estar se desenrolando na Alemanha dos anos 1930, mas a cena vespertina era comum em várias cidades no sul do Brasil, onde vivia um milhão de pessoas de etnia alemã às vésperas da Segunda Guerra Mundial. Desde o México até a Argentina, havia também residentes de etnia italiana e japonesa em países da América Latina. Quando a Segunda Guerra Mundial irrompeu na Europa, o maior medo do presidente Franklin Delano Roosevelt era que a subversão fascista – em espe-

---

* Bermudas de couro com alças e meias compridas. (N.T.)

cial nazista – na América Latina ameaçasse a segurança dos Estados Unidos. Das cem reuniões do Joint Planning Committee of the U. S. State, Navy and War Departments [Comitê de Planejamento Conjunto dos Departamentos de Estado, da Marinha e da Guerra dos Estados Unidos] em 1939 e 1940, todas, com exceção de seis, tiveram a América Latina no topo da agenda.

Cobrindo a região por mais de trinta anos como repórter, eu às vezes ouvia histórias da época da Segunda Guerra Mundial. Mas, submetida à pressão de escrever sobre as guerras civis na América Central e outras atuais, não corria atrás delas. Meu pai, oficial da Marinha americana que durante a Segunda Guerra serviu no Pacífico, no Mediterrâneo e na América do Sul, com o passar dos anos tinha deixado escapar intrigantes pedacinhos de histórias sobre o Brasil, o Uruguai e a Argentina. Mencionou que a base americana em Natal, Rio Grande do Norte, que ficava aberta aos domingos para toda a comunidade local; era um dia "para todos", como era chamado, quando brasileiros e americanos tocavam música uns para os outros. Contou quando mandaram que sua tripulação, durante uma licença noturna de desembarque em Buenos Aires, aparecesse no maior número possível de lugares para dar a impressão de que havia mais americanos na região do que de fato havia – a Argentina era então considerada pró-nazista. No entanto, quando eu finalmente tive tempo para ir atrás de mais detalhes sobre essas histórias, meu pai já se fora e minhas perguntas sobre a guerra ficaram entre as muitas que nunca fiz a ele. Teria de satisfazer sozinha minha curiosidade.

Descobri que uma guerra sombria para o hemisfério ocidental repercutiu em todos os países e que a América Latina influenciou a guerra global. Personagens poderosos e glamorosos, mais conhecidos em outros cenários, desempenharam papéis importantes e muito criativos: Roosevelt; Nelson Rockefeller; Walt Disney; Orson Welles; o lendário chefe da espionagem do Reich, almirante Wilhelm Canaris, sua contraparte, o diretor do FBI J. Edgar Hoover; e "Wild Bill" [Bill Selvagem] Donovan, fundador de uma agência de investigações precursora da CIA. O Eixo e os Aliados competiam pelos corações e mentes da população do continente, por suas rotas marítimas e recursos naturais (de petróleo e borracha a tungstênio e diamantes industriais) para alimentar suas máquinas de guerra. Os espiões operavam em embaixadas, sedes de empresas, bares da orla portuária. Cada lado seguia de perto os passos do outro, como dançarinos durante um tango.

Este livro conta a história das pessoas por trás dos acontecimentos que se desenrolaram no continente latino durante o conflito global. Nem todos os nomes são famosos: incluem famílias sequestradas em países latinos e enviadas a campos de concentração nos Estados Unidos para serem usadas como peões em um programa pouco conhecido de troca de prisioneiros; famílias judias que tentavam chegar ao continente para escapar do Holocausto; empresários nascidos na América Latina e líderes de comunidades de imigrantes vítimas do infortúnio de terem raízes alemãs, japonesas ou italianas, o que os tornou vulneráveis a listas negras aliadas que congelavam seus ativos ou a coisas ainda piores. Incluem altos prelados da Igreja Católica Romana que estabeleceram as rotas clandestinas de fuga que levaram criminosos fascistas como Joseph Mengele e Klaus Barbie à segurança na América do Sul. E o livro conta a história de uma força aguerrida, praticamente anônima, de 25 mil brasileiros – a única unidade latino-americana a utilizar armas na Europa –, que lutou pelos Aliados na Itália, e de como a Batalha do Atlântico, a mais longa campanha militar contínua da guerra, teve a participação de navios grandes e pequenos nos mares meridionais.

Assim como o tango pode ser dançado depressa ou muito devagar, inclusive com um parceiro ficando parado enquanto o outro se move, o ritmo da competição entre os Aliados e o Eixo variava em cada país. E o território coberto era vasto – uma distância de 10.680 quilômetros da fronteira do Rio Grande, no Texas, à Antártida argentina no sul. Para fazer justiça à sutil complexidade das manobras interligadas dessa contenda mortal, preferi apresentar a complicada história da Segunda Guerra Mundial na América Latina em narrativas conectadas, como azulejos em um mosaico que, visto em conjunto, dá uma imagem do todo.

A essa distância no tempo e conhecendo o desfecho da guerra, é difícil imaginar como o Reich era forte antes de 1943, como era séria a ameaça que representava para os Aliados e como todos estavam inseguros acerca do caminho que o conflito tomaria. Na preparação para a guerra e durante as hostilidades na Europa e no Pacífico, a região latino-americana estava em disputa.

Durante o processo de escrever este livro, passei a admirar a inteligência e a energia daqueles que travaram a guerra em tantas formas diferentes, sem receber medalhas ou mesmo, muitas vezes, sem reconhecimento. Também passei a compreender que a época não foi apenas história, mas raiz primária de problemas que enfrentamos hoje, como a prática da extraordinária capitulação na "guerra ao terror" de Washington – o tipo de captura e reinstalação forçada que famílias como os Naganumas, os Sappers e outras enfrentaram há mais de setenta anos. Foi o início da coleta de informações pelos Estados Unidos e do tipo de operação da CIA que salvou vidas, mas que também serviu para intrometer-se na política de outros países com objetivo de enfraquecer governos inconvenientes para a política americana. E os anos de guerra retratam, com antecipação, penosas discussões que temos agora sobre quem convidamos a entrar no país para ser americano e quem deixamos do lado de fora, bem como as razões para isso.

Pessoas de origem latino-americana são, de longe, as que mais impulsionam o crescimento demográfico nos Estados Unidos. Em 2004, latinos com raízes em países cobertos por este livro ultrapassaram o número de brancos não hispânicos no meu estado natal, a Califórnia, o mais populoso da nação. Contudo, as terras que se estendem do Rio Grande à Tierra del Fuego raramente estão em nossas manchetes e notícias. A consagrada suposição de que nada de muito importante acontece nessa vasta região, apesar da sua população de 650 milhões de pessoas, continua presente. Nos Estados Unidos, as terras ao sul da fronteira ainda são encaradas, de uma forma ou de outra, como nosso "quintal".

Está na hora de tornar mais amplamente conhecida a fascinante história de como a Segunda Guerra Mundial se desenvolveu na América Latina.

PARTE I
As Presas

1

A LUTA PELOS CÉUS AUSTRAIS

Nos anos 1930, imagens de cidades sul-americanas irrompiam em telas de cinema nos quatro cantos dos Estados Unidos. Beijadas pelo sol e cintilantes como em *Voando para o Rio* (*Flying Down to Rio*) ou ostentando hipódromos e parques paisagísticos como em *Serenata Tropical* (*Down Argentine Way*) – era o tipo de lugar aonde uma moça americana como Betty Grable iria nas férias. As cidades distantes, animadas pelo samba e pelo tango ou pela voz alegre de Carmen Miranda, se materializavam ante as plateias como vibrantes e acolhedoras. A imagem era romântica e, sob muitos aspectos, verdadeira.

Em Buenos Aires e no Rio de Janeiro, o dinheiro rolava. Carros, ônibus e caminhões transportavam pessoas e mercadorias dos portos e as faziam circular pelas ruas em um movimento fervilhante. A capital uruguaia, Montevidéu, a terceira maior metrópole do continente, com edifícios no estilo europeu erguidos entre ruas sombreadas, também prosperava, controlando o comércio no Rio da Prata, que descia direto do Paraguai até onde seu curso largo alimenta os mares antárticos.

Se guiássemos, no entanto, uma ou duas horas para fora desses centros à beira-mar, o isolamento da maioria das cidades sul-americanas ficava claro com o primeiro pneu furado em uma estrada de terra cheia de buracos ou com a primeira experiência em uma rodovia que tivesse se transformado em um rio intransponível de lama. Viagens ferroviárias eram desconfortáveis, com horários não confiáveis. Todos queriam voar. No *grand finale* do filme *Voando para o Rio*, imensamente popular, dançarinos se apresentam sobre as asas de um avião que desliza sobre a cidade e o litoral, enquanto multidões entusiásticas os observam do solo. O que os filmes de Hollywood não mostravam era o completo domínio de aviões alemães nos ares da América do Sul. Era mais fácil para passageiros vindos do sul do continente viajar para o coração do Reich do que para alguma região central dos Estados Unidos. A maioria das rotas eram realizadas por companhias de propriedade alemã – e italiana – ou então por empresas locais, usando pilotos alemães ou cidadãos naturalizados nascidos na Alemanha. Em 1934, quando quiseram mapear o interior remoto do país, generais brasileiros contrataram a nova unidade de fotografia aérea de uma companhia alemã para registrar cada quilômetro quadrado de território. Não está claro se a iniciativa do mapeamento veio de brasileiros ou de alemães.

Alemães e milhares de imigrantes japoneses em assentamentos agrícolas, viviam em seis países da orla amazônica: Equador, Peru, Brasil, Venezuela, Colômbia e Bolívia. Poucos norte-americanos estavam morando nessa região de recursos abundantes, em especial depois do completo fracasso da Fordlândia, uma empresa amazônica de Henry Ford que atuava no cultivo de seringueiras. Um editor da Associated Press mandou um correspondente partir de Nova York com a missão de "nos contar se os sul-americanos são de fato nossos amigos". O repórter, John Lear, depois de sobreviver a um desastre aéreo no deserto peruano em 1942, informou que, a distâncias regulares, "em uma área maior que os Estados Unidos, a Amazônia mostrava aeroportos abertos na selva por técnicos alemães".

Os Estados Unidos já estavam bem envolvidos na guerra quando Lear escreveu que "pelo menos algumas vezes por semana, às vezes todo dia, aviões alemães pilotados por aviadores alemães descem nesses aeroportos cumprindo um determinado programa de voos". Ele comentou que agentes americanos de inteligência apontaram os onipresentes pilotos alemães como ameaça à defesa do Canal do Panamá, que ficava a apenas uma curta distância de voo. "Tirar esses aviões das mãos alemãs não despojaria os alemães de seus mapas ou do seu conhecimento de voo nesse terreno quase desconhecido", Lear escreveu.

Como os alemães se tornaram os proprietários virtuais dos céus sul-americanos? A resposta se encontra, em parte, em uma consequência imprevista do Tratado de Versalhes, que encerrou a Primeira Guerra Mundial após a derrota militar da Alemanha. Assinado em junho de 1919, o tratado incluía, entre seus termos punitivos, a proibição de a Alemanha contar com uma força aérea. Isso pôs fim à carreira de muitos pilotos militares e eliminou uma alternativa profissional natural para jovens alemães atraídos pela aviação. Vindos de sua devastada terra natal, aviadores alemães juntaram-se a milhares de empreendedores de todo tipo que voltavam os olhos para o outro lado do Atlântico, para a América do Sul, com sua reputação de ser uma nova fronteira que oferecia a possibilidade de recomeços de vida, em especial onde já existiam colônias alemãs.

UM EVANGELHO DE VOO

Empresas aéreas, de propriedade alemã ou não, floresciam na América do Sul dentro de um contexto de entusiasmo global pelo potencial da conquista humana dos céus. Os sonhos começaram em 1903 com o primeiro voo dos irmãos Wright, um voo curto em Kitty Hawk, na Carolina do Norte. Parece agora comovente que alguns dos primeiros projetistas e pilotos tenham visto a aviação como uma tecnologia que iria unir o mundo e tornar a guerra obsoleta. O pomerânio Otto Lilienthal, considerado o fundador da ciência da aerodinâmica das asas de aviões e que serviu de inspiração para os irmãos Wright, representava esse "evangelho da aviação". Em janeiro de 1884, Lilienthal escreveu uma carta ao oficial Moritz von Egidy, da Marinha prussiana, e uma corrente de entusiasmo perpassava suas palavras.

> Numerosos técnicos em cada nação estão fazendo o máximo para realizar o sonho do voo livre, ilimitado, e é precisamente aqui que poderiam ser feitas mudanças que teriam um efeito radical sobre todo o nosso estilo de vida. As fronteiras entre países perderiam sua importância... a defesa nacional cessaria de devorar os melhores recursos das nações... a necessidade de resolver as desavenças de alguma outra forma que não as batalhas sangrentas nos levaria, por sua vez, à paz eterna.

Nos Estados Unidos, homens e mulheres encaravam os ares com o que o escritor Gore Vidal chamava de fervor "quase religioso". O pai de Vidal, Gene, amigo íntimo de Amelia Earhart e diretor da Divisão de Comércio Aéreo do presidente Roosevelt, foi executivo de três empresas aéreas comerciais. Assim como Henry Ford imaginou colocar todas as famílias na estrada com seu Modelo T, Gene Vidal concebeu um dia em que um "avião do homem comum" colocaria todos nos céus. "O voo transformaria os homens em quase anjos", escreveu Gore Vidal, "e criaria um mundo pacífico."

O próprio pioneiro do ar do Brasil, Alberto Santos Dumont, passou muitas noites contemplando os céus estrelados sobre a plantação de café do lugar onde foi criado. Nascido em 1873, fora um leitor voraz quando garoto, em especial de Júlio Verne. "Com Phileas Fogg, dei a volta ao mundo em oitenta dias." Santos Dumont mudou-se para a França, onde juntou-se a um grupo de entusiastas, chamados aeronautas, que estavam explorando a nova tecnologia da aviação. Em 1901, o jovem brasileiro tornou-se uma das personalidades mais famosas da época ao circundar a Torre Eiffel, em velocidade recorde, em um dirigível (também fez história de outra maneira: pediu que o amigo Louis Cartier arranjasse um relógio que ele não precisasse puxar do bolso durante o voo, o que resultou no que passaria a ser chamado "relógio de pulso"). Naquele tempo, anteriormente à invenção dos controles de tráfego aéreo, Santos Dumont podia ser visto de manhã em sua máquina voadora pessoal, impulsionada pelo gás hidrogênio, flutuando sobre os bulevares parisienses, antes de almoçar vestido elegantemente no seu café preferido, o Maxim's.

Mas Santos Dumont não era um almofadinha à deriva. Fez o primeiro voo controlado com asa fixa na França e desenvolveu uma série de aperfeiçoamentos para o aparelho mais pesado que o ar, incluindo um precursor dos ailerons. Recebeu muitas homenagens até sua carreira ser interrompida aos 36 anos, quando foi acometido de esclerose múltipla. Tragicamente, talvez afetado pela depressão que às vezes acompanha a enfermidade, queimou seus papéis, seus desenhos e se enforcou em 1932. Assim como o emblemático precursor argentino da aviação, Jorge Newbery, que morreu em

1914 e está sepultado em Buenos Aires, o corpo de Santos Dumont também se encontra sob uma imensa estátua de Ícaro, no Rio de Janeiro.

Se você for ao Rio, pode aterrissar no Aeroporto Santos Dumont – o aeronauta continua sendo idolatrado no Brasil como pai da aviação. Mas foi preciso a presença e o *know-how* alemães para estabelecer a indústria no continente nativo de Santos Dumont.

Em 1919, cinco anos antes de a Delta, a mais antiga linha aérea a operar nos Estados Unidos, começar a mandar aviões agrícolas para os campos de algodão da Geórgia, os alemães já tinham estabelecido a primeira transportadora aérea na América do Sul. Chamada Sociedad Colombo-Alemana de Transportes Aéreos (SCADTA), a linha colombiana usava hidroaviões Junkers, fabricados na Alemanha, a partir de uma base na orla de uma ilha no Rio Madalena, perto de Cartagena. O dinheiro por trás da SCADTA, seus pilotos e a administração, tudo veio da Alemanha após a Primeira Guerra Mundial. Alguns pilotos da SCADTA, que tinham aprendido a voar na guerra, mantiveram seus postos na reserva da Luftwaffe.

Quando foram construídos aeródromos adequados no continente, logo a SCADTA estava transportando passageiros e carga através dos Andes, para enorme satisfação dos colombianos. Seu país era dividido por três elevadas cadeias de montanhas que tornavam a viagem por terra um longo e fatigante pesadelo. Quem podia se dar ao luxo agora viajava de avião.

Seis anos depois do aparecimento da SCADTA, a próspera comunidade alemã de Cochabamba, na Bolívia, angariou recursos para comprar um moderno Junkers F.13 para quatro passageiros, a primeira aeronave de transporte toda metálica. Apenas com esse avião, fundaram com imponência o Lloyd Aéreo Boliviano (LAB), conscientemente escolhendo um nome que evocasse o "Lloyd's of London", uma empresa britânica com sólida reputação de segurança. Logo uma frota de aeronaves da LAB passou a ligar cidades bolivianas a destinos na Argentina, Uruguai, Chile e sul do Brasil.

Dados o tamanho e a riqueza das colônias alemãs brasileiras, não foi surpresa quando uma empresa aérea apareceu em 1927 com o objetivo específico de atender aos alemães do Brasil. Os alemães vinham estabelecendo assentamentos agrícolas na América do Sul desde os anos 1850; negócios alemães vieram depois e prosperaram, com cidades inteiras se desenvolvendo em torno de indústrias teuto-brasileiras, como tecelagens e indústrias de processamento de carne. O Sindicato Condor, uma subsidiária da companhia alemã Lufthansa, oferecia voos com pernoites do Rio de Janeiro para outras cidades brasileiras, eliminando muitos dias de jornadas por terra e logo passando a voar para o Uruguai e a Argentina. A Lufthansa também adquiriu uma participação na Sociedad Ecuatoriana Alemana de Transportes Aéreos (SEDTA), linha aérea do Equador, e operou-a exclusivamente com pilotos alemães, rechaçando a penetração de companhias aéreas americanas no país.

A hegemonia alemã nos céus meridionais avançou ainda mais quando a LAB boliviana e a companhia aérea brasileira Condor uniram forças, em 1936. As companhias levavam seus passageiros a um terminal central na cidade brasileira de Corumbá, na área rica em minérios do Pantanal, a maior planície alagada do mundo, onde os passageiros passavam a noite. Na manhã seguinte, passageiros e carga trazidos por uma companhia embarcavam nos aviões da outra, possibilitando com eficiência, a cada companhia aérea, conexões internacionais que nenhuma das duas possuía sozinha.

Nos anos 1930, as companhias aéreas alemãs usavam aviões melhores que os das suas concorrentes na América Latina, incluindo as companhias norte-americanas. A Panair do Brasil, uma subsidiária da Pan American, disputou o mercado brasileiro, mas ficou em desvantagem porque, até 1937, só utilizava hidroaviões tradicionais, limitando suas rotas a cidades costeiras, lacustres e localizadas junto a rios. Enquanto isso, a Condor estava voando com o mais moderno produto da indústria aeronáutica alemã, o Focke-Wulf Fw 200 Condor, um monoplano de quatro motores adequado para pistas pavimentadas (em uma demonstração de orgulho pelo modelo, o ministro do exterior alemão, Joachim von Ribbentrop, voou em um Condor para Moscou em 1939, a fim de assinar o Pacto de Não Agressão com a União Soviética). Projetado como um avião de passageiros econômico, que poupava combustível ao voar a mais de 3 mil metros enquanto outros aparelhos voavam a uma altitude máxima de pouco mais de 1.500 metros, o Condor foi posteriormente modificado pela Luftwaffe para ser empregado como avião de guerra.

Quando a italiana Linee Aeree Transcontinentali Italiane (LATI) começou a voar para o Rio de Janeiro, em 1939, diplomatas americanos e britânicos levantaram uma bandeira de advertência. A LATI voava regularmente entre a América do Sul e Roma, com conexões para a Europa nazista.

Nem toda linha aérea na América do Sul era operada pela Alemanha ou pela Itália. Um mecânico de aviões norte-americano fundou uma empresa aérea no Peru. A francesa Aeropostale, que teve como piloto Antoine de Saint-Exupéry, autor de O Pequeno Príncipe e de Terra dos Homens, operava como correio. Os argentinos criaram uma variação da Aeropostale por entre o entusiasmo nacional por balões voadores, e depois aeroplanos, sobre o Rio da Prata. Os feitos heroicos de aviadores nativos, como Jorge Newbery, cujo amor pelo voo começou quando conheceu Alberto Santos Dumont, inspiraram centenas de tangos com títulos como "Voo Noturno" e "Chile à Noite". Um tango chamado "El Gato" recebeu esse nome em homenagem a um piloto que ficou famoso por sobreviver a acidentes como um gato sobrevive a quedas.

As linhas aéreas alemãs e italianas, no entanto, preocupavam muito os Aliados. Em uma reportagem sobre a espionagem do Eixo, em 1941, o jornalista americano Curt Riess escreveu: "No caso da América do Sul, nenhum aparato de inteligência precisou ser organizado. Já estava lá, nas muitas linhas aéreas que abarcavam o continente inteiro".

À primeira vista, a luta pelos céus meridionais parecia uma batalha entre grandes companhias internacionais, mas era na realidade um duelo de apostas altas entre governos: de um lado Estados Unidos e Grã-Bretanha, do outro Alemanha e Itália. A avó das empresas aéreas latinas, SCADTA, cobria rotas a 300 quilômetros do Canal do Panamá, constituindo "uma ameaça imediata e extremamente séria à segurança dos Estados Unidos", segundo o Comitê de Planejamento Conjunto dos Departamentos de Estado, da Marinha e da Guerra dos Estados Unidos. SCADTA e LATI precisavam ser neutralizadas.

O esforço começou na Colômbia, onde existia um profundo ressentimento histórico contra os Estados Unidos. Em 1903, Washington orquestrou a separação da província mais setentrional da Colômbia, armando "rebeldes", reconhecendo a região como um novo país chamado Panamá e fazendo um acordo com o novo governo para construir o canal. Nos anos 1930, ainda havia na Colômbia fortes sentimentos contra os Estados Unidos pela perda de um território nacional. O presidente Eduardo Santos prometeu que nenhum ataque ao Canal do Panamá seria lançado a partir do solo colombiano, mas não pôde ser persuadido a expulsar os alemães. A SCADTA havia se tornado vital para o crescimento econômico da Colômbia e conectava famílias e amigos que viviam muito distantes. Muitos alemães da empresa haviam adquirido cidadania colombiana, participavam de assuntos cívicos e não deixavam de contribuir para a vida do país. Por que Santos haveria de chutá-los?

Mas o que o presidente colombiano queria não importava para Spruille Braden, um arrogante recém-chegado à embaixada dos Estados Unidos. Empresário natural de Montana, com participações em companhias em atividade na América Latina (United Fruit, Standard Oil e sua própria empresa Braden Copper), o embaixador não era na verdade um diplomata, mas um homem que se sentia à vontade para realizar intervenções políticas. Após a guerra, como secretário de Estado assistente para assuntos do Hemisfério Ocidental, saiu na capa da revista *Time*, que publicou uma reportagem a seu respeito com o título "Cabeça Dura da Democracia". Corpulento, com olhos negros que olhavam fixamente sob sobrancelhas espessas, Braden liderou o ataque contra a SCADTA. Gostava do apelido que recebeu, "Búfalo".

Durante meses após apresentar suas credenciais em Bogotá, em fevereiro de 1939, Braden conversou sem sucesso com o presidente Santos sobre a remoção dos alemães da SCADTA. Nesse meio-tempo, Juan Trippe, o astuto e lendário fundador da Pan American World Airways, mantinha em segredo uma informação que nem Santos, nem importantes executivos da Pan Am ou funcionários estratégicos dos Estados Unidos tinham: quem de fato era o dono da empresa aérea "alemã" na Colômbia. Era ele. Em 1931, Trippe havia comprado 85% das ações da companhia em uma negociação sigilosa com seu proprietário austríaco, que também acabou obtendo a cidadania colombiana. Tornar a transação conhecida teria atiçado a ira antiamericana dos colombianos, calculava Trippe, que também deixara de informar as autoridades americanas acerca do negócio.

Em março de 1939, Trippe foi convocado a Washington por oficiais militares que sabiam que ele controlava a SCADTA. Os generais do Departamento de Guerra mandaram que eliminasse seus "alemães", cidadãos colombianos ou não, no interesse da segurança nacional dos Estados Unidos. A Pan Am, com extensas rotas aéreas e a responsabilidade de transportar a correspondência norte-americana, era considerada pelo Departamento de Estado e os militares como um ramo da defesa nacional.

O embaixador Braden só havia descoberto a verdade sobre a propriedade da SCADTA na véspera de sua partida para a Colômbia. Em fevereiro de 1940, ele convocou uma reunião secreta com representantes da Pan Am na embaixada americana em Bogotá. Foi no meio do dia, mas ao chegarem os homens encontraram a sala de Braden às escuras, com todas as cortinas fechadas. A única luz vinha de velas que piscavam em castiçais sobre um imponente piano. De forma solene, como se estivesse proferindo uma sentença de morte, Braden anunciou que era preciso "catar os piolhos" da SCADTA. Os alemães, como insetos, deviam ser exterminados, e a companhia aérea purificada.

Mesmo com a guerra a caminho, no entanto, Trippe procrastinou o quanto pôde em relação a "catar os piolhos", achando que o Estado poderia tomar o controle da empresa e que ele perderia dinheiro. Por fim, em junho de 1940, passados mais de nove meses do início da guerra na Europa, e só após lhe assegurarem que seus gastos seriam ressarcidos, Juan Trippe se curvou à pressão de Washington e à carga diplomática do "Búfalo".

Em uma operação digna de um filme de espionagem, a Pan Am contrabandeou 150 pilotos e dezenas de técnicos de manutenção dos Estados Unidos para a Colômbia, mantendo-os escondidos e comunicando-se com eles em código. No início de uma manhã, o gerente local de operações de Trippe surpreendeu todo o pessoal alemão da SCADTA com avisos simultâneos de demissão, substituindo-os pelos americanos. A SCADTA não perdeu um só dia de voo. O presidente Santos nada pôde fazer. O Departamento do Tesouro dos Estados Unidos amortizou o que a demissão dos alemães custara ao engenhoso Juan Trippe "no interesse da defesa nacional dos Estados Unidos". Depois de Pearl Harbor, pilotos e outros ex-empregados alemães da SCADTA foram internados em campos na Colômbia ou nos Estados Unidos.

Enquanto os alemães da SCADTA eram eliminados, os italianos da LATI transportavam espiões, informações e contrabando entre a América do Sul e o Reich. Os rápidos aviões Savoia-Marchetti SM.79 da LATI, de três motores, apelidados de "Gaviões", levavam agentes secretos fascistas, malas diplomáticas, livros e filmes de propaganda. Em uma época em que materiais escassos, mesmo que em pequenas quantidades, eram solicitados pelas indústrias bélicas, a LATI os trazia em segredo da América do Sul: diamantes de uso industrial, tungstênio para a indústria aeronáutica bem como mica para isolamento e transferência de calor na indústria eletrônica.

A LATI entregava secretamente aos nazistas um dos mais raros elementos da Terra, a platina, um metal tão estratégico que os Estados Unidos proibiram seu uso durante a guerra para qualquer propósito que não o militar. Essencial para conversores catalíticos e em processos eletrônicos e de refino do petróleo, a platina é encontrada em poucos lugares do mundo, entre eles a Colômbia. Graças à LATI e às rotas tortuosas da companhia aérea, a Colômbia se tornou a única fonte de platina para a Alemanha e o Japão durante a guerra. Em 1940, um operador de minas chamado Theodor Barth contrabandeou pequenas quantidades do mineral, em diferentes ocasiões, para o principal *Vertrauensmann* – V-man, ou agente confidencial – do serviço secreto alemão, a *Abwehr*, no Chile. O agente contatou um colaborador, o gerente alemão do escritório da Condor-LATI em Santiago. Juntos, o V-man e o gerente do escritório da companhia aérea reembalavam a platina em pacotes com 450 gramas, despachando-os clandestinamente em uma série de voos da Condor para o Brasil, onde eram transferidos para aviões da LATI. Desse modo, um importante filão do metal – quase onze quilos e meio no total – chegou ao Reich entre agosto de 1940 e fevereiro de 1941. De modo parecido, outras preciosas *commodities* extraídas do solo sul-americano escaparam da vigilância naval britânica das costas europeias, literalmente voando sobre os navios de Sua Majestade para abastecer a máquina de guerra alemã.

Se os Aliados pretendessem desmontar a LATI, tinham de fazer isso no Rio de Janeiro, seu quartel-general latino-americano e terminal continental. Mas os italianos haviam tomado a dianteira no jogo. Desde os primeiros dias no Brasil, a LATI havia contratado o genro do presidente Getúlio Vargas, Pedro Cavalieri, um advogado, como um de seus diretores executivos na América do Sul. Membros da elite brasileira ocupavam postos administrativos cruciais e ricos investidores brasileiros sofreriam perdas se a companhia aérea fosse fechada. O presidente Vargas não era simpático aos apelos de Washington e Londres para que, em benefício deles, anulasse um arranjo que estava sendo útil a seu país. Não tinha grande interesse em eliminar um ator fundamental de um setor econômico em crescimento do Brasil, para não mencionar o corte de uma ligação vital com o continente europeu, em especial sem qualquer substituta em vista que pudesse fornecer uma ponte direta pelo Atlântico.

Os esforços de Washington para eliminar a LATI pareciam frágeis. A sucursal brasileira da Standard Oil, de Nova Jersey, da família Rockefeller, fornecia combustível para os Gaviões, apesar dos protestos do Departamento de Estado. O embaixador americano no Rio de Janeiro, Jefferson Caffery, um diplomata de carreira da Louisiana, passou meses se queixando a Washington sobre a companhia aérea, sem resultados.

Por fim, em agosto de 1941, um cabograma do secretário de Estado Cordell Hull informou a Caffery que a Reconstruction Finance Corporation [Agência Financeira de Reconstrução] criaria uma sucursal com o objetivo específico de eliminar o controle do Eixo sobre as empresas aéreas da América do Sul. Em sua primeira ação, a nova agência negociou com a Pan American, prometendo financiamentos, e a Pan Am concordou em estabelecer uma rota de Nova York a Lisboa passando por cidades do nordeste brasileiro, um trajeto alternativo para competir com os italianos. Em um tom de evidente irritação, o secretário Hull comentou em um telegrama ao embaixador Caffery que a ideia não parecia tão absurda, já que "a única razão para o estabelecimento daquele novo serviço, é claro, é a eliminação da LATI". O presidente Vargas hesitou em agir contra a companhia aérea mesmo com a perspectiva de uma rota da Pan Am para a Europa.

Quando a guerra assolou a Inglaterra no verão de 1941, líderes britânicos decidiram que não podiam esperar que os americanos assumissem o controle da situação. Suspeitavam que os pilotos da LATI estavam localizando alvos para os submarinos alemães que afundavam navios britânicos. "A LATI representava a maior brecha no bloqueio econômico britânico", escreveu o agente H. Montgomery Hyde, da British Security Coordination [Coordenação de Segurança Britânica] (BSC). Algo drástico precisava ser feito.

Uma ordem chegou ao escritório da BSC em Nova York, o posto avançado secreto da inteligência britânica que cobria as Américas: eliminar as operações da LATI na América do Sul. Detalhes da ordem foram deixados para o agente encarregado. O esquema que se desenvolveu, encabeçado por um canadense de codinome "Intrépido", faria os Gaviões desaparecerem dos céus meridionais e figura entre os golpes mais bem-sucedidos aplicados contra o Eixo na história da espionagem do período de guerra na América Latina.

Bem no alto da cidade de Nova York, em "seu ninho de águia, mecanizado ao extremo, no Rockefeller Center", como o escritor Ian Fleming descreveu o lugar, William Stephenson chefiava os escritórios da BSC. Sob as ordens de Churchill, Stephenson havia aberto o escritório em maio de 1940 com o apoio do presidente Roosevelt e conhecimento do diretor do FBI, J. Edgar Hoover. A tarefa de confrontar os nazistas na América Latina estava, em julho de 1941, sobre a mesa de um homem extraordinário.

Quando garoto, na parte ocidental do Canadá onde nascera, William Stephenson tinha ficado fascinado pela tecnologia do rádio e aprendera sozinho o código Morse. Durante a Primeira Guerra Mundial, pilotou aviões de caça e lutou nas trincheiras, escapou do cativeiro alemão e ganhou medalhas por bravura do Canadá, da Grã-Bretanha e da França. Esguio, olhos azul-claros, o apelido do jovem Bill fora "Capitão Metralhadora", não por mostrar inclinações para o combate, mas por seu estilo como boxeador.

Stephenson ganhou o campeonato mundial de *box Interservice* (uma competição entre militares), na categoria peso leve, ao mesmo tempo que o título no peso pesado era conquistado para os fuzileiros navais americanos pelo lendário Gene Tunney, que se tornaria um bom amigo de Stephenson e sócio nos negócios. Stephenson inventou uma espécie de tecnologia eletrônica embrionária sem fio, viajou pela Europa para desenvolver seu negócio e, aos 30 anos de idade, estava milionário.

Stephenson se tornou o homem-chave do esquema de inteligência de Winston Churchill. Foi encarregado por ele de organizar uma rede global de coleta de informações e sabotagem para ajudar uma Inglaterra sitiada a sobreviver à ofensiva da Alemanha. Não sendo um executivo de gabinete, o homem chamado de "Intrépido" – Churchill lhe deu o codinome – tomou ele próprio a frente de certas missões perigosas.

"Foi o homem que se tornou um dos grandes agentes secretos da última guerra", escreveu Ian Fleming sobre Stephenson. Fleming, criador de James Bond, um dos mais conhecidos espiões ficcionais de todos os tempos, era agente de inteligência da Marinha britânica, em uma missão à paisana, quando encontrou pela primeira vez o "Intrépido", que descreveu como "um homem de poucas palavras" dono de "uma personalidade magnética e o atributo de deixar qualquer um pronto para segui-lo". E Fleming acrescentou: "Ele também fazia os mais fortes martínis da América e os servia em canecões de vidro".

Em Londres, o escritório executivo britânico de operações secretas confiou a Stephenson a missão de destruir a LATI na América do Sul "por qualquer meio que fosse necessário". Com total discrição, Stephenson avaliou as opções. Um golpe para trocar o governo brasileiro era uma possibilidade, mas as consequências potenciais de uma tentativa dessas, bem-sucedida ou não, foram consideradas graves demais para justificar o risco: se identificada como obra do escritório secreto britânico em Nova York, a operação poderia comprometer a cooperação ainda confidencial da BSC com Washington, que até então estava oficialmente neutra. O presidente Roosevelt só apoiava a inteligência britânica em segredo, porque os isolacionistas, como os do America First Committee [Primeiro Comitê dos Estados Unidos], eram uma força política importante, que desafiava um presidente que preparava sua reeleição. Stephenson não faria nada para ameaçar a posição do presidente americano de quem tanto dependera nos dias mais sombrios da Inglaterra – do complicado fornecimento de navios de guerra e armamentos ao compartilhamento de informações.

Outra opção era explodir um voo comercial da LATI como forma de dar um inconfundível aviso à rede nazista na América Latina. Havia ocasiões em que vidas civis tinham de ser sacrificadas, era esse o pensamento da época. Stephenson decidiu, no entanto, que a necessidade de aniquilação da LATI não era uma dessas ocasiões; além disso, como piloto, não queria admitir a morte de colegas se uma alternativa pudesse ser encontrada.

O chefe da inteligência verificou as qualificações dos agentes do Campo X, um punhado de prédios e áreas abertas a 60 quilômetros de Toronto, que constituíam uma escola para assassinos e uma fábrica de ações truculentas na fronteira da área agrícola canadense. Descrevendo o lugar em suas memórias, Stephenson usou a linguagem de sua experiência no boxe: o Campo X era "o punho cerrado", disse ele, "preparando o nocaute". A pouco mais de 60 quilômetros do lago Ontário, tempestuoso e tremendamente frio em grande parte do ano, o Campo se estende, ao longo de um dos lados, como um fosso proibitivo. Um perímetro de matagal e bosques ao redor da área restante desencoraja qualquer descoberta acidental. Uma unidade de agentes de segurança treinados para matar silenciosamente fazia um patrulhamento contínuo contra a possibilidade de invasão.

Stephenson conhecia bem o Campo X, pois tinha ajudado a criá-lo, no início de 1941. Em setembro, o campo já abrigava salas de aula, cenários para treinamento e uma imensa estação de transmissão de rádio, onde homens e mulheres de mais de uma dúzia de países treinavam para serem espiões, sabotadores e recrutadores de forças de resistência. Antes de operadores de rádio serem escalados e lançados atrás das linhas inimigas, eles aprendiam código Morse no Campo X, praticavam novas identidades e passavam por um treinamento realista que os preparava para interrogatórios severos caso fossem capturados, o que acontecia com a maioria deles. Cinco futuros diretores da CIA e de sua predecessora, o Escritório de Serviços Estratégicos (OSS), treinaram no Campo X.

Ao lado dos espiões profissionais atuavam falsificadores, químicos, alfaiates, professores de Oxford e cineastas, por exemplo os irmãos Korda, Alexander e Zoltán, famosos por sucessos de Hollywood como *O Ladrão de Bagdá* (*The Thief of Bagdad*) e *Os Amores de Henrique VIII* (*The Privete Life of Henry VIII*). Artistas criavam cenários que simulavam partes de territórios ocupados pelos nazistas na Europa onde os agentes cumpririam suas missões, como o espetacular assassinato do general da SS Reinhard Heydrich, um arquiteto da Solução Final, nos arredores de um vilarejo tcheco, em 1942.

Como um espião de espiões, o "Intrépido" acreditava que o melhor método para completar uma missão – o método mais inteligente – só utilizava a violência como último recurso. De seu escritório em Nova York, Stephenson fez contato com uma unidade do Campo X chamada Estação M (de "mágica"). Encabeçada por um mestre ilusionista famoso entre escolares britânicos antes da guerra, a Estação M inventava meios de enganar o inimigo, criando coisas que pareciam bases aéreas, tropas ou frotas marítimas em vários pontos do mundo. Certa vez, durante uma visita clandestina ao Campo X, o diretor do FBI, Hoover, ficou espantado ao olhar de um barracão e ver o que parecia ser uma coleção de navios alemães em um dos Grandes Lagos, uma ilusão produzida pelo mestre da Estação M com espelhos e barcos de brinquedo. A Estação M também manufaturava tintas especiais e forjava documentos que podiam ser escondidos em malas diplomáticas ou levados a se materializar em escrivaninhas onde poderiam causar grandes prejuízos. Stephenson teve uma ideia: poderia a Estação M produzir uma carta, que passasse em todos os testes, simulando uma missiva enviada pelo presidente das linhas aéreas LATI em Roma?

A criação de uma carta digna de crédito implicava uma série de passos que ultrapassavam, em muito, a necessidade de encontrar um agente que falasse bem italiano. Stephenson solicitou ao chefe da BSC em Roma que surripiasse algum papel da sede da LATI que contivesse a rubrica do presidente da companhia, general Aurelio Liotta.

Antes, porém, que os falsificadores no Canadá pudessem criar uma falsificação convincente, materiais primários autênticos tinham de ser elaborados a partir da amostra. Isso não estava fora do alcance dos peritos na Estação M: para equipar espiões que se infiltrariam em redutos nazistas, agentes na Europa coletavam itens como decalques de bagagem, fivelas de cintos e uma série de elementos de vestuário para duplicação na zona canadense, a fim de que nenhum agente secreto fosse traído no terreno por uma falha na aparência. Do mesmo modo, uma carta supostamente escrita em Roma devia aparecer em um papel que parecesse local. Isso significava encontrar polpa de palha, porque, em grande parte da Europa, onde as árvores eram mais escassas que nas Américas, o papel era manufaturado com a polpa de plantas anuais – na maioria das vezes com trigo, mas também com centeio e aveia.

Enquanto agentes do grupo mágico tratavam de produzir o papel requerido, outros criavam, no Campo X, uma máquina de escrever em que cada letra, vírgula e espaço imitaria os que vinham da máquina de escrever da secretária do general Liotta pois, como Sherlock Holmes disse uma vez, "uma máquina de escrever tem realmente tanta individualidade quanto a letra de mão de uma pessoa". Os peritos de Stephenson examinaram uma carta roubada e determinaram que a secretária havia usado uma antiga Olivetti com peculiaridades que incorporaram à máquina duplicada. A rubrica do general Liotta foi reproduzida e aplicada no papel recém-fabricado de forma tão precisa que os peritos consideraram que resistiria a uma inspeção microscópica; a carta fatídica foi redigida, datilografada e fotografada. Uma cópia da carta foi enviada como microfilme para o principal agente de Stephenson no Rio de Janeiro: um truque dentro do truque, que ajudaria a persuadir os que estavam prestes a ler a carta de sua autenticidade.

Na manhã de 14 de novembro de 1941, um pequeno parágrafo apareceu nas páginas internas dos jornais do Rio de Janeiro noticiando um roubo na casa do comandante Giovanni Coppola, diretor local da LATI. Um relógio da mesa de cabeceira e outros pequenos itens haviam desaparecido, segundo o relatório da polícia. No dia seguinte, um agente brasileiro do serviço de inteligência britânico, fazendo-se passar por um dos ladrões, dirigiu-se ao escritório da Associated Press, no Rio, com uma carta microfilmada que afirmava ter encontrado entre as coisas do comandante. Aquilo interessava? O repórter da AP reconheceu o conteúdo explosivo da carta e deduziu que ela fora enviada como microfilme para evitar interceptação. Levou a minúscula foto à embaixada americana para avaliar sua autenticidade.

Quando o embaixador Caffery examinou ampliações e determinou que a carta era genuína, ninguém o culparia por pensar que o modo há tanto tempo procurado de eliminar a LATI havia caído em seu colo. Caffery entregou o microfilme e a ampliação ao presidente Vargas, que teve um acesso de raiva.

Além de chamar o presidente de palhaço convencido, a carta sugeria que havia uma conspiração fascista em curso. Dizia que os italianos estavam planejando negociar com o inimigo doméstico de Vargas, o Partido Integralista, um movimento político de extrema-direita cujos membros costumavam ser chamados de "verdes" por causa do uniforme que usavam; Vargas já tinha derrotado uma tentativa de golpe dos verdes. O presidente proibiu a publicação da carta, mas logo ela encontrou seu caminho para círculos diplomáticos e além.

"Não pode haver dúvida de que o gordinho está caindo no bolso dos americanos e que só uma ação violenta por parte de nossos amigos verdes pode salvar o país", dizia a carta falsa. "Nossos colaboradores em Berlim... decidiram intervir o mais breve possível."

Uma intervenção da Alemanha significava que a Lufthansa poderia competir no Brasil, dizia a carta. O diretor local da LATI era encorajado a criar laços de amizade com os "cavalheiros verdes" para assegurar que os privilégios da LATI continuariam sob um novo regime e para descobrir quem "os cavalheiros verdes" poderiam nomear como próximo ministro da aeronáutica – tudo eram exortações plausíveis diante de um suposto golpe. Para apimentar um pouco mais, Stephenson terminou a carta com um insulto que não poderia ser ignorado. "Os brasileiros podem ser, como vocês têm dito, uma nação de macacos, mas são macacos que dançarão para qualquer um que puxar os cordões."

Furioso, o presidente Vargas cancelou os direitos de pouso da LATI. Os acontecimentos sucederam de forma tão rápida que o protesto da Itália foi inútil. Militares brasileiros se apoderaram das aeronaves da empresa, dos campos de pouso, do equipamento de manutenção e detiveram as tripulações. O comandante Coppola, diretor local, sacou um milhão de dólares de um banco e tentou fugir para a Argentina, mas as autoridades o capturaram bem perto da fronteira e ele acabou sendo preso.

O embaixador americano Caffery ganhou todo o crédito pelo desenlace do caso. Mostrou discretamente uma cópia da carta a um membro da inteligência britânica que trabalhava na embaixada britânica, dizendo que a inteligência americana havia "pinçado" a evidência incriminatória que extirpava a LATI do cenário. Mais tarde, o chefe do FBI, Edgar Hoover, também ficaria com parte do crédito pela aniquilação da LATI. O agente britânico, secretamente ciente do verdadeiro histórico da carta, não deixou de elogiar efusivamente o trabalho do embaixador americano.

Com o desaparecimento da LATI, em 1941, chegou ao fim o domínio das rotas aéreas sul-americanas por empresas alemãs e italianas, tão forte nos anos 1930.

ASTECAS NOS ARES, AVIADORES ESQUECIDOS

Em tempos pré-colombianos, o Parque Chapultepec, na Cidade do México, era um espaço verdejante reservado ao repouso e recreação dos governantes astecas. Hoje é um oásis com uma área de 6 quilômetros quadrados no meio da maior cidade de fala espanhola do mundo. Nesse parque, encontra-se um castelo onde caíram seis "Rapazes Heroicos", cadetes militares defendendo uma colina contra tropas americanas em 1847, durante a Guerra Mexicano-Americana.

Ironicamente, existe outro monumento nas proximidades, este homenageando uma unidade aérea mexicana que voou sob comando norte-americano na Segunda Guerra Mundial. O Esquadrão 201 da Força Aérea Mexicana, apelidado por seus membros de "Águias Astecas", era composto de trezentos pilotos e tripulação treinados nos Estados Unidos, que bombardearam Luzón e Formosa, em 1945, e transportaram aeronaves de Papua Nova Guiné para aeródromos do palco da guerra no Pacífico, onde os Aliados enfrentavam o Japão. Oito Águias Astecas foram abatidas no cumprimento do dever.

Mas não espere encontrar o monumento aos pilotos da Segunda Guerra Mundial pedindo informações a mexicanos que estiverem passeando no parque.

"Há uma estação de metrô batizada em homenagem a eles, eu sei disso", disse uma pessoa a quem perguntei, a primeira a mostrar um vestígio de conhecimento do esquadrão.

Aproximei-me de dois homens, de aparência indígena, parados diante de um gigantesco *ahuehuete*, um cipreste de Montezuma. Disseram que tinham rezado para a árvore, uma espécie sagrada para os nativos. Não estávamos a mais de 30 metros do monumento aos astecas voadores, um maciço semicírculo elevado, com a altura de um andar pelo menos, mas eles disseram que não tinham ouvido falar do esquadrão. "Não nos preocupamos com a guerra", disse um deles, Tenoch, que se identificou como sacerdote náuatle.

O grande monumento aos Águias Astecas e o pouco entusiasmo que seu nome desperta é um contraste que simboliza a postura dividida do México com relação à participação na guerra. Tanto Washington quanto a Cidade do México sabiam que alguma participação militar era necessária para assegurar que o México tivesse um lugar na mesa da nova ordem mundial do pós-guerra. Mas, por razões históricas, apoiar Washington não era uma causa popular entre o povo mexicano. Os Estados Unidos eram o Big Brother do norte, que tinha levado um bom pedaço do território mexicano e lançado uma grande sombra sobre o país.

Mais para o final da guerra, no entanto, o presidente mexicano Manuel Ávila encontrou um meio de dar apoio militar aos Aliados com um pretexto que se aproveitava do orgulho mexicano. Em maio de 1942, dois navios-tanques mexicanos que transportavam petróleo para os Estados Unidos foram afundados por submarinos alemães, um a caminho de Nova York e o outro retornando da Pensilvânia. O México declarou guerra ao Eixo. Em 1944, o presidente Ávila Camacho mandou o esquadrão de caça aéreo lutar com os Aliados para "lavar a honra nacional" pelos navios afundados.

Os Águias Astecas enfrentaram discriminação em algumas oportunidades durante o treinamento no Texas e no Idaho.

"Os americanos nos desprezavam, pelo menos um pouquinho", recordou em 2003 o comandante Reynaldo Gallardo durante uma entrevista para um jornal de San Diego, na Califórnia. "Não diziam isso, mas eu percebia. Decidimos ficar de boca fechada, mas mostrar àquelas pessoas o quanto valíamos."

Em uma incursão conjunta de americanos e mexicanos nas Filipinas, Gallardo, incorporado ao 58º Grupo de Caça dos Estados Unidos, completou sua missão de bombardear uma linha de tropas e veículos japoneses. Na chegada, "ficou um pouco maluco" e manobrou o avião numa rotação comemorativa, um movimento que lhe rendeu uma repreensão pelo rádio, quando foi chamado de "mexicano maluco". Gallardo sentiu-se ofendido e cegamente desafiou o ofensor. No chão, viu que o americano era "três vezes maior e quatro mais pesado que ele" e que estava arreganhando os dentes. Mesmo assim lutaram, felizmente para Gallardo uma briga rápida, mas a coragem do mexicano granjeou-lhe respeito entre os pilotos. Logo os gladiadores se tornaram amigos, quebrando o gelo entre os aviadores mexicanos e americanos.

Após a guerra, ao voltar para casa, os Águias Astecas foram saudados com uma grandiosa parada na Cidade do México, mas logo depois foram deslocados para o segundo plano no cenário nacional. Os mexicanos receberam novos caças e outros materiais de guerra por meio do programa americano de empréstimo e arrendamento que ajudava os aliados dos Estados Unidos. Mas a ideia de uma parceria de combate com Washington não se ajustava ao perfil mexicano de independência dos Estados Unidos. O sucessor de Ávila Camacho, Miguel Alemán Valdés, virou as costas para grande parte do que seu predecessor havia feito – e além disso, ninguém no partido governante queria alimentar a perspectiva de heróis de guerra competindo com sua rede de velhos amigos, escolhidos a dedo para cargos políticos. Os veteranos da aviação foram desaparecendo da história, apesar de algumas aparições em eventos e cerimônias no correr dos anos.

O posto da Legião Americana na Cidade do México, em uma casa antiga e charmosa no frondoso bairro de Condesa, é um dos poucos lugares onde os pilotos são lembrados. O posto é uma confortável relíquia de tempos passados, com um bar que abre às duas da tarde, um sebo e lembranças adornando as paredes, incluindo uma foto do poeta Alan Seeger – tio do cantor *folk* americano Pete Seeger – que morreu na Batalha do Somme, na Primeira Guerra Mundial. Uma secretária chamada Margarita desenterrou fotos dos bonitos rapazes do esquadrão Águias Astecas para mim. Em algumas delas, posavam ao lado da hélice da aeronave em que voavam, os caças Thunderbolt, que só levavam o piloto. Antigamente, disse Margarita, o posto organizava comemorações no Dia do Veteranos – 11/11 às 11 horas da manhã – "para aqueles que voltaram vivos". No Memorial Day, os Águias Astecas reuniam-se em um cemitério com os Legionários Americanos e os fuzileiros navais da embaixada para homenagear os mortos. De um modo geral, no entanto, os pilotos foram guerreiros esquecidos em um país onde as pessoas tinham pouco interesse na Segunda Guerra Mundial – ainda que o México tivesse desempenhado um papel importante, ao contribuir com mão de obra para substituir trabalhadores agrícolas americanos que tinham ido para a guerra bem como ao fornecer petróleo e outros recursos naturais.

"Lutamos em defesa da soberania e independência da nação", disse o ex-sargento Héctor Tello Pineda em Xalapa, Veracruz, durante uma entrevista à televisão antes de sua morte, em 2017. Tello, que entrou nas forças mexicanas aos 20 anos de idade, disse que a experiência o "moldou" para o resto da vida.

"Cumprimos nosso dever como soldados com valor e disciplina, pela liberdade do México", disse ele. "Pelo mundo inteiro. Afinal, na realidade, era uma guerra mundial. Foi assim que foi chamada."

2

OURO NEGRO, PETRÓLEO PARA ABASTECER A GUERRA

Durante séculos antes da chegada dos europeus, guerreiros no nordeste do Brasil cobriam suas flechas com piche e resina e as disparavam em chamas para destruir as choças de seus inimigos. Em 1500, quando chegaram os portugueses, os índios lançavam as flechas contra as casas dos primeiros colonizadores europeus.

Quase 8 mil quilômetros ao norte, na costa chuvosa do Golfo do México, os nativos queimavam *chapopote* – alcatrão do petróleo – para reverenciar seus deuses. Coletavam pequenas quantidades do óleo gotejante para tingir e colar, ou o passavam na pele como medicamento. Quando desembarcaram em 1519, os conquistadores espanhóis usaram o piche para calafetar seus barcos.

Fora isso, o petróleo latino continuou intocado até o início do século XX, quando exploradores vindos da Europa e dos Estados Unidos começaram a fazer perfurações no Brasil, Peru, Venezuela, Bolívia, Colômbia e México. O petróleo havia se tornado um novo tipo de ouro: fornecia eletricidade ao mundo inteiro, o asfalto feito a partir dele pavimentava estradas e o óleo cru era refinado e transformado em gasolina para abastecer automóveis, ônibus e, cada vez mais, trens. No início da Primeira Guerra Mundial, o Primeiro Lorde do Almirantado da Grã-Bretanha, Winston Churchill, transformou o petróleo em um indispensável recurso de guerra ao supervisionar a conversão da frota britânica, até então alimentada a carvão. Nos anos 1930, preparando-se para a próxima guerra, os países cobiçavam o petróleo onde quer que pudessem encontrá-lo.

O México possuía as maiores reservas conhecidas entre os países da América Latina. A luta pela conquista dessas reservas envolveu banqueiros internacionais, espiões, manipulação em altas esferas e, às vezes, caos, com graves consequências para o início da guerra. O petróleo mexicano vendido para a Alemanha, a Itália e o Japão deu aos fascistas uma vantagem inicial. O petróleo abalou a relação do México com outros países, em especial com os Estados Unidos. Companhias europeias e norte-americanas produziam petróleo na Venezuela, na Colômbia, no Brasil, na Bolívia, no Peru e na Argentina, mas durante o processo que levou à guerra, quando nações industrializadas do mundo inteiro estavam estocando armas e recursos, o México esteve no centro do drama na América Latina.

Pobre México, tão longe de Deus, tão perto dos Estados Unidos.

– atribuído ao presidente Porfirio Díaz, 1830-1915.

Infelizmente para os Aliados, a história das relações entre Washington e seu vizinho não era das melhores. Desde que o México declarara independência da Espanha, em 1821, as forças armadas dos Estados Unidos tinham atacado e ocupado seu território ou atravessado a fronteira e feito incursões pelo menos uma dúzia de vezes. Os mexicanos acreditavam que grande parte de seus infortúnios e a falta de uma verdadeira independência eram consequência do fato de serem vizinhos do gigante do norte. Durante o século XIX, os Estados Unidos absorveram mais de metade do território mexicano, anexando em 1845 o Texas dos dias atuais e, após o término da Guerra entre o México e os Estados Unidos, em 1848, a quase totalidade dos atuais estados da Califórnia, Utah, Nevada, Arizona e Novo México.

Uma nova onda de tensão cresceu em 1914. O México prendeu nove marinheiros americanos que penetraram na área proibida de uma instalação de carregamento de combustíveis no porto de Tampico, importante terminal de exportação de petróleo. Em retaliação, o presidente Wilson ordenou que a Marinha americana se apoderasse do porto de Veracruz, cerca de 500 quilômetros ao sul. Os marinheiros foram imediatamente libertados, mas o líder americano exigiu um pedido de desculpas e uma saudação de 21 tiros de canhão pelo que passou a ser conhecido como Incidente de Tampico. O México recusou-se à humilhação de concordar com a exigência. Quando chegou a Washington a notícia de que um navio alemão estava se preparando para descarregar armas a favor de um dos candidatos durante uma violenta luta pela presidência mexicana – o lado de que Wilson não gostava –, o presidente norte-americano ordenou que a cidade de Veracruz também fosse tomada. Operação característica do Big Stick [Grande Porrete], a ocupação americana durou sete meses. O governo mexicano ficou tão indignado que se recusou a apoiar os Estados Unidos na Primeira Guerra Mundial, permanecendo neutro e continuando a negociar com a Alemanha durante todo o conflito.

No início dos anos 1920, o México estava em segundo lugar na produção mundial de petróleo, superado apenas pelos Estados Unidos. Os produtores geralmente vinham do exterior, com capital ou experiência – ou com as duas coisas. Empregados locais qualificados recebiam uma fração do que ganhavam gerentes e trabalhadores estrangeiros. Todas as tentativas das autoridades mexicanas para aumentar os impostos sobre a produção ou obter algum lucro com o mais importante recurso natural do país eram travadas pelas companhias e pelos governos que lhes davam respaldo. Além de ter perdido uma significativa extensão de território para os Estados Unidos no século XIX, o México também viu porções de suas terras mais valiosas caírem no controle internacional do Big Oil [os grandes produtores de petróleo] no início do século XX.

> *Fórmula para o sucesso: levantar cedo, trabalhar até tarde, encontrar petróleo.*
>
> – J. Paul Getty.

O relacionamento desigual entre companhias estrangeiras e seus anfitriões mexicanos começou em 1901, quando o magnata do petróleo da Califórnia, Edward L. Doheny, cavou seu primeiro poço mexicano em El Ébano, um lugar isolado na margem de uma linha ferroviária, cerca de 56 quilômetros a sudoeste de Tampico. Doheny já possuía poços produtivos na região de Los Angeles; reunindo investimentos da operação na Califórnia e de empreendedores do ramo ferroviário interessados em substituir o carvão pelo petróleo como combustível, ele rumou para o sul. Anunciou que pagaria cinco pesos a qualquer um que pudesse levá-lo a poços de alcatrão, aquelas pragas marrons e borbulhantes onde o gado ficava atolado. Mas para Doheny, que entendia de prospecção, os poços eram sinal de petróleo. Ele escreveu:

> Encontramos um pequeno morro em forma de cone, onde borbulhava uma fonte de petróleo, uma visão que nos fez perder por completo o medo do clima – a atmosfera quente, úmida, as chuvas que não paravam nunca... a selva fechada que crescia assim que era aberta.

Donehy encontrou poços de petróleo e a notícia se espalhou. Chegaram outros, de barco e de trem, em busca de ganhos rápidos. Homens de empresas, que traziam planos e mapas, mas também gente que fazia prospecção e agia por conta própria, deixando para trás as áreas que estavam trabalhando em Ohio, no Illinois, em Kansas e no Texas. Do Reino Unido veio outro empreendedor endinheirado, Weetman Dickinson Pearson, um empreiteiro escocês já bem conhecido por grandes feitos na construção civil: a primeira represa de Assuã, um túnel sob o Tâmisa e dois túneis de metrô sob o Rio Hudson.

Os engenheiros de Pearson no México, que estavam construindo uma via férrea que atravessava o Istmo de Tehuantepec, contaram a ele sobre as descobertas de petróleo. Seu amigo Porfirio Díaz, o presidente mexicano, deu concessões ao escocês em cinco estados, em parte para impedir que a Standard Oil e os americanos monopolizassem a produção. Em 1908, Pearson fundou El Águila, que logo se tornaria a maior companhia petrolífera do México, tornando-se parte da Royal Dutch Shell.

No final da década, mais de 155 diferentes empresas, incluindo a de Doheny e a de Pearson, a Southern Pacific Railroad, a Gulf Oil do Texas e as companhias Standard Oil, de Rockefeller, além de 345 firmas individuais e sociedades estavam operando em campos de El Ébano até o Istmo de Tehuantepec.

Em 1910, veio a Revolução Mexicana, a primeira grande convulsão social do século XX. Desde que fora empossado, em 1876, Porfirio Díaz havia construído estradas de ferro e melhorado a economia, mas havia feito isso tirando terra dos que trabalhavam nela, em especial os indígenas, e dividindo-a entre empresas privadas. A riqueza que produziam ia para pouquíssimas pessoas. Havia também um profundo ressentimento com relação ao descontrole sobre o investimento estrangeiro, como no caso do petróleo, cujos lucros não eram usados para melhorar a vida das pessoas.

A revolução não conteve a produção de petróleo, que em geral ocorria na costa do Golfo, longe da maior parte das lutas. Além disso, como as empresas estrangeiras tinham suas próprias milícias, fortes e bem equipadas, era improvável que insurgentes se aventurassem a penetrar nos campos.

Americanos, britânicos e holandeses, assim como alguns franceses, viviam em confortáveis enclaves, enquanto os empregados mexicanos comiam em locais separados e habitavam moradias inferiores, às vezes sórdidas. Os forasteiros pareciam não dar a menor importância aos camponeses locais que viviam ao redor das instalações petrolíferas, uma situação observada por um jovem oficial de cavalaria que, na década de 1920, comandou, durante três anos, tropas na região de Tampico – o futuro presidente mexicano Lázaro Cárdenas del Río. Uma companhia petrolífera recusou-se a instalar uma torneira em seu encanamento que atravessava um lugarejo, obrigando os moradores a continuar com suas caminhadas para pegar água em um rio. A mesma companhia ofereceu a Cárdenas um Packard novo em folha, em uma típica atitude de bajulação ao militar. Cárdenas recusou o presente e continuou a dirigir seu calhambeque Hudson.

Mas Lázaro Cárdenas nunca esqueceu o que viu. Milícias brutais das companhias, as infames *guardias blancas* (guardas brancas), mantinham a ordem. "Em quantas aldeias ao redor dos campos petrolíferos existe um hospital, escola ou centro social, ou um suprimento de água potável, um campo de esportes ou mesmo uma usina elétrica alimentada pelos milhões de metros cúbicos de gás natural que são desperdiçados?", ele perguntou à nação, anos mais tarde, com a autoridade de alguém que vira tudo aquilo com os próprios olhos.

Da turbulência da revolução – um total de 3,5 milhões de pessoas morreram entre 1910 e 1921 –, veio uma notável constituição que incorporou direitos sociais, programas de reforma agrária e estabeleceu o direito dos trabalhadores à negociação coletiva. O famoso artigo 27 do documento trazia implicações radicais para a indústria petrolífera: o governo poderia outorgar concessões limitadas, mas a partir daquela data pertenciam à nação os direitos a substâncias encontradas no subsolo, como petróleo, ouro, cobre e prata.

As companhias petrolíferas internacionais ficaram ressentidas – possuir uma concessão, diziam, significava que o que estava sob a terra pertencia a elas e ponto final. Os executivos pareciam concordar com as famosas palavras de J. Paul Getty, o mandachuva do petróleo: "Os mansos herdarão a Terra, mas não seus direitos minerais".

As empresas petrolíferas e seus governos não queriam ceder à nova lei por razões que iam além do México: um efeito bola de neve poderia atingir investimentos no Peru, na Colômbia, na Venezuela e na Bolívia. O México precisava ser detido.

* * *

Quando o general Plutarco Calles, um veterano da revolução, tornou-se presidente em 1924 e tentou implementar o artigo 27, o embaixador americano chamou-o de "comunista" (ele não era; na realidade, Calles era um admirador de Mussolini, mas o fato de o México ter sido o primeiro país das Américas a acolher uma embaixada soviética não ajudava muito). As companhias petrolíferas incitavam Washington a revogar um embargo sobre vendas de armas para que os inimigos de Calles pudessem derrubá-lo. Para diminuir as tensões e chegar a um acordo, o presidente Coolidge nomeou um colega de turma do Amherst College como embaixador na Cidade do México, um banqueiro chamado Dwight Morrow. A nomeação se revelou muito positiva.

Dwight Morrow era um executivo de ar aristocrático da J. P. Morgan Company que tinha servido como principal assessor civil do general John J.

Pershing, na França, durante a Primeira Guerra Mundial. Assim que chegou à capital mexicana, Morrow mudou o nome da sede diplomática de "Embaixada Americana" para "Embaixada dos Estados Unidos", desarmando uma antiga ira dos mexicanos, que diziam que a palavra "americanos" também pertencia aos países latinos.

Na J. P. Morgan, Morrow fora assessor financeiro de Charles Lindbergh, o primeiro aviador a atravessar sozinho o Atlântico, e convidou o piloto para uma visita ao México. Multidões de adoradores recepcionaram o homem mais famoso do mundo. Cem mil trabalhadores desfilaram para homenageá-lo. A visita teve também consequências românticas. Lindbergh conheceu a filha do embaixador, Anne, e casou-se com ela em 1929.

Na vizinha Cuernavaca, onde Morrow e esposa construíram uma casa de veraneio, o embaixador manifestou respeito pela cultura nacional ao encomendar ao muralista Diego Rivera um imenso afresco para um palácio adjacente à praça central, antiga residência de Hernán Cortés. O painel que resultou daí é uma das obras mais esplêndidas do artista, uma imagem da Conquista feita por um revolucionário: invasores espanhóis cobertos de metal, montados em belos cavalos, enfrentam guerreiros indígenas descalços que combatem no solo.

Anos antes de o presidente Roosevelt introduzir a política da Boa Vizinhança, em 1933, Dwight Morrow parecia sentir o fim do Big Stick. Desde 1823, as relações dos Estados Unidos com os países ao sul da fronteira tinham sido governadas pelo que passaria a ser chamado Doutrina Monroe, uma declaração à Europa e ao resto do mundo de que a América Latina caía dentro da esfera de influência dos Estados Unidos. Durante os cem anos seguintes, Washington impôs sua vontade aos países latinos, muitas vezes pela força, muitas vezes em benefício de negócios americanos. Morrow, ao contrário, representava o diálogo, a parceria.

Ele também antecipou o programa dos Embaixadores da Boa Vontade, de Nelson Rockefeller, que levaria astros de Hollywood e intelectuais notáveis à América do Sul durante a guerra, uma ofensiva de propaganda visando tanto ao norte quanto ao sul. Morrow convidou o humorista Will Rogers, extremamente popular, para viajar pelo país com ele e o presidente Calles bem como enviou aos Estados Unidos relatórios favoráveis ao México e a seu presidente.

Em 1928, o Acordo Calles-Morrow amenizava as tensões ao introduzir uma espécie de cláusula de isenção na crise do petróleo, reafirmando os direitos das companhias estrangeiras nas áreas onde trabalhavam antes da constituição de 1917. O acordo determinava que futuras disputas seriam resolvidas pelos tribunais mexicanos.

Mas nem mesmo a presença diplomática de Dwight Morrow foi capaz de arrefecer o irritado ativismo dos trabalhadores da indústria do petróleo. E membros da classe média nacionalista, que tinham apoiado a revolução como um meio de colocar sob controle o capital estrangeiro, sabiam que as empresas estrangeiras perdiam pouca coisa no pacto de 1927, embora a Shell e a Standard continuassem se queixando sobre quaisquer mudanças, mesmo as menores, no *status quo*.

Enquanto isso, Alemanha, Itália e Japão estavam começando a explorar meios de estocar petróleo enquanto se preparavam para a guerra. Foi esta a situação enfrentada por Lázaro Cárdenas, o mais notável presidente do México no século XX.

Alto, descendendo em parte dos índios tarascas, com atenciosos olhos negros, Cárdenas foi eleito em 1934 com o compromisso de finalmente levar adiante as reformas prometidas pela longa e sangrenta revolução. Filho de um lojista de Michoacan, lutou com tamanha perícia e ambição durante a revolução que chegou ao posto de general de brigada aos 25 anos. O projeto nacional de Cárdenas – governo federal de atribuições ampliadas, programas sociais liberais e uma política de controle dos recursos naturais em prol do interesse público – tinha muito em comum com o projeto de seu colega do norte, Franklin Roosevelt. Na verdade, Lázaro Cárdenas fez um New Deal a seu modo.

O novo presidente estava voltado para uma mudança fundamental. Sua reputação de incorruptível lhe dava autoridade moral. Mas as reformas também colocaram o México em curso de colisão com as nações mais poderosas do mundo, os Estados Unidos e a Grã-Bretanha, no que dizia respeito ao petróleo.

Os trabalhadores inflamaram a disputa. Antes dos anos 1930, o setor operário organizado da indústria do petróleo era relativamente fraco. Quando se defrontavam com greves, as companhias costumavam ameaçar cortes na produção e nos empregos. O governo, por sua vez, concordava de forma relutante com as empresas, temendo um efeito dominó de paralisações do trabalho que pudessem afetar toda a economia nacional. Empregados de refinarias, engenheiros e trabalhadores da área estavam entre os profissionais mais bem pagos do México, mas a disparidade entre a remuneração deles a dos empregados estrangeiros, com frequência para as mesmas tarefas, era uma afronta à dignidade e ao respeito.

De certo modo, a desigualdade no pagamento e benefícios era um símbolo do que, no geral, irritava os mexicanos acerca do controle estrangeiro de seu petróleo: o recurso nacional não renovável estava caminhando para o esgotamento, enquanto a riqueza que produzia voava para bolsos no exterior. "O governo ou indivíduo que entrega recursos naturais a empresas estrangeiras trai a terra natal", escreveria Cárdenas no final de sua vida.

Em 15 de agosto de 1935, 10 mil petroleiros uniram seus dezenove sindicatos distintos. Associando-se à Confederação dos Trabalhadores Mexicanos, em rápido crescimento, o grupo hegemônico na esfera do trabalho, exigiam aumentos de salário e benefícios. Eles elaboraram o primeiro contrato de negociação coletiva da indústria e o submeteram às empresas em 1936. Os dados estavam lançados.

Algumas empresas tinham relações amigáveis com os trabalhadores e aceitaram o contrato, mas 17 firmas americanas e europeias que produziam a maior parte do petróleo não aceitaram, dizendo que não poderiam sustentar o acordo. Entre elas estavam as gigantes – Royal Dutch Shell e a Standard Oil, dos Rockefellers. A Junta Mexicana de Conciliação e Arbitragem, estabelecida na constituição para resolver disputas trabalhistas complicadas, redigiu um relatório de 2.700 páginas decidindo a favor dos sindicatos. As companhias apelaram ao Supremo Tribunal Mexicano, que manteve a decisão da junta.

Em março de 1938, o controle do país por Cárdenas estava ameaçado de dois lados: pela direita política, com apoio fascista, que se opunha às suas amplas reformas, e pelos trabalhadores mexicanos e o povo em geral, que exigiam que ele enfrentasse os grandes do petróleo. Os acontecimentos na Europa estavam atingindo um ponto de ebulição. Hitler fizera uma entrada triunfal em Viena com dezenas de milhares de soldados. Dentre mais de sessenta países na Liga das Nações, só o México protestou contra o *Anschluss*, a invasão da Áustria por Hitler. Comandantes franceses ordenaram que as tropas se mantivessem de prontidão na Linha Maginot; o Ministério do Interior britânico pediu um milhão de voluntários para enfrentar ataques aéreos; tropas espanholas leais ao governo republicano eleito estavam fugindo diante das legiões do "Generalíssimo" Francisco Franco, apoiadas por armas e aviões nazistas.

Cárdenas tinha de tomar a decisão mais crucial da história do país desde a independência – nacionalizar ou não o petróleo – sem perder de vista a realidade geográfica do México, "tão perto dos Estados Unidos". Tinha duas cartas a seu favor: o petróleo seria a força vital do conflito mundial que se avizinhava, requerida por todos os lados; e Roosevelt havia prometido, nas conferências interamericanas de 1933 e 1936, que as forças armadas dos Estados Unidos nunca mais invadiriam os países latinos. Cárdenas calculou que o presidente americano não poderia voltar atrás em sua palavra para conseguir petróleo mexicano, mesmo que quisesse. A guerra estava a caminho e Roosevelt colocaria em risco a lealdade de todas as nações latino-americanas com uma ação precipitada.

Cárdenas procurou as empresas dissidentes e teve conversas francas com elas, propondo compromissos que não foram aceitos. "Mesmo em termos atuais, a arrogância dos negociadores do petróleo diante do próprio presidente Cárdenas e do poder simbólico de seu cargo é espantosa", escreveu o historiador Friedrich Schuler.

Às 10 da noite de 18 de março de 1938, os mexicanos se reuniram em volta de seus aparelhos de rádio para ouvir o presidente, cuja voz soava firme e forte. "É a soberania da nação que está sendo desafiada por meio das manobras de capitalistas estrangeiros que, esquecendo que se transformaram em companhias mexicanas, tentam agora se esquivar de seus compromissos e escapar das obrigações colocadas sobre eles pelas autoridades deste país."

O jornal matutino *El Nacional* trazia a manchete: "COMPANHIAS PETROLÍFERAS SE RECUSAM A CUMPRIR A DECISÃO DO SUPREMO TRIBUNAL, O GOVERNO SEGUIRÁ O CAMINHO DA LEI".

Cárdenas ofereceu compensação, mas as companhias não aceitaram. Lançaram um paralisante boicote internacional contra a nova companhia petrolífera do Estado mexicano, a PETROMEX, mais tarde chamada Pemex. Privaram a Pemex de navios petroleiros para transportar o óleo e cortaram seu suprimento de chumbo tetraetila, necessário para transformar o óleo cru em gasolina comercializável, de alta octanagem. Trabalhando juntos, o Departamento de Estado e as empresas dissuadiram os consumidores latino-americanos de comprar gasolina mexicana. As empresas organizaram boicotes secundários para impedir vendas do maquinário necessário à Pemex, às vezes recorrendo à ameaça de suspender negócios com fornecedores. Uma campanha de imprensa orquestrada pelas companhias retratava os mexicanos em caricaturas racistas.

O Big Oil argumentou com Washington que a expropriação mexicana era um precedente perigoso e que perder controle sobre o petróleo do hemisfério sul era uma ameaça aos interesses vitais dos Estados Unidos. O secretário de Estado Cordell Hull concordou. Os custos do trabalho tinham sido mantidos baixos nos campos de petróleo latinos. O que aconteceria se outras nações fizessem o mesmo e as empresas perdessem a capacidade de obter petróleo barato por toda a América Latina? Em 1932, o custo para a produção de um barril de petróleo nos Estados Unidos era de US$ 1,90, de US$ 1,60 na Colômbia, no Equador e no Peru, de US$ 1,41 no México e apenas US$ 0,87 na Venezuela.

Manter a posição do negócio petrolífero no futuro dependia de manter a esfera de controle norte-americana na América Latina. Em junho de 1938, um assessor advertiu Hull e Roosevelt: "Se o governo da Venezuela seguir o governo do México e expropriar as instalações petrolíferas pertencentes a estrangeiros, sem um pagamento adequado, a correta interpretação da Doutrina Monroe se tornará o problema mais grave que o Departamento de Estado terá de enfrentar".

A moeda nacional caiu e os mexicanos viram a inflação repentinamente chegar a 20%, mas todas as classes sociais da população apoiaram a nacionalização. Cárdenas acreditava que o petróleo tinha uma função social e os mexicanos concordavam que seu valor para a nação transcendia o dinheiro: a expropriação era uma declaração de independência econômica. Cárdenas prometia que, a despeito das circunstâncias, "o México honrará sua dívida externa" e foi feito um apelo por doações públicas. "Governadores de estados, altos funcionários da Igreja, grandes damas patrióticas, camponeses, estudantes – todos os incontáveis e pitorescos tipos de mexicanos – contribuíram com o que tinham, incluindo dinheiro, joias e até objetos domésticos comuns, além de galinhas, perus e porcos", escreveu um historiador.

Mas as doações de joias e porcos não cobririam o rombo no orçamento mexicano, não quitariam a dívida pública nem seriam suficientes para financiar programas sociais para modernizar a nação. Com os mercados tradicionais do México bloqueados, Cárdenas precisava se voltar para outro lugar para vender petróleo. Alemanha, Itália e Japão estavam à espera.

Cárdenas era por convicção um democrata; seus oponentes políticos eram apoiados por organizações fascistas mexicanas e pela Falange Espanhola de Franco. Mas tomaria suas decisões sobre para onde mandar petróleo com base naquilo que fosse melhor para o México.

ENTRA O HOMEM MISTERIOSO

William Rhodes Davis, um notável negociante internacional que já fizera e perdera grandes fortunas quando estava na faixa dos 40 anos, não poderia ter escolhido um momento melhor para entrar em cena. Em 1941, o *New York Times* referiu-se a Davis como "o homem misterioso" da política internacional do período da guerra. Vendedor nato, com uma personalidade magnética e contatos que iam de Roosevelt a Hitler, Davis deu a Cárdenas o que ele precisava para o trabalho de nacionalização: um mercado seguro para o petróleo do México. Ao mesmo tempo, o empreendedor americano também garantiu à Alemanha nazista o combustível de que precisava para dar início à guerra.

Nascido em Montgomery, no Alabama, William Rhodes Davis sempre dizia que seus ancestrais remontavam ao construtor do império britânico Cecil Rhodes e a Jefferson Davis, presidente dos Estados Confederados da América – uma linhagem possivelmente mais pretensiosa que factual. Ele aprendera o negócio do petróleo em Oklahoma, de baixo para cima, primeiro sujando as mãos em sondas de petróleo, depois abrindo sua primeira *wildcat company** aos 24 anos de idade. No correr dos anos, passou a vestir ternos elegantes, fumar no estilo europeu, mantendo o cigarro entre o polegar e o indicador, cultivando um ar de empreendedor cosmopolita. Otimista inveterado, Davis foi também um empresário nada generoso com dinheiro, com uma capacidade de camaleão para mudar sua imagem quando a ocasião exigia, passando de caipira de fala meio tosca a cavalheiro fluente, culto. Sem um físico vistoso, mancando ligeiramente devido a um ferimento sofrido durante a Primeira Guerra Mundial, Davis era um homem ousado em seus planos e metas.

Em 1933, atraído pela possibilidade de vender petróleo para a Alemanha quando os nacional-socialistas tomaram o poder, Davis despachou um funcionário da sua empresa para Berlim. Após algumas semanas, seu emissário relatou que não haveria como a empresa deles, pequena e independente, ter alguma chance contra a Standard e a Shell, que tinham controle sobre o mercado. Não era a primeira vez que essa muralha de ferro do Big Oil se colocava no caminho de Davis – ele tinha um ressentimento profundo das companhias gigantes, chamando-as de "conluio internacional".

Irredutível, Davis obteve financiamento de um parceiro perene, sempre de prontidão, o Banco de Boston, e foi pessoalmente à Alemanha. Adquiriu uma companhia de armazenamento de petróleo em Hamburgo, fez um projeto para a construção de uma enorme refinaria e, com a autoconfiança que lhe era típica, levou sua proposta a bancos alemães. Quando um banqueiro

---

* Empresa que fazia perfurações do tipo *wildcat*, ou seja, em áreas não reconhecidas como campos de petróleo, onde eram possíveis grandes lucros ou grandes perdas. (N.T.)

o apresentou aos aristocráticos irmãos gêmeos Karl e Werner von Clemm, Davis fez amizade com eles e sua estrela começou a ascender em Berlim.

Os Von Clemm, por meio de uma teia de esposas, amantes e parentes próximos, tinham relações com alemães e americanos influentes que talvez só fosse possível a Davis conhecer com a ajuda deles: Rudolf Diels, chefe da Gestapo; Joachim von Ribbentrop, da alta diplomacia e ministro do exterior de Hitler após 1938; e Harry T. S. Green, um vice-presidente do National City Bank of New York (hoje Citibank). Werner von Clemm organizou um evento para que Davis conhecesse líderes empresariais, incluindo o presidente da IG Farben, o poderoso cartel de empresas químicas e farmacêuticas que tinha sido o principal doador da campanha para a eleição de Hitler e estaria entre os que mais lucrariam com a guerra. Davis deixou uma primeira impressão calculada, mas extraordinária: entrou no salão de banquetes fazendo a saudação nazista. Os empresários facilitaram seus contatos com funcionários do governo.

Mas Davis sabia que seu projeto nunca avançaria sem a aprovação do próprio Führer. Ele mandou uma cópia do plano para a construção da enorme instalação de refino, a ser chamada Eurotank, diretamente para Hitler. Alguns dias depois, Davis estava apresentando seu plano em uma reunião com céticos diretores do Reichsbank, sentindo a resistência deles, quando Hitler atravessou a porta. Os homens se levantaram num salto.

"Cavalheiros, examinei a proposta do sr. Davis, ela parece viável e quero que o banco a financie", disse Hitler.

O Führer ergueu o braço na saudação nazista, deu meia volta e saiu. A Eurotank conseguiu seu financiamento sem vozes discordantes.

Davis contratou a Winkler-Koch Engineering, uma empresa de projetos de engenharia e construção civil de Wichita, Kansas, para fazer o projeto final da instalação de armazenagem de petróleo de Hamburgo. Para Davis, era uma escolha sensata. Fred Koch, o proprietário da companhia, tinha feito várias viagens à Alemanha nos anos 1930 para tratar de negócios do petróleo e sabia como fazer as coisas acontecerem no Reich. Pai dos irmãos Koch, Charles e David, que se tornariam forças bilionárias na política da direita radical nos Estados Unidos, em 1935 Fred Koch já tinha transformado a instalação de Davis em uma das maiores refinarias de petróleo do mundo.

A Eurotank refinava mil toneladas de óleo cru por dia e era uma das poucas refinarias na Alemanha capaz de produzir a gasolina de alta octanagem exigida pelos caças. A Eurotank abastecia a Luftwaffe. O negócio de propriedade de Davis e construído por Koch tornou-se "uma unidade crucial da campanha de rearmamento nazista".

Tenha Hitler favorecido Davis devido aos impressionantes contatos que ele tinha em Berlim ou tenha dado o negócio do Reich àquele americano independente achando que poderia controlá-lo de forma mais efetiva do que conseguia manejar a Shell ou a Standard, o fato é que Davis tornou-se um canal de fundamental importância para o petróleo da Alemanha. Sem dúvida Berlim via sua cidadania americana como uma vantagem na América do Norte e do Sul. Hermann Goering, um dos membros mais poderosos do Partido Nazista, disse mais tarde em referência a Davis que, "na época da depressão americana, eu estava desesperadamente procurando alguém que [fosse] útil para mim na América, para tirarmos proveito da situação econômica".

William Davis precisava de um firme suprimento de óleo para alimentar a Eurotank. De 1934 a 1938, ele comprou pequenas concessões mexicanas, abriu sua companhia em Tampico e desenvolveu uma rede de vendas e uma rede política que o lançaram no tipo de competição com o Big Oil com que ele sempre havia sonhado. Encontrou-se com Mussolini e vendeu combustível à Itália para a guerra na Etiópia (1935-1940), ajudando a impulsionar Il Duce para um ápice de popularidade doméstica. Encontrou-se seis vezes com Hitler após o aparecimento surpresa do Führer no Reichsbank. Em Washington, por meio do líder trabalhista John L. Lewis, encontrou-se com o presidente Roosevelt para propor um complicado contrato de permuta sob três formas: o Banco de Boston compraria excedentes de algodão dos Estados Unidos e os mandaria para a Alemanha em troca de equipamento para vias férreas, que o banco então negociaria com o governo mexicano em troca de petróleo, que o banco revenderia para Davis, que o refinaria na Eurotank e o venderia no mercado internacional.

Roosevelt ficou entusiasmado com a ideia: uma importante lei de *commodities* do New Deal estava enfrentando problemas porque os produtores americanos de algodão não limitariam voluntariamente a produção e o governo estava desesperado para se livrar da safra. Era uma época – meados dos anos 1930 – em que os bancos e empresas americanos, bem como Washington, negociavam com a Alemanha nazista, assim como faziam com qualquer governo, ditatorial ou não. Após seu encontro na Casa Branca, Davis fez doações que representaram a maior contribuição individual para o Partido Democrata nas eleições de 1936. Roosevelt mandou a Davis uma foto assinada "Ao grande W. R. Davis, de seu amigo", que Davis exibia com destaque em cima de uma lareira no seu escritório de Nova York. O presidente atendia aos telefonemas do homem do petróleo.

No final das contas, o acordo do algodão não foi à frente porque o embaixador dos Estados Unidos no México, Josephus Daniels, argumentou com êxito contra ele, afirmando que o benefício para as companhias americanas seria muito reduzido. Daniels havia sido secretário da Marinha durante a Primeira Guerra Mundial, quando Roosevelt servia como secretário-assistente, e o presidente tinha em alta conta o discernimento e a amizade de Daniels, que era mais velho do que ele.

Mas Roosevelt não pôs um ponto final nos negócios de Davis no México com o petróleo, ou de qualquer outra pessoa, acatando com frequência os conselhos do embaixador Daniels. Antigo editor de um jornal da Carolina do Sul – e, aos 75 anos, um velho estadista calmo e equilibrado – Daniels aconselhava flexibilidade e uma atitude de não interferência com relação à crise do petróleo em respeito ao presidente mexicano. Daniels acreditava que os fascistas mexicanos tomariam o poder se Cárdenas caísse. O pessoal linha-dura do Departamento de Estado dizia, num tom depreciativo, que Daniels era "mais mexicano que os mexicanos", o que era uma ironia, já que fora Daniels, quando era secretário da Marinha, quem dera ordens para que os navios americanos abrissem fogo contra Veracruz na sequência do episódio de Tampico, executando a política da "diplomacia moral" do presidente Wilson.

LUBRIFICANDO AS MÁQUINAS DE GUERRA FASCISTAS

O secretário de Estado Hull, superior do embaixador Daniels, referia-se aos mexicanos como "aqueles comunistas". Ele ficou do lado das companhias petrolíferas na disputa com Cárdenas, assim como ficou do lado dos americanos donos de propriedades que lutavam contra os termos das reformas agrárias de Cárdenas. Cidadãos americanos possuíam vastas extensões de terra no México e, para alguns, as escrituras de propriedade traziam um assombroso sentimento de direito integral, refletindo a atitude de algumas companhias de petróleo. William Randolph Hearst, o magnata dos jornais, era dono de um "rancho" de 647.497 hectares no estado nortista de Coahuila, que herdou do pai, e tinha também interesses nos setores madeireiro e de mineração. Visitando o latifúndio quando rapaz, Hearst escreveu à sua mãe: "Realmente não entendo o que vai nos impedir de possuir todo o México e governá-lo em nosso proveito".

Roosevelt acreditava que a linha dura legalista de Hull em defesa das propriedades dos americanos no México estava ultrapassada em meados do século XX, e achava que os termos indenizatórios que o México oferecia às companhias petrolíferas eram razoáveis. As companhias se equivocavam ao insistir que a compensação deveria incluir o valor do óleo que ainda estava sob o solo, disse ele a jornalistas em abril de 1938, usando o exemplo da "Pequena Casa Branca", sua residência na Geórgia. "Se eu tenho um pedaço de terra em Warm Springs que vale US$ 5 mil e o governo federal ou o estado da Geórgia quer tomá-la, eu devia ficar com US$ 5 mil", disse ele. "Eu não deveria dizer: 'Daqui a alguns anos isto vai valer US$ 20 mil, por isso vocês têm de me pagar US$ 20 mil'."

Não obstante, embora sem intervenções diretas a favor das empresas, Roosevelt continuava acessível e permitia que elas mantivessem uma atitude de não compromisso acerca das reivindicações, deixando que os interesses de seus proprietários privados no México superassem a preocupação com o fortalecimento dos inimigos dos Estados Unidos na guerra que se aproximava. O petróleo mexicano era retirado dos Estados Unidos, ao mesmo tempo que fluía para o Eixo.

Esse não era o caminho que Cárdenas poderia ter desejado. Em seu discurso no rádio anunciando as expropriações, disse que o México não "se afastaria um centímetro sequer da solidariedade moral que mantinha com as nações democráticas". Enviou o diretor do Banco do México para vender petróleo para a França democrática e a república espanhola, mas o esforço não foi bem-sucedido.

Nesse meio-tempo, quase todas as companhias independentes como a de Davis correram para longe do petróleo mexicano com medo de irritar as corporações internacionais. Os independentes esperavam despachar cargas extras para as grandes companhias como uma parte significativa de seus negócios e sabiam que parte desse comércio ia secar se negociassem o petróleo mexicano. Além disso, os independentes tinham de contar com um rápido carregamento e desembarque em portos onde a maioria do tráfego vinha das grandes companhias; não tinham dinheiro nem a infraestrutura legal para enfrentar a Standard e a Shell, que ameaçavam confiscar o petróleo mexicano como carga "ilegal". Ao mesmo tempo, além de enviar petróleo para a Espanha continental, a Standard Oil Company dos Rockefellers estava fazendo embarques para o Reich através das Ilhas Canárias, usando tripulações alemãs em alguns de seus petroleiros.

Cinco meses após ter nacionalizado a produção do petróleo mexicano, Cárdenas ainda procurava um meio de vendê-lo para democracias e alinhar-se com os inimigos do fascismo. Confiou a John L. Lewis, presidente da United Mine Workers [União dos Trabalhadores em Minas], que estava visitando a Cidade do México para uma grande manifestação do Congresso Internacional contra a Guerra e o Fascismo, uma mensagem codificada para Roosevelt. Hitler tinha acabado de anexar os Sudetos da Tchecoslováquia; Cárdenas propunha um boicote econômico pan-americano contra nações agressoras para privá-las de matérias-primas por conta de sua atitude armamentista internacional. Sugeria a iniciativa, mesmo sabendo que ela destruiria o mercado alemão do México, agora operante graças a Davis. Mas Roosevelt, escreveu mais tarde o embaixador Daniels, enfrentava demasiada pressão das companhias petrolíferas para aceitar a proposta.

Enquanto isso, William Davis estava exportando metade da produção mensal do México, tendo sido Alemanha e Itália seus principais clientes em 1938 e 1939. Uma empresa chamada La Laguna, de propriedade de um cidadão de origem japonesa naturalizado mexicano, Kiso Tsuru, enviava quantidades menores para o Japão. Isoroku Yamamoto, que um dia lideraria o ataque a Pearl Harbor como almirante da frota japonesa, era adido naval de Tóquio em Washington no final dos anos 1920 e visitou os campos de petróleo mexicanos com Tsuru. Yamamoto, que estudou a indústria petrolífera quando era aluno de Harvard, viu o potencial do petróleo para abastecer uma Marinha moderna. Finalmente, Tóquio descobriu que importar petróleo diretamente da Califórnia através do Pacífico era mais vantajoso do que trazer o óleo cru de Tsuru de Tampico através do Canal do Panamá.

Quando a guerra estourou na Europa, em setembro de 1939, a Grã-Bretanha estabeleceu o bloqueio naval da Alemanha, interrompendo o fluxo de petróleo mexicano através do Atlântico. Davis, então, redirecionou seus petroleiros, fazendo-os atravessar o Pacífico até Vladivostok, na extremidade da Rússia, de onde o óleo seguia por trem, via Estrada de Ferro Transiberiana. Mais ou menos na mesma época, Washington, pretendendo melhorar as desgastadas relações com seu vizinho do sul, começou discretamente a permitir que uma pequena quantidade de petróleo mexicano (gerenciada por Davis) entrasse nos Estados Unidos. As grandes companhias continuavam com seu boicote.

Davis comprou refinarias no Texas, de onde mandava petróleo para a Espanha, nominalmente neutra mas agora nas mãos de Franco; da Espanha, o petróleo refinado no Texas era clandestinamente redirecionado para a Alemanha ou usado para reabastecer submarinos alemães nas costas da Espanha e de Portugal. Mas como a companhia americana Texaco e a Standard mantinham quase um monopólio sobre esse comércio suspeito com os "neutros", Davis teve de se limitar a fazer pequenos negócios em seus portos.

Como a guerra na Europa reduzia os lucros, Davis procurou novos caminhos para vender o petróleo mexicano nos Estados Unidos. Por essa época Washington estava ficando impaciente com a postura arrogante da Standard e da Shell, uma atitude que só beneficiava o Eixo e que parecia cada vez mais impatriótica à medida que aumentava o envolvimento americano na guerra. Davis travou conversas secretas em Nova York com autoridades mexicanas e Harry Sinclair, proprietário da Sinclair Oil, uma das menores companhias expropriadas. A Sinclair decidiu romper com as grandes companhias e chegou a um acordo em separado com o México, enfraquecendo o boicote do Big Oil. No final de 1940, Davis e outros compradores americanos estavam adquirindo mais de 75% do total das exportações mexicanas.

A essa altura, porém, o dano aos Aliados já estava feito. Alemanha e Itália ficaram com 94% das exportações de petróleo do México entre os meses cruciais de março de 1938 a setembro de 1939. O Eixo alcançou uma considerável vantagem na guerra graças ao petróleo mexicano.

O petróleo deu à Alemanha um trunfo diante da França e da Inglaterra, sobretudo para a manufatura de aeronaves de combate. O Reich tinha pouca moeda forte para pagar as matérias-primas importadas necessárias à produção de tanques, navios, armas e aviões de boa qualidade; empregando um sistema de permutas com o México, trocando maquinário e outros bens manufaturados por petróleo, Hitler obteve os suprimentos vitais de petróleo sem precisar gastar os fundos necessários para o acúmulo acelerado de armas. As remessas mexicanas abasteceram o Reich com um suprimento de seis meses de petróleo no início da guerra, permitindo a Hitler a invasão da Polônia em setembro de 1939, que levou ao conflito uma Grã-Bretanha ainda despreparada. O petróleo também possibilitou a invasão da França na primavera seguinte. Encheu os tanques de armazenagem do almirante Karl Doenitz para abastecer as frotas de submarinos usados na pilhagem. Durante anos, as vitórias de Hitler foram alimentadas pela dianteira que o óleo mexicano lhe deu no início da guerra.

* * *

Em 19 de novembro de 1941, depois de tantos protestos, as companhias petrolíferas acabaram aceitando a oferta do México por sua propriedade expropriada. Perceberam que o México não iria mudar de ideia sobre a nacionalização do petróleo e que tinha encontrado meios de comercializar seu óleo sem elas, por intermédio de William Rhodes Davis e outros. A provável entrada dos Estados Unidos na guerra trazia urgência para a resolução do problema. Mesmo o secretário de Estado Hull, que tinha se mantido intransigente, dando apoio às companhias por mais tempo que qualquer outra pessoa no governo, tornou-se ávido por uma conciliação, dadas "as condições mundiais e, em especial, as de nosso hemisfério". O governo, não querendo ver repetida a experiência do México, pressionou por acordos com outros produtores de petróleo, como Colômbia e Venezuela, evitando expropriações unilaterais.

Depois de Pearl Harbor, Roosevelt encorajou a Grã-Bretanha a reatar suas relações com o México, rompidas quando a Shell perdeu terreno na nacionalização. A época exigia alianças entre as democracias, onde quer que estivessem.

Roosevelt vinha há muito tentando convencer os americanos, em especial os políticos conservadores, que sua política de Boa Vizinhança não era um salvo-conduto para que extremistas latino-americanos confiscassem propriedades e tirassem vantagem de negócios estrangeiros. Pediram, depois de Pearl Harbor, que ele não insistisse tanto nessa diplomacia, mas Roosevelt continuava tendo de impressionar os países latino-americanos com a amizade dos Aliados. Boas relações com o México mostrariam que o rancor entre Washington e seu mais próximo vizinho latino por conta do imperialismo econômico era coisa do passado.

Em uma noite de abril de 1943, o presidente Roosevelt e o presidente do México Manuel Ávila Camacho sentaram-se lado a lado em cadeiras de encosto alto, com entalhes feitos à mão, a uma mesa de banquete enfeitada com rosas na cidade de Monterrey, no norte do México. Ávila sucedera Cárdenas em 1940 e havia declarado guerra ao Eixo em maio de 1942, depois que submarinos alemães afundaram dois petroleiros mexicanos. O encontro com Roosevelt melhoraria sua popularidade, esperava Ávila, que vinha caindo com a inflação do período da guerra e rumores de recrutamento militar. Pânico e manifestações, especialmente em áreas rurais, tinham eclodido ante os rumores de que jovens mexicanos seriam mandados para morrer em terras estrangeiras numa guerra que não era deles.

Bem antes disso, em 1909, quando as primeiras companhias petrolíferas estrangeiras começavam a cavar o solo mexicano, o presidente americano William Howard Taft e o presidente mexicano Porfirio Díaz tinham se encontrado em El Paso, na fronteira Texas-México, "num verdadeiro espetáculo de esplendor militar... e fervor patriótico", noticiou um jornal do Texas. Nessa ocasião, Taft pediu garantias de apoio aos investimentos dos Estados Unidos e Díaz as concedeu. Agora, o encontro presidencial seria mais toma-lá-dá-cá – marca de como a guerra havia abalado o relacionamento bilateral. Roosevelt e Ávila podiam jantar como companheiros sabendo que a disputa pelo petróleo fora resolvida. Mas não sem preocupações.

Uma olhada nos jornais durante a semana em que Ávila e Roosevelt se encontraram mostra que os Aliados não estavam em uma zona de conforto: na África do Norte, tropas de choque britânicas lutavam corpo a corpo com soldados alemães e italianos liderados pelo marechal-de-campo do Reich Erwin Rommel, a Raposa do Deserto; os russos afirmavam que Hitler estava se preparando para usar gás venenoso e os britânicos respondiam à ameaça dizendo que Londres lançaria ataques maciços de gás contra a Alemanha se isso acontecesse. No dia do encontro em Monterrey, Roosevelt anunciou que o Japão tinha acabado de executar vários aviadores americanos capturados no ano anterior em incursões sobre Tóquio. O Japão advertia que daria a futuros pilotos capturados "um tíquete sem volta para o inferno".

Mesmo tão distante dos campos de batalha, a atmosfera estava plena de guerra. Ávila estava sempre tranquilizando o povo mexicano, afirmando que não enviaria tropas para a luta, embora considerasse a si mesmo um presidente em um período de guerra. Corpulento e ex-oficial do exército, Ávila nunca abandonou seu fascínio pela estratégia e tática militares. Na residência presidencial da capital, Los Pinos, ordenou a criação de várias salas de guerra, com mapas detalhados e modelos de campos de batalha da Segunda Guerra Mundial, onde ele, reservadamente, deslocava soldadinhos de chumbo.

Sentado ao lado do presidente dos Estados Unidos em Monterrey, talvez Ávila considerasse estar em um ápice de responsabilidade compartilhada pelo futuro da democracia. Jurou fidelidade à recente e controvertida exigência de Roosevelt de uma rendição incondicional das potências do Eixo.

O presidente mexicano, no entanto, reservou certas decisões para si mesmo. Não permitiu que tropas dos Estados Unidos ficassem estacionadas no México, como Washington desejava. Não cedeu às intenções americanas de transferir nipo-mexicanos – tivessem ou não a cidadania mexicana – para campos de concentração nos Estados Unidos, colocando-os junto a internos nipo-americanos. Ávila transferiu centenas de famílias de suas casas perto da divisa com os Estados Unidos e de áreas costeiras para Guadalajara e Cidade do México. Kiso Tsuru, um homem do petróleo; a família Matsumoto, extremamente respeitada; e outros destacados mexicanos de origem japonesa ajudaram a zelar pelo bem-estar dos deslocados durante o tempo em que a guerra durou. As famílias sofreram com esse deslocamento forçado dentro do México, um episódio quase desconhecido pelo público desse país. No entanto, passados quase 75 anos, alguns idosos nipo-mexicanos ainda falam de Manuel Ávila Camacho como um protetor que se recusou a enviá-los para os campos norte-americanos.

Em Monterrey, os presidentes expressaram satisfação com o convênio que haviam assinado seis meses antes, pelo qual o México enviaria mais de 300 mil trabalhadores aos Estados Unidos para ajudar a economia agrícola durante o período de guerra. Agricultores americanos enfrentavam uma súbita e urgente necessidade de mão de obra para substituir homens recrutados para o serviço militar. Os mexicanos, muitas vezes desesperados por uma ocupação, forneciam trabalho barato. Durante a guerra, o programa *bracero* foi uma fonte vital de assistência aos Estados Unidos, ajudando a assegurar um ininterrupto suprimento de alimentos para a população e as tropas. Destinado a ser temporário, o programa contou com a participação de cerca de 4,5 milhões de mexicanos e se prolongou até 1964.

O petróleo tinha levado o relacionamento entre os dois vizinhos a um ponto de crise. As exigências da guerra estimularam a resolução dela – mas só após uma demora que beneficiou o inimigo. Roosevelt estava determinado a não deixar que tal calamidade acontecesse de novo. "Todos nós reconhecemos o princípio de independência", disse Roosevelt a seus anfitriões mexicanos. "Está na hora de reconhecermos também o privilégio da interdependência – de um frente ao outro."

Roosevelt ouviu o presidente mexicano redefinir num tom vibrante, positivo, a proximidade geográfica dos dois países. Estar tão perto dos Estados Unidos não era necessariamente uma coisa má. Na verdade, a fronteira entre México e Estados Unidos, sem fortificações nem presença massiva de militares, era um símbolo positivo.

"A geografia fez de nós uma ponte natural de conciliação entre a cultura latina e as culturas saxônicas do continente", disse Ávila. "Se existe algum lugar onde a tese da boa vizinhança pode ser provada com eficácia, esse lugar é aqui, na justaposição dessas terras."

A guerra não aplainou para sempre as diferenças entre Washington e a Cidade do México. Mas não seriam mais enviadas canhoneiras para impor a vontade dos Estados Unidos a seu vizinho do sul. Tratados comerciais seriam a partir de então discutidos sobre uma mesa, não mais com um "grande porrete".

Quando Roosevelt e Ávila se encontraram em Monterrey, Lázaro Cárdenas, que tinha escolhido o centrista Ávila como o candidato do seu partido para sucedê-lo, era ministro da Defesa e da Marinha. William Rhodes Davis, o executivo do petróleo que havia tornado viável, em um momento crítico, a reforma que tinha se tornado a marca de Cárdenas – a nacionalização do petróleo – havia deixado a cena.

O verão que precedeu Pearl Harbor encontrou Davis em Houston, bem disposto e ativo como sempre, cuidando dos negócios da companhia. Às duas horas da manhã de 1º de agosto de 1941, ele cambaleou por um corredor no apartamento que mantinha no Lamar Hotel e bateu na porta do quarto de Erna Wehrle, sua secretária havia tantos anos. Agitado e falando anormalmente depressa, Davis disse a ela que estava "se sentindo realmente mal" e com uma sede terrível. Enquanto Wehrle telefonava para o médico local de Davis, ele foi pegar água na cozinha e retornou pelo corredor buscando mais uma vez a porta do quarto de Wehrle. Parou lá enquanto ela desligava o telefone. Sem uma palavra, desabou no chão, o sangue escorrendo da boca.

A causa oficial da morte de Davis foi apresentada como "um súbito ataque do coração". Mas pode ter sido assassinato. Aos 52 anos de idade, Davis havia recebido recentemente um atestado de boa saúde de seu médico. A descrição de seus últimos momentos parece não combinar com um quadro de oclusão coronária – "um súbito ataque do coração" – e sim com certos tipos de envenenamento, sugere um biógrafo, como pela atropina (belladonna). As providências tomadas após a morte foram sumárias; não houve autópsia e o corpo foi cremado. O FBI de J. Edgar Hoover havia desencorajado investigações policiais posteriores a pedido da Coordenação de Segurança Britânica (BSC) comandada por William Stephenson, o "Intrépido".

Entre os arquivos da BSC, há um registro dos acordos de negócios entre Davis e os nazistas, incluindo de um projeto "para enviar petróleo por meio de navios fretados mexicanos" a bombas de abastecimento de submarinos ocultas no Atlântico e ilhas caribenhas. Davis havia chegado ao fim da linha. A ficha da inteligência britânica sobre o suposto projeto de abastecimento de submarinos termina de maneira concisa: "O modo mais rápido de pôr um ponto final nesse esquema seria tirar Davis de cena".

3

OURO BRANCO, A HISTÓRIA DOS SOLDADOS DA BORRACHA

O ano é 1943. Em uma região remota da selva amazônica, na escuridão pouco antes do amanhecer, quando a seiva flui melhor, um coletor faz um corte diagonal no tronco de uma seringueira. Durante o dia, o látex leitoso vai descendo por uma escada de cortes mais antigos até a base da árvore, onde pinga em uma tigela de metal. Folhas novas foram colocadas no chão da floresta para salvar qualquer preciosa gota que pule da casca ou da tigela.

Na luz verde do final da tarde, o coletor transfere o látex para um balde e carrega-o para uma estação de tratamento, onde ele ganha formatos ovais e é defumado sobre um fogo de sementes de palmeiras até endurecer. Depois, com outros coletores, carrega nas costas os blocos oblongos até um cais, onde eles são carregados em um vapor que desce a toda velocidade o mais extenso rio do mundo. O rio se alarga para encontrar o bravio Atlântico.

Lá, em rápida sucessão de acontecimentos, um submarino alemão afunda o vapor e um navio da Marinha americana despacha o submarino. A tripulação dos Estados Unidos resgata os sobreviventes e paga pescadores para resgatarem os blocos. Os militares passam a borracha para outro navio, onde ela continuará sua jornada para os Estados Unidos. Os tripulantes ganham uma menção de louvor pela rapidez de sua iniciativa e por recuperarem um material estratégico e absolutamente fundamental para ganhar a guerra.

Passados mais de cinquenta anos, fazendo um trabalho na Amazônia, caminhei com esses coletores de borracha no trecho de selva onde eles trabalhavam, avançando na friagem antes do amanhecer, seguindo um facho de lanterna, ao longo de trilhas enlameadas, de uma *Hevea brasiliensis* para outra. Uma luz difusa chegou com a manhã, e a cantoria de pássaros, que provavelmente eram magníficos, soou bem no alto da copa das árvores. Os coletores, chamados *seringueiros*, faziam na casca das árvores o mesmo corte habilidoso que seus antecessores haviam feito durante a guerra. O processo parecia atemporal. Contudo, entre 1942 e 1945, os pais de alguns desses seringueiros haviam trabalhado em condições de extrema urgência na produção de borracha para os Aliados.

A borracha era fundamental na guerra, indispensável para à manufatura de milhões de pneus para jipes e caminhões bem como à fabricação de planadores e barcos torpedeiros. Certos encouraçados não exigiam menos que 20 mil partes de borracha. A borracha era utilizada para fabricar milhares de itens que significavam vida ou morte no campo de batalha. Tanques e aviões precisavam de borracha para vedação, cintos, mangueiras. A borracha era essencial para barcos salva-vidas e máscaras de oxigênio, câmeras, equipamentos para radares, luvas cirúrgicas, fios de telégrafo e fios para cabos.

Provavelmente, não há outra substância inerte que empolgue tanto a mente.

– Charles Goodyear, inventor, 1838.

Mais de mil anos antes de Cristo, uma civilização que vivia na costa do Golfo do México chamada olmeca – o nome significa "povo da borracha" – desenvolveu um jogo de bola sagrado que recriava uma disputa entre heróis e senhores da escuridão no início do mundo. As culturas que descenderam dos olmecas, complexas sociedades pré-colombianas como os maias e os astecas, continuaram praticando o jogo por mais mil anos em quadras compridas, de pedra – o que sobrou dessas sociedades pode ser visto hoje em diversos locais, do Arizona à Nicarágua. No centro do ritual, havia uma bola sólida, pesada, de borracha, feita das árvores da selva, cujo fluido leitoso representava as forças de vida – sêmen, sangue.

No decorrer dos séculos, os europeus usaram o látex das Américas para sapatos e meias à prova d'água, mas a substância – que de início chamaram *caoutchouc* – continuou sendo, durante muito tempo, uma curiosidade. Em 1770, o inventor britânico Edward Nairne descobriu que um pedaço de *caoutchouc* podia apagar traços feitos a lápis e começou a vender "borrachas" de apagar. Outros inventores usaram a borracha para fazer boias salva-vidas, garrafas, sacolas para carteiros e capas de chuva. Mas os produtos ficavam quebradiços no frio e pegajosos no calor do verão, quando não derretiam por completo, transformando-se em massas disformes.

Em 1834, um pretenso inventor chamado Charles Goodyear, que acabara de sair da prisão por dívidas, estava passando por uma loja de uma empresa de produtos de borracha de Nova York quando uma boia salva-vidas de uma vitrine chamou sua atenção. Acreditando que a válvula de enchimento da boia poderia ser melhorada, Goodyear comprou um exemplar, desenvolveu sua própria versão de uma válvula para enchê-la e foi mostrar a invenção para o gerente da loja. Esqueça isso, disse o gerente, o mercado da empresa não eram válvulas de encher, eles estavam pensando até mesmo em sair desse ramo. Ele mostrou a Goodyear, em um monte fedorento, uma pilha de produtos que haviam derretido. Produtos de borracha não suportavam temperaturas extremas.

Goodyear começou a fazer experiências de forma sistemática e obsessiva, muitas vezes sem uma renda estável, indiferente à sua crescente reputação de doido. Desenvolveu por fim um processo que usava calor para misturar borracha com enxofre – endurecendo a borracha, mas conservando sua elasticidade. Patenteou o processo em 1844, chamando-o de "vulcanização", em homenagem a Vulcano, deus romano do fogo. A vulcanização tornava a borracha resistente a qualquer temperatura. Charles Goodyear foi objeto de adulação e elogios, mas não teve a perspicácia comercial para ganhar a vida com sua descoberta. Também foi afligido pela falta de sorte. Tentou, mas não conseguiu, abrir fábricas. Não respeitaram sua patente e ele passou anos nos tribunais lutando contra os usurpadores. Nunca ganhou dinheiro suficiente para livrar a família das dívidas.

Ainda assim, o momento da borracha vulcanizada havia chegado. Alguns anos depois da morte de Goodyear, inventores europeus e americanos desenvolveram o motor de combustão interna e, em 1886, dois alemães, Karl Friedrich Benz e Gottlieb Daimler, patentearam os primeiros automóveis. Estava montado o cenário para que o mundo rodasse para o século XX com pneus de borracha vulcanizada. Em breve a borracha, fortalecida pelo processo de Goodyear, se tornaria um material estratégico e fundamental na guerra.

> *Deus criou a guerra para que os americanos pudessem aprender Geografia.*
>
> — atribuído a Mark Twain.

Nos anos 1930, a U.S. Rubber Manufacturers Association [Associação dos Fabricantes de Borracha nos Estados Unidos] e o financista Bernard Baruch, pessoa de confiança de presidentes, aconselharam Roosevelt a estocar borracha para a eventualidade de uma guerra. Generais e almirantes dos Estados Unidos tinham começado a se preocupar com a ação hostil dos japoneses na Ásia desde 1931, quando o Japão invadiu a Manchúria. Washington permutava excedentes de algodão por alguns suprimentos britânicos do produto, mas os estoques não aumentavam o bastante para satisfazer o crescente consumo doméstico dos americanos — havia cerca de 30 milhões de carros rodando. Em caso de guerra, Washington não teria borracha suficiente para suprir as necessidades militares e civis.

A borracha sintética não era uma opção para os Estados Unidos nem para a Grã-Bretanha. Em 1940, apenas 1,2% da borracha dos Estados Unidos era produzida pelo homem e havia pouca motivação dos britânicos para fabricar o produto artificial porque suas colônias asiáticas tinham produzido um excesso de borracha natural após a Primeira Guerra Mundial. Outros países estavam muito mais avançados. A Rússia começou a desenvolver borracha sintética com o uso de etanol e petróleo após a Revolução de Outubro, em 1917, como forma de reduzir a dependência do monopólio britânico e holandês sobre os suprimentos mundiais do produto. Em 1940, a União Soviética tinha a maior indústria de borracha sintética do mundo. Mas a Alemanha a estava alcançando com rapidez.

Sem colônias produtoras de borracha no exterior, a Alemanha ofereceu fortes incentivos após a Primeira Guerra Mundial para desenvolver o produto sintético. Os preços da borracha natural flutuavam muito, era um mercado instável que não permitia que os governos ou a indústria fizessem planos. Por falta de borracha, equipes de manutenção públicas isolavam fios de energia elétrica e linhas telefônicas com camadas de piche. Em 1935, cientistas da IG Farben deram início à produção em massa da Buna-N sintética, hoje conhecida como NBR. No final da década, o Reich estava produzindo 70 mil toneladas de borracha sintética por ano, enquanto os Estados Unidos produziam meras 8 mil.

Três meses após Pearl Harbor, uma catástrofe atingiu a fonte de borracha natural dos Aliados. Em fevereiro de 1942, os japoneses ocuparam a Malásia britânica, movendo-se depois para as Índias Orientais Holandesas. De um só golpe, os Estados Unidos perderam acesso a 90% de seu suprimento global. Os britânicos mantiveram alguma produção na Índia e ainda resistiam no Ceilão, embora os japoneses estivessem avançando para a ilha. Toda a borracha que restava aos países que lutavam contra o Eixo – proveniente da América do Sul, do México e da África – totalizava o equivalente a não mais que duas semanas do consumo dos Estados Unidos no período anterior à guerra.

Onde conseguir mais?

Os pesquisadores do Departamento de Agricultura dos Estados Unidos procuraram regiões da América Latina adequadas ao cultivo da *Hevea brasiliensis*, a variedade mais produtiva. Funcionários do Departamento introduziram sementes, montaram sementeiras, trabalhando com proprietários privados e em terras do governo na Costa Rica, Panamá e Guatemala. Distribuíam folhetos com fotos que mostravam o passo a passo para iniciar uma plantação de seringueiras, a profundidade em que as sementes deviam ser plantadas, a distância entre as árvores, o momento certo para fazer os enxertos e o transplante. Na Guatemala, onde a maior plantação da região ainda é conhecida como "Tio Sam", a campanha fez nascer uma indústria nacional de borracha.

Mas a *Hevea brasiliensis*, em geral chamada de árvore da borracha do Pará ou simplesmente "árvore da borracha", leva entre cinco e sete anos para crescer. A falta de borracha por um período tão longo ameaçaria o sucesso militar aliado.

Em setembro de 1942, Bernard Baruch, como chefe do Comitê de Inspeção da Borracha de Roosevelt, emitiu um relatório defendendo a "urgente" aceleração dos esforços para produzir borracha sintética e introduzindo mais de cinquenta programas em diferentes partes do país. Mas essa opção também exigiria tempo. Além disso, a crise não seria resolvida só com a borracha sintética: os processos mais promissores requeriam petróleo, ele próprio um insumo precioso do período de guerra, e a produção de itens básicos, como pneus, exigia pelo menos um pouco de borracha natural.

O comitê de Baruch recomendou medidas imediatas para economizar pneus (não foram fabricados pneus novos durante a maior parte de 1942): recauchutagem, redução da velocidade máxima para 60 quilômetros por hora, uso anual limitado a 8 mil quilômetros rodados por veículo. A carona foi encorajada, permitindo que as pessoas cumprissem os limites do racionamento, poupassem dinheiro e vivessem uma experiência de patriotismo, tudo ao mesmo tempo. "Quando você viaja sozinho, você viaja com Hitler!", advertia um cartaz do governo. Na Grã-Bretanha, uma agência nacional reguladora, a Tyre Control [Controle dos Pneus], instituiu fortes medidas de conservação e um sistema de distribuição eficiente. Uma escassez persistente nos Estados Unidos, porém, teria efeitos decisivos no desenrolar da guerra, segundo o relatório de Baruch. Deixada sem solução, a crise da borracha nos Estados Unidos poderia levar à derrota aliada.

Quando fábricas foram convertidas para a produção militar, o governo pediu aos cidadãos que entregassem tudo o que pudessem destinar à reciclagem: pneus usados, mangueiras de jardim, capas de chuva velhas. Um cartaz ilustrado indicava a quantidade de borracha necessária para uma máscara contra gases (500 gramas), um bote salva-vidas (7,5 a 45 quilos), um "scout car" (138 quilos) e um bombardeiro pesado (828 quilos). Mas, apesar das restrições, das campanhas arrecadando sucata para reciclagem e dos esforços para aumentar a consciência sobre economia de recursos, os responsáveis pelo planejamento previam uma escassez apavorante, expressa por números sólidos: em 1944, apenas o exército precisaria de 842 mil toneladas de borracha, mas só estariam disponíveis cerca de 631 mil.

Quando o Japão interrompeu os fornecimentos asiáticos, Washington definiu que a Amazônia era o lugar mais provável, dentro do alcance dos Estados Unidos, para encontrar um suprimento de borracha imediato e estável. Dos oito países sul-americanos que compartilhavam a bacia do grande rio e seus maiores afluentes, só o Brasil podia fornecer borracha natural nas quantidades exigidas – 60% da Região Amazônica está dentro de suas fronteiras.

Mas convencer o Brasil de que suas selvas deveriam ser exploradas em benefício da causa aliada não seria fácil. Em 1934, a Alemanha havia se tornado o maior parceiro comercial do Brasil, em grande parte pelas compras de café e cacau. No final da década, as demandas dos alemães e japoneses por borracha estavam começando a fazer a adormecida indústria brasileira do setor renascer. O governo brasileiro se mostrava relutante em prejudicar suas excelentes relações comerciais com o Reich. Quando a guerra começou, em 1939, o Brasil declarou neutralidade mas, pressionado por Washington, parou de vender borracha para o Eixo em 1940. Não obstante, o presidente Getúlio Vargas chefiava um Estado de tipo fascista e estava determinado a assumir uma postura política independente dos Estados Unidos, o colosso do norte.

Baixo, corpulento e vaidoso, mas também afável e carismático, Vargas vinha governando o Brasil desde 1930 com uma combinação de populismo e mão de ferro. Era um autocrata no molde de seus contemporâneos Antônio Salazar, de Portugal, e Mussolini, da Itália. Em 1937, Vargas dissolveu assembleias estaduais e pôs um cadeado no Parlamento, calando legisladores e passando a governar por decreto. O presidente brasileiro tinha perfeita consciência da tradição da diplomacia de boca de canhão de Washington, obstruindo ou derrubando governos que não lhe agradavam, enviando forças armadas para dar apoio a negócios americanos. Apesar das promessas da "Boa Vizinhança", Vargas não seria bem visto por outros líderes latinos ou segmentos de sua própria população caso parecesse se curvar aos desejos americanos, em especial no tocante a um insumo tão valioso quanto a borracha.

Em Washington, no entanto, os comandantes militares vinham há muito considerando a possibilidade de uma invasão do nordeste do Brasil para estabelecer uma base de navios e aviões durante a guerra, quer Vargas concordasse ou não com a ideia. Já em 1938, o Departamento da Guerra dos Estados Unidos encarregou uma comissão de determinar de onde poderia vir um ataque contra os Estados Unidos. As respostas: da América do Sul e do Canal do Panamá. Os planejadores americanos não estabeleceram o limite meridional do perímetro de defesa da nação na fronteira americana, mas sim no nordeste do Brasil, um país com metade do território e metade da população de toda a América do Sul. Em 1939, proteger a costa geograficamente destacada da região nordeste do território brasileiro contra uma agressão do Eixo tornou-se a pedra angular dos planos militares americanos para a defesa da frente atlântica.

A saliência do território no nordeste do Brasil avança como um gigantesco punho para o Atlântico. Seu limite extremo encontra-se a apenas 2.900 quilômetros da África Ocidental, menos que a distância entre Los Angeles e Chicago. Em 1939, preocupado com a beligerância japonesa na China e desejando obter uma rota adicional para a Ásia além do Pacífico, o comando militar conjunto dos Estados Unidos propôs o estabelecimento de bases americanas no nordeste do Brasil. O punho era um ponto de escala ideal para forças se dirigindo à África Ocidental Francesa e ao longínquo Extremo Oriente.

O cronograma para os Estados Unidos colocarem seu plano em ação tornou-se mais apertado em junho de 1940, quando Paris foi tomada pelos nazistas e colônias francesas na África Ocidental ficaram sob controle do governo colaboracionista de Vichy. O Reich tinha estabelecido uma virtual cabeça de ponte a apenas algumas horas de voo da região nordeste do Brasil, que era pobre, ignorada pelos políticos e praticamente desprotegida. Um relatório do exército americano, de maio de 1941, dizia: "*Premissa:* Que estão sendo feitos imediatos e vigorosos preparativos para estender o poder político, econômico e militar do Eixo à América do Sul".

A maior parte do exército de Vargas estava posicionada no extremo sul do país, onde podia ficar de olho na Argentina, o vizinho do sul; o governo brasileiro suspeitava que a Argentina tivesse planos acerca do seu território. Os militares também queriam manter sob vigilância o milhão de alemães que viviam no sul do Brasil, cuja lealdade era questionável. O nordeste vinha em último lugar.

Mas não para o alto comando dos Estados Unidos. Roosevelt ordenou um plano de contingência para enviar de imediato 100 mil soldados dos Estados Unidos, que ficariam estacionados na costa brasileira, de Belém ao Rio de Janeiro. Os brasileiros fizeram objeções. Seus próprios soldados podiam defender a nação se houvesse necessidade. Não obstante, imediatamente após Pearl Harbor, as forças armadas dos Estados Unidos produziram o "Plano Conjunto Básico para a Ocupação do Nordeste do Brasil [Joint], Série 737 de 21 de dezembro de 1941", definindo um desembarque anfíbio para tomar cidades e portos-chave. Ao mesmo tempo, o plano protegeria a região que servia de entrada para a Amazônia.

Uma confrontação armada parecia iminente. Alcunha da operação secreta: Plano Borracha.

O subsecretário de Estado Sumner Welles, diplomata incansável e ótimo de conversa, convenceu o presidente Vargas a permitir a entrada de 150 fuzileiros navais americanos disfarçados de mecânicos de aviões em instalações de Belém, Natal e Recife. Os fuzileiros tinham ordens para garantir a segurança e o funcionamento dos aeródromos e o tráfego de aeronaves dos Estados Unidos, mas não podiam esquecer que estavam presentes por convite. Vargas continuava insistindo em um Brasil neutro.

Contudo, mesmo essa concessão aparentemente pequena aos americanos desencadeou temores de uma torrente de críticas a Vargas por parte de simpatizantes nazistas. Se ele caísse, a situação dos Aliados ficaria ainda pior. Em Washington, comandantes militares faziam pressão para executar o Plano Borracha e invadir o nordeste do Brasil. Mas Roosevelt resistia em favor de uma diplomacia cortês.

Enquanto isso, o astuto Vargas fez seus cálculos e finalmente apostou que os Aliados ganhariam a guerra. O Brasil abriu mão da "neutralidade" em janeiro de 1942, um movimento não muito distante de uma declaração de guerra. De inclinação fascista, mas pragmático, não um ideólogo, Vargas previu que o Brasil teria um importante papel no mundo do pós-guerra se cooperasse com os Aliados. Assinou um documento histórico chamado Acordos de Washington, que passou a ter efeito em maio de 1942. A invasão armada estava afastada, mas outro tipo de invasão estava no ar.

Os acordos, oficialmente chamados de Tratado Político-Militar Brasil-Estados Unidos, abriram a porta para um dos maiores projetos de construção de bases da Marinha da história. A costa brasileira ficou salpicada de bases para aviões (em cooperação com a Pan American Airlines) e para navios, indispensáveis à campanha contra os submarinos no Atlântico Sul. Até os desembarques aliados na África do Norte, no final de 1942, as rotas aéreas do tratado proporcionaram proteção contra uma invasão alemã do Novo Mundo. Em 1943, as bases foram vitais ao fornecer suprimentos para a invasão aliada da Sicília, fato fundamental na luta contra as potências do Eixo na Europa.

E, embora a um alto custo, o tratado garantiu o fornecimento de matérias-primas estratégicas do maior país da América Latina à causa aliada.

Um documentário de propaganda americana de 1943, feito pelo Office of War Information [Centro de Informação de Guerra], mostrava brasileiros bonitos, jovens e em forma fazendo exercícios de treinamento militar e multidões ovacionando o presidente Vargas. As imagens brilhavam na tela em um estilo grandioso, que lembrava o clássico nazista *O Triunfo da Vontade*, de Leni Riefenstahl. As matérias-primas do Brasil, dizia o filme aos americanos, tornavam o país "duplamente valioso como aliado".

"Estas fábricas de materiais de guerra nos Estados Unidos usam grandes quantidades de manganês, minério de ferro da mais alta qualidade, zinco, níquel e outros minerais brasileiros essenciais à fabricação de tanques, metralhadoras, navios de guerra", dizia o narrador, enquanto eram mostradas cenas de trabalhadores em atividade. "Bauxita da qual é feito o alumínio de nossos aviões de combate... a única fonte do mundo de cristal de quartzo de alta qualidade em quantidades substanciais, tão indispensável a manufatura de instrumentos elétricos, óticos e de precisão... um dos maiores produtores do mundo de diamantes industriais, usados para cortar os metais duros" para máquinas-ferramentas. "Elas podem produzir materiais básicos em quantidade suficiente para fazer explosivos que supririam o mundo inteiro."

A aliança reduziu a ansiedade com a crise da borracha nos Estados Unidos, alívio sentido além das fronteiras americanas. "A produção de borracha do Brasil pode, por si só, ser um fator decisivo para a vitória nesta guerra", dizia o filme.

A maciça campanha da borracha prevista nos Acordos de Washington também forneceu a Vargas soluções para problemas domésticos não relacionados com a guerra, ajudando-o a permanecer no poder. A indústria de borracha nacional – só superada pelo café em termos de exportações – andara se enfraquecendo a despeito das vendas, mas agora era certo que decolaria outra vez. E Vargas podia matar outros dois coelhos com uma só cajadada: ao enviar inquietos habitantes do nordeste devastado pela seca para coletar borracha na selva, podia desarmar uma bomba-relógio política ao mesmo tempo que dava força a reivindicações relacionadas às fronteiras, disputada por países vizinhos. Para o ditador brasileiro, a campanha foi um presente em uma bandeja de prata. Ele a chamou, de modo imponente, de *Batalha da Borracha*.

A ambiciosa campanha brasileira durante a guerra teve duas extraordinárias predecessoras: um grande *boom* na virada do século e um projeto caro e megalomaníaco de Henry Ford, que começou nos anos 1920 e fez surgir na floresta tropical uma cidade com ar de Meio-Oeste americano para produzir borracha no estilo linha de montagem. Essas prévias notáveis foram o prenúncio da "batalha" do tempo de guerra e cada uma delas guardou lições, que foram ignoradas pelos planejadores por sua conta e risco.

> *Roger advertiu [Negretti] apontando para o chicote: "se eu o vir usando isso nos índios, vou pessoalmente entregá-lo para a polícia..."*
>
> *E Roger nunca o viu açoitar os carregadores; só gritava para que andassem mais depressa ou os molestava com pragas e outros insultos quando deixavam cair as "salsichas" de borracha, que carregavam nos ombros e na cabeça, porque não aguentavam mais ou porque tropeçavam...*
>
> *No segundo dia, uma velha mulher de repente caiu morta ao tentar subir uma encosta com trinta quilos de borracha nas costas. Negretti, após confirmar que ela não estava mais viva, distribuiu rapidamente as duas salsichas da morta entre os outros nativos com uma careta de irritação e uma voz rouca.*
>
> – Mario Vargas Llosa, *O Sonho do Celta*.

A febre da borracha amazônica no final do século XIX gerou uma prosperidade sem precedentes. A rústica cidade peruana de Iquitos, um porto de águas profundas nas cabeceiras do sistema do Amazonas, tornou-se a maior cidade do mundo inacessível por estradas de rodagem. A 6.500 quilômetros a leste, onde o rio deságua no Atlântico, o velho porto açucareiro de Belém transformou-se em uma florescente metrópole com avenidas amplas e mansões imponentes. Entre Iquitos e Belém, na área mais remota da floresta tropical, um posto fluvial avançado chamado Manaus, com uma muralha de selva atrás de si, cresceu e se transformou em uma das cidades mais ricas do mundo de seu porte.

Mesmo hoje, ao sair do calor úmido da rua e entrar no teatro de ópera Belle Époque da cidade, o visitante fica maravilhado com a riqueza e elegância do local: os frios degraus e colunas com mármore de Carrara, poltronas acolchoadas importadas de Paris, painéis italianos retratando cenas de drama e dança, uma cortina de palco pintada para evocar a união dos rios da vizinhança, o Negro e o Solimões, quando eles se juntam para formar o

Amazonas. Inúmeros lustres de cristal requintados brilham agora, como já faziam nos anos 1890, para espanto dos habitantes locais, com luz elétrica.

No interior, distantes de Iquitos e de Manaus, os coletores da borracha que produziam toda essa riqueza levavam vidas tão miseráveis que tinham um apelido, os *flagelados* (chicoteados). Seus patrões, abastados barões da borracha, comandavam uma rede de capatazes selvagens como "Negretti" – nome verdadeiro de um deles – no romance de Vargas Llosa. O prêmio Nobel peruano baseou sua descrição da era dos *flagelados* em relatos de Roger Casement, um diplomata britânico nascido na Irlanda, que testemunhou Negretti e outros de sua laia em ação.

Em 1906, superiores de Casement mandaram-no investigar denúncias de maus-tratos nas terras dos índios putumaios, uma região reivindicada por Colômbia, Equador, Brasil e Peru, o local onde a mulher no romance cai sob o peso das "salsichas" de borracha. O relatório de 165 páginas de Casement relatava que capangas entravam na selva para capturar índios para as companhias seringalistas, algumas parcialmente de propriedade britânica. Além de não serem pagos, os novos seringueiros contraíam dívidas pelas ferramentas e alimentação de que precisavam e, enquanto estavam fora para trazer a cota de borracha que lhes fora atribuída, suas esposas e filhos ficavam sujeitos a sequestro e estupro. Esses reféns, juntamente com os seringueiros responsabilizados por infrações, eram aprisionados em paliçadas imundas. Eram "pais, mães e filhos", Casement escreveu, "e havia relatos de muitos casos de casais morrendo, de fome ou por conta de ferimentos causados por chicotadas, enquanto os filhos eram amarrados ao lado deles para assistir, em grande sofrimento, às agonias da morte dos pais".

Fotos da época mostram crianças com marcas de chicotadas nas coxas e nádegas, homens desnutridos sentados em celas, encarando a câmera, unidos por correntes em torno dos pescoços. Nos últimos anos do *boom* da borracha, a população indígena na região peruana por onde Casement viajou caiu de 50 mil indivíduos, em 1906, para 8 mil em 1911.

Na Amazônia brasileira, o processo de levar a borracha da árvore até um navio transoceânico envolvia uma teia de relações chamada sistema de *aviamento*, da palavra portuguesa para "andamento de um negócio", que incluía patronagem e servidão por dívidas. Centros de importação-exportação em Belém e Manaus, as grandes *aviadoras* (as *fornecedoras,* que viabilizavam o sistema) forneciam ferramentas e comida a crédito a negociantes que atuavam ao longo do rio. Esses negociantes, por sua vez, aumentavam os preços dos bens e os repassavam a crédito, a serem pagos com futuras entregas de borracha, aos intermediários que controlavam a produção para os donos de extensas propriedades.

O preço dos artigos era novamente inflado pelos intermediários em pontos de comércio e vendido a crédito aos seringueiros. Quando os seringueiros traziam a borracha coletada, os intermediários trapaceavam ao calcular o peso das mercadorias e às vezes cobravam uma comissão para administrar a negociação. Os seringueiros raramente viam dinheiro e mergulhavam em um endividamento perpétuo. A borracha era enviada para fábricas nos Estados Unidos, Grã-Bretanha, Alemanha e outros países industrializados.

Quando o Ministério do Exterior britânico liberou o relatório de Roger Casement, a opinião pública condenou os abusos e exigiu reformas. Não foi, no entanto, o desejo por respeito aos direitos humanos que encerrou o *boom* econômico, mas sim a concorrência econômica.

Em 1876, um aventureiro e naturalista chamado Henry Wickham enviou secretamente sementes da *Hevea brasilienses* do Brasil para os Jardins Botânicos Reais, em Kew. Os britânicos, juntamente com agricultores de suas colônias do sudeste da Ásia, desenvolveram as sementes e as árvores novas, organizando fazendas de plantio. Em 1912, os britânicos já controlavam a maior parte do suprimento de borracha do mundo a partir de propriedades bem organizadas no Ceilão e na Malásia, onde produziam o látex a um preço mais baixo do que aquele que os barões da Amazônia podiam oferecer. Os holandeses plantaram borracha em suas Índias Orientais. A febre da borracha na Amazônia esfriou, e as árvores nativas foram deixadas em paz.

> *Fordlândia, uma cidade moderna, que conta com todas as mais recentes comodidades, foi criada em uma vastidão sel-*

vagem que nunca tinha visto qualquer coisa mais pretensiosa que um casebre de sapê. A água é agora fornecida sob pressão, após ter sido filtrada para evitar riscos de infecção e febre, enquanto a luz elétrica ilumina bangalôs em uma região onde tais invenções são prova da magia do homem branco.

— "Cidade Moderna Surge na Selva", *Chicago Tribune*, 1932.

Henry Ford, um dos homens mais ricos de todos os tempos, estava farto do monopólio mundial britânico sobre a borracha. Em 1922, achando que um novo corte de produção dos produtores coloniais levaria a aumento de preços, Ford se voltou para a Amazônia. Tendo transformado a indústria global com o método da linha de montagem, Ford chegou à conclusão de que devia controlar toda a cadeia de suprimento na fabricação de seus carros, incluindo a matéria-prima dos pneus. Ford também estava inclinado a desempenhar uma missão civilizatória, exportando suas ideias de vida saudável – era abstêmio e vegetariano – e criando na selva um centro de produção eficiente, no estilo americano.

Ele obteve uma concessão de mais de 10 mil quilômetros quadrados de selva na margem do rio Tapajós, um dos mais de mil afluentes do Amazonas. Ford desmatou toda a área de floresta tropical e plantou milhões de árvores. Montou uma versão em miniatura de um tipo de cidade que pode ter existido no Meio-Oeste americano nos anos que antecederam a Primeira Guerra Mundial. Gerentes de Detroit supervisionavam uma força de trabalho diversificada: técnicos americanos, trabalhadores de Barbados, coletores de látex vindos de regiões remotas da selva, atraídos por melhores condições de trabalho que aquelas que as desgastadas redes *aviadoras* ofereciam, e 3 mil trabalhadores do árido nordeste brasileiro. No decorrer dos anos, à medida que a Fordlândia e os lugarejos com plantações a ela ligados foram crescendo, novos coletores chegavam de barco a reluzentes docas de madeira e a uma visão fantasmagórica – um pedaço dos Estados Unidos transportado para a floresta tropical brasileira: bangalôs bem cuidados, um hospital, uma cantina, uma casa de força para manter as luzes acesas e a serraria funcionando, além de uma piscina.

Os empregados de Ford ganhavam um salário suficiente, em dinheiro vivo. Suas mulheres não pescavam no rio nem moíam mandioca, como tantas haviam feito no passado; faziam compras em um mercado, como as mulheres das cidades. Artigos vendidos com desconto em lojas da companhia criavam consumidores. Ford estava transformando a Amazônia. Contudo, na periferia dessas instalações foram nascendo favelas onde os trabalhadores iam a bordéis e a bares, proibidos na cidade de Ford, e onde podiam comer os alimentos aos quais estavam habituados, não os pêssegos, o mingau de aveia e as refeições baseadas em soja que Ford servia nos refeitórios da companhia. Mas o inventor de Michigan parecia ter criado um milagre na selva, réplica de uma operação industrial americana bem-sucedida, onde não faltavam nem mesmo os relógios de ponto.

Em 1940, o filho de Henry Ford, Edsel, convidou Getúlio Vargas para visitar a Fordlândia. Primeiro presidente brasileiro a viajar para a Amazônia, Vargas pousou em um hidroavião em um local próximo à Fordlândia, em Belterra, que se tornara a vitrine das plantações de Ford, e ficou extremamente impressionado. Vargas era um modernizador como Ford: duplicou a rede de estradas do Brasil, multiplicou os aeroportos, que passaram de duas dúzias para mais de quinhentos e, com a ajuda dos Estados Unidos, lançaria a indústria do aço que estimulou o surto industrial do Brasil no pós-guerra. Vargas sentia uma afinidade com o industrial americano. Via diante de si o que seria possível fazer na Amazônia – desenvolvimento no estilo moderno. Durante um almoço elegante, vestindo um terno tropical branco, Vargas ficou de pé sob um arco de ramos de palmeira e, cercado por sua comitiva, dirigiu-se aos gerentes americanos. Henry Ford, disse ele, havia plantado não apenas borracha, mas também "saúde, conforto e felicidade".

A vida nas propriedades de Ford nem sempre foi o mar de rosas que Vargas descreveu. Uma década antes, os trabalhadores haviam se levantado contra as sufocantes imposições de estilo de vida por parte de Ford – sua missão "civilizatória". Eles se enfureciam com a aplicação das proibições da

Lei Seca americana no meio da Amazônia e ficavam indignados ao ver espinafre em seus pratos – a clássica comida saudável americana – bem como ao cumprir funções sociais obrigatórias, como aulas de dança. Ficavam frustrados com o estrito horário de trabalho das 8 às 17 horas, sem concessões às ferozes tempestades tropicais ou à pausa tradicional para escapar da pior hora do calor, por volta do meio-dia.

Em 20 de dezembro de 1930, a revolta latente chegou a um ponto crítico. Os trabalhadores queimaram carros e jogaram veículos de serviço no rio, incendiaram prédios e destruíram equipamentos. Quebraram os relógios de ponto. Foram feitas reformas, e grande parte do trabalho foi transferido para a plantação de Belterra. Na época da visita do presidente Vargas, a rebelião era coisa do passado.

Nos Estados Unidos, Henry Ford reprimia ferozmente as tentativas de sindicalização dos operários e, em uma fábrica de Michigan, em 1932, soltou capangas em uma marcha de protesto de mais de 3 mil trabalhadores; cinco manifestantes morreram, dezenove ficaram gravemente feridos. Antissemita e liderando, com seu bom amigo Charles Lindbergh, o movimento isolacionista *America First* [Primeiro os Estados Unidos], Ford expôs suas opiniões em uma série de livretos intitulada *The International Jew, The World's Foremost Problem* [O Judeu Internacional, o Maior Problema do Mundo]. Seu jornal, o *Dearborn Independent*, publicava reportagens de primeira página expondo supostas conspirações e escândalos ligados a judeus, acusando-os de controlar a imprensa mundial. Ford denunciou financistas judeus alemães e aceitou uma medalha com suásticas oferecida pelo Reich.

O que Vargas viu e admirou em 1930, no entanto, foi apenas a sociedade criada por Ford na selva amazônica. Antes de retornar ao Rio de Janeiro, falou no rádio, em Manaus, para elogiar a Fordlândia não só como polo de desenvolvimento industrial para a região, mas também por seus programas sociais – um grande elogio vindo de um político que se autointitulava "o pai dos pobres". Ele replicava o otimismo de Ford acerca da tecnologia moderna e a fé em projetos de desenvolvimento em grande escala, inclusive na floresta tropical. A fala foi um marco importante. A partir dali o Brasil passou a ver a Amazônia de um modo diferente: não mais como fronteira eternamente sonolenta, mas como região madura para a expansão econômica.

Enquanto isso, a Fordlândia era apresentada ao mundo como um exemplo da capacidade americana. Quando Walt Disney chegou ao Rio, em 1941, como um dos "embaixadores da boa vontade" de Nelson Rockefeller, foi enviado para a selva. "Entre os atuais pioneiros da Amazônia que estão iluminando o caminho para outros seguirem está Henry Ford", entoa uma voz impositiva sobre um brilhante mapa verde no documentário de 1944 de Disney, *The Amazon Awakens* [A Amazônia Desperta]. Estradas, centrais elétricas, maquinário de última geração, escolas, telefones – o filme mostrava tudo isso. Eram apresentados campos de golfe bem cuidados, com o assombroso pano de fundo de uma floresta tropical. Parecia que nada estava faltando no mundo de selva de Ford.

Exceto uma produção confiável de borracha.

Cultivar na Amazônia as árvores nativas *Hevea brasiliensis* muito próximas, estilo *plantation*, versão para a selva do método de produção em linha de montagem de Ford, não funciona. Apesar da promoção do modelo da Fordlândia, as árvores morriam às centenas de milhares. O mal-das-folhas se espalhava pelos ramos mais altos, saltando do topo de uma árvore para a árvore vizinha, devastando as copas.

"As pragas, os fungos e o mal-das-folhas que se alimentam de borracha são nativos da Amazônia", explicou o historiador Greg Grandin. "Basicamente, quando plantamos árvores próximas umas das outras na Amazônia, o que na realidade fazemos é criar um incubador... mas Ford insistiu."

Poderia Henry Ford ter combatido a destruição de suas árvores, fazendo a ideia do assentamento dar certo, fornecendo assim a borracha necessária para a guerra? Segundo um ponto de vista, teria sido possível levar adiante o trabalho intensivo necessário para combater o mal-das-folhas se houvessem mais trabalhadores. Mas o velho sistema de aviamento da borracha ainda operava aqui e ali e não havia muito estímulo para que os seringueiros aceitassem os empregos de Ford. E o mundo nada sabia sobre a desagradável rigidez das normas nas propriedades de Ford. Grandin, o historiador, argumenta que a arrogância cultural de Ford, ao tentar impor normas sociais e comportamentais americanas, contribuiu para o fracasso nos esforços de recrutar novos trabalhadores – e conservar os já contratados.

Pode ser que o mal-das-folhas não pudesse ser vencido sob nenhuma condição, independentemente da quantidade de trabalhadores. Quando as *Hevea brasilienses* crescem relativamente distantes umas das outras, em meio a outras árvores e cipós em uma área agreste, elas resistem a pragas. Mas o modo linear como Ford insistia em agrupar as árvores na terra limpa permitiu a proliferação de fungos, lagartas e outros organismos (fora da Amazônia, as pragas não se desenvolvem a ponto de destruir seringueiras, mesmo em plantações). Em suas linhas de montagem, Ford tentou transformar homens em máquinas. Na Amazônia, ele tentou industrializar a produção de borracha, mas as árvores não estavam colaborando. A natureza ficou com a última palavra.

No momento mesmo em que a visão de Ford estava se mostrando falha, os estrategistas militares dos Estados Unidos identificavam a Amazônia brasileira como o lugar onde conseguir borracha. De um modo ou de outro, tinham de criar outro *boom*. Naturalmente, uma repetição dos maus-tratos a trabalhadores descritos por Roger Casement seria inadmissível. Mas o modelo de Henry Ford também não funcionaria.

Um exército de seringueiros teria de entrar na selva para trabalhar com as árvores e elas deveriam crescer naturalmente, entre a diversidade e os perigos da floresta tropical. E tinham de fazer isso sob a tutela de Getúlio Vargas.

> *O exército dos Soldados da Borracha é uma corajosa legião de nossos compatriotas que penetram na selva, sob uma gloriosa bandeira de ardente patriotismo, para extrair da miraculosa árvore o látex precioso, que é tão necessário para a vitória das Nações Unidas.*
>
> – Jornal brasileiro, 1943.

A campanha da borracha foi lançada na maior floresta tropical da Terra, que se estende por mais de 5 milhões de quilômetros quadrados, cobrindo mais de 40% do continente sul-americano. As selvas e rios da Amazônia são o lar de 40 mil espécies de plantas e centenas de mamíferos, incluindo onças e tamanduás gigantes; milhares de espécies de peixes; pássaros, de araras escarlates a graciosas garças brancas; répteis como a sucuri; criaturas como a cobra pênis, que não é uma cobra, mas um anfíbio; e rãs que não vivem em lagos, e sim em árvores. É o mais rico sistema de vida do planeta.

Mas a Amazônia não tinha seres humanos. Mesmo contadas suas cidades portuárias, a densidade populacional da Amazônia brasileira era pouco mais que uma pessoa por 2,6 quilômetros quadrados. O nordeste adjacente, que enfrentava a calamidade da seca, servia como reservatório de mão de obra.

Em Manaus, a U.S. Rubber Development Corporation [Corporação de Desenvolvimento da Borracha dos Estados Unidos] (RDC), que respondia à U.S. Office of Economic Warfare [Agência Americana de Bem-Estar Econômico] montou sua sede na casa de ópera, o Teatro Amazonas, ainda elegante e espaçoso, apesar do pó que tinha se acumulado durante décadas desde que a borracha fracassara, em 1912. Trabalhando nesse ambiente incomum, o pessoal da RDC supervisionava o financiamento do recrutamento e transporte pelo Brasil de mão de obra migrante – o Brasil recebia uma comissão de 100 dólares por pessoa, cerca de 1.700 dólares em valores atuais. Funcionários do programa conseguiam empréstimos para os donos de propriedades onde seringueiros colhiam o material bruto. Agrônomos e outros assessores calculavam as necessidades e o progresso. Técnicos se espalharam pelos cantos mais remotos da selva, desenvolvendo uma infraestrutura de redes de transporte.

Antes dos acordos que davam a Washington acesso às matérias-primas do Brasil, Nelson Rockefeller havia tentado obter controle da borracha por meio de uma agência de desenvolvimento dominada pelos Estados Unidos, objetivando abrir a região a investimentos de empresários norte-americanos. O assessor econômico de Vargas denunciou, em um tom furioso, que a ideia de Rockefeller era "imperialismo americano". Acabara de ser descoberto petróleo em um estado do nordeste brasileiro, a Bahia, e se o herdeiro da Standard Oil Company seguisse esse caminho, as empresas petrolíferas americanas também podiam começar a operar lá.

Roosevelt interveio e deteve Rockefeller, pois tinha um único objetivo na Amazônia: conseguir borracha. Em vez do plano de Rockefeller, Washington financiou uma agência de desenvolvimento econômico do governo brasileiro, uma agência independente dirigida inteiramente por brasileiros. A RDC encarregou o Gabinete do Coordenador de Assuntos Interamericanos (CIAA), comandado por Rockefeller, de áreas fundamentais da campanha: saneamento e saúde, incluindo controle da malária e da febre amarela, e transporte de alimento.

Instalar o quartel-general da RDC no Teatro Amazonas, monumento aos excessos dos barões da borracha durante o primeiro *boom*, foi uma questão de eficiência – muito espaço, proximidade de um grande porto – mas também foi uma ação simbólica. O ouro branco da Amazônia, como foi chamada sua preciosa borracha, não seria mais administrado por uma tradicional elite amazonense de proprietários de terras. Um gabinete central de tecnocratas estava agora no comando.

As autoridades brasileiras, no entanto, travaram a Batalha da Borracha como uma campanha militar. Para recrutar trabalhadores, Vargas criou um Serviço Especial de Mobilização de Trabalhadores para a Amazônia, conhecido como "Semta". Às vezes agentes do Semta pegavam rapazes indefesos à força, sob a mira de armas de fogo.

"Eu estava na roça com meu pai, apareceu um soldado e me mandou subir no caminhão para ir para a guerra", contou Lupércio Freire Maia a um cineasta brasileiro, em 2004. "Eu só queria pedir a bênção de minha mãe, mas o soldado disse que ali não havia lugar para esse tipo de coisa."

As estradas, disse Maia, estavam cheias de homens indo para campos de detenção, miseráveis pontos de parada sem água potável e instalações sanitárias básicas. Apesar da insistência de Vargas de que o Brasil seria uma "democracia racial", os médicos do campo, sob influência do movimento de eugenia, registravam as características físicas, tipos biológicos e mistura "racial" de cada alistado.

A maior parte dos recrutas eram voluntários, uma escolha livre até o ponto em que homens desesperadamente pobres, levando vidas de quase indigência, poderiam ser considerados livres para escolher. Vargas inovou do ponto de vista da comunicação, chegando diretamente às massas com as modernas ferramentas do rádio e do cinema, apresentando a mobilização pela matéria-prima como uma campanha patriótica. Agora os seringueiros não eram mais *flagelados*, os mais miseráveis dentes da engrenagem da máquina de fazer borracha, mas guardiões da liberdade e campeões da defesa nacional. Revistas populares de grande circulação e revistas em quadrinhos retratavam a migração para a selva como um caminho para o rapaz se tornar um verdadeiro homem e conquistar um *status* social melhor do que poderia conseguir arranhando a terra pouco acolhedora do nordeste.

O artista suíço Jean-Pierre Chabloz criou cartazes publicitários que foram amplamente distribuídos pelo Semta. Um típico cartaz de Chabloz mostrava um mapa do Brasil em sépia com desenhos de linha em preto: soldados ao longo da costa, rifles preparados, seringueiros trabalhando em um agrupamento de árvores representando a Amazônia. "Cada um no seu lugar!", dizia a legenda. Em letras pequenas em um canto, lia-se "Para a Vitória" e uma mão com os dois dedos abertos em um familiar "V" do tempo da guerra.

Vargas concedia aos seringueiros em idade de recrutamento adiamento do serviço militar pelo período de dois anos de seus contratos. Quando se espalhou a notícia de que milhares de soldados brasileiros seriam embarcados para lutar na Europa, muitos jovens do nordeste julgaram que era melhor se alistarem para a selva amazônica, mesmo sem saber como era a região, do que serem abatidos na frente italiana. Às vezes, as famílias pressionavam por essa decisão. "Eu me alistei como Soldado da Borracha porque minha mãe chorou bastante e não queria que eu me juntasse ao exército", recordou um veterano da borracha.

Enquanto isso, folhetos do Semta e a imprensa colaboradora apresentavam o alistamento do Soldado da Borracha como uma opção moral do mais alto nível. Nordestinos tinham "obrigação" de lutar pela liberdade do mundo "nas terras abençoadas da Amazônia". Um jornal de Fortaleza exortava:

"Está na hora de garantir à humanidade os recursos para a conquista da liberdade e o estrangulamento do Eixo!".

Famílias inteiras se alistaram porque achavam que isso as ajudaria a sobreviver. No nordeste, muitos viviam à beira da fome e o Semta oferecia dinheiro para a transferência. A propaganda do Semta e os onipresentes trabalhos de Chabloz apresentavam a selva como um lugar luxuriante e amistoso. "Vida Nova na Amazônia", dizia um bonito cartaz. Em um colorido evocativo e luminosidade suave, um seringueiro cortava a casca de uma árvore imponente perto de uma área de moradia com uma boa casa feita de troncos de madeira. Uma mulher pendurava roupa lavada em um varal, enquanto pequenos animais domésticos (porcos, galinhas) andavam em torno da casa. "Amazônia, a Terra do Futuro", declarava outro pôster.

"Meu pai não estava interessado em dinheiro", disse a proprietária de uma lanchonete, de 74 anos, chamada Vicência Bezerra da Costa, ao cineasta brasileiro Wolney Oliveira. "Ele queria um lugar onde houvesse água. Onde a plantação pudesse crescer." Vicência tinha 13 anos quando o pai inscreveu a família, mudando-se para a selva com a esposa e oito filhos. Vargas estava povoando a Amazônia.

Em campos de trânsito nos arredores de Belém, Recife e Manaus, os recrutas esperavam dias ou até semanas pelo transporte, às vezes cantando músicas glorificando "Getúlio". Homens e garotos recebiam uniforme e um *kit*: calça azul, camisa branca, chapéu de palha, um par de sapatos de lona com solas de juta, um prato de alumínio, caneca, talheres, uma rede e um maço de cigarros.

A viagem de navio era tediosa, com os passageiros em geral confinados nos porões das embarcações. A travessia também podia ser perigosa. Um dia, disse Vicência, a tripulação ordenou que os passageiros subissem com seus salva-vidas. Nos bolsos havia água e bolachas para sobrevivência, assim como uma cápsula de cianureto em caso de um ataque submarino e captura pelo inimigo. Embarcações caça-minas acompanhavam o navio. A mãe de Vicência erguia as medalhas religiosas que trazia no pescoço e as apertava entre as mãos. "Ela não parava de rezar", disse Vicência. "Não se podia fazer barulho nenhum, nem acender um fósforo."

A viagem não ficava menos desconfortável quando os recrutas eram transferidos para o transporte fluvial local. Viajavam na terceira classe, com os animais. Devido à desorganização, muitas vezes ficavam sem comer.

Vargas "alistava" os Soldados da Borracha no estilo militar, mas por insistência americana os homens possuíam contratos de trabalho, inclusive com fotos de identificação. Assim, no entanto, que os trabalhadores entravam em propriedades remotas, o velho sistema de aviamento, que nunca fora desmantelado, passava a valer, e poucos eram tratados como soldados ou como trabalhadores contratados.

O lado positivo da participação do governo brasileiro era que donos de terras já não se sentiam à vontade para torturar seringueiros ou caçá-los com um bando armado quando fugiam. Os proprietários que maltratassem os seringueiros se arriscavam a perder empréstimos do Banco de Crédito da Borracha, o equivalente brasileiro da RDC na campanha. Mas a vida dos seringueiros continuava dura e, como no tempo de Casement, cartas que missionários católicos ativistas enviavam às autoridades tentando ajudar esses homens descreviam situações terríveis.

Eles viviam em cabanas isoladas na selva. Longas horas de trabalho deixavam pouco tempo para cultivarem seu próprio alimento, e por isso sofriam com a desnutrição. Quem operava pontos de comércio cobrava preços abusivos pelos alimentos e pelos suprimentos comprados a crédito. Relações antigas e bem estabelecidas, que determinavam as regras da coleta da borracha desde o século XIX, possuíam raízes muito profundas para serem substituídas de um dia para o outro por agências do governo ou contratos. Os seringueiros deviam receber 60% do valor da matéria-prima que entregavam, mas eram ludibriados pelos intermediários e contraíam dívidas. Membros da equipe da RDC que visitavam propriedades remotas relatavam as graves distorções, mas nem brasileiros nem americanos tinham recursos suficientes para policiar todos os cantos da região.

Como se não bastassem as difíceis condições de trabalho, aqueles que chegavam do nordeste não tinham qualquer resistência natural contra doenças endêmicas, ao contrário dos nativos da Amazônia. O programa de saúde e saneamento da CIAA de Rockefeller tornou-se a base de uma rede brasileira de assistência à saúde, que incluiu clínicas flutuantes nos principais cursos d'água e um programa de treinamento de enfermeiros. Assim como Henry Ford proporcionava assistência médica gratuita em suas instalações na Amazônia, consciente de que trabalhadores doentes significavam queda na produção, a RDC considerava saúde e saneamento fundamentais para alcançar seu objetivo de produzir grandes quantidades de borracha no menor tempo possível.

Mas as condições suplantaram as intenções. A unidade de saúde de Rockefeller distribuiu milhões de comprimidos de Atabrina para tratar a malária, mas as pílulas nem sempre chegavam ao destino. Corruptos locais desviavam as remessas para vendê-las no mercado negro, muitas vezes nas cidades. Intermediários cobravam pelos comprimidos e os seringueiros quase nunca tinham dinheiro. As inovadoras clínicas flutuantes ficavam longe demais para os seringueiros recorrerem a elas sem perder um valioso tempo de trabalho. Quando a pele de alguém ficava com a cor de açafrão típica da hepatite, a pessoa geralmente se limitava a tomar chá de alfazema e torcer para tudo dar certo.

"Um dia um galho soprado pelo vento me atingiu e perdi a visão nesse olho" disse em 2004 Afonso Pereira Pinto, de 70 anos, a Wolney Oliveira. "Mais tarde, peguei uma doença e perdi a perna. Quando a guerra acabou, eu não tinha dinheiro para ir para casa." Afonso ficou em Xapuri, na Amazônia ocidental.

Os médicos e cientistas trazidos por Rockefeller certamente salvaram vidas. Mais tarde aplicariam o que aprenderam nessa experiência com doenças tropicais na África e no Pacífico Sul, em locais onde havia tropas americanas – os soldados também tinham pouca imunidade a doenças endêmicas.

Mas, apesar do programa de alimentos de Rockefeller, que visava servir a todo o nordeste, os seringueiros morriam por conta de doenças ligadas à desnutrição. Sem estradas do sul, produtor de alimentos, para o norte, navios protegidos por escoltas antissubmarino transportavam provisões por via marítima para a foz do Rio Amazonas mas, para além da rede principal de afluentes, a distribuição do governo brasileiro era inadequada. Sob um calor intenso, a comida apodrecia em armazéns ou chegava ao destino imprópria para consumo. As regras para os preços eram ignoradas nas áreas remotas, onde o transporte e a revenda dependiam da antiga rede de aviamento, solidamente estabelecida.

Os migrantes seringueiros sobreviviam com mais facilidade caso levassem as famílias com eles ou se unissem a mulheres indígenas. Enquanto o cabeça da família coletava látex, mulheres e crianças cultivavam hortas ou coletavam produtos da floresta para vender, como castanhas-do-pará. As mulheres indígenas, em particular, conheciam métodos de cura com plantas medicinais e práticas tradicionais da floresta tropical para evitar animais perigosos.

Em 1943, os Estados Unidos receberam mais borracha da América Latina, vinda quase toda da Amazônia, que de qualquer outra região da Terra. Nos outros anos entre 1942 e 1945, a empreitada brasileira produziu menos látex que o esperado, aproximadamente o mesmo que as fontes africanas. Ainda assim, a contribuição amazônica ajudou a manter distante a crise da borracha até 1944, quando a borracha sintética passou a ser produzida em boa quantidade.

As derrotas da Batalha da Borracha resultaram, em parte, do difícil terreno onde ela foi travada. As propriedades estavam dispersas entre uma rede de afluentes e cursos d'água tão complexa quanto o sistema de veias e artérias do corpo humano. A própria geografia dificultava qualquer programa sistemático, sem falar que a campanha se desenrolava em uma fronteira onde as autoridades do Estado estavam tradicionalmente ausentes.

Mas as falhas humanas também contribuíram para a decepção. "Nem o governo brasileiro nem a RDC estavam dispostos ou eram capazes de liberar os fundos e recursos humanos necessários para monitorar e fazer cumprir seus controles de preços nas propriedades da borracha", escreveu a estudiosa brasileira Xênia Wilkinson. Uma crítica feita naquela época veio de um diplomata americano, Walter Walmsley, que viajou pela Amazônia em 1943 e condenou o desperdício de recursos, incluindo corrupção, do lado americano do programa, lamentando a falta de compreensão das condições dos seringueiros. "Não existe em parte alguma uma imagem mais negra daquilo que em países mais progressistas optamos por chamar de corrupção e exploração", escreveu ele.

Apesar de tudo isso, o Brasil prosperou muito mais na campanha da borracha da Segunda Guerra Mundial do que no surto da virada do século, quando os barões da borracha e as casas de importação-exportação lidavam mais diretamente com Nova York e Liverpool do que com o Rio de Janeiro e São Paulo. Os Acordos de Washington que regeram a extração no período da guerra geraram renda para o governo central. E durante a guerra, Vargas cimentou seu esforço para fazer com que a Amazônia passasse a fazer parte da nação. Com o século XX já bem avançado, as elites ainda administravam vastas extensões de território como feudos pessoais; a Batalha da Borracha colocou essas fronteiras sob controle do governo brasileiro.

Dos 57 mil Soldados da Borracha que trabalharam entre 1942 e 1945, 30 mil morreram de doenças, como malária, febre amarela e doença de Chagas; das mordidas e picadas de serpentes e escorpiões; por terem se afogado nos rios; por terem sido comidos por piranhas ou atacados por onças. Dos que sobreviveram, alguns não puderam deixar a Amazônia porque continuavam endividados. Outros só souberam que a guerra havia terminado um ano ou dois após os armistícios. Vargas, que tivera êxito em iniciar o processo de povoamento da Amazônia, não cumpriu o compromisso de devolver os Soldados da Borracha às suas casas. Muitos jamais receberam as pensões que lhes tinham sido prometidas.

Após um golpe militar depor o presidente João Goulart em 31 de março de 1964, os militares que assumiram o governo brasileiro tinham visto como os americanos haviam construído estradas e estabelecido linhas de suprimento durante a guerra. Eles deram continuidade à visão de Vargas da Amazônia como um alvo importante de desenvolvimento, construindo mais estradas e represas. Aproveitando-se da mudança da capital da nação para mais perto da floresta tropical, do Rio de Janeiro para Brasília, efetuada pelo governo de Juscelino Kubitschek em abril de 1960, os militares deram início à construção da rodovia Transamazônica, conectando as regiões Norte e Nordeste do Brasil com o Peru e o Equador, encorajando o fluxo de agricultores, madeireiros, garimpeiros e fazendeiros.

Em 1972, a câmera Landsat, da NASA, começou a enviar imagens da Terra fotografada do espaço, proporcionando uma visão sem precedentes de como a floresta da Região Amazônica estava encolhendo. Manchas que estavam verdes em uma semana ficavam marrons na semana seguinte. A cada ano, a floresta tropical brasileira estava desaparecendo à razão de uma área do tamanho da Inglaterra, Escócia e País de Gales juntos. Contudo, só a bacia amazônica concentra um quinto da água doce do mundo, o que justifica a preservação dos 40% de floresta tropical que restam na Terra; salvá-los tornou-se um problema global.

Na Amazônia, o desafio foi aceito por antigos Soldados da Borracha, assim como por seringueiros mais jovens, que invocaram o espírito dos Soldados da Borracha do passado.

Em outubro de 1985, 120 Soldados da Borracha veteranos que ainda trabalhavam na selva se uniram a seus filhos seringueiros e a outras pessoas em Brasília para exigir as pensões devidas aos veteranos da Batalha da Borracha. Mas eles queriam mais que apenas a recompensa. Em três estados amazônicos do Brasil, seu sindicato estava organizando cooperativas para eliminar os intermediários; queriam o apoio de outros brasileiros e segurança garantida pelo Estado em sua luta. A demonstração teve por objetivo levar seus problemas ao conhecimento público. Cantaram canções patrióticas do tempo da guerra: *"Longa vida ao soldado brasileiro! Seu produto será útil ao mundo inteiro"*.

No final dos anos 1970, estava claro que extrair látex em áreas selvagens usando os meios tradicionais desses seringueiros locais era o mais adequado método de produção na Amazônia. No primeiro surto da borracha, os coletores eram "flagelados"; durante a guerra, como mão de obra essencial para os Aliados, eram "soldados". Nos anos 1980, a década que conheceu os seis anos com temperaturas mais quentes até então registradas, autodenominaram-se "defensores da floresta".

Grupos ambientalistas internacionais tornaram-se aliados dos seringueiros modernos, reconhecendo que modos extrativos de produção, juntamente com a demarcação de terras indígenas para manter forasteiros a distância, eram parte de uma solução para salvar as florestas tropicais. Os aguerridos membros de sindicatos de trabalhadores rurais ligados aos seringueiros de repente conseguiram um lugar na mesa das instituições financeiras internacionais que tratam de ajuda e empréstimos ao Brasil.

O filho robusto, de rosto redondo, de um Soldado da Borracha, Francisco Alves Mendes Filho, mais conhecido como Chico Mendes, articulado e incansável, tornou-se a figura de proa do movimento. Não havia escolas nas propriedades da borracha; perto dos 20 anos, Chico recebera instrução de um professor particular, um preso político fugitivo, condenado por ter participado na revolução promovida pelo carismático líder comunista Luís Carlos Prestes, o "Cavaleiro da Esperança". O professor de Chico orientou-o para algumas leituras e o ensinou a procurar no rádio as transmissões em português de noticiários internacionais, aconselhando-o a confiar na BBC para a cobertura mais imparcial. Chico também foi influenciado por padres ligados ao movimento da Teologia da Libertação, que interpreta o evangelho de Jesus no sentido de ajudar na libertação dos oprimidos. Leitor voraz, Chico tornou-se um líder organizador, com uma habilidade política natural para fazer as pessoas refletirem sobre suas condições de vida e agirem.

Apesar da suposta proteção de contatos internacionais e da fama crescente, ou talvez por causa disso, os trabalhadores sindicalizados da selva conquistaram a inimizade dos que queriam a terra para si e que estavam ligados à velha elite da Amazônia. "Se um mensageiro descesse do céu e garantisse que minha morte ajudaria a fortalecer nossa luta, ela até valeria a pena", escreveu Chico a um amigo. "Mas a experiência nos ensina o contrário. Não é com grandes funerais e manifestações de apoio que iremos salvar a Amazônia. Eu quero viver".

Um pistoleiro assassinou Chico Mendes em 22 de dezembro de 1988 na frente de sua casa.

Oito anos após o assassinato do ativista, durante meu trabalho no Amazonas, fui ao seringal onde Chico Mendes havia crescido e trabalhado, no município de Xapuri. Visitei sua avó e fiquei na casa de madeira de um de seus primos. Bem antes do amanhecer, Sebastião Mendes, que tinha 52 anos, executou de forma mecânica seu ritual matutino: tirou um pedacinho de borracha de uma bola de borracha crua, que acendeu como um pavio; depois o jogou em chamas em uma pilha de lenha do fogão e esquentou o café. "Ninguém pensa na friagem da manhã", disse ele, "mas no calor que vai fazer mais tarde."

Caminhamos por uma trilha encharcada da chuva que caíra durante toda a noite. Sebastião Mendes fez um corte diagonal em uma árvore marcada. Observou o látex branco pingar, começando a descer para a vasilha de metal pregada no tronco. Trabalhava com rapidez e perícia ao lado do filho, Antônio, de 18 anos. Durante toda a manhã, passaram de uma árvore a outra, como faziam desde a infância, tomando cuidado ao caminhar por entre cipós e raízes expostas que podiam prender um tornozelo ou deixar uma perna torcida como em um laço. Mantinham um olho atento a plantas que irritavam a pele bem como a cascavéis e víboras de cabeça amarela.

"Confiamos na fé, porque a mordida das cobras atravessa os sapatos", disse o jovem Antônio com um grande sorriso. Usando um tênis com solas de borracha, estava melhor do que os seringueiros do tempo de seu trisavô, que andavam descalços ou com sandálias de solas finas. Estava melhor que os seringueiros da geração de Soldados da Borracha do avô, com calçados de juta.

PARTE II
Os Indesejáveis

4

"ONDE ELES NÃO PODIAM ENTRAR": A VIDA DOS JUDEUS

No arquipélago de Galápagos, na pequena e seca ilha de Baltra, chamada pelos soldados de "a rocha", Saul Skolnick, um militar americano que fumava cachimbo, carregava material bélico em aviões B-17 e B-29. Eles patrulhavam a entrada ocidental do Canal do Panamá, atentos a submarinos inimigos. Se Skolnick fosse piloto, seus dias poderiam ser mais empolgantes, mas embarcar bombas era um trabalho monótono. Skolnick logo percebeu também que não havia muito o que fazer após o trabalho na ilha solitária, situada a mais de 800 quilômetros da costa equatoriana.

Um cinema e uma cervejaria ao ar livre serviam 2.400 militares e 750 civis, mas havia limites tanto para a quantidade de filmes a que eles podiam assistir quanto à quantidade de cervejas que podiam beber. Fora da base, só era possível tirar um número limitado de fotos de iguanas terrestres se aquecendo – Charles Darwin descreveu-as como tendo "uma aparência singularmente estúpida" – ou domesticar um número limitado de cabras selvagens, passatempo favorito de alguns soldados. Nem mesmo a natureza tinha sido generosa com a ilha. As tartarugas gigantes que tornaram as maiores ilhas do arquipélago famosas não eram encontradas na minúscula Baltra. Os lendários tentilhões de Darwin não frequentavam os cactos nem as árvores de palo santo secas que cresciam na poeira vermelha ao redor da base.

Para quebrar a monotonia, em um dia radiante de dezembro de 1943, Skolnick e alguns amigos embarcaram em um dos bombardeiros para uma viagem recreativa ao Peru, 1.120 quilômetros a leste, onde fariam compras de Natal para companheiros da base. Alguns deles tinham dado dinheiro para Skolnick comprar cobertores de alpaca. Skolnick, que na época mal passara dos 20 anos, se lembraria dessa viagem pelo resto da vida.

O avião aterrissou em Talara, uma base americana construída recentemente para proteção dos campos petrolíferos na costa peruana. Skolnick foi com um parceiro para a zona portuária. Eles entraram em uma loja usando camisas marrons, de mangas curtas, distribuídas pelo comando aéreo do exército. Do outro lado do balcão, um homem deu uma boa olhada no nome escrito no bolso de Skolnick e se dirigiu ao americano em iídiche. Os dois iniciaram uma animada negociação, até Skolnick e seu espantado amigo saírem carregando mais cobertores do que tinham previsto comprar, e por um preço muito mais baixo do que imaginavam pagar.

"Caramba", disse o colega de Skolnick. "Eu não sabia que você falava espanhol tão bem."

Alguns meses mais tarde, Saul Skolnick recebeu um convite do comerciante de Talara para um jantar do Sêder. E que levasse amigos. "O dono da loja estava colocando em prática a tradição da Páscoa Judaica de acolher com alegria o estrangeiro", disse o filho de Skolnick, Paul, um jornalista radiofônico aposentado de Los Angeles. Muitas vezes, ele tinha ouvido a história da boca do pai, que havia morrido em 2002. "'Acho que todas as judias solteiras do país estavam naquela mesa', ele costumava dizer. 'Havia ali uma dúzia de homens bonitos, e nenhum era nazista.'"

O falecido cabo Saul Skolnick, que o filho chamou de "típico judeu do Brooklyn", ficou surpreso ao encontrar tantos judeus como ele em uma cidade minúscula de um continente com esmagadora predominância católica. "Aquilo abriu os olhos dele", disse Paul Skolnick. "Ele ficou curioso: 'Como estes judeus chegaram aqui?'"

Saul Skolnick, sentado com os novos amigos na mesa do Sêder, não sabia naquela época que os judeus fazem parte, desde o século XV, do tecido vivo do hemisfério – e esse fato continua sendo ainda uma surpresa para muitos que visitam pela primeira vez a América Latina. Em 1492, quando a rainha Isabel e o rei Ferdinando deram fim a séculos de domínio muçulmano na

Espanha e baniram os judeus do país, seis judeus, membros da tripulação, navegaram com Colombo em sua primeira viagem.

Eram *convertidos*, judeus que se haviam se convertido, ou que aparentemente haviam se convertido, para escapar da punição. Um deles, Rodrigo de Triana, foi o primeiro a avistar a terra. Colombo descreveu outro, Luis de Torres, como "alguém que fora judeu e que sabia hebraico e um pouco de árabe". Torres foi o primeiro a pisar no solo do Novo Mundo.

Ao banir judeus e muçulmanos, os monarcas ibéricos estavam realizando uma *limpieza de sangre*. Decidiram que a limpeza devia se estender às colônias e, assim, proibiram judeus e convertidos até a quarta geração de se estabelecerem em suas terras americanas. Mas era sempre possível a determinados viajantes conseguir permissões especiais de funcionários corruptos, e comandantes de navios podiam ser subornados para desembarcar "cristãos novos" em enseadas desconhecidas, como ao sul de Veracruz, no México, na costa hondurenha ou no sul do Chile.

Os primeiros judeus que chegaram à América Latina não sofreram o mesmo tipo de rejeição e denúncias de vizinhos que seus pares devem ter experimentado na Europa. É possível que as dificuldades comuns para organizarem suas vidas no novo ambiente funcionassem como uma espécie de nivelador, como poderia acontecer em qualquer sociedade em uma região remota. No entanto, enquanto Espanha e Portugal governaram as terras latino-americanas, os judeus não puderam escapar do longo braço da intolerante Igreja Católica da Península Ibérica.

Em uma praça perto da Avenida Juarez, na Cidade do México, a atualmente movimentada via que avança pelo coração do centro histórico da capital, há um constante fluxo de pessoas por entre as mesas dos cafés ao ar livre, cheios de elegantes fregueses. Em meio à animação, um visitante pode não reparar no amarelo vivo de uma igrejinha afastada da rua. Mas vale a pena parar para ler a inscrição gravada em pedra em uma pilastra que fica defronte à praça: "Em frente a esta igreja, eram montadas as fogueiras da Inquisição, 1596-1771".

Estabelecido na Europa no início do século XII, o tribunal católico romano usava a tortura e a execução para punir aqueles que julgava hereges. A princípio, a Inquisição concentrou seus olhares em transgressores católicos, depois em protestantes, judeus e párias sociais, como os homossexuais. No Novo Mundo, os indígenas e escravos africanos também podiam ser levados diante da corte. No final, porém, exatamente como aconteceu no Holocausto, a Inquisição teve como alvo os judeus.

Na praça em frente à pilastra de pedra, os condenados da Inquisição executavam o auto de fé, uma confissão pública de seus crimes de consciência. Muitos eram aprisionados, embora a tortura fosse menos frequente do que na Europa. A Inquisição controlava terras vizinhas a partir do México. Um guatemalteco nascido português, Nunes Pereira, morreu diante da pilastra mexicana pelos crimes de "judaizar, praticar heresia e apostasia". Hereges acusados eram levados ao tribunal em Lima trazidos de locais distantes, como Bolívia e Equador; ou eram levados a Cartagena, vindos do Panamá. "A realidade é que todas as cidades na América espanhola foram afetadas pelo estabelecimento da Inquisição", escreveu um estudioso britânico.

Não havia entre os católicos comuns do Novo Mundo a intolerância religiosa feroz verificada na Espanha – vizinhos sabiam que amigos e outros vizinhos eram judeus, mas não os denunciavam. Judeus se estabeleceram abertamente e construíram sinagogas no Recife e em outras cidades da costa brasileira desde que os holandeses assumiram o controle da área, em 1630. A região ficou livre da Inquisição até ser retomada pelos portugueses em 1654 e as autoridades do tribunal passarem a enviar prisioneiros para Lisboa.

Durante seus duzentos anos de existência na América Latina, a Inquisição realizou em torno de 3 mil julgamentos; provavelmente foram mortas cerca de cem pessoas. Às vezes, as motivações dos inquisidores eram políticas – o herói da independência mexicana e padre católico Miguel Hidalgo, denunciado ao tribunal e por fim considerado inocente, disse que nunca teria sido acusado se não tivesse apoiado o movimento de libertação. Mas judeus, ou alvos rotulados como *convertidos*, eram quase sempre vulneráveis.

No início do século XIX, quando os países latino-americanos declararam independência da Espanha e de Portugal e a Inquisição desapareceu da América Latina, houve uma decisiva reviravolta: as nações de independência recente começaram a aceitar os judeus como imigrantes.

Desde 1880, judeus sefarditas viajaram para as selvas mais inacessíveis do Peru e do Brasil. Em barcos improvisados, "navegavam as águas do Amazonas e seus afluentes na busca incessante por borracha e ocupação", escreveu quase um século mais tarde um líder comunitário peruano judeu. Em 1969, Yaacov Hasson visitou descendentes dos pioneiros em Iquitos, nas cabeceiras do Amazonas. Relatou que registros e testemunhos orais mostravam que alguns dos primeiros povoadores tinham encarado a Região Amazônica como uma possível utopia e que "identificavam suas esperanças pessoais com a perspectiva de uma civilização judaica surgindo aqui".

A derrocada do *boom* da borracha em 1912 frustrou sonhos na Amazônia, mas os pioneiros judeus já estavam se estabelecendo em outros lugares. Quando os pogroms da virada do século arruinaram a Rússia imperial e Constantinopla, milhares se voltaram para as vastas extensões do Brasil e Argentina em busca de refúgio. A Associação de Colonização Judaica, baseada em Londres, fundada pelo barão Maurice de Hirsch, banqueiro e filantropo alemão, comprou terras e organizou as viagens. A Rússia se mantinha intransigente em seu modo deplorável de tratar os judeus e o barão de Hirsch, fabulosamente rico, via a emigração como a única esperança para eles.

Na Rússia, os judeus eram impedidos de exercer suas profissões e de fazer negócios, inclusive os ligados à agricultura, mas a Associação de Colonização Judaica comprou centenas de milhares de hectares para cultivo em uma região próxima a Buenos Aires. Apenas uma pequena parcela daqueles que viajaram graças aos esforços da associação tinham experiência na atividade agrícola, mas ainda assim se juntaram ao êxodo, em busca de um lugar para viver onde pudessem praticar sua fé em liberdade. Na província argentina de Entre Rios, a associação de colonização plantou muitos quilômetros de alfafa e os colonos criaram gado. Trabalharam juntos nas vastidões do Novo Mundo, inspirados pelo mesmo espírito de fé e trabalho na terra compartilhados que mais tarde deu origem aos kibutzim em Israel. "Manteriam os arados em boas condições e veriam o trigo crescer como um vasto lençol verde", escreveu o escritor lituano-argentino Alberto Gerchunoff, em 1914. "Guardavam os dias santos e desfrutavam do fruto de seu trabalho."

A série marcante de situações tiradas por Gerchunoff do tempo em que foi criado em Entre Rios, na obra *The Jewish Gauchos of the Pampas*, dedicada a Hirsch, é considerada a obra seminal da literatura judaica latino-americana. O pequeno livro é uma exaltação ao entusiasmo e idealismo dos primeiros colonos. Em um trecho, os recém-chegados cantam: "Para a Argentina, nós vamos – para semear, para viver como amigos e irmãos. Para sermos livres!".

A partir de 1904, a associação de colonização comprou centenas de milhares de novos hectares no estado sulista do Brasil, o Rio Grande do Sul, mas depois de duas décadas, as experiências ali realizadas fracassaram, em parte devido à inexperiência dos colonos com a agricultura. Alguns dos que se afastaram e aqueles que estavam simplesmente esgotados tornaram-se mascates, caminhando longas distâncias para vender utensílios em lojas, casas, propriedades rurais. Fotos das décadas de 1910 e 1920 mostram o típico mascate judeu usando chapéu e gravata, mas carregando mercadorias da cabeça aos pés – mochila nas costas cheia de tecidos e aviamentos de costura, utensílios de cozinha amarrados no peito por uma correia, vassouras em uma das mãos e um rodo na outra.

Os judeus que deixavam as colônias agrícolas gravitavam para as cidades, onde passavam a viver lado a lado com recém-chegados que tinham desembarcado em Vera Cruz (México), Puerto Barrios (Guatemala), Cartagena (Colômbia), Buenos Aires (Argentina) ou Havana (Cuba). Do porto mais meridional do Brasil, Rio Grande, viajavam para o Uruguai e para o Paraguai. Outros iam diretamente para mais de 300 quilômetros ao norte, para a capital do estado, Porto Alegre, onde moravam em um bairro que lembrava um *shtetl*,* chamado Bom Fim.

---

* Ganharam, em iídiche, a denominação *shtetl* as povoações ou bairros judeus que existiram na Europa Central e Oriental antes do Holocausto. (N.T.)

Ali, entre lojas, sinagogas, escritórios profissionais e terrenos baldios onde jovens se reuniam depois da escola, o final dos anos 1930 e início da década de 1940 passaram como um microcosmo do que os judeus experimentavam, em maior ou menor grau, em todos os países latinos.

> *O verão chegava e com ele, Chanuká, a Festa das Luzes. Joel e Nathan acenderam velinhas, lembrando os Macabeus. Depois viria o Pessach e eles comeriam pão ázimo, recordando a saída do Egito; e depois a Sexta-Feira da Paixão. E, por fim, o Sábado de Aleluia, dia em que até as pedras da Rua Fernandes Vieira estavam cheias de ódio contra os judeus. Os cinamomos baixavam seus ramos para feri-los, o feroz cão "Melâmpio" vinha do arrabalde para persegui-los latindo. Os goim caçavam judeus por todo o Bom Fim. No dia seguinte, estariam reconciliados e jogariam futebol no campo da Avenida Cauduro, mas no Sábado de Aleluia era preciso surrar pelo menos um judeu.*
>
> – Moacyr Scliar, *A Guerra no Bom Fim*

A ascensão de Hitler estimulou uma nova migração judaica, mas os países latinos fecharam as portas aos refugiados exatamente no momento em que eles mais precisaram delas abertas. Do México à Argentina, surgiram grupos radicais de direita, às vezes apoiados pelos nazistas alemães, mas de origem essencialmente doméstica, produto do mesmo tipo de forças que alimentavam o fascismo europeu: depressão econômica, ultranacionalismo, medo de "forasteiros" competindo por empregos e estranhamento com costumes desconhecidos para uma cultura de absoluta predominância cristã. O antissemitismo aumentou até mesmo em bairros como o Bom Fim, de Porto Alegre, onde os judeus viviam há décadas.

"Nessa época você não podia abrir a boca, tinha de ficar quieta", disse Sofia Wolff Carnos, que nasceu em uma das colônias agrícolas de Hirsch em 1909 e mudou-se com os pais para Bom Fim. "Qualquer um que falasse abertamente era condenado e perseguido."

As memórias de Sofia estão entre as centenas registradas por pesquisadores de uma sinagoga do Bom Fim nos anos 1980. Sofia contou que, durante sua infância, nas décadas de 1910 e 1920, as moças que queriam estudar na escola local de melhor qualidade precisavam identificar-se como alemãs, não judias, porque a escola não admitia judeus. Na era do ditador pró-fascista Getúlio Vargas, o antissemitismo tornou-se onipresente.

"Não se podia falar iídiche na rua", disse Sofia. Com seu marido, um lojista, Sofia coletava roupas e suprimentos e mandava pacotes de ajuda para judeus europeus durante a guerra. Em Porto Alegre, disse ela, vizinhos viravam as costas para aqueles que eram de sua própria linhagem. "As pessoas negavam serem judias, não por vergonha, mas para se livrarem" das provocações e da suspeita de que eram comunistas.

Um movimento de massa ultranacionalista, o integralismo (Ação Integralista Brasileira), contando com forte participação de brasileiros de origem alemã e italiana, tornou-se proeminente não só em Porto Alegre, mas no país em geral. Vargas estava competindo com o bem-estabelecido Partido Comunista Brasileiro pela lealdade dos trabalhadores e recorreu aos integralistas fascistas como uma conveniente base de apoio. As pessoas os chamavam de "verdes" ou "camisas verdes", por sua preferência por essa vestimenta.

"Eles simplesmente falavam em exterminar os judeus", disse Sofia. Os moradores ficavam chocados ao ver que vizinhos não judeus, com quem haviam crescido jogando futebol no "campo da avenida Cauduro", citado por Scliar, vestiam camisas verdes com o Sigma costurado. Símbolo de uma letra grega (para um som de *assobio*), apresentada em preto em branco com pontas afiadas, o Sigma lembrava uma suástica.

Ainda há muitas sinagogas no Bom Fim, mas a maior parte dos judeus se mudou para outras regiões da cidade, entregando o velho bairro à gentrificação salpicada por novos bares, estúdios de pilates e condomínios fechados. Em um dia comum, a avenida Osvaldo Aranha, que corre pela orla da comunidade e cujo nome é uma homenagem ao ministro do exterior de Vargas, tem trânsito nas suas sete pistas, entre palmeiras altas. Nos anos 1930, era ali onde ocorriam os desfiles paramilitares integralistas. Manifestantes usando o uniforme verde erguiam os braços fazendo a saudação nazista, como os seguidores de Hitler e Mussolini. Eles entravam em confronto com os comunistas em batalhas de rua.

Os integralistas não eram os únicos fascistas no Brasil: "O que para mim era muito mais sério... era um movimento paralelo... foram os descendentes de alemães das colônias alemãs que, por um patriotismo herdado (não era seu próprio patriotismo, pois eles eram brasileiros, mas sim o patriotismo de pais e avós), aceitaram o nazismo e o ideário do nazismo", disse Maurício Rosemblatt, um intelectual de Porto Alegre cujo testemunho está nos arquivos da sinagoga.

Um milhão de brasileiros de origem alemã viviam no sul do Brasil nos anos 1930, e essas pessoas, que continuavam falando alemão até a segunda e terceira gerações, chegavam a representar 50% da população de alguns municípios. Em alguns casos nunca usavam o português, pois suas vidas giravam em torno de igrejas alemãs, escolas alemãs, clubes sociais alemães. Havia inumeráveis associações alemãs para esportes, ginástica, tiro ao alvo e canto; para treinamento paramilitar; clubes nazistas para rapazes, moças e mulheres; um verdadeiro mundo alemão em solo brasileiro. Até os dias de hoje, na cidade de Joinville, onde os residentes mais velhos lembram a emoção de contemplar o *Graf Zeppelin* voando sobre os telhados nos anos 1930, placas de rua em português ainda trazem seus antigos nomes alemães.

A maior parte da população do país era composta de católicos, mas os moradores alemães do sul compareciam a cultos luteranos conduzidos por ministros alemães, em sua maioria nacional-socialistas, leais a Hitler. Em 1935, o chefe do Partido Nazista alemão no Brasil, Hans Henning von Cossel, que morava em São Paulo, ficou espantado ao visitar a cidade sulista de Blumenau, que mesmo hoje parece tirada da terra natal europeia, com suas padarias alemãs, crianças louras e casas que parecem ter vindo da Baviera.

"Quem poderia compreender essa sensação de encontrar em plena América do Sul uma cidade onde é difícil ouvir uma palavra em português e as casas lembram uma pequena cidade da Alemanha central, com os nomes das lojas e as placas escritas em alemão?", Von Cossel exultava. "Palmeiras crescem aqui e ali, mas parecem deslocadas em um lugar onde mesmo os poucos indivíduos de pele escura falam alemão e parecem bons 'alemães'."

Os nazistas eram influentes entre os bons "alemães" do Brasil. Quando as revistas publicavam artigos anti-integralistas ou antifascistas, as embaixadas alemã ou italiana se queixavam aos editores e às autoridades, e as publicações eram retiradas das bancas.

Na Alemanha, o dr. Alexandre Preger tinha acreditado, até 1º de abril de 1933, que os alemães eram "bem educados demais para dar atenção" a nazistas. Um homem da SS colocou uma tabuleta no consultório do dr. Preger: "Não venha aqui, porque o proprietário e a atendente são judeus". Preger zarpou para o Brasil, mas enfrentou problemas mesmo na relativa segurança do bairro judeu do Bom Fim.

Em 1937, o ultranacionalista Vargas proibiu o uso de línguas estrangeiras. "Durante a guerra não podíamos falar alemão e eu tinha de garantir que as crianças não falassem nada", disse Preger.

Quando Vargas aliou-se à Inglaterra e aos Estados Unidos, em 1942, além das restrições de linguagem, o Brasil adotou medidas seletivas contra residentes com raízes em países do Eixo. O consultório do dr. Preger, por ter um alemão como proprietário, foi posto em uma lista negra de estabelecimentos comerciais e ele foi obrigado a fazer pagamentos regulares ao Banco do Brasil. Mas o medo dele era ser preso. "Para os brasileiros, para todos, incluindo a polícia, eu era alemão, nascido em Berlim. Não um judeu obrigado a fugir da Alemanha." As autoridades atiravam nas mesmas celas alemães e judeus alemães que violassem as novas leis. De todas as atribulações sofridas pelos judeus que viviam na América Latina durante a guerra, a falta de informação sobre o que ocorria com entes queridos na Europa estava entre as mais dolorosas. Todos sabiam que os judeus estavam sofrendo, mas os detalhes sobre a repressão eram vagos. Cartas e telegramas não funcionavam, chamadas telefônicas eram apenas um sonho. Mordechay Bryk, um trabalhador da construção civil, chegou a Porto Alegre em 1935, aos 16 anos de idade, e se correspondeu com a família na Polônia até um momento em que as cartas pararam de chegar. Bryk só descobriu em 1948 que os pais, o irmão e os filhos do irmão tinham sido mortos a tiros por uma patrulha teuto-ucraniana quando a família se encontrava amontoada em um abrigo na mata – a testemunha foi uma menina de 8 anos, escondida nas proximidades.

Judith Scliar, uma educadora, viúva do romancista Moacyr Scliar, contou-me que seus pais enviaram arroz e farinha de Porto Alegre para os pais de sua mãe, em Varsóvia, do início ao fim da guerra. Mas eles também perderam contato. Os pais dela "não tinham ideia da existência dos campos de extermínio da morte, do genocídio que estava acontecendo", disse Judith. Descobririam mais tarde que os avós de Judith haviam morrido no campo de concentração nazista de Majdanek, na Polônia ocupada.

A mãe de Judith Scliar lamentou-se até o dia de sua morte por não ter sido capaz de salvar os pais desse destino. Mas mesmo que os judeus latino-americanos fossem capazes de libertar entes queridos das mãos nazistas, era improvável que seus parentes encontrassem abrigo em solo latino-americano. Os países restringiam a imigração judaica, agarrando-se à ideia de que, ao agir assim, apenas seguiam o exemplo dos Estados Unidos, que impôs cotas estritas para refugiados judeus. A política de cotas de Washington foi concebida por xenofobia, antissemitismo, preocupação com competição por empregos e medo de que judeus com parentes próximos em terras que estavam em mãos alemãs pudessem ser chantageados e obrigados a trabalhar como agentes do Reich.

Tanto na América Latina quanto nos Estados Unidos, as normas de imigração que discriminavam judeus foram também concebidas por uma linha de pensamento que se originou na Inglaterra, no início do século XX – a eugenia. Na época da guerra, a crença na eugenia havia se espalhado pelo mundo inteiro.

> *Foi uma época em que esse tema era o tópico do momento; foi quando bebês eugênicos... apareciam em todos os jornais ilustrados; quando a fantasia evolutiva de Nietzsche era a nova moda entre os intelectuais...*
>
> – G. K. Chesterton, *Eugenics and Other Evils.*

O eugenismo – a palavra "eugênico" vem do termo grego para "bem-nascido" – foi um movimento científico e social que tinha por objetivo usar leis de hereditariedade, como eram compreendidas na época, para melhorar a espécie humana. Uma crença generalizada na eugenia contribuiu para que os judeus que fugiam do fascismo fossem afastados da América Latina e para que aqueles já presentes não fossem considerados capazes de assimilação pela sociedade.

Hoje a eugenia está desacreditada e é considerada uma pseudociência, lembrada antes de qualquer coisa por sua associação com o racismo e com o sinistro ímpeto nazista de criar uma raça ariana "pura". No início, no entanto, a eugenia foi considerada um caminho objetivo para a saúde pública e o progresso social, influenciando práticas de imigração em muitos países, desde os Estados Unidos até a Argentina. Sua premissa e consequências eram amplamente aceitas: os seres humanos e os grupos a que eles pertenciam variavam "em seu valor hereditário" e as políticas sociais deviam ser baseadas nas diferenças observadas. A eugenia era uma ideia de vanguarda, respeitável.

A eugenia brasileira, por exemplo, foi desde cedo vinculada à higiene e ao saneamento. Profissionais da área médica que a adotaram tornaram-se especialistas em saúde pública, advertindo contra o casamento entre parentes próximos, defendendo a "eugenia construtiva", como o cuidado pré-natal, a educação sexual, os exames antes do casamento para investigar condições debilitantes e só encorajando a terem filhos os casais saudáveis. Reformadores sociais defendiam o movimento – indivíduos mais saudáveis e mais aptos acabariam superando males sociais como a pobreza e a "superpopulação", melhorando a qualidade de vida na Terra.

Não demorou para que a eugenia fosse também invocada para dar suporte a discriminações e preconceitos, como a imaginada superioridade das pessoas brancas sobre as de pele mais escura. Na América Latina, uma interpretação extrema do conceito de "bem-nascido" trouxe esperanças de que a eugenia pudesse levar ao "embranquecimento" de populações mestiças. Na Europa de Hitler, a eugenia mostrou seu lado mais sombrio, sendo evocada para livrar o Reich de todos que não os saudáveis e assim chamados arianos.

Em 1940, o oficial da SS Walter Rauff, que se estabeleceria no Chile após a guerra, supervisionava uma frota de vans hermeticamente fechadas onde tubos despejavam monóxido de carbono para envenenar crianças polonesas consideradas mentalmente enfermas. As vans foram usadas para eliminar 1,5 milhão de judeus.

A Alemanha nazista levou a eugenia a extremos, mas os Estados Unidos foram o primeiro país a empreender esterilizações baseadas na eugenia e, nos anos 1930, tiveram a mais extensa legislação a esse respeito fora do Reich. Sob a Lei Modelo de Esterilização Eugênica, 33 estados americanos esterilizaram dezenas de milhares de indivíduos encarados como "socialmente inadequados". Com frequência, eram pessoas com deficiência mental, surdas, cegas, epiléticas ou mulheres que engravidavam fora do casamento, encaradas como incapazes de regular sua própria reprodução. Afro-americanas e americanas nativas eram particularmente vulneráveis.

A política norte-americana afetou os países latino-americanos de forma direta e pelo exemplo. Esterilizações eugênicas começaram a ser realizadas em Porto Rico em 1936 e, em 1960, quando o programa se encerrou, um terço das mulheres do território havia sido esterilizado. Um sentimento de inspiração eugênica contra "inadequações sociais" concebeu a Lei de Imigração Americana de 1924, restringindo a entrada de muitos que estavam desesperados para fugir da Europa nos anos 1930 e 1940, em especial judeus e italianos. A lei, que se manteve em vigor até 1964, não reconhecia refugiados em fuga para salvar suas vidas e excluía por completo a entrada de asiáticos. "A América deve permanecer americana", disse o presidente Calvin Coolidge ao assiná-la.

Latino-americanos eram em sua maioria católicos, e muitos ainda culpavam os judeus pela crucificação de Jesus Cristo – uma crença que a Igreja só repudiou nos anos 1960. Após a Revolução Russa de 1917, os judeus também passaram a ser suspeitos de simpatizarem com o comunismo, de serem "bolcheviques". A eugenia fornecia um meio socialmente aceitável de definir os judeus como indesejáveis.

Na Argentina, que era, como ainda é hoje, lar da maioria dos judeus latino-americanos, os eugenistas sugeriram que a imigração levasse em conta a seleção racial para que recém-chegados "não latinos" não prejudicassem a identidade nacional. Esse pensamento era favorável para a poderosa direita política antissemita e o resultado foram leis no período da guerra que limitaram a imigração judaica. Um dos mais proeminentes e respeitados eugenistas brasileiros, Renato Kehl, visitou a Alemanha no início dos anos 1920 e retornou de lá como diretor médico da companhia farmacêutica Bayer, trazendo ideias sobre uma "eugenia negativa", mais radical: indivíduos indesejáveis deveriam ser impedidos de se reproduzirem, esterilizando-se os "degenerados e criminosos". Influenciado pelo trabalho sobre hereditariedade compilado pelo Eugenics Record Office [Centro de Registro da Eugenia] dos Estados Unidos, Kehl construiu propostas de segregação racial e de proibição da entrada de imigrantes considerados inferiores. No Brasil e em outros países latinos, a Igreja Católica atuou como um freio contra esses extremos, contestando opiniões médicas e sociais. Mas houve poucos que se levantaram contra concepções de judeus como sendo o "outro", um grupo de pessoas resistentes à assimilação.

O mundo parece estar dividido em duas partes: os lugares onde os judeus não podem viver e aqueles onde eles não podem entrar.

– Chaim Weizmann, *Manchester Guardian*, 23 de maio de 1936.

Preocupado com o risco crescente para judeus deslocados do Leste Europeu na Alemanha, Albert Einstein apoiou, em 1930, um projeto de colonização no Peru. O plano previa assentar inicialmente 20 mil judeus, número que chegaria a 1 milhão de pessoas vivendo em concessões de terras peruanas.

"Talvez exista aí de fato uma possibilidade de ajudar grande parte do povo judeu a encontrar uma existência saudável", escreveu Einstein. Para desalento do cientista, sionistas influentes focados em conseguir um lar nacional na Palestina desencorajaram o projeto para que ele não separasse o movimento. Se esse ambicioso empreendimento peruano teria sido bem-sucedido ou não será sempre uma questão em aberto, mas qualquer chance de uma tal válvula de escape logo se tornaria irrelevante.

Em 1935, o governo nacional-socialista da Alemanha instituiu as Leis de Nuremberg, um conjunto de leis antijudaicas que, ao dar início ao processo de privação da cidadania dos judeus, criavam uma moldura legal para os futuros assassinatos em massa ainda inimagináveis naquele momento. A maioria dos judeus que tinha condições fez tudo que era possível para fugir.

Mas eles não encontraram boa acolhida na América Latina. Em junho de 1937, por exemplo, o ministro brasileiro das relações exteriores emitiu uma circular secreta para seus consulados espalhados pelo globo determinando que os diplomatas negassem vistos a pessoas de "origem semita". Em público, o presidente Vargas se posicionava como um defensor da *brasilidade* especial do Brasil, uma identidade compartilhada composta de raízes indígenas, africanas e europeias que deviam unir todas as cores e classes, forjando uma sociedade moderna. Mas seu discurso e sua política de imigração eram coisas diferentes.

A circular secreta e uma nova constituição com mais restrições equivaliam a um banimento dos judeus. Deixando a brasilidade para trás, as normas enfatizavam um compromisso com a eugenia e com o embranquecimento, a ideologia de longa data que encorajava a imigração de europeus ocidentais para "melhorar" a "raça" brasileira. Por fim, continuava o raciocínio, brasileiros de pele escura escolheriam parceiras mais claras e desapareceriam os brasileiros de pele mais escura. Judeus – semitas – não eram considerados brancos. Sem medo de sofrer retaliações, as autoridades afastavam os judeus.

Apesar das atitudes semelhantes registradas em outras capitais latino-americanas, indivíduos corajosos que ocupavam cargos em postos diplomáticos trabalharam para salvar vidas. Em 1942, José Arturo Castellanos, um coronel do exército salvadorenho, estava servindo em Genebra como cônsul-geral quando um empresário judeu da Transilvânia, George Mandel, procurou-o pleiteando documentos de identidade para ele e sua família. O diplomata salvadorenho nomeou Mandel "primeiro secretário" do consulado, um posto que não existia, e os dois começaram a imprimir falsos passaportes salvadorenhos, que emitiam sem custo para refugiados. É atribuído a Castellanos o crédito pelo salvamento de cerca de 40 mil judeus da Hungria, Tchecoslováquia, Romênia, Bulgária e Polônia dos campos de extermínio nazistas.

Em Marselha, o cônsul-geral do México, Gilberto Bosques Saldívar, alugou um castelo e um acampamento de férias de verão e declarou as propriedades como território mexicano, submetido à lei internacional. Nelas, Bosques abrigou judeus europeus que chegavam à cidade portuária mediterrânea, assim como líderes republicanos espanhóis que fugiam das forças fascistas de Francisco Franco. Citado mais tarde como o "Schindler mexicano", Bosques emitiu dezenas de milhares de vistos, fretando navios para levar os refugiados para países africanos, de onde seguiam por mar para o México, Brasil e Argentina (Bosques, sua família e quarenta membros do corpo consular foram detidos pelos alemães em 1943 e ficaram presos durante um ano perto de Bonn. O México negociou a libertação deles em uma troca de prisioneiros). Os consulados brasileiros na Europa rejeitavam os judeus com base na circular secreta, mas alguns funcionários concediam vistos a alguns requerentes por iniciativa própria.

Mas alguns poucos diplomatas conscienciosos, assumindo riscos e agindo sozinhos, não seriam capazes de resolver o problema do reassentamento de milhares de judeus obrigados a sair do Reich. Pessoalmente, o presidente Roosevelt pode ter de fato desejado aceitar refugiados, e Eleanor Roosevelt trabalhava intensamente a favor deles, mas o antissemitismo presente na classe política norte-americana, principalmente dentro do Congresso, impedia a concretização desse desejo. A ideia do isolacionismo – presente no movimento "America First" – era popular entre uma maioria de americanos que acreditava que era bom deixar os problemas da Europa com a Europa. Ainda assim, judeus americanos, entre outros, pressionavam o presidente. Em 1938, fugir do Reich ainda era uma possibilidade, mesmo que as famílias tivessem de sair sem um tostão nos bolsos – mas apenas se fosse possível encontrar lugares que as recebessem. Algo precisava ser feito.

Dez dias após a ocupação da Áustria por Hitler, em março de 1938, Roosevelt convocou um encontro internacional para avaliar soluções. Durante cinco belos dias de julho, representantes de 32 países, 19 deles da América Latina, e diversas organizações não governamentais reuniram-se no esplêndido Hotel Royal, em Évian-les-Bains, às margens do azul e cintilante Lago de Genebra.

De Berlim, Hitler enviou uma mensagem cínica: "Nós... estamos prontos para pôr todos esses criminosos à disposição desses países", disse ele. "Por mim podem partir, mesmo em navios de luxo."

No fim das contas, a tão anunciada Conferência de Évian foi um mero ato decorativo e serviu apenas para declarações de preocupação global. Apenas um país, a República Dominicana, cujo ditador Rafael Trujillo queria adular Roosevelt e embranquecer sua população, convidou 100 mil judeus. Previamente, Trujillo havia aceito 2 mil republicanos espanhóis pela mesma razão. Um dos refugiados espanhóis, que não cultivava falsas ilusões, disse a um repórter "somos brancos e podemos procriar". Contudo, em janeiro de 1940, quando o programa para trazer judeus teve início, a guerra de submarinos e a falta de espaço em navios de transporte dos Aliados comprometeram a emigração para a República Dominicana. Algumas centenas de judeus conseguiram chegar até lá e estabelecer uma colônia agrícola, que continua nos dias de hoje a fornecer laticínios para grande parte do país.

A delegação da Bolívia em Évian foi liderada pelo "Rockefeller andino", o rei do estanho Simón Iturri Patiño, representante de La Paz na França e um dos homens mais ricos do mundo. Patiño não assumiu qualquer compromisso público, mas de forma discreta, durante os três anos seguintes, vários milhares de judeus entraram legalmente na Bolívia com a ajuda de outro barão do estanho extremamente rico, Moritz Hochschild, um judeu-alemão de nascimento. Além de Trujillo, no entanto, nenhum outro líder de governo tomou qualquer atitude concreta em Évian.

"NINGUÉM OS QUER", gabava-se uma manchete do jornal alemão *Völkischer Beobachter*. Falando ao Reichstag no janeiro seguinte, Hitler disse: "É um espetáculo vergonhoso ver como todo o mundo democrático está se esvaindo de simpatia pelo pobre e atormentado povo judeu, mas fica indiferente e inflexível quando se trata de ajudá-lo". Estudiosos apontaram Évian como "o sinal verde dado a Hitler para o genocídio."

Apesar das restrições, cerca de 84 mil imigrantes judeus conseguiram, por meio de pedidos, persuasão ou suborno, abrir caminho para se refugiarem na América Latina entre 1933 e 1945, menos de metade do número admitido durante os quinze anos anteriores. No Brasil, as elites que comandavam a política de imigração mantiveram duas atitudes contraditórias, ambas baseadas em estereótipos. Por um lado, sentimentos de antissemitismo e preconceito inspirado pela eugenia atuaram contra a admissão de judeus. Por outro, existia uma crença, também preconceituosa, de que os judeus eram espertos administradores financeiros, tinham capital e podiam desenvolver a economia brasileira. A crença de que certos judeus poderiam ajudar o Brasil levou as autoridades a conceder cerca de 2 mil vistos para judeus alemães em 1939.

No Novo Mundo, porém, judeus fugindo do fascismo também se tornaram alvos da mesma suspeita que os perseguia na Europa: uma crença de que eram ideólogos do inimigo do fascismo, "bolchevistas" ou comunistas.

No Brasil, em 1937, com seu mandato terminando, Getúlio Vargas tirou da cartola uma imaginária conspiração comunista, que chamou de Plano Cohen. Anunciou pelo rádio que os infratores estavam à beira de se apoderar do governo. Dois anos antes, em 1935, Vargas havia lançado uma campanha de terror do Estado contra a oposição esquerdista, incluindo comunistas, que levou ativistas a uma resistência armada, rapidamente esmagada. O líder do Partido Comunista, Luís Carlos Prestes, fora torturado e preso. A esposa grávida de Prestes, Olga Benário Prestes, uma judia nascida em Munique, foi identificada, com a ajuda da Gestapo, por diplomatas brasileiros e enviada para a Alemanha, onde seria mantida no campo de concentração de Ravensbrück. Ela foi removida para um sanatório do Estado e submetida a eutanásia em uma câmara de gás em abril de 1942.

Mas não houve no Brasil de 1937 conspiração comunista alguma nem "Plano Cohen". Vargas manipulou essa ficção para obter poderes autocráticos no que chamou de Estado Novo, um novo Estado com novas ferramentas legais contra os dissidentes. Para ajudar a manter o regime, ele atiçou as brasas sempre presentes do antissemitismo, apresentando os judeus como uma subversiva quinta coluna a serviço da União Soviética.

Os judeus, de uma forma geral, transformaram-se em alvo frequente de vigilância e até mesmo prisão. "O fato de um indivíduo ser judeu ou simplesmente de origem judia pesaria negativamente nos critérios de julgamento da polícia política brasileira", escreveu a historiadora Taciana Wiazovski. Para os judeus, ser membro de um sindicato de trabalhadores, conhecer alguém que estava sendo investigado ou pertencer a uma organização judaica podia justificar o tipo de escrutínio geralmente reservado a suspeitos por crimes.

Nos anos 1990, as autoridades haviam desativado a organização de espionagem interna da região de São Paulo, o Departamento de Ordem Política e Social (DEOPS); seus arquivos, tornados públicos, revelavam o rancor pessoal dos investigadores contra judeus e o tipo de "prova" que coletavam na caça a subversivos. Documentando o pedido de um salvo-conduto feito por Hildegard Boskovics, uma secretária seguida durante nove anos, a nota de um investigador dizia que ela devia ser enviada "para Hitler", pois era "uma israelita". No caso de Ernest Joske, um contador seguido por doze anos, a evidência incriminadora incluía doações a uma sociedade de ajuda humanitária, a Ajuda Vermelha Internacional (uma espécie de Cruz Vermelha criada pela Internacional Comunista para prestar assistência a presos políticos), e literatura antinazista, antifascista e comunista. Joske disse que era antinazista porque era judeu, declarando que seu pensamento era marxista, o que, naturalmente, não era contra a lei.

Após uma batida, em 1932, em um centro de organizações judaicas na rua Amazonas, em São Paulo, uma ficha do DEOPS concluía que os clubes registrados no endereço, como o Esporte Judaico, a Sociedade de Ginástica e o Centro de Cultura dos Trabalhadores Israelitas, eram fachadas para atividades subversivas. "O verdadeiro caráter dessas organizações 'esportivas' e 'benevolentes' é que de fato não passam de um centro bem organizado de propaganda comunista", dizia a ficha. A literatura confiscada incluía periódicos de Buenos Aires e Nova York em inglês, iídiche, alemão e espanhol, como *The Nation, The Soviet Russian Pictorial* e *The Workers' Monthly*.

A infame lenga-lenga antissemita publicada na Rússia em 1903, *Os Protocolos dos Sábios de Sião*, sobre uma conspiração judaica apócrifa para dominar o mundo, teve ampla circulação no Brasil nos anos 1930 e 1940, influenciando agentes do DEOPS. O primeiro passo no plano global de domínio, segundo os protocolos, era a educação subversiva da juventude. A revista mensal dirigida a crianças encontrada na batida da rua Amazonas, *Pioner*, despertou especial atenção – os investigadores relataram que a publicação tinha como objetivo "perverter os jovens".

Cerca de 4.800 quilômetros ao norte do Brasil, em um país muito menor, a Guatemala, as histórias de dois refugiados judeus mostram como poderia ser complicada a jornada para a liberdade de quem procurava segurança na América Latina. Mesmo sob céus latinos, judeus que escaparam de Hitler continuaram ligados de forma inexorável à grande tragédia do Holocausto.

Ludwig Unger tinha 35 anos quando deixou sua casa em Hamburgo, em 1933. Alto, com o corpo atlético, cabelo claro e liso, traços bonitos, Unger não vivenciou o antissemitismo enquanto crescia na cosmopolita cidade portuária. Também não sentiu o preconceito contra judeus nos ambientes de classe alta que frequentava com sua família ou quando foi para a frente belga como voluntário no exército do Kaiser. Lutando pela Alemanha na Primeira Guerra Mundial, Unger foi ferido três vezes, capturado e passou algum tempo como prisioneiro de guerra na Inglaterra.

Quando se tornou chanceler, em 1933, Hitler se postava diante de multidões e proferia discursos carregados de antissemitismo e anticomunismo. Delinquentes nazistas espancavam judeus nas ruas. Unger perdeu seu emprego. Instigado pela família, cruzou o mar em direção àquele país exótico, a Guatemala, onde um tio dirigia um negócio de importação.

Ludwig Unger desembarcou com uma pequena mala no porto caribenho de Puerto Barrios e tomou um trem para a viagem de pouco mais de 300 quilômetros rumo à movimentada capital, a Cidade da Guatemala. Lá, Ludwig tornou-se Luis, encontrou trabalho em um grande cinema, recolhendo os ingressos de quem entrava, mas logo estava gerenciando uma loja de departamentos. Calmo e afável, Unger não teve dificuldades para fazer amizade com alemães e guatemaltecos e, em 1936, conheceu e se casou com uma bela e jovem judia sefardita guatemalteca, que atendia pelo persuasivo nome de Fortuna. Embora lesse as notícias sobre a tensão crescente na Europa em jornais locais em espanhol e alemão, Luis Unger vivia agora a milhares de quilômetros de distância de Hitler e não estaria por perto se a luta eclodisse na Europa. Como poderia a guerra alcançá-lo no país chamado "a terra da eterna primavera"?

As respostas a essa pergunta chegaram uma atrás da outra, cada qual pior que a anterior.

Em 1938, a *Auslandorganisation*, o braço do Partido Nazista no exterior, distribuiu navios pelo mundo para que alemães no exterior pudessem votar para aprovar o *Anschluss*. Um bom amigo de Luis Unger fez uma excursão a Puerto Barrios, onde subiu em um navio para depositar seu voto. O uso de locais de votação no mar permitiu que os alemães contornassem leis nacionais que proibiam eleições estrangeiras em seus territórios. Na Guatemala, as famílias que fizeram as excursões para votar desfrutaram de folgas em suas rotinas subsidiadas por Berlim, incluindo as viagens de trem, natação perto dos navios (um segundo navio atracou em Puerto San José, no Pacífico) e piqueniques.

No entanto, quando o amigo de Luis Unger retornou à Cidade da Guatemala, alguma coisa havia mudado entre os dois. "Escute", disse ele. "Não posso mais ser visto com você." No escritório desse amigo, uma foto nova de Adolf Hitler foi pendurada na parede.

Unger se sentiu "brutalizado" segundo seu filho David, um tradutor e romancista que vive em Nova York. Anos mais tarde, Luis Unger falou ao filho da amizade rompida, e as palavras que usou mostravam como aquilo ainda o feria. "Ele estava chocado, nunca imaginou que aquilo pudesse acontecer."

Apareceram avisos na embaixada alemã advertindo contra manter relações com certas famílias judias, mesmo que fossem pessoas vizinhas há muitos anos. O desmantelamento de laços pessoais era apenas um dos sinais de uma situação que se deteriorava; também ficou mais difícil trazer parentes.

O presidente Ubico, o ditador guatemalteco que admirava Mussolini, praticamente fechou a porta para os refugiados do Reich em 1938, quando suprimiu a cota para imigrantes alemães. Ele apoiou os nazistas quando estes assumiram o controle de clubes e escolas alemãs guatemaltecas. Contudo, para a salvação de muitos, Ubico fornecia vistos por baixo dos panos em troca de dinheiro. Sem a menor dúvida, ele salvou vidas.

Alguns meses antes da *Kristallnacht* (Noite dos Cristais), em 1938, a mãe de Hans Guggenheim estava parada em uma fila para comprar manteiga em Berlim quando outra mulher judia lhe disse: "Estão dando vistos para a Guatemala". Hans, então com 15 anos, e sua irmã mais nova, Gaby, já tinham sido mandados para a Inglaterra; naquela noite, seus pais planejaram escrever para um primo cuja família tinha se mudado para a Guatemala em 1900 e pedir-lhe que conseguisse vistos para que os dois também pudessem escapar. Uma vez em segurança na Cidade da Guatemala, procuraram o presidente Ubico, que recebeu os visitantes em um vasto palácio de pedra verde-clara que acabara de construir na praça central da capital. Depois de fazer um pagamento em dinheiro, os Guggenheims deixaram o escritório do presidente com a promessa de vistos para os filhos.

Aos 93 anos de idade, sentado diante de janelas altas em sua casa de tijolo aparente com vários andares em Boston, entre refinados objetos de arte e artefatos colecionados durante toda uma vida, Hans Guggenheim recordou o entusiasmo dessa primeira viagem através do Atlântico a bordo de um luxuoso transatlântico. "Por que chorar de amargura? Eu havia acabado de completar 18 anos e para mim aquilo era uma grande aventura", disse ele. "Houve um ataque de submarino no caminho de Cuba e comi pela primeira vez patas de rã em molho provençal."

Guggenheim, pintor e ex-professor de antropologia no Instituto de Tecnologia de Massachusetts, está escrevendo um livro de memórias cobrindo os anos "do fascismo a Trump" e lembra-se bem da beleza florida da capital guatemalteca no final dos anos 1930 e na década seguinte. Ricas famílias judaicas viviam em "casas grandes e elegantes na Reforma", uma ampla avenida, disse ele. Em Berlim, os nazistas confiscaram os ativos da família, mas na Guatemala eles tiveram a chance de viver. O pai logo abriu uma pequena fábrica que produzia mobília de ferro forjado na capital, onde a vida judaica girava livremente em torno de três sinagogas – asquenaze, alemã e sefardita. Aos 20 anos, o jovem artista realizou sua primeira exposição no Club Guatemala, um local exclusivo no centro da cidade. Ele estava em casa. "Nós nos sentíamos 100% *guatemaltecos*", disse ele. "É provável que houvesse alguém por ali que não gostava de judeus, mas isso não estava institucionalizado."

Guggenheim chama claramente Ubico, o ditador guatemalteco, de fascista. Não obstante, devido aos caprichos da guerra, uma figura que a História define como um ultradireitista egoísta, de punho de ferro, é lembrado por alguns como elemento-chave de sua sobrevivência. Guggenheim diz que Ubico era "um amigo dos judeus".

"Eu não estaria aqui sem ele", disse. "Salvou a vida de meus pais, a vida de Gaby e a minha."

Em 1939, Hans Guggenheim tinha um bom emprego no centro da cidade como ilustrador editorial em *La Prensa*, o maior diário da Guatemala. Não conhecia Luis Unger, que estava prestes a começar a trabalhar no escritório da intendência da base aérea americana em construção no limite da cidade. Assim como Guggenheim se sentia seguro em sua nova casa, Luis Unger, em meio às notícias cada vez piores vindas da Europa, encontrava consolo sabendo que a mãe, que ficara viúva, estava partindo de Hamburgo.

Em 13 de maio, Betty Unger e sua irmã, Gusti Hansen, zarparam no mesmo tipo de luxuoso transatlântico que tinha levado Hans Guggenheim para a Guatemala. Estavam indo para Nova York, onde se uniriam a outra irmã, Julia, que havia pago a passagem delas. Seus passaportes estavam marcados com um "J" vermelho pelo Reich, indicando que eram judias. Mas agora estavam fugindo para a liberdade, saindo de Hamburgo com destino a Havana. Quando atracassem, os passageiros – um terço deles eram jovens cujos pais estariam à sua espera – desembarcariam e ficariam em Cuba ou, como Betty Unger e Gusti, tratariam de seu transporte para um destino final em outro lugar das Américas.

Muitos passageiros que viajavam com as irmãs eram profissionais liberais, advogados e médicos, proibidos de trabalhar pelos nazistas. Alguns já tinham sido levados para campos de concentração. Max Loewe, um advogado de Breslau, tinha sido preso na *Kristallnacht* e enviado para Dachau, mas conseguiu uma ordem de soltura e reservou passagens no *St. Louis* para si, sua esposa e uma filha de 15 anos. A viagem do *St. Louis* era uma "viagem especial", cujos detalhes financeiros foram supervisionados pelo *Reichssicherheitshauptamt* [Gabinete Central de Segurança do Reich], RSHA, o departamento para o qual Adolf Eichmann trabalhava. O RSHA exigiu que todos pagassem tíquetes de ida e volta, embora os refugiados estivessem em uma viagem apenas de ida. O jornal alemão *Der Stürmer* soltou "JÁ VAI TARDE" quando o navio zarpou.

Mas o comandante Gustav Schroeder ordenou que a tripulação uniformizada tratasse os passageiros "como turistas privilegiados". Nazistas entre o pessoal de bordo fizeram objeções, quase a ponto de se amotinarem, mas Schroeder se manteve firme. Talvez isso não tenha sido fácil. Havia seis agentes da Gestapo infiltrados na tripulação. A tarefa deles, ao atracarem em Havana, era coletar documentos de espionagem da estação da *Abwehr*, um posto avançado da agência de inteligência do Reich. Enquanto isso, foram encarregados de manter o comandante sob vigilância.

Schroeder, um homem pequeno com 37 anos de experiência no mar, manteve sua autoridade. Garantiu que as crianças recebessem lições de natação na piscina e que houvesse bailes para os adultos. Permitiu que os passageiros pusessem uma toalha de mesa sobre um busto de Hitler na sala de jantar e manteve os serviços religiosos da noite de sexta-feira. Em fotos da viagem, há homens tranquilamente recostados em cadeiras de madeira no convés, os cobertores dobrados sobre as pernas estendidas; há mulheres em pé, junto ao corrimão do navio, em ensolarados vestidos brancos enquanto a brisa mexe com seus cabelos. Meninos levantam os olhos para a câmera com grandes sorrisos, como se mal pudessem conter a alegria de estarem livres no mar, acompanhando o percurso do imponente navio. Betty Unger e Gusti estão lá, relaxadas em um banco coberto do convés. Usam vestidos de organdi com um estampado de flores e chapéus Mary Janes, brilhantes e pretos, com uma aba estreita de palhinha, dando às irmãs de meia-idade um ar despreocupado.

Enquanto o *St. Louis* navegava para Havana, Schroeder começou a receber telegramas inquietantes do escritório central da linha *Hamburg-Amerika*.

> 23 DE MAIO DE 1939: MAIORIA DE SEUS
> PASSAGEIROS EM CONTRAVENÇÃO
> DA NOVA LEI CUBANA 937 E PODE NÃO SER
> DADA PERMISSÃO PARA O
> DESEMBARQUE. SITUAÇÃO NÃO INTEIRAMENTE
> CLARA MAS CRÍTICA SE
> NÃO RESOLVIDA ANTES DE SUA CHEGADA A HAVANA.

E do escritório em Cuba da companhia marítima:

> 26 DE MAIO DE 1939: JOGUE ÂNCORA NO ANCORADOURO.
> NÃO APROXIME
> NÃO FAÇA QUALQUER TENTATIVA DE AVANÇAR PARA O CAIS.

Nas ruas de Havana, manifestações nazistas organizadas pela embaixada alemã protestavam contra a chegada dos refugiados. No *St. Louis*, circulavam rumores pelos conveses de que quase nenhum dos passageiros estava com a autorização de desembarque em ordem. O diretor do Serviço de Imigração Cubano, Manuel Benitez, era charlatão e ladrão. Benitez, um comparsa e protegido do futuro ditador cubano Fulgêncio Batista, vinha operando os vistos de forma corrupta e embolsando as taxas. O presidente Federico Laredo Brú demitiu Benitez um dia antes da data prevista para a chegada do *St. Louis* e cancelou os vistos de trânsito que Benitez emitira – segundo alguns, porque o corrupto chefe da imigração deixou de incluir Laredo Brú no acordo.

O sol nasceu e se pôs por muitos dias sobre o *St. Louis*, ancorado longe das docas de Havana. Com exceção de trinta passageiros que haviam recebido seus vistos diretamente do ministro – não do venal Benitez –, mais ninguém teve permissão para desembarcar. Alguns refugiados ficaram descontrolados; mulheres erguiam seus bebês sobre o corrimão do navio e ameaçavam jogá-los se não recebessem a autorização de desembarque. Outros mergulharam na depressão. Max Loewe, o advogado de Breslau que sobrevivera à *Kristallnacht* e a Dachau, cortou os pulsos diante de outros passageiros e pulou no mar (um membro da tripulação mergulhou, agarrou Loewe e conseguiu colocá-lo semimorto em uma lancha que o levou ao cais, onde ele foi hospitalizado e sobreviveu; a esposa e a filha, no entanto, foram proibidas de unirem-se a ele). Quando os primeiros telegramas preocupantes começaram a chegar, o comandante Schroeder havia selecionado um pequeno grupo de passageiros para intermediarem seu contato com os demais. Pedia-lhes agora que ficassem atentos aos suicídios.

Agarradas a seus "benitezes" (os duvidosos vistos de trânsito tinham adquirido um apelido sombrio), Betty Unger e Gusti esperavam a bordo com os outros. Schroeder telegrafou à sede da companhia pleiteando a intercessão de diplomatas. E foi à terra com dois advogados cubanos para entregar pessoalmente ao presidente um comunicado dos passageiros, mas o governante cubano recusou-se a recebê-lo. O American Jewish Joint Distribution Committee [Comitê Judaico-Americano de Iniciativa Comum], uma associação americana privada beneficente que lutava para colocar refugiados em locais seguros, e outras entidades fizeram um *lobby* frenético, inclusive oferecendo dinheiro, que nunca era o bastante para os funcionários que seriam decisivos.

Enquanto isso, o *St. Louis* continuava ancorado ao largo do porto de Havana, com uma vista fascinante dos prédios brancos da cidade. A brisa tropical soprava suave, mas os passageiros se sentiam dentro de um redemoinho – a percepção de que a liberdade lhes estava escapulindo. Alguns venderam aos tripulantes as últimas joias da família e outras relíquias para pagar por telegramas ao presidente Roosevelt, ao presidente cubano Laredo Brú, e até mesmo à esposa do presidente cubano, Leonor: "A sensibilidade de sua esposa nos dá esperança...".

Durante três dias, parentes dos passageiros foram até o navio ver seus entes queridos, remando ou em lanchas a motor. Dos pequenos barcos, os parentes gritavam em meio ao ruído das ondas até que, incrédulos, entre gritos e lamentações, viram o transatlântico zarpar.

O comandante Schroeder fez tudo ao seu alcance para impedir o retorno de seus passageiros à Europa, enviando mensagens para uma série de portos. Mas nenhum país nas Américas queria ficar com eles. Schroeder cobriu de modo proposital os poucos quilômetros ao norte que os separavam da Flórida e se aproximou bastante da costa, esperando que Washington lhe desse permissão para atracar. Mas os barcos da Guarda Costeira forçaram o navio a se distanciar. Retornando pelo Atlântico, ele levantou a hipótese de encalhar o *St. Louis* perto de Southampton ou iniciar um incêndio para que os passageiros pudessem escapar e serem resgatados em território britânico.

Inglaterra, Dinamarca, Suécia, França e Holanda foram finalmente persuadidas a admitir grupos de refugiados. Mas a jornada do *St. Louis* entrou para a história como uma viagem dos condenados. Duzentos e cinquenta e quatro dos passageiros acabaram como prisioneiros na Europa e morreram nos campos de extermínio do Reich nazista.

Luis Unger nunca tornaria a ver sua mãe.

Betty e a irmã Gusti desembarcaram em Amsterdam e viveram discretamente durante três anos em uma pequena casa em Groningen, uma cidade universitária a quase 150 quilômetros do porto holandês. Uma última foto delas em poder de David Unger mostra as duas senhoras sentadas em cadeiras de vime em uma varanda de madeira, com a cabeça muito erguida. Usam vestidos escuros, Betty com uma gola alta, Gusti com um colar de pérolas. Têm as mãos dobradas no colo e um sol brilhante ilumina os rostos sorridentes. Em 1942, nazistas e colaboradores holandeses reuniram os judeus na Holanda. As irmãs morreram juntas na Polônia ocupada pelos nazistas, no campo de Sobibor, onde foram mandadas para a câmara de gás.

Luis Unger soube da morte da mãe pela Cruz Vermelha, em 1947. Também depois da guerra, Hans Guggenheim e sua família descobriram que a avó de Hans fora morta na câmara de gás em Auschwitz. Logo após Hans chegar em segurança com a irmã à Guatemala, seus pais pediram novamente ao presidente Ubico um visto para a avó, mas o pedido foi negado.

"Suponho que ele pensou: 'Não, já dei a eles quatro vistos, é o bastante'", disse Guggenheim. "Mas ele não tinha ideia do que ia acontecer. Nenhum de nós tinha."

Às vezes parece que os judeus que sobreviveram à Segunda Guerra Mundial na América Latina, assim como seus descendentes, revivem a época sem conseguir separá-la das imagens de entes queridos perdidos na *Shoah*. Hans Guggenheim não diz que carrega em si a velha guerra, mas fundou escolas de arte para crianças em países afetados por guerras modernas, como o Mali e a Guatemala. Em 1995, doou dezenas de gravuras originais de Goya, da série *Os Desastres da Guerra*, para um museu no Vietnã.

Até mesmo representantes de gerações mais recentes parecem manter uma conexão com os anos de guerra que os mais velhos vivenciaram. Judith Scliar, nascida no Brasil, fez uma espécie de peregrinação a um novo museu judaico em Varsóvia. A viagem à cidade da qual seus avós foram tirados, disse ela, afetou-a "profundamente". Em uma noite agradável no Bom Fim, Scliar fez uma palestra, para uma sinagoga repleta, sobre a visita que fez à Polônia. Acima de nós, no segundo andar, no arquivo da sinagoga, fichários guardavam memórias da guerra de residentes do bairro. De meus dois lados na audiência sentaram-se mulheres de meia-idade que me contaram suas histórias sobre as perdas e migrações de parentes. Tive a sensação de que ainda havia ecos da guerra e suas sequelas em comunidades judaicas como aquela em qualquer parte da América Latina.

As bisavós de Marjorie Agosin fugiram de Viena e de Odessa para o Chile, onde Agosin foi criada. Poeta e estudiosa da literatura, professora no Wellesley College, Agosin nasceu uma década após a guerra, mas parece viver imersa nos reflexos da catástrofe, que parecem infinitos. Aquilo que a sua família – e as famílias de tantos outros – vivenciaram ressoa em seu trabalho como poeta e ativista dos direitos humanos de um modo que conecta a Segunda Guerra Mundial à violência do Estado de extrema-direita vivida por sua geração nos anos 1970 e 1980.

A junta militar argentina (1976-1983) "torturava judeus sob retratos de Hitler", escreveu Agosin em *Dear Anne Frank*. Assim como as vítimas do genocídio nazista, aqueles que desapareceram durante as ditaduras latino-americanas do pós-guerra "não tiveram locais de recordação onde pudessem ser enterrados e as famílias ainda não sabem onde devem ir para visitá-los, para lembrá-los e para lhes render homenagens".

Às vezes, a poeta em Agosin parece entrar na mente dos que vieram antes dela, na jornada da Europa para a América Latina.

> *Você atravessa as avenidas solenes*
> *com fileiras de árvores da borracha*
> *e os vendedores*
> *com seus figos e frutas frescas.*
> *De repente você para sob o sol ardente*
> *como se seu coração ferido*
> *estivesse pulsando palavras*
> *e você começa a dizer:*
> *"Um dia em Viena...*
> *um dia em Viena"*
> *e os anjos da memória*
> *chegam aos seus pés.*

5

NAZISTAS E NÃO NAZISTAS NA TERRA DA BORBOLETA BRANCA

Quando era garotinha, Maya Sapper adorava passear pelo país das maravilhas semitropical de árvores e regatos na fazenda de café guatemalteca onde nasceu. O lugar ficava tão afastado, ela recordou anos mais tarde, que quando a mãe chegou lá, recém-casada, cozinhava em um braseiro de três pedras, assim como as mulheres do povo maia Q'eqchi' [quiché], habitantes originais da região montanhosa que foram, durante anos, os únicos vizinhos da família. Enquanto o pai de Maya fiscalizava a vasta propriedade de seus avós a cavalo, sua mãe aprendia com as mulheres indígenas os segredos de ervas e chás que podiam aliviar problemas de saúde, mergulhando na nova pátria, tão longe de sua Alemanha natal. A jovem Maya, cujo nome vinha do povo indígena que a mãe passara a admirar, nasceu para a terra guatemalteca na mesma casa que seu pai, nunca tinha vivido em outro lugar nem sonhava que algum dia viveria fora dali.

"Lembro-me de um dia, quando era criança, parada entre as árvores, com a luz caindo sobre as videiras penduradas e vendo uma enorme borboleta branca", recordou Maya quando a visitei na Califórnia, em sua casa à beira-mar. Já tinha completado 85 anos e estava sentada à mesa de uma pequena sala de jantar, erguendo e abrindo muito as mãos ante a lembrança. "As asas eram tão brancas, quase transparentes, sempre batendo, e eu disse para mim mesma: 'Quando morrer, quero ser enterrada bem aqui'."

Mas era o final dos anos 1930, a guerra havia começado e seus reflexos estavam prestes a abalar a vida de trabalho árduo, mas idílica, da família Sapper. A partir de 1942, um programa norte-americano pouco conhecido de sequestros políticos arrebatou residentes da América Latina, incluindo o pai de Maya Sapper, Helmut, e levou-os para os Estados Unidos.

Durante uma conferência hemisférica no Rio de Janeiro, em janeiro de 1942, o secretário de Estado assistente dos Estados Unidos, Sumner Welles, obteve êxito na pressão para que as repúblicas latino-americanas tomassem medidas punitivas contra seus residentes com raízes na Alemanha, Itália e Japão. Dezenove países colaboraram, violando suas próprias leis para isso. A política de transferência forçada que se seguiu a esse momento também transgredia as leis dos Estados Unidos. México e Brasil retiraram comunidades inteiras de seus locais de origem e as realocaram dentro de suas fronteiras. A Colômbia transferiu homens de uma lista negra para hotéis cercados por guardas. Quatorze outros países, incluindo Guatemala e Peru, cooperaram com agentes da inteligência e diplomatas americanos, enviando residentes, não apenas nacionais do Eixo, mas também cidadãos nativos e naturalizados, para campos nos Estados Unidos.

Os cativos não enfrentaram as mesmas condições dos internos dos campos de extermínio nazistas, mas os centros isolados onde foram mantidos, em alguns casos durante anos, se ajustam a todas as definições de um campo de concentração, onde um grande número de pessoas, em especial presos políticos ou membros de minorias perseguidas, são deliberadamente aprisionados em áreas reduzidas sob duras condições de vida, com pouca ou nenhuma possibilidade de recorrer à justiça.

Para justificar a apreensão e aprisionamento desses civis, o governo Roosevelt retrocedeu séculos até uma lei promulgada durante uma guerra naval não declarada com a França. Em 1798, a Lei dos Inimigos Estrangeiros determinava a detenção de cidadãos de países em guerra com os Estados Unidos como forma de garantir a segurança nacional. Cento e cinquenta anos mais tarde, Roosevelt invocaria essa lei contra os "estrangeiros" latinos. Para aplicar a Lei dos Inimigos Estrangeiros, no entanto, era necessário levar os indivíduos da América Latina para os Estados Unidos. As capturas tiveram início quase imediatamente após Pearl Harbor.

Alguns dos sequestrados foram obrigados a embarcar como "repatriados" para a Alemanha e o Japão. Outros viraram peões em um jogo de troca negociado por Washington visando civis americanos presos pelo inimigo. Outros ainda, incluindo famílias inteiras, sobreviveram em um limbo cercado por arame farpado durante anos. O funcionamento de alguns campos norte-americanos que mantiveram cativos da América Latina só foi encerrado em dezembro de 1947, mais de dois anos após o término da guerra.

O clandestino programa de rapto e detenção antecipou as práticas extraordinárias de transferência empregadas pelos Estados Unidos, com a cooperação de aliados, na "guerra ao terror" após o 11 de Setembro. Justificada pela premissa de extirpar o inimigo onde quer que ele pudesse estar, a obscura operação da Segunda Guerra Mundial tinha por objetivo, diziam seus protagonistas, garantir a segurança nacional. Na realidade, as capturas foram motivadas por um medo irracional combinado com propósitos mais sombrios: obter peões para as trocas de prisioneiros, reprimir uma competição comercial e, no caso de cativos de etnia japonesa, franco racismo.

Na época, a operação de sequestro foi mantida longe das vistas do público, e ainda hoje é amplamente desconhecida. Mas mudou para sempre muitas vidas nos países que concordaram em cooperar, colocando nas mãos americanas seus residentes, inclusive cidadãos. Mais de quatro mil pessoas de etnia alemã, como Helmut Sapper, foram tirados à força de quinze países latinos e levados para campos em áreas remotas dos Estados Unidos. O programa secreto arrancou de casa o pai de Maya Sapper e condenou a mãe dela, um irmão mais velho, Horst, e o resto da família a anos de angústia e incerteza.

As autoridades também tiveram como alvo mais de 2 mil pessoas de etnia japonesa, incluindo muitas mulheres e crianças. Italianos e seus descendentes também foram alcançados, embora com menor intensidade. A guerra contra a Itália terminou em setembro de 1943 e, embora 2 mil imigrantes italianos que moravam nos Estados Unidos tenham sido internados em campos americanos por um breve período, o presidente Roosevelt não parecia encarar os italianos como uma ameaça séria na América do Norte ou do Sul.

"Não me importo com os italianos", disse ele ao procurador-geral Francis Biddle durante uma discussão sobre reclusão de estrangeiros. "São um monte de cantores de ópera."

A permissão para que "inimigos estrangeiros" fossem levados também causou perdas aos países latinos onde eles viviam. Destruiu antigas redes de comércio, rompeu laços sociais e prejudicou contribuições às culturas nacionais. As velhas comunidades étnicas não foram reconstituídas de forma equivalente após a guerra, quando, é claro, chegaram a ser reconstituídas. A família de Maya Sapper na Guatemala esteve no olho do furacão.

* * *

Na época em que a Segunda Guerra Mundial começou, a extensa família Sapper fazia parte de uma comunidade guatemalteca alemã de cerca de 13 mil pessoas. Havia mais de cinquenta anos que os "alemães" vinham contribuindo de modo muito significativo para a economia nacional e para o estoque de conhecimento que o país tinha de si mesmo, apesar de seu número reduzido. "A trajetória dos Sappers em Alta Verapaz é um exemplo vivo do que alguns imigrantes alemães realizaram com seus esforços", escreveu a historiadora Regina Wagner. Eles começaram de baixo, "sem capital, mas com dedicação e uma imensa vontade de criar alguma coisa sólida para assegurar sua existência".

O avô de Maya, Richard Sapper, chegou em 1884 à verde e úmida região da Guatemala chamada Alta Verapaz, "Paz Verdadeira". O nome fora dado por um frei dominicano do século XVI, Bartolomé de las Casas, um historiador e reformador social que convenceu as autoridades espanholas de que os indígenas da província seriam melhor conquistados pela cruz do que pela espada. Como os soldados espanhóis não entraram na região como fizeram no restante do país, exigindo terras e destruindo tradições, os colonos que chegaram lá no final do século XIX encontraram uma terra intacta, povoada por índios maias Q'eqchi', cujos estilos de vida tinham mudado pouco em quinhentos anos.

Como muitos outros imigrantes, o avô de Maya Sapper fora atraído para a Guatemala ao ouvir descrições apaixonadas da beleza da terra e de seu potencial para prover o sustento. Apesar de sua pouca idade, com apenas 22 anos Richard Sapper já havia trabalhado para firmas de exportação alemãs na Itália e na Grécia. Como os pioneiros agrícolas mais vigorosos – a maioria alemães, mas também franceses, ingleses e norte-americanos –, Sapper passava meses seguidos viajando a cavalo ou em um jumento, ou então caminhando no rastro de guias nativos que abriam trilhas pela mata virgem à procura de terras adequadas ao cultivo do café. Eles mediam áreas de terra, dormiam ao relento, caçavam e comiam o que matavam, cozinhavam em fogueiras.

Quando Sapper descobriu que o irmão, Karl, recém-formado em Ciências Naturais na Universidade de Munique, estava sofrendo de um problema de pulmão, convidou-o a cruzar o oceano e se recuperar no ar limpo da montanha. Logo após sua chegada, em 1888, Karl Sapper, o jovem naturalista, empregou o conhecimento de solos e geologia explorando a região a pé ao lado do irmão e aconselhando Richard sobre onde situar novas plantações ou *fincas*. Durante os doze anos seguintes, com frequência junto a companheiros Q'eqchi', às vezes bancado pelo irmão Richard, Karl Sapper caminhou do Istmo de Tehuantepec, no México, até o Panamá. Foi um "pedestre militante", como um geógrafo moderno o chamou, caminhando de forma decidida por montanhas e vales para conhecê-los melhor, mesmo quando podia montar em uma mula ou em um cavalo. Registrava a configuração da terra e sua vida selvagem, além dos costumes agrícolas dos povos nativos que encontrava. Muito mais concentrado na América Central que seu famoso precursor de um século antes, o naturalista prussiano e explorador da América Latina Alexander von Humboldt, Karl Sapper lançou as bases do moderno mapeamento da América Central e, em especial, da geografia física e cultural da Guatemala.

Na época em que a jovem Maya viu a inesquecível borboleta branca na plantação, seu avô Richard já havia morrido e os Sappers remanescentes moravam em casas estilo alpino e comandavam os trabalhos em uma área de muitas centenas de quilômetros quadrados de árvores frondosas. Faziam parte de uma família que tinha feito contribuições culturais ao país com repercussões que durariam décadas, e produziam um dos melhores cafés do mundo.

Imigrantes alemães cafeicultores como os Sappers se beneficiaram dos altos preços internacionais, ainda que enfrentassem dificuldades quando havia flutuações de mercado. Eles também foram beneficiados pelas políticas do final do século XIX de um governo guatemalteco faminto por investimentos na agricultura e em exportações. Novas leis declararam a terra indígena praticamente "sem uso", tornando-a disponível para ser trabalhada pelos recém-chegados. Embora cultivassem em suas terras milho e feijão para subsistência desde tempos imemoriais, os índios Q'eqchi' maias não possuíam escrituras de terra; com as novas políticas, muitos pegaram seus poucos pertences e adentraram a selva em busca de novas fronteiras, mas outros ficaram, continuando a cultivar seus lotes pequenos e tradicionais em troca de empregos com novos proprietários europeus como os Sappers. Os alemães, conscientes dos benefícios de uma força de trabalho fiel, trataram bem os Q'eqchi' na maior parte dos casos e aprenderam sua língua. Às vezes se casavam com mulheres nativas. Quando tinham relações com empregadas domésticas ou amantes Q'eqchi', muitas vezes reconheciam os filhos nascidos dessas uniões.

Ao contrário de proprietários ausentes, que viviam mais confortavelmente na capital e deixavam capatazes cuidando de suas terras, os cafeicultores alemães costumavam fazer trabalho pesado ao lado dos outros. Em 1890, dois terços da produção de café na verdejante região centro-norte vinham de propriedades de alemães ou guatemaltecos de origem alemã, a maior parte dela destinada ao entreposto global de café, Hamburgo. Nos anos 1930, suas fazendas em Alta Verapaz e na costa do Pacífico forneciam cerca de 80% do café da Guatemala, principal produto de exportação do maior país da América Central e sua maior fonte de moeda estrangeira. Os Sappers expandiram suas atividades para as áreas de beneficiamento e exportação de café, um banco e uma série de fazendas administradas por alemães, recrutados entre amigos e parentes na Europa. Os nomes das *fincas* [fazendas] Sapper ecoavam como uma ladainha de prosperidade: Cimama, Campur, Chirixquiche, Chajmayaic, Samox, Chajchucub...

A ideia de que uma guerra sendo travada longe dali pudesse significar uma catástrofe para sua existência protegida nunca passou pela cabeça de Maya Sapper. Passados mais de setenta anos, sentada diante de uma xícara de chá na sala tomada pela luz da costa da Califórnia, ela se esforçava para colocar em ordem as lembranças daquele tempo. Sua primeira pista de que surgiriam problemas, lembrou ela, apareceu no jardim de sua mãe, onde floresciam não só as rosas, mas também espécimes exóticos trazidos da floresta tropical vizinha. "Minha mãe deve ter tido uma suspeita", disse ela. "Um dia levou sua amiga inglesa para um passeio no jardim e ouvi-a dizer: 'Se acontecer alguma coisa, por favor tome conta das minhas orquídeas'."

Enquanto a guerra despontava no exterior, os filhos dos Sapper na Guatemala se divertiam andando nos seus pôneis ou, nos dias mais quentes, brincando na piscina de concreto, quadrada, que havia na fazenda. Ao mesmo tempo compartilhavam com os primos, na Europa, experiências de uma típica criação alemã. Na capital da província, Coban, frequentavam o Colégio Alemão, uma entre centenas de escolas alemãs na América Latina. Do México à Argentina, essas escolas alemãs locais ofereciam a melhor educação disponível no lugarejo ou cidade, aderindo aos mais estritos padrões alemães, com professores alemães trazidos para dar aulas em alemão e preparar os jovens para o comércio ou para uma educação superior que eles teriam de buscar na Europa. No Colégio Alemão de Maya, os alunos tinham também de ser aprovados nos exames nacionalmente requeridos de espanhol, mostrando que eram de fato bilíngues, e adquiriam conhecimentos sobre a história e a geografia da nação.

A colônia que os Sappers chamavam de lar era rica e produtiva, mas era apenas uma amostra da influente presença alemã na Guatemala. Para levar os produtos até o porto, os agricultores construíram estradas, que todos podiam usar. Empresas alemãs construíram uma estrada de ferro, um sistema de eletricidade e uma rede telefônica, que também serviam à população como um todo. A postura dos alemães contrastava com a dos norte-americanos na Guatemala, que geralmente chegavam para assumir cargos administrativos em empresas sob controle americano, como a United Fruit Company, e raramente se aventuravam a sair de condomínios residenciais no estilo americano. Os alemães podiam adorar conviver em seus *Vereine*, ou sociedades – inúmeros clubes esportivos alemães, clubes da cerveja, brigadas voluntárias de incêndio, associações de ajuda mútua e grupos de mulheres –, mas também criavam raízes e se envolviam no desenvolvimento do país, cujo futuro viam como seu próprio futuro.

Nos povoados e nas cidades, os alemães tocavam diversos negócios cujas marcas eram orgulhosamente anunciadas nas lojas: "Bornholt: Camisas Arrow, Chapéus Stetson, Casimiras Finas"; "Topke: Ferragens"; "Padaria Alemã Sommerkamp: Pumpernickel da Melhor Qualidade, Bolos, Entregas para Fincas". Havia fabricantes de salsichas, produtores de chá, cervejarias, alfaiates bem como fornecedores de eletrodomésticos, equipamentos para fotografia e vitrolas. Em 1940, das treze empresas que vendiam máquinas agrícolas e maquinário para pequenas indústrias na capital, a Cidade da Guatemala, oito eram alemãs; a maioria dos pontos comerciais que não eram do ramo de alimentos, incluindo as lojas de roupas, também eram alemães. O Clube Alemão da capital, fundado em 1890, era um posto social avançado para toda a América Central, com eventos anuais de Carnaval e um calendário de festas, incluindo celebrações do "Octoberfest em Munique", da "Fiesta de Marinheiros de San Pauli-Hamburgo", do "Festival de Inverno na Garmisch Partenkirchen" e de festas batizadas com nomes de safras de vinhos do Danúbio ao Reno.

Os guatemaltecos de origem alemã eram uma comunidade imigrante laboriosa, enraizada e com laços nostálgicos com o passado de seus pais. À medida, no entanto, que os anos 1930 avançavam, quem lesse o *Deutsche Zeitung*, o jornal centro-americano em língua alemã, perceberia uma crescente atitude de apoio ao ultranacionalismo do Reich. Cada vez mais, os artigos visavam explicar o desenvolvimento da visão de mundo de Hitler e encorajavam a manutenção de laços estritos com a "pátria". Artigos atacavam a propaganda dos serviços noticiosos americanos que difamavam o Führer democraticamente eleito. Em meados da década, o *Deutsche Zeitung* era completamente controlado por editores nazistas. Desde 1936, todos os guatemaltecos podiam sintonizar seus rádios em notícias, música de câmera e concertos de bandas militares em transmissão direta da *Deutscher Rundfunk*, a estação do governo alemão. Mesmo a rádio nacional guatemalteca apresentava uma "Hora Alemã" com música e aulas de alemão.

A onda de informação e propaganda pró-nazista era em parte fruto do empenho internacional do ministro do Reich de esclarecimento público e propaganda, Joseph Goebbels, mas também refletia as opiniões dos novos imigrantes alemães. Após a derrota da Alemanha na Primeira Guerra Mundial, mais de 100 mil alemães, principalmente homens jovens, vieram para a América Latina em busca de trabalho, muitos trazendo queixas com relação ao tratamento rude recebido dos Aliados vitoriosos e admiração pelo pulso forte de Hitler. Seus antecedentes os colocavam em um mundo separado daqueles que a historiadora Regina Wagner chama os *antiguos* – homens e mulheres que chegaram à primeira geração de Richard Sapper e seus filhos nascidos na Guatemala, como o pai de Maya Sapper, que nunca conhecera a Alemanha derrotada. Os *antiguos* tinham praticado durante muito tempo a tolerância para com os vários pontos de vista que brotavam em uma nova terra, mas surgiu um atrito entre os *antiguos* e os recém-chegados pró-nazistas que, apesar de estarem em menor número, traziam a força do vínculo com um movimento poderoso.

Como muitos guatemaltecos de origem alemã, que se consideravam guatemaltecos, outras comunidades latino-americanas com raízes em países do Eixo também tinham indivíduos perfeitamente assimilados, que podiam reverenciar seus antepassados, mas se consideravam brasileiros, bolivianos ou nicaraguenses. E as comunidades tinham outras pessoas que se consideravam mais como alemães, italianos ou japoneses no exterior. Os países do Eixo encorajavam a lealdade até a segunda ou terceira gerações, mesmo fora de suas fronteiras. A lei alemã considerava as pessoas de etnia alemã como cidadãos do Reich, ponto final. Benito Mussolini (seus pais lhe deram o nome do reformador mexicano Benito Juarez) produziu propaganda e programas culturais para manter uma identidade italiana no exterior e difundir crenças fascistas. Em primeiro lugar, ele visava à significativa população italiana da Argentina. No Brasil, lar de mais japoneses do que qualquer outro lugar fora do Japão, alguns "súditos" do imperador permaneciam tão fanaticamente leais que, quando a guerra acabou, se recusaram a crer que Tóquio havia perdido. Shindo Remei, uma organização de São Paulo que tinha entre seus membros os mais radicais dentre eles, ameaçou nipo-brasileiros que diziam que os Aliados haviam ganhado a guerra e tentou convencer do contrário pessoas de etnia japonesa do Peru. Seus membros assassinaram, pelo menos, 23 nipo-brasileiros.

As diferenças dentro de comunidades com raízes nos países do Eixo se manifestaram entre os alemães na Cidade da Guatemala. Em 1933, na Legação Alemã, membros do Partido Nacional-Socialista dos Trabalhadores Alemães (NSDAP) comemoraram o Dia Nacional Nazista do Trabalho, exaltando a unidade com a "terra natal". O popular embaixador alemão, um diplomata imperial da velha escola, discursou com uma entonação neutra, mas outros oradores exigiram fidelidade ao partido. Ministros luteranos recém-chegados da Europa reforçaram em seus discursos religiosos a necessidade de dar suporte à Nova Alemanha. Seguiu-se uma batalha pelo controle do Clube Alemão da capital, com os nazistas tentando tirá-lo dos *antiguos* para utilizar o centro social da comunidade outrora unificada como uma base de organização política. Eles assumiram o controle do Colégio Alemão, pendurando fotos de Hitler e expulsando crianças judias. O NSDAP abriu sua própria "Associação de Alemães" que incluía membros suíços, holandeses e austríacos – não apenas alemães, mas povos "racialmente" germânicos – e cumprimentavam-se com a saudação "Heil Hitler". O partido arrecadou dinheiro, roupas e sacos de café para a campanha nazista *Winterhilfwerk*, de ajuda a alemães pobres. Associações do partido recebiam a visita de celebridades e conferencistas alemães, projetavam filmes e *slides*, comemoravam feriados como o da ascensão de Hitler ao poder e o do aniversário do Führer, criando um calendário cultural e comemorativo paralelo ao dos *antiguos*.

A jovem Maya Sapper, rodeada pela família, não tinha consciência das rupturas na comunidade e só décadas mais tarde, quando encontra uma valiosa coleção das cartas da mãe para uma tia na Europa, percebe o que a família estava passando na Alemanha. Naquela época, no fim dos anos 1930, disse Maya, ela achava que as férias que o avô passou com eles foram "apenas uma visita", uma longa folga que o médico tirava para ver a família. "Na realidade, ele tinha problemas com Hitler, veio para escapar de alguma coisa... não sei o quê.", disse ela. As cartas pararam de chegar da Alemanha quando a guerra começou. A mãe de Maya, que "não era religiosa, mas espiritualista", parava sob a luz da Lua e rezava à maneira dela, pedindo que seus entes queridos ficassem a salvo das bombas aliadas.

Maya Sapper tinha 11 anos quando começou a sentir os efeitos da guerra de forma mais direta. A família havia se mudado do interior para Coban, a limpa e bela cidade serrana que ainda apresenta vestígios dos toques alemães em seus detalhes arquitetônicos e nos nomes da lojas: "Um sujeito americano veio dar uma olhada na escola", disse ela, e logo depois a escola fechou. Certa manhã, a mãe de Maya acordou os filhos dizendo: "Temos de ir à penitenciária. Eles vieram armados no meio da noite e levaram seu pai".

O governo guatemalteco, comandado pelo ditador pró-fascista, mas um tanto pragmático, Jorge Ubico, que tinha se beneficiado do apoio americano quando chegou ao poder, aprovou o programa de Washington de remover fisicamente membros importantes da comunidade alemã ao lado de outros que não eram de modo algum proeminentes. Em muitos casos, os Estados Unidos não percebiam as diferenças entre pró-nazistas e aqueles que reverenciavam seus laços com a Alemanha, mas não gostavam do Reich.

A suspeita generalizada de Washington com os "forasteiros" na América Latina começou cedo e, em 1938, as autoridades já estavam convencidas da ameaça de espionagem, sabotagem e operações militares alemãs e japonesas por toda a região. O secretário de Estado americano, Cordell Hull, classificou a penetração do Eixo na América Latina de perigo "real e iminente" que "não se limitava à possibilidade de invasão militar". Na Europa, Hitler tinha acabado de tomar posse da Áustria e dos Sudetos de fala alemã. O que ocorrera no período preparatório a esses eventos, Hull sugeriu, era muito parecido com o que ele acreditava que estivesse acontecendo no hemisfério americano, onde a ameaça nazista era "aguda em sua forma indireta de propaganda, penetração, organização de partidos políticos, compra de alguns adeptos e chantagem sobre outros". Na 8ª Conferência Internacional dos Estados Americanos, em Lima, no Peru, os Estados Unidos, o México e as Américas Central e do Sul concordaram em somar esforços para defender os Estados da região contra ataques externos.

A Guatemala declarou guerra ao Eixo em 11 de dezembro de 1941, quatro dias após os japoneses bombardearem Pearl Harbor. Em janeiro de 1942, 96 empresas, lojas, jornais, uma estrada de ferro local e 67 *fincas* pertencentes a residentes de etnia alemã foram colocadas na Lista Declarada de Nacionais Bloqueados do Departamento de Estado dos Estados Unidos, uma lista negra unilateral feita sem consulta aos países onde os negócios operavam, visando bloquear "fundos do Eixo" na América Latina. Em julho, 117 homens da Guatemala uniram-se às centenas de homens, mulheres e crianças de outros países latinos que seriam deportados para a Alemanha nos anos seguintes, às vezes em viagens sórdidas com baldes fazendo as vezes de banheiros e permissão limitada para deixar os alojamentos para respirar ar fresco.

O presidente Jorge Ubico era um parceiro improvável para o programa dos Estados Unidos. Como oficial do exército, fora governador de Alta Verapaz, conhecia bem os alemães de lá e declarou muitas vezes sua admiração por eles. Adepto do uso de trajes militares de gala com muitas folhas douradas nos quepes, Ubico assumiu o governo em 1931 e ficou conhecido como o Napoleão da América Central por conta de seus modos ditatoriais e seu comportamento arrogante. Um tirano que governava com o auxílio de uma violenta polícia secreta, Ubico admirava Hitler e Mussolini. Era nesse ponto parecido com os líderes do Chile e da Argentina – o Chile enviou seus militares para se prepararem na Alemanha e a Argentina os enviou para a Itália. Os regimes fascistas, com sua paixão pela ordem, prometiam um modelo de progresso e estabilidade que faltava em muitas partes da América Latina – e dessa forma cresciam os partidos políticos fascistas legais. Getúlio Vargas, o ditador populista brasileiro, governou com sua própria versão de fascismo o maior país do hemisfério.

Mas o presidente guatemalteco Jorge Ubico não passava de um oportunista. Escondeu suas inclinações pessoais e logo via a Força Aérea dos Estados Unidos dar início à construção de um cobiçado aeroporto que continua sendo, até hoje, o terminal aéreo internacional do país. As *fincas* que ele expropriou correspondiam a vastas extensões das terras mais produtivas do país. Transformou algumas em propriedade do Estado e vendeu outras. Tomou as terras de Helmut Sapper.

Por que os americanos quiseram Helmut Sapper? Além de ter nascido na Guatemala, não na Alemanha, ele não participara, em 1938, da votação a bordo de um navio para aprovar o *Anschluss*. Era um conhecido antifascista. Durante um evento onde outros se mostraram prontos a lutar pelo Reich, ele se levantou para declarar que "não era partidário das doutrinas de Hitler". E por que os americanos demoraram meses para libertá-lo depois que a guerra acabou? A resposta esclarece uma lógica oculta na captura de muitos latino-americanos de origem alemã: Washington queria eliminar a concorrência econômica da mais formidável rede não latina de negócios ao sul do Rio Grande, abrindo caminho para empresas norte-americanas.

A embaixada americana na Cidade da Guatemala chamou Sapper e quatro outros de "os internos mais importantes dos Estados Unidos". Em um despacho após a guerra para o Departamento de Estado, os diplomatas afirmavam que os cinco homens deviam ser impedidos de voltar à Guatemala não porque constituíssem uma ameaça política – a Alemanha havia perdido a guerra meses antes – mas porque eram empresários guatemaltecos de origem alemã muito importantes. Sapper era o barão das fazendas de café de Alta Verapaz e negócios associados. Os irmãos Nottebohm, Karl – que se considerava um "puro guatemalteco", como o próprio telegrama da embaixada informava – e Kurt, eram também proeminentes empresários e banqueiros; e, como Sapper, tinham nascido na Guatemala. Eram tão ricos que o complexo residencial da família ocupava uma quadra inteira na capital. Outro entre os "internos mais importantes" — observe que o despacho da embaixada não diz "mais perigosos" — era Hermann Kaltwasser, cuja placa comercial na Cidade da Guatemala dizia: KALTWASSER: PRODUTOS QUÍMICOS E FARMACÊUTICOS, MEDICINA VETERINÁRIA. Kaltwasser estava na Guatemala desde 1914 e agentes americanos admitiram que não puderam encontrar "evidências" de que ele tivesse colaborado com os nazistas, mesmo que de forma indireta. "Não obstante, ele é um dos principais escoadouros de produtos alemães na Guatemala", dizia o despacho. O quinto homem, Martin Knoetzsch, gerente geral dos Nottebohm, havia assinado uma declaração pública protestando pela tomada do Colégio Alemão pelo Partido Nazista. Knoetzsch havia entregado uma lista de membros do Partido Nazista ao governo guatemalteco como um ato de lealdade a seu país de adoção, outro fato conhecido pelos diplomatas.

A embaixada americana advertiu Washington de que o retorno dos homens a suas famílias na Guatemala "devia ser desestimulado com base na importância econômica deles, embora esteja faltando uma evidência confiável de atividades políticas indesejáveis". O historiador Max Paul Friedman escreveu que o caso mostra como a política de captura e deportação dos Estados Unidos evoluiu de um "empreendimento basicamente motivado pela necessidade de garantir a segurança contra subversão a um projeto de longo prazo de enfraquecer de modo permanente a concorrência econômica alemã em uma região há muito reivindicada como o 'quintal da América'". As autoridades latino-americanas deportaram prontamente "donos de propriedades mais fáceis de confiscar quando não sobrava ninguém para defendê-las".

Nas serras de Coban, na manhã em que a mãe de Maya anunciou que seu pai fora preso, a família caminhou até o presídio do outro lado da cidade, onde encontrou gente conhecida na recepção. A polícia havia levado os presos para a Cidade da Guatemala, a um dia de viagem de automóvel.

"Minha mãe nos enfiou em um carro e fomos para a capital atrás dele", Maya recordou. Hospedaram-se em um hotel do centro da cidade. Durante alguns dias, Helmut Sapper teve permissão para visitá-los, às vezes permissão para passar a noite, desde que todo dia fizesse contato com a polícia. Isso durou até 19 de janeiro de 1943. "Então, sem aviso, eles os levaram. Mais tarde descobrimos que partiram em um avião com as janelas tapadas para que não pudessem ver lá fora."

Semanas mais tarde, a família descobriu que Helmut Sapper estava, com outros prisioneiros, no Campo de Detenção de Estrangeiros de Kenedy, no sudeste do Texas. Batizada em homenagem a Mifflin Kenedy, um empresário do século XIX, a cidade fora antes conhecida como Six Shooter Junction [Passagem dos Seis Atiradores] – fregueses dos bares na rua principal, perto da linha férrea, se divertiam atirando nos trens que passavam. Agora os Texas Rangers, montados nos cavalos, laços na mão, estavam esperando pelos primeiros internos que saltaram do trem.

Na Guatemala, o governo congelou as contas bancárias dos homens capturados e confiscou seus ativos. Em uma demonstração de lealdade, trabalhadores nas fazendas dos Sapper coletaram os cupons da gasolina racionada que ainda chegavam para o maquinário agora silencioso e os passaram discretamente para a mãe de Maya. Ela os vendeu para comprar comida para os filhos. "Pessoas amáveis" lhes davam roupas ou uma galinha, mas o choque persistia. Em um quarto de hotel da Cidade da Guatemala, Maya convenceu a mãe a deixá-la dormir com o pijama do pai. "Sabia que ele tinha ido embora", disse Maya. "Eu só queria ser abraçada por sua pele."

O irmão de Maya, Horst, que mal entrara na adolescência, tinha aprendido a operar máquinas nas fazendas e começou a consertar automóveis e motocicletas para ajudar na manutenção da família. As cartas de Helmut que chegavam do Campo Kenedy vinham com lacunas após palavras ou frases terem sido cortadas pelos censores americanos. Pendurava suas coisas em um prego, escreveu ele, trabalhava em uma cozinha e fazia sempre muito calor. "Não vá para a Alemanha", dizia uma carta. Helmut Sapper disse que estava lutando contra aquela situação junto com os irmãos Nottebohm, Kaltwasser e Knoetzsch. "Vamos entrar na Justiça", escreveu ele. Alegaram que estavam sendo detidos de forma ilegal e exigiram, em um pedido de *habeas corpus*, que os colocassem a par das acusações que serviam de base para suas prisões. Ou então que os libertassem.

Após três anos no Campo Kenedy, Helmut Sapper ganhou a causa e retornou à Guatemala em 24 de dezembro de 1945, dando à família o melhor Natal de que eles se lembram. Mas não havia como recomeçar a vida na Guatemala no ponto em que a tinha deixado sem a casa e sem a propriedade. Helmut começou a vender utensílios de cozinha e câmeras fotográficas alemãs baratas de porta em porta. Mas a oficina de Horst estava prosperando e, assumindo o risco, pai e filho se uniram e abriram uma empresa de importação de motocicletas – eles podiam oferecer garantia na manutenção. Os familiares de Maya passaram então a gerenciar uma lucrativa agência de importação de produtos alemães.

Quando estudava enfermagem no Canadá, Maya se apaixonou por um jovem médico americano, que foi até a Guatemala para pedir a Helmut a mão da filha em casamento. Sapper recusou. Disse que não queria que os netos crescessem falando inglês. O casal, então, fugiu para se casar, e Maya voltou à Guatemala quando o pai morreu, em 1972, mas não estava lá quando Horst, seu amado irmão, foi brutalmente assassinado por agressores desconhecidos em 1981, durante a guerra civil na Guatemala.

Perguntei a Maya se ela também carregava o tipo de ressentimento que tornara o pai amargo.

Ela disse que não. Mas disse que havia aprendido uma dura lição com o que eles passaram. "Às vezes, você tem de provar a sua inocência, em vez de alguém ter de provar que você é culpada", disse Maya.

"Os americanos não queriam que os negócios no continente americano continuassem com os alemães", disse ela. "Estavam no comando do continente, era assim que eles viam a situação."

Maya Sapper saiu da sala e voltou com um mini álbum cheio de fotos antigas. Lá estava o pai, Helmut, sentado com os filhos em casa, um ar relaxado no rosto jovem. Lá estava Maya quando menina, ao ar livre, com um vestido de cor clara, diante de uma casa com um telhado íngreme em Alta Verapaz.

Maya me acompanhou por seu jardim até um portão de madeira quando eu estava indo embora. Um perfume irresistível de rosas me fez parar; era um perfume intenso, exuberante, raro de se encontrar hoje nas rosas; eram flores cor de pêssego, sensuais. "Foram de minha mãe", disse ela.

6

NO PAÍS INCA, CAPTURANDO "JAPONESES"

Durante 1940 e 1941, o Japão mostrou grande interesse pela América Latina como possível parceiro comercial e os guardiães da segurança dos Estados Unidos encaravam a crescente presença japonesa na região com uma considerável suspeita. Eles começaram a preparar uma teia de planos de contingência para a América Latina.

– P. Scott Corbett, *Quiet Passages: The Exchange of Civilians Between the United States and Japan During the Second World War.*

O programa de transferência e remoção forçada dos Estados Unidos tirou mais de 2 mil pessoas de etnia japonesa de suas casas em países da América Latina e levou-as para campos de concentração nos Estados Unidos. A justificativa apresentada para esse rapto em massa foi impedir que uma quinta coluna sabotasse os Aliados. Mas as razões reais eram mais profundas.

Igualmente à Alemanha, o Japão tinha grande interesse pela América Latina como mercado e fonte de matérias-primas – só era superado pelos Estados Unidos como importador, por exemplo, do principal item de exportação do Peru, o algodão. Assim como fizeram com firmas de propriedade alemã na América Latina, proibindo-as de fazer negócios, os Aliados quiseram reprimir empresas japonesas concorrentes, deixando o caminho livre para que o comércio no pós-guerra fosse o mais favorável possível para eles.

E os governos latinos estavam prontos para se apoderar dos negócios que constavam da lista negra dos Aliados.

O preconceito racial era a chave – o preconceito que motivou, no tempo da guerra, o confinamento de 120 mil residentes japoneses dos Estados Unidos, dois terços dos quais nascidos nos Estados Unidos, sem acusações ou provas da prática de atos ilegais. Os governos da América Latina podiam ver que Washington estava encarcerando "seus próprios japoneses", embora não precisassem olhar para o norte para receberem lições de preconceito racial. Os políticos latinos e as elites desses países viam a si mesmos como europeus – brancos – a despeito de uma herança de mestiçagem com populações negras e indígenas. A discriminação ou até mesmo a hostilidade contra asiáticos era uma tendência natural para esses grupos, e fazia parte da política que praticavam no seu cotidiano.

A mais importante razão para capturar cidadãos de etnia japonesa na América Latina, no entanto, era a necessidade dos Estados Unidos de "japoneses" para trocar por americanos feitos prisioneiros na Ásia. Washington precisava de moedas de troca.

Durante a guerra, os japoneses imperiais colocaram cerca de 12.100 homens, mulheres e crianças americanas em campos de concentração: 6 mil na China, 5 mil nas Filipinas e 1.100 no Japão. Alguns eram diplomatas que podiam ser trocados por outros diplomatas, um por um, da maneira tradicional. A maioria, no entanto, era formada por homens de negócios ou americanos que haviam decidido construir seus lares na Ásia. Os efetivos incluíam missionários que não haviam sido retirados a tempo por suas igrejas, a despeito das advertências do Departamento de Estado sobre as iminentes hostilidades (ou talvez eles tivessem decidido assumir o risco de ficar por não se sentirem diretamente ameaçados). Uma vez iniciada a guerra, diplomatas e outros prisioneiros de grande valor estiveram entre os primeiros a serem trocados; mas era intolerável para as autoridades americanas pensar que milhares de outros cidadãos dos Estados Unidos e suas famílias poderiam passar por confinamento ou coisa pior nas mãos do inimigo. Era preciso encontrar um meio de negociá-los e trazê-los para casa.

Japoneses residentes nos Estados Unidos e americanos japoneses não eram uma opção a ser usada para as trocas. Mesmo aprisionados em campos remotos, eles tinham mais direitos como cidadãos americanos e residentes legais que os "japoneses" latino-americanos, levados para os Estados Unidos como estrangeiros em situação ilegal. Os cativos de países latinos viriam sob o controle da Divisão Especial para Problemas de Guerra do Departamento de Estado dos EUA, a divisão encarregada das trocas de prisioneiros.

O Departamento de Estado criou a divisão em 1939 "para tratar de problemas especiais surgindo das condições conturbadas na Europa, como a ajuda na repatriação de cidadãos americanos". Em julho de 1942, seu programa de troca de prisioneiros, que passou a ser chamado "Quiet Passages" [Passagens Tranquilas], tinha efetivamente tirado da Europa os civis americanos que queriam ir para casa. As Passagens Tranquilas com os japoneses foram mais prolongadas. Eram dificultadas por uma falta de transporte, por responsabilidades sobrepostas entre agências do governo americano e pela escassez de "japoneses" elegíveis (como empregados de agências do governo japonês ou cidadãos japoneses que quisessem ser repatriados) para a troca pelos americanos. O secretário de Estado Cordell Hull considerou o uso de latino-americanos de etnia japonesa uma excelente ideia que ele sugeria que não ficasse limitada a alguns poucos casos, mas que avançasse, praticamente limpando o continente. Encorajou o presidente Roosevelt a dar continuidade a "nossos esforços para remover todos os japoneses dessas repúblicas americanas para internamento nos Estados Unidos".

O Peru foi o país que mais colaborou com Washington no envio de seus residentes de ascendência japonesa. Empresários bem-sucedidos e líderes de comunidades foram tirados de uma próspera comunidade de 30 mil pessoas. Dos 2.200 japoneses enviados para os Estados Unidos pela América Latina, cerca de 1.800 vieram do Peru. Muitos deles eram o que havia de melhor e mais brilhante na comunidade.

Agentes do FBI, diplomatas e funcionários da inteligência militar dos Estados Unidos procuraram por japoneses peruanos que pudessem representar risco para a segurança. Nem todos os envolvidos na caçada eram fluentes em espanhol. Houve casos de denúncias que foram aceitas sem nenhuma análise, recebidas de vizinhos desconfiados ou rivais de negócios. Os japoneses peruanos dizem que agentes do FBI faziam suas listas de prisioneiros a partir das páginas de jornais, onde procuravam por homens que desempenhavam papéis importantes em grupos culturais, comerciais e de autoajuda de japoneses e descendentes, anotando os nomes de quem participava de eventos sociais. Quando os detetives traziam os suspeitos de subversão, praticamente não havia como recorrer à lei, embora houvesse sempre a possibilidade de subornar os funcionários locais para libertar um suspeito, se o preço estivesse certo.

Talvez Lima tenha sido o único local com uma embaixada americana na América Latina em que um diplomata com domínio dos idiomas japonês e espanhol foi designado para submeter a escrutínio a comunidade japonesa. John K. Emmerson, natural de Canon City, no Colorado, tinha frequentado a Sorbonne e servido aos embaixadores em Tóquio e em Taipé antes de ir para o Peru, em fevereiro de 1942. Como terceiro secretário da embaixada americana, escreveu ele, suas instruções eram: "Primeiro, a expulsão dos líderes da colônia japonesa; segundo, o controle de seus movimentos e atividades; e terceiro, medidas para contra-atacar a propaganda do Eixo".

Ao procurar japoneses "perigosos", Emmerson conseguiu a ajuda de um funcionário da embaixada chinesa. Nas províncias, procurava informantes entre os chineses peruanos locais, cujo lar ancestral estava em guerra com o Japão e que eram com frequência concorrentes comerciais de japoneses peruanos. A avaliação de Emmerson de que os japoneses do Peru eram "perigosos, bem organizados e intensamente patrióticos [pelo Japão]" deu suporte ao empenho do Departamento de Estado para eliminar uma minoria étnica, algo que casava com os interesses de Lima. O governo peruano ficou satisfeito com a perseguição aos japoneses.

Os peruanos estavam tão ansiosos para expulsar seus japoneses que os diplomatas tiveram de se opor a muitas de suas sugestões. Não obstante, vale a pena perguntar se, apesar de todo o conhecimento que possuía, o homem-chave da embaixada em Lima não se deixara arrastar pelo fervor de encontrar subversivos onde eles não existiam.

Depois de vinte meses executando sua tarefa, John Emmerson pareceu dar um passo atrás. Questionou se a "colônia japonesa" era de fato uma ameaça. Escreveu um relatório de cem páginas que, entre outras observações, acusava funcionários peruanos de corrupção relacionada às deportações. O relatório foi engavetado "em benefício do tipo de harmonia internacional que evita verdades desagradáveis", escreveu o historiador C. Harvey Gardiner. Trinta e cinco anos após sua partida de Lima, Emmerson escreveu sobre os japoneses peruanos: "Durante meu período de serviço na embaixada, não encontramos evidência confiável de atos planejados ou cogitados de sabotagem, subversão ou espionagem".

Mas, sob a supervisão de Emmerson, os japoneses peruanos "julgados perigosos" foram enviados para fora do país e outros foram proibidos de viajar, tiveram as linhas telefônicas cortadas, as escolas fechadas, a propriedade confiscada.

Chuhei Shimomura, dono de uma pequena firma de importação, foi preso sem acusação e não houve audiência. Passados mais de setenta anos, Flor de Maria Shimomura se lembra da visita que fez ao pai, em 1943, na ameaçadora prisão Panóptico, de Lima. Alguns dias depois dessa visita, Chuhei Shimomura embarcou, ao lado de mil outros prisioneiros, no *Etolin*, um vapor que usava óleo como combustível, pertencera à Associação de Frigoríficos do Alasca e fora recentemente pintado com a palavra DIPLOMATE a bordo e a estibordo.

"Fomos até o cais para ver se não haveria clemência para eles", disse Flor de Maria. Mas ninguém foi solto. O irmão, Carlos, disse que esse dia *"queda gravado"* (permanece gravado) em sua mente. Ao lado da mãe, ficaram olhando o navio "até ele desaparecer".

Nos Estados Unidos, Breckinridge Long, um amigo próximo do presidente Roosevelt e chefe da Divisão Especial, desconfiava que o Departamento de Justiça faria objeção a que milhares de pessoas ficassem aprisionadas em solo americano sem o devido processo legal. Ele tentou sem êxito convencer o Departamento da Guerra a assumir responsabilidade pelos cativos latino-americanos, que permaneciam sob a custódia do Departamento de Estado. As preocupações de Long em relação ao Departamento de Justiça tinham fundamento: o procurador-geral Francis Biddle pediu que o secretário de Estado Hull examinasse a conveniência de realizar audiências com os presos que entravam nas fronteiras americanas, "similares àquelas concedidas a inimigos estrangeiros dos Estados Unidos, para determinar se eles deveriam ser estritamente confinados". O Departamento de Justiça também queria um representante em Lima para "avaliar os fatos" relacionados às prisões, "para evitar o trabalho de deter pessoas que não são perigosas".

Mas o secretário de Estado Hull não gostou dessas ideias. Ele disse que a embaixada estava tratando com cuidado do processo, e Biddle cedeu. A guerra grassava furiosa, e a preocupação com o "devido processo" foi uma das vítimas.

A crise dos japoneses peruanos no período da guerra é praticamente desconhecida fora do Peru e a memória do que eles viveram está desaparecendo ou sendo ignorada quase por completo dentro do país. Mas aqueles que lembram retratam um momento sombrio e complexo na história moderna da terra andina e também na história da lealdade dos Estados Unidos a seus próprios princípios.

> *Minha família dormia atrás de mim, empilhada*
> *Como uma tribo acampada em algum lugar em ruínas*
> *Então pus minha língua na parede*
> *Para deixar uma marca úmida antes de partirmos.*
>
> – José Watanabe, de "Wall", em *Banderas detrás de la niebla*.

Cruzeiros luxuosos navegando hoje pelo Pacífico atracam em Callao, o principal porto do Peru, e os passageiros partem para os museus e o centro colonial da vizinha Lima, exuberante de história, ouro e com vistosas sepulturas de mármore dos conquistadores espanhóis. Ou embarcam em micro-ônibus para o aeroporto, de onde voam para Cuzco, nos Andes, a 3.200 metros de altitude, portão para Machu Picchu, a espetacular cidadela do século XV, capital dos Incas. Geralmente evitam a cidade portuária de Callao, centro da vida japonesa no Peru antes da guerra, pois ela agora tem a fama de ser palco de atos de violência praticados por bandos de traficantes após o anoitecer.

Mas se caminharmos de dia pelas ruas de Callao, encontraremos uma cidade movimentada, onde os *chalacos* (nome dado aos residentes) tratam de seus negócios com bom humor. Carretas que viajarão longas distâncias se afastam das docas e seguem por ruas cheias de pequenas lojas e *chifas*, lanchonetes que fundem cozinha chinesa e peruana. Rapazes se arriscam em meio ao tráfego empurrando carrinhos de madeira cheios de galinhas depenadas, prontas para venda. Nas travessas perto de uma movimentada rua comercial chamada Calle Sucre, não é difícil imaginar a aparência do bairro em 1935, quando Cesar Tsuneshige nasceu ali.

"Havia uma loja japonesa ao lado da outra", disse Tsuneshige, um veterinário. Seu pai, Makoto, fora um médico do bairro. Tsuneshige irradia energia, anda de cabeça erguida e estava impecavelmente vestido de terno e gravata quando passeou comigo pelo lugar onde ainda vive. "Era ali que ficava a fábrica de cerveja e aqui era a leiteria."

Nas primeiras décadas do século XX, os imigrantes japoneses chegavam ao Peru ligados a contratos de trabalho agrícola, mas geralmente se dirigiam para Lima ou Callao assim que podiam. Alguns haviam trabalhado em fazendas de algodão e outros haviam fugido de capatazes cruéis nos seringais amazônicos. Não importa o caminho que tivessem seguido, encontraram em Callao uma comunidade onde o trabalho árduo podia ajudá-los a sobreviver e, muitas vezes, a prosperar.

Um recém-chegado podia se estabelecer a princípio como barbeiro, com apenas uma tesoura e um pente, colocando uma cadeira em uma esquina (em 1924, havia três vezes mais barbeiros japoneses que peruanos). Ou podia fazer entregas para um "bazaar" de produtos variados, trabalhando primeiro por casa e comida, e talvez – o que aconteceu muito – acabar como proprietário de uma loja com seu nome pintado em um toldo. Caminhar por Callao com Tsuneshige permitiu que eu enxergasse o passado da cidade antes da guerra. Foi como se eu estivesse lendo um pergaminho urbano cujos traços do que foi escrito antes ainda aparecessem.

"E foi nesta escola que estudei", disse Tsuneshige. Uma porta se abriu sem ruído na comprida parede branca de metal.

"Eu vi que você estava esperando", disse um porteiro.

Sobre um *playground* ao ar livre, pipas na forma de carpa dourada se espichavam sobre o telhado contra um céu azul sem nuvens. O pátio da escola fora de terra quando Tsuneshige era criança, mas agora estava cimentado, marcado com círculos amarelos numerados onde as crianças eram treinadas para se reunirem em caso de terremoto. "Quando chegávamos à escola, parávamos e curvávamos a cabeça para a *Dirección* em sinal de respeito", disse ele, indicando a sala do diretor. Lá dentro Tsuneshige meditou sobre os anos 1942, 1943 e 1944, quando seus colegas desapareceram do pátio da escola. "Levaram embora as famílias e nunca tornei a vê-los", disse ele.

O diretor da escola, um peruano que não tem "uma gota de sangue japonês", como me disse mais tarde, entrou e se curvou profundamente, no estilo japonês. "Continua sendo nosso costume", disse ele. Mas só 8% dos quatrocentos alunos atuais "são o que poderíamos chamar de 'japoneses'", disse ele.

"Muita coisa mudou em nossas vidas durante a guerra", disse Tsuneshige. Seu pai escapou da captura quando um vizinho, fazendo sinal com as mãos do outro lado da rua, avisou à família que desconhecidos à paisana (detetives) estavam na porta. "Ele subiu um andar e pulou no pátio onde guardava os galos de briga", depois fugiu.

A escola escapou da ocupação pelo governo por conta do mesmo tipo de raciocínio rápido. Quando o Peru declarou guerra ao Japão, correu a notícia de que as autoridades haviam assumido o controle da Lima Nikko, a grande escola da capital, a 16 quilômetros de distância, cujos donos eram japoneses. Os diretores da escola de Tsuneshige transferiram apressadamente a propriedade para um funcionário peruano. Quando os detetives chegaram, o novo diretor-proprietário apresentou os alunos e o pessoal da escola como "meus clientes". Escolas como essa eram uma peça central da vida dos japoneses peruanos antes da guerra, simbolizando as raízes em uma terra nova, mas também recordando a terra natal, que estava recuando cada vez para mais longe na memória da geração mais velha.

O pai de Tsuneshige e seu bom amigo Iwaichi Naganuma, dono de uma lavanderia na Calle Sucre, fundaram a escola. Em uma parede, havia fotos em preto e branco dos que tinham ocupado a cadeira de diretor, em contínua sucessão, desde 1926. Tsuneshige apontou para cada um dos que haviam sido deportados para campos de concentração nos Estados Unidos. Começou com Iwaichi Naganuma, conhecido no Peru pelo nome espanhol, Luis, de rosto fino, sério, com óculos sem moldura e um bigode aparado.

Em 2016, os filhos de Naganuma, Kazushige, Kazuharu e Kazumu, vieram à minha casa em São Francisco, onde eles agora moram. No Peru, também tinham nomes espanhóis e, quando começaram a estudar nos Estados Unidos, a irmã mais velha deles, Kiyo, deu-lhes nomes ingleses que os professores podiam pronunciar com facilidade: Jimmy, George e Tony. Hoje, no entanto, preferem usar os nomes japoneses completos que receberam dos pais ao nascer.

Kazushige, o mais velho, me contou que havia se aposentado do trabalho no Jardim de Chá Japonês do Parque Golden Gate; Kazuharu também tinha se aposentado depois de trabalhar em uma tipografia; e Kazumu, o mais jovem, aos 76 anos, era um *designer* gráfico e técnico de futebol ainda em atividade. Kazushige e Kazuharu tinham lembranças de muitos momentos de suas infâncias e, no correr dos anos, a irmã Kiyo, que morreu em 2012, havia completado certos detalhes. Estava claro que os irmãos, os únicos sobreviventes de um total de sete, queriam manter viva a história da família.

Da primeira vez que os detetives bateram em nossa porta, disse Kazushige, o pai fugiu por uma outra entrada da casa e se dirigiu para as montanhas nos arredores de Lima com seu irmão mais velho, que tinha 15 anos, porque tinha medo que o garoto também fosse preso. Passaram dias escondidos, depois voltaram. A cena se repetiu até que os agentes do FBI finalmente entraram na casa e permaneceram lá, fazendo Naganuma desistir. Os agentes ordenaram que ele se apresentasse no cais de Callao para embarcar em um transporte do exército americano, podendo levar a família se desejasse – o governo peruano queria se livrar do maior número possível de japoneses. Pais e filhos colocaram tudo em um único baú. Mal sabiam eles que sua história seria a de quase todos os japoneses peruanos capturados, o exílio permanente da terra onde viviam. O Peru não ia pegar de volta seus "japoneses".

Os Naganumas nos disseram que o pai deles tinha vindo do Japão para o Peru em 1910, ligado a um contrato de trabalho agrícola, e que depois havia procurado uma noiva japonesa trocando correspondências acompanhadas de fotos. Iwaichi se encontrou pela primeira vez com a mãe deles, Isoka, quando ela desembarcou do navio; sem dizer nada, ele pôs um relógio em seu pulso como presente de casamento. Kazuharu se recordava da casa da família em Callao, com a lavanderia comercial anexa a ela, na Calle Sucre. Era "tudo lavado à mão, com grandes pás e tanques de metal, com roupas e lençóis pendurados do lado de fora e um quarto de costura para fazer consertos".

Durante os anos 1930, a vida do casal Iwaichi e Isoka – ela geralmente usava um nome espanhol, Maria – foi preenchida pelo trabalho na lavanderia, os filhos e também pela tragédia. O filho de 3 anos, Guillermo, "engoliu um alfinete", talvez um alfinete com cabeça de vidro apanhado no chão da lavanderia ou um alfinete decorativo desenroscado de seu boné, e se engasgou com ele. O amigo dos Naganumas, dr. Makoto Tsuneshige, pai de Cesar Tsuneshige, não conseguiu salvá-lo.

Os rapazes Naganuma, segundo eles próprios contam, cresceram nas ruas de Callao antes da guerra. Espanhol era o idioma usado durante as brincadeiras e eles comemoravam feriados peruanos, assim como os *undōkai*, tradicionais festivais esportivos japoneses. "Tínhamos também um grande quintal", lembrou Kazuharu. "Um jardim, cães, gatos, galinhas." O pai deles construiu um estúdio de música. "Eu costumava ver as pessoas dançando, em geral a metade de baixo das pernas, através de uma porta vaivém, pois ainda era pequeno." Uma vez por semana, a mulher do dr. Tsuneshige dava às irmãs Naganuma lições de *koto* japonês, um instrumento que parecia uma cítara. Quando Kazushige tinha sorte, as irmãs levavam-no ao cinema para ver um faroeste, como *A Estrada de Santa Fé*, com Errol Flynn e Ronald Reagan.

Um dia ele viu um desenho animado que caçoava dos japoneses apresentando o general Tojo como uma figura que usava grandes óculos com aros pretos, "tinha dentes de coelho" e outros traços estereotipados (talvez *You're a Sap, Mr. Jap* [Você é um Palerma, Mr. Jap]). "Fui para casa e conversei sobre aquilo, mas não fiquei ofendido", disse Kazushige. "Eu encarava o desenho como um garoto peruano."

Em 1947, os Naganumas, sujos e empobrecidos, sofrendo de tuberculose, foram libertados do campo de concentração do Departamento de Justiça dos Estados Unidos em Crystal City, no Texas. O único que retornou ao Peru, e por um breve período, em 2016, foi Kazushige, para pegar as cinzas do irmão que morrera por ter engolido um alfinete. Durante todas essas décadas, a família de Cesar Tsuneshige havia cuidado do túmulo do pequeno Guillermo. Na Califórnia, Kazushige, Kazuharu e Kazumu fizeram as cinzas do irmão serem enterradas no túmulo dos pais. O nome japonês do jovem Guillermo, Kazuaki, já estava na lápide. O pai tinha mandado gravá-lo ali, pensando até o fim no filho que tinha deixado no Peru.

Antes que os irmãos Naganuma deixassem minha casa, Kazumu me mostrou uma foto emoldurada da família reunida ao sol em Crystal City, onde fora encarcerada. Os garotos usavam calças curtas e suspensórios, suas irmãs mais velhas estavam de vestido branco. O pai usava óculos grandes, como no retrato que estava na parede da escola em Callao. A mãe tinha prendido uma flor no casaquinho.

> *Estavam atirando pedras. Tive de ajudar a empurrar minha irmã pela escada para outro andar – ela estava com oito meses de gravidez. Enquanto eles estavam lá embaixo saqueando a padaria, ficamos escondidos.*

– Cheiko Kamisato, sobre os distúrbios antijaponeses de 1940 no Peru.

A base para a colaboração peruana com o programa de captura dos Estados Unidos foi formada pelo crescente nacionalismo e hostilidade racial no Peru, acrescidos pelo oportunismo político e pela pressão econômica, agravados por sua vez pela Grande Depressão. Muitos japoneses no Peru enfrentavam dificuldades econômicas, mas outros (e esses foram os mais noticiados) eram prósperos. Em 1940, respondiam por 15% da maior produção de exportação do país, a do algodão, uma cultura que podia ser desenvolvida em pequenas propriedades e, por essa razão, ao alcance dos novos empreendedores; algumas companhias tornaram-se muito grandes. Havia empresas japonesas espalhadas por todo o país, não apenas em bairros japoneses, e elas atendiam a uma ampla clientela. A lavanderia Naganuma, por exemplo, tinha a conta da academia naval peruana em Callao, que, com seu fluxo contínuo de roupa de cama e mesa a ser lavada e passada, era uma pequena mina de ouro comercial. Os japoneses peruanos monopolizavam a profissão de barbeiro, a confecção de camisas, as lojas de relógios de pulso e despertadores, as padarias. Esquivando-se dos bancos, preferiam usar um sistema comunitário de poupanças e empréstimos chamado *tanomoshiko* (grupo confiável), baseado em um código de honra para o pagamento em dia no qual não costumavam haver atrasos nos pagamentos.

O sucesso gerou inveja. Nos anos 1930, os peruanos acusaram "forasteiros" de estarem tomando seus empregos. Desenvolveu-se uma campanha de boatos. Jornais publicaram reportagens alarmantes denunciando adulteração do leite por parte das leiterias japonesas e afirmando que as lojas de japoneses vendiam produtos de má qualidade. O militarismo crescente no Japão gerou artigos mais vagos, incendiários, afirmando que os japoneses locais eram agentes da expansão imperial, espiões, uma quinta coluna preparando uma invasão do Peru com um armazenamento clandestino de armas. Os "japoneses" podiam estar fazendo aliança com indígenas nativos, conspirando para reclamar o que estes haviam perdido com a conquista espanhola.

Os mais paranoicos se perguntavam o que os japoneses estariam dizendo quando conversavam ou o que significava aquilo que imprimiam em caracteres japoneses. O que havia começado com folhas manuscritas colocadas em barbearias, trazendo notícias da comunidade e da terra natal, há muito se expandira para folhetos mimeografados e, por fim, para vários jornais e revistas.

Os japoneses eram estrangeiros diferentes dos alemães e italianos, pois não eram europeus. Os jornais advertiam contra o "perigo amarelo". Intelectuais públicos* advertiam que a imigração devia ser limitada àqueles que melhorariam "a raça". O preconceito antiasiático resultava de um antigo desrespeito pelos chineses, que tinham substituído escravos negros emancipados em 1852; escravos e chineses tinham trabalhado com a borracha e o açúcar, assim como os japoneses que chegaram na virada do século. Nos anos 1920 e 1930, leis limitaram a imigração japonesa e restringiram ou mesmo rescindiram os direitos civis e a cidadania de japoneses naturalizados ou nascidos no Peru. As leis foram politicamente populares, mas o círculo era vicioso: os japoneses peruanos se fechavam mais em si mesmos à medida que as chances de se misturarem e serem assimilados iam diminuindo.

Em 13 de maio de 1940, uma marcha antijaponesa de estudantes adolescentes em Lima inflamou distúrbios que se irradiaram da capital para pequenas cidades. Comparsas, capangas e partidários do presidente Manuel Prado, que não fazia segredo de sua vontade de ver um Peru sem japoneses, destruíram centenas de negócios e lares. Uma turba invadiu a casa de Hijime Kikshi, proprietário de 1.600 hectares de algodão, e pilhou-a até um policial aparecer e anunciar de modo lacônico: "Não há mais nada aqui". Temerosos, comerciantes chineses penduraram bandeiras da China em suas lojas com tabuletas que diziam, em espanhol: "Não somos japoneses".

Alguns defenderam os vizinhos japoneses. "Quando a multidão chegou à loja de roupas femininas de minha mãe, os vizinhos vieram com rapidez, 100% peruanos", recordou Carlos Shimomura. "O açougueiro ficou na porta com seu cutelo, o quitandeiro com um pedaço de pau. Levantaram a bandeira peruana." A loja foi poupada. Em outros locais, no entanto, pessoas decentes fecharam suas portas. Dez japoneses morreram e centenas ficaram feridos. A polícia se limitou a assistir.

Onze dias mais tarde, um terremoto de 8,5 graus sacudiu Lima e Callao. Prédios caíram, incluindo casas chamadas de *quincha*, feitas de bambu e

---

* Isto é, que se dirigiam ao público em geral, não só ao mundo acadêmico. (N.T.)

adobe, consideradas à prova de terremotos. Paredes da catedral desmoronaram ao redor de requintadas capelas internas e das figuras de mármore negro guardando a tumba de Francisco Pizarro, conquistador do Peru. No total, 179 pessoas morreram e 3.500 ficaram feridas.

Para assombro dos japoneses, peruanos vieram humildes bater em suas portas ou os paravam nas ruas para implorar perdão pelos distúrbios que precederam o terremoto, tomando o desastre natural como castigo dos céus. "Por favor, Senhor, não fiz nada de mau aos japoneses!", ouviram uma mulher dizer.

Mas os japoneses não sentiram satisfação com a guinada dos acontecimentos. Os distúrbios, tolerados pelo governo (quando não encorajados por ele), indicavam que uma linha havia sido cruzada. Japoneses peruanos sabiam que não podiam contar com apoio, ou mesmo proteção, em seu próprio país.

Os distúrbios não atingiram a pacífica e semitropical Chiclayo, uma cidade fundada por missionários espanhóis do século XVI a 16 quilômetros do litoral, onde se bifurcam as estradas para a selva e para as montanhas, 800 quilômetros ao norte de Lima. "Meu pai sempre me dizia, quando partia para uma viagem de negócios, quando ia voltar para casa, assim eu saberia quanto tempo ele estaria fora", relembra sua filha, Libia Maoki. Quando os detetives levaram seu pai e outros homens japoneses de Chiclayo, além de alguns alemães, Libia ficou vendo o caminhão se afastar, mas dessa vez não sabia quando ele ia retornar.

Sempre que nos encontrávamos para conversar, em um café num centro comercial suburbano ao sul de Sacramento, Libia Maoki revelava uma tranquilidade e uma atenção ao detalhe, qualidades provavelmente exigidas pelo trabalho no qual havia se aposentado: supervisionar viagens fretadas por uma companhia de ônibus de longa distância. Em 1914, Victor Maoki abriu uma lanchonete e instalou um armazém para trabalhadores em uma plantação de algodão chamada Hacienda Tuman, disse ela. Uma foto da época, de que sua filha ainda gosta muito, mostra Victor vestido de terno, gravata e colete, um lenço no bolso da frente do paletó, os olhos negros por trás dos óculos sem aro. Numa época em que as convenções impunham um ar sério nas fotografias, havia um indício de sorriso nos lábios dele. Maoki voltou de novo ao Japão para arranjar uma esposa e se casou com Hitomi, uma enfermeira.

Hitomi Maoki ficou "chocada ao ver como tudo era primitivo no Peru". Adotou o nome Elena e, quando vieram os filhos e a família cresceu, procurou um meio de ajudar a expandir os negócios. Fez camisas de algodão branco e vendeu-as aos trabalhadores. Quando o irmão de Victor comprou uma geringonça do Japão para fazer *senbei*, bolachas de arroz, ela criou moldes para estampar no invólucro dos petiscos com imagens de Charlie Chaplin, incluindo chapéu coco e bigode. Libia puxava a massa caseira, grudenta, de uma ranhura enquanto a mãe a cortava em pedaços que embrulhava no papel, distribuindo-os para lojas. Os negócios se expandiram para o centro de Chiclayo com uma borracharia, sábio investimento numa época em que os carros enfrentavam estradas em grande parte ainda não asfaltadas.

Alguns imigrantes japoneses tinham como objetivo economizar dinheiro suficiente para voltar ao Japão como pessoas prósperas, mas Victor Maoki estabeleceu-se com firmeza no Novo Mundo. "O pai sempre dizia que devíamos viver como os peruanos", disse Libia. "Ele nos deu nomes espanhóis. Para ele era importante até mesmo que tivéssemos a religião peruana." Maoki batizou os filhos como católicos e eles fizeram a Primeira Comunhão. Maoki organizou a construção de uma escola "com paredes pintadas de branco, as salas de aula abertas, arejadas, para cerca de sessenta crianças", lembrou a irmã de Libia, Blanca. "No Peru, estavam nos preparando para sermos líderes. Então foi muito ruim terem se livrado de nós."

As lojas de Maoki, mesmo de tamanho modesto e longe da capital, podem ter despertado interesse suficiente para chamar a atenção de autoridades gananciosas. Contudo, milhares de outros japoneses peruanos não foram sequestrados, mesmo quando seus negócios foram postos na lista negra americana e confiscados. Por que, então, pegar um homem como Victor Maoki?

Era Maoki quem fazia longas viagens a Lima para pedir à embaixada japonesa que doasse tijolos para a construção da escola. Quando alguém na comunidade morria, ele cuidava da papelada e tomava as providências para o funeral. Três filhos de Maoki tinham morrido ainda muito novos e foram enterrados no cemitério local, mas os restos mortais de não cristãos, incluindo muitos japoneses, não podiam ficar no solo consagrado. Ele, então, conseguiu terra em um canto da *hacienda* reservada a um cemitério digno para os que não podiam descansar em outro lugar. Em uma colina baixa, Maoki ergueu uma cruz de 5 metros de altura defronte ao Pacífico, em homenagem aos imigrantes que chegaram nas primeiras viagens do Japão, em 1899 e 1903.

Um mês após ter sido levado de caminhão, chegou uma carta de Maoki do Panamá. Uma rosa portulaca achatada, a flor das onze-horas, caiu de suas dobras. Ele não tinha esquecido o aniversário da filha Blanca, que fazia 12 anos. Contou que tinha perdido nove quilos e estava muito magro.

Não há registros de atos de resistência física por parte dos cativos na época da deportação. Mas houve desafio. Homens fugiam para não serem capturados, como o dr. Makoto Tsuneshige e o pai dos irmãos Naganuma. Quando foi levado, Victor Maoki manteve uma atitude estoica, assim como os outros prisioneiros na carroceria do caminhão. Era como se quisessem partir sem baixar a cabeça. "Gritavam 'Banzai!'", uma exclamação de apoio destinada a levantar o moral, disse Libia. "E começaram a cantar." Na cidade sulista de Ica, policiais amistosos advertiram Seiichi Higashide da possível detenção por agentes da capital e, por isso, ele passou seis meses enterrado em um cômodo que escavou no subsolo de sua casa, um espaço secreto de 1,83 m por 2,74 m onde havia apenas um tatame, um rádio de ondas curtas, uma escrivaninha e uma cadeira.

Higashide, um professor que chegara a ser dono de uma loja de tecidos caros e presidira uma associação comercial, emergiu de seu esconderijo quando não havia mais notícias de prisões, julgando que não havia mais perigo. Mas na noite de 6 de janeiro de 1944, após um piquenique de domingo com a família às margens de um lago, quando passaram o dia brincando de esquiar nas areias das dunas, cinco homens armados entraram em sua casa.

Tudo que o imigrante de Hokkaido, de 35 anos, construíra durante quinze anos no país onde escolheu viver estava prestes a ser destruído.

Em seu livro de memórias publicado em 1993, *Adios to Tears*, Higashide escreveu que foi mantido no quartel-general da polícia de Ica durante a noite, mas que se recusou a ser transferido para Lima em um vagão imundo que transportava arroz. Permitiram que tomasse um táxi – tendo um detetive da polícia como passageiro – para a viagem até a capital, 480 quilômetros ao norte. No caminho, parou em um estúdio fotográfico. Queria tirar um retrato para a família ter como lembrança se ele não voltasse. No retrato, um homem bonitão, de cara triste, de terno e gravata, fixa os olhos na câmera. Mais tarde, quando soldados americanos portando rifles com baionetas ordenaram que tirasse a roupa para inspeção, Higashide se agarrou a um pensamento: não havia cometido crime algum.

A maioria dos que foram capturados na América Latina viajaram por mar, quase sempre em velhos e surrados navios civis apropriados pelo exército americano. Se saíam do Peru, as viagens começavam por Callao ou pelo porto de Talara, exportador de petróleo, o ponto mais ocidental do continente sul-americano.

Talara não era importante apenas pelo porto; a British International Petroleum Company (mais tarde BP Oil) operava ali há décadas, extraindo óleo cru de campos da região. Como parte de um acordo entre Washington e Lima, as instalações ao redor da pista de aviões da companhia haviam sido recentemente expandidas para que também servisse de base a aeronaves americanas. Os deportados que transitavam por Talara testemunhavam o grande movimento de navios e aeronaves, uma visão agradável para o grupo de prisioneiros, entre os quais estava Higashide, assustados e exaustos após a viagem de dois dias e meio e quase mil quilômetros desde Lima, na carroceria de um caminhão, "como uma carga qualquer, sob o escaldante sol do deserto". Havia rumores de que estavam sendo levados para uma região nas montanhas onde seriam massacrados. "Nessa época, as coisas estavam tão confusas que não teria sido estranho se isso tivesse de fato acontecido",

Higashide escreveu: "Os procedimentos e disciplina das autoridades peruanas haviam atingido esse ponto de deterioração". Outro prisioneiro disse que os soldados americanos empurraram seu grupo para o navio com a ponta das baionetas.

Ainda assim, alguns recordam momentos muito especiais em Talara. Após uma jornada durante a qual os guardas não forneceram comida suficiente, o pai de Augusto Kage lhe disse que vendedores ambulantes do cais deram aos prisioneiros frutas de suas bandejas. Kashiro Hayashi contou ao filho Thomas que um soldado norte-americano reparou que ele estava caminhando de maneira estranha e o mandou parar. O soldado descobriu uma caneta que Hayashi escondera no sapato. "Por favor, me deixe ficar com ela", Hayashi pediu. "Tenho de escrever para minha família." O soldado permitiu a ele que ficasse com a caneta.

Nas viagens que saíam do Peru, proibidos de deixar os porões úmidos e fedorentos dos navios, onde eram jogados de lado para o outro, os prisioneiros achavam que estavam rumando para o norte, em direção aos Estados Unidos. Mas não era possível ter certeza sem acesso à posição do sol ou das estrelas. O navio de Higashide diminuiu a marcha e parou cedo demais. O ar quente entrou no porão e todos começaram a especular. Onde estavam?

Quando o alçapão de aço se ergueu, os cativos subiram uma escada de metal e, meio cambaleantes, saíram do confinamento para o convés. Desorientado pela luz, Higashide teve uma visão embaçada de algumas palmeiras. "Deve ser o Panamá!", disse ele.

Somos os reféns
Cacete, nos leve a qualquer lugar...
Aguente, aguente, sussurram as gotas de chuva.

— Comerciante de Arequipa Taijiro Tochio, "Song of Farewell"
[Canção de Adeus].

Logo após o ataque a Pearl Harbor, os primeiros cativos que chegaram à zona do canal que pertencia aos Estados Unidos foram recebidos por soldados americanos que zombavam deles sacudindo rifles. Uma vez em terra, receberam ordens para construir seus próprios banheiros. Depois, foram colocados para remover árvores e vegetação rasteira na floresta tropical, trabalhando sem remuneração para a construção de um campo militar dos Estados Unidos. Eram proibidos de parar ou pedir água; eram às vezes agredidos pelos guardas, com chutes e cutucões com a ponta das baionetas.

Quando o navio de Seiichi Higashide atracou, em 1º de fevereiro de 1944, as coisas não tinham mudado muito. Em um espanhol fluente, um oficial americano ditou uma lista de regras e os advertiu de que as infrações seriam punidas com severidade. Despertados todo dia às cinco da manhã, os homens do Peru se vestiam na metade do tempo normal e saiam correndo para entrar em forma. Ficavam em posição de sentido e, enquanto viam subir as estrelas e as listras da bandeira americana, recitavam o Juramento à Bandeira como lhes fora ordenado, da melhor forma que podiam.

Desnorteados e desacostumados ao calor, aos insetos e à chuva, Higashide e seus 28 companheiros, incluindo pelo menos cinco peruanos naturalizados e dois nascidos no Peru, passavam o dia inteiro roçando o matagal com machadinhas e facões. A tarefa era desconhecida para a maioria deles, como Higashide, que "só tinha manejado uma caneta ou um ábaco" no seu trabalho. Os cativos usavam botas e uniformes do exército inadequados, uma vez que eram grandes demais para eles. "Eu queria que o chefe do FBI, que fala com frequência da quinta coluna japonesa, pudesse ver aquela triste imagem", Higashide escreveu. Era "patético" observar o empenho daqueles homens velhos em seu trabalho. Bolhas dolorosas fervilhavam nas mãos de todos e, "quando arrebentavam e assentavam, novas bolhas tornavam a crescer sobre as antigas, que mal haviam sarado".

O trabalho que efetuavam sem remuneração violava as Convenções de Genebra, as normas internacionalmente aceitas relativas a não combatentes durante um conflito armado. Mas os cativos não tinham consciência de seus direitos, e os americanos não estavam dispostos a apresentá-los a eles.

Higashide recordou os pensamentos que tinha à noite, quando retornava ao alojamento. Desde quando era criança, lera "muitos livros" sobre os

Estados Unidos. "Eu achava que a América era um país ideal que devia ser tomado como modelo para o mundo inteiro. Por que, então, esse país chegara a tomar medidas tão inaceitáveis? Onde estava o espírito dos direitos individuais e da justiça tão presentes na Declaração de Independência e na constituição dos Estados Unidos?

Um ano depois de Victor Maoki ser levado, sua desvalida esposa Elena recorreu à missão diplomática espanhola, que representava interesses japoneses, rogando para se unir ao marido. "Ouvi dizer que eles não queriam usar pessoas que residiam nos Estados Unidos para trocas de prisioneiros", disse ela às filhas, referindo-se a americanos japoneses internados. "Na realidade, queriam usar as pessoas detidas no Peru."

As autoridades americanas chamavam a decisão das esposas de se unirem aos maridos aprisionados de "voluntária". Mas as condições para as quais os sequestros tinham empurrado as famílias e a ideia de que talvez elas nunca voltassem a ver aqueles que amavam certamente traziam dúvidas sobre o quanto de livre-arbítrio havia de fato nesse tipo de decisão.

Depois de ter seu pai levado, Augusto Kage trabalhou para ajudar os irmãos e a mãe, que não era japonesa, mas peruana. Mas eles acabaram "pedindo esmolas, como mendigos". Agentes que foram até a isolada fazenda deles para prender o pai tinham dito que ele representava um risco porque morava muito próximo das instalações petrolíferas de Talara, apenas a três dias de mula. Dois anos mais tarde, a mãe de Kage disse: "Se vamos sofrer aqui sozinhos, vamos sofrer lá e sofreremos juntos". Sem pertences para colocar em alguma mala, foram levados apenas com as roupas do corpo para um trecho desolado do deserto do Texas, famoso pelos poços artesianos há muito tempo secos.

7

INTERNOS, UM CASO DE FAMÍLIA

Quando estávamos passando pelo Canal do Panamá, não podíamos ver lá fora porque todas as janelas estavam tampadas.

— Kami Kamisato, residente de 24 anos do Peru.

Os transportes da América Latina seguiam um padrão. Quando os cativos embarcavam nos navios, guardas exigiam que entregassem os passaportes para que desembarcassem nos Estados Unidos como estrangeiros sem documentos, sujeitos à prisão. Os homens eram mantidos abaixo do convés, enquanto mulheres e crianças eram espremidas em cabines coletivas com beliches. Starr Gurcke, uma americana casada com um alemão residente na Costa Rica, chegou à sua cabine no transporte *Pueblo* do exército dos Estados Unidos com as duas filhas pequenas do casal e viu que seus beliches já tinham sido ocupados. Elas passaram as três semanas de viagem em um colchão manchado jogado no chão, em meio a um ar abafado – abrir as vigias era proibido. Nesses alojamentos amontoados, os passageiros tinham febres altas e crises de tosse ou feridas inflamadas que criavam crostas secas e amarelas.

Às vezes as mulheres eram encarregadas de lavar banheiros e outras instalações. No primeiro navio do Peru, que só carregava homens, os guardas americanos ordenaram que os prisioneiros lavassem as roupas deles (dos guardas); no desembarque, todos tinham de assinar papéis atestando que haviam sido bem tratados durante a viagem. Esse trabalho forçado violava convenções internacionais destinadas a proteger prisioneiros de guerra, mas o único homem que um registro indica ter se oposto a isso – recusando-se a lavar a roupa de um guarda – foi mandado para a prisão do navio.

Navios que atravessavam o Canal do Panamá a caminho de Nova Orleans aventuravam-se em águas por onde rondavam submarinos alemães. Os irmãos Naganuma recordam de treinamentos de evacuação para possíveis ataques; nenhum ataque ocorreu, mas, para as crianças, qualquer interrupção no confinamento e na rotina era bem-vinda. Misturado ao alívio durante os treinamentos, porém, havia a lembrança assustadora de "soldados com metralhadoras" de guarda dia e noite.

As mães lutavam o tempo todo para manter uma aparência de ordem e conforto para as crianças no mar. Quando Starr Gurcke percebeu que tinha perdido a bolsa, rodou inutilmente pelo convés em busca de um pente que pudesse comprar para pentear o cabelo dos filhos. Um marinheiro parou e perguntou o que ela queria ali; com lágrimas nos olhos, ela explicou e o marinheiro tirou um pente do bolso e deu a ela. Comovida pelo gesto de generosidade, ela retornou chorando à cabine. Angelica Higashide, horrorizada, viu os guardas americanos atirarem ao mar todas as latas do leite de seu bebê, sem responder a seus protestos em espanhol; felizmente, um filipino que trabalhava na cozinha teve piedade da pobre mãe e conseguiu para ela um pouco de leite todos os dias durante o restante da viagem.

Quer atracassem em Nova Orleans ou em San Pedro, na Califórnia, o FBI fazia os interrogatórios e informava oficialmente os passageiros que eles estavam sob custódia por viajar sem os documentos exigidos. A manobra era "armada" e "maquiavélica", escreveu o estudioso Jerre Mangione. Durante a guerra, Mangione serviu como assistente especial do encarregado pelo Serviço de Imigração e Naturalização (INS) e como diretor de relações públicas do Departamento de Justiça junto ao INS; suas atribuições incluíam visitar internos da América Latina em cerca de vinte campos do INS. O comandante de um desses campos lhe disse: "Só mesmo em período de guerra poderíamos sair impunes de uma fraude tão extravagante".

Os prisioneiros e suas famílias recebiam ordens para despirem-se e eram pulverizados com DDT. Os adultos eram separados por gênero, mas as crianças não; tirar a roupa na frente de pessoas estranhas, sendo depois cobertas por um pó branco, deixava em particular as mulheres, de todas as idades, se sentindo humilhadas. De San Pedro ou Nova Orleans, partiam trens para a viagem a Crystal City, um dos centros do programa de trocas de prisioneiros dos Estados Unidos.

O trem para Crystal City partia como se cruzasse um mundo do qual não fizesse parte, com as janelas dos vagões tapadas. No seu interior, amontoavam-se pais e filhos da América Latina que não sabiam o que poderia acontecer em seguida. A maioria deles era de etnia japonesa, mas alguns eram alemães e outros não eram uma coisa nem outra, como a mãe peruana de Augusto Kage ou como Starr Gurcke, que nascera na Califórnia. Corriam rumores de que os passageiros estavam destinados a trabalho pesado. Alguns temiam coisa pior.

Isoka Naganuma, cercada pelos filhos no vagão do trem, "achava que era o fim da família". A mãe de Libia Maoki olhou em volta para as duas filhas, o filho e para uma filha mais velha, adotada, ao lado do marido e de uma criança pequena. Ficou "convencida de que nossa família estava no rumo de sua destruição".

Os passageiros desses vagões escuros já estavam tensos desde que haviam sido removidos de suas casas. Quando o negócio de Werner Gurcke apareceu na lista negra (ele importava botões, guarda-chuvas e relógios Hamilton), sua esposa, Starr, colocou a loja no nome dela em uma última tentativa de salvar a fonte de renda da família. Com base em "vários relatos... de uma fonte confiável", segundo as notas dos agentes do governo sobre o caso, Werner foi atirado em uma prisão construída especialmente para homens que o FBI chamava de "perigosos". Werner Gurcke não pertencia a nenhum partido, mas esses pequenos empresários eram perseguidos com base na atividade comercial, não por suas ideologias. Tanto o FBI quanto o Departamento de Estado tinham o cuidado de fazer parecer que a iniciativa das prisões tinha origem nas autoridades locais.

Enquanto Werner Gurcke estava na prisão, a polícia prendeu Starr numa noite de dezembro de 1942, quando ela estava pondo as meninas para dormir.

Era apenas "uma cidadã mais ou menos americana", diziam as notas sobre seu caso, e devia ser "enviada para um campo de concentração com o marido". A polícia levou mãe e filhas para um centro de detenção no Clube Alemão, que estava cheio de outras mulheres atordoadas e crianças. Lá, em tempos mais felizes, Starr e Werner tinham jantado e assistido a filmes ou jogado tênis. Agora a piscina, antes cristalina, exalava um cheiro fétido – era o único lugar para lavar as fraldas. Em janeiro, durante a noite para que menos olhos pudessem ver, guardas costa-riquenhos tiraram as mulheres e as crianças do clube e os homens da prisão e os levaram em ônibus e trens para o porto de Puntarenas, no Pacífico. Após horas de uma viagem de revirar o estômago, os atendentes forneceram leite em pó às crianças, que muito prontamente o vomitaram.

Pelo menos após desembarcar do SS *Pueblo* e ser interrogada pelo FBI em San Pedro, na Califórnia, a família Gurcke estava reunida no trem. Outras mulheres e crianças esperaram meses ou mesmo anos para ver os maridos e pais que tinham sido tirados delas. De campos em Santa Fé, no Novo México, do campo de Kenedy e de outros lugares seus homens estavam a caminho para se reunirem a elas, viajando para Crystal City em outros trens.

> Comunicado aos internos da América Latina:
> **Pergunta:** *Com base em que dispositivo estou sendo mantido sob custódia?*
> **Resposta:** *Está sendo mantido sob custódia com base nas disposições da Lei sobre o Inimigo Estrangeiro (Seções 4067 e 4070 dos Estatutos Revistos dos Estados Unidos) que dá ao presidente dos Estados Unidos poder para confinar e deportar nativos ou cidadãos de um país inimigo em tempo de guerra.*
>
> — Memorando datilografado sem data, afixado no quadro de avisos da Estação de Detenção de Crystal City.

Os trens davam guinchos ao pararem em uma estação que ficava a 190 quilômetros ao sul de San Antonio, a menos de 50 quilômetros da fronteira mexicana, onde os passageiros embarcavam em ônibus cujas janelas não estavam tapadas. A primeira visão que os prisioneiros tinham dos arredores talvez tivesse parecido fantasmagórica – panoramas intermináveis de arbustos e areia. Na pequena cidade de Crystal City (população de 6 mil habitantes), a autodenominada "Capital mundial do espinafre", havia uma estátua do tamanho de um homem de Popeye, o Marinheiro. Ele fumava cachimbo e os músculos do braço se destacavam. Mais arbustos e cactos. A terra pareceu tão solitária ao primeiro europeu que pôs os olhos sobre ela, o comerciante e curandeiro espanhol do século XVI Álvar Núñez Cabeza de Vaca, que ele chamou o lugar de "Deserto dos Mortos". Oito quilômetros fora da cidade, o Serviço de Imigração e Naturalização dos Estados Unidos tinha assumido o controle de um campo da Agência de Segurança Agrícola, antes usado para alojar trabalhadores migrantes mexicanos. Os ônibus cruzaram uma porteira para uma área de 117 hectares, agora rodeada por uma cerca de arame com 3 metros de altura e pontuada por seis intimidadoras torres de vigilância.

Às vezes, os japoneses peruanos que já estavam lá se reuniam para saudar os recém-chegados, cantando, atenuando o medo de mulheres como Elena Maoki. As famílias eram separadas por origem étnica e alojadas, cada uma em uma seção diferente do campo (japonesa, alemã ou italiana) em pequenos bangalôs para uma família ou em unidades com dois ou três apartamentos e banheiros compartilhados. Visitantes e internos comentavam sobre a melhor qualidade do alojamento para alemães, mas os japoneses não se queixavam. Elena Maoki disse: "Eles nos deram um lugar que tinha um banheiro comum com nossos vizinhos, mas eu não estava preocupada, porque eram todos do Peru".

Prontas no final de 1942, a maior parte dessas cabanas de madeira de Crystal City foi colocada em trechos onde a terra rodopiava com o vento. Formigas vermelhas e escorpiões estavam por todo lado e as habitações não tinham isolamento contra verões escaldantes nem invernos muito frios. Ainda assim, o agradável aroma das sálvias em flor ou das laranjeiras e limoeiros preenchia as ruas. Um dos trabalhos pagos disponíveis para os internos era o de construção no campo e logo apareceram casas com materiais mais novos.

Os cativos plantavam jardins e hortas com sementes que compravam dos catálogos da Sears and Roebuck.

À medida que o tempo foi passando, talvez o lugar pudesse ser confundido com uma região suburbana, não fossem os guardas armados que caminhavam pelas ruas e ocupavam as torres de vigilância. Todo residente tinha consciência de que a pena pela tentativa de fuga era a morte. E uma estrita regulamentação mostrava como seria impossível confundir Crystal City com um assentamento de pessoas livres. Apitos soavam três vezes ao dia para uma chamada obrigatória. Censores liam a correspondência que entrava e saía; os internos só podiam escrever duas cartas e um cartão-postal por semana, salvo nas proximidades do Natal, quando eram distribuídos cartões da Associação dos Prisioneiros de Guerra, com a foto de uma árvore de Natal.

Assim que chegavam a Crystal City, os latino-americanos se tornavam prisioneiros de guerra. O INS do Departamento de Justiça americano que administrava o campo, o único para famílias latino-americanas, era obrigado a cumprir tratados internacionais que visavam garantir condições decentes: a Primeira Convenção de Genebra, de 1894, que estabeleceu o princípio do tratamento adequado para não combatentes durante o período de guerra, e a Convenção de Haia, de 1907, estipulando o direito a um tratamento humano, a comida suficiente e cuidados médicos, além do direito de manter pertences pessoais. Os prisioneiros, diziam os tratados, não deviam ser vistos como condenados ou obrigados a desempenhar tarefas de natureza militar, e o trabalho devia ser remunerado.

Mesmo se não levarmos em consideração os tratados internacionais, a Divisão Especial de Problemas de Guerra do Departamento de Estado tinha uma razão muito pragmática para assegurar que campos como Crystal City fossem decentes e habitáveis. A divisão encarregada das trocas de prisioneiros estava convencida de que o Japão Imperial operaria sobre o princípio da "reciprocidade". Acreditava-se que maus-tratos a prisioneiros nos Estados Unidos, incluindo os "japoneses" latino-americanos, seriam respondidos com represálias contra prisioneiros americanos em cativeiro no Japão e, inversamente, um bom tratamento asseguraria um bom tratamento para americanos em mãos japonesas. "Desde o início da guerra até a rendição final, a Divisão Especial operou com base na teoria de que o governo japonês mantinha uma espécie de cartão de arbitragem e aplicava represálias às injustiças que pontuavam contra os de nacionalidade japonesa", escreveu P. Scott Corbett, um estudioso das trocas de prisioneiros.

O problema que a Divisão Especial enfrentava era grave. Havia uma necessidade urgente de mais prisioneiros para serem trocados por prisioneiros americanos sob controle japonês. Mas a operação Passagens Tranquilas não podia ser acelerada. Havia carência de transportes por conta da exigência de navios para o esforço de guerra. A equipe se deparava com procedimentos que consumiam tempo com os japoneses que, assim como Washington, queriam ter certeza de que certos nacionais estariam incluídos nas listas de troca. Tarefas que replicavam as de outras agências do governo e as rivalidades criadas por elas perturbavam o programa. Mesmo em seus momentos mais calmos, a operação Passagens Tranquilas era extremamente complexa, envolvendo a coordenação de dezoito agências diferentes, da Alfândega ao Foreign Funds Control Office [Agência de Controle de Fundos Estrangeiros] e, às vezes, o Comando de Transporte Aéreo. Duas trocas envolvendo milhares de prisioneiros foram completadas com êxito em 1943; durante o restante da guerra, a Divisão de Problemas Especiais lutou para arranjar outras. Enquanto isso, lado a lado com alguns detidos americanos japoneses dos Estados Unidos, os homens, mulheres e crianças da América Latina tinham de conseguir viver dentro do perímetro cercado de Cristal City.

O Sol brilha praticamente todos os dias do ano.

— Narrador em filme do Departamento de Justiça dos Estados Unidos, 1945, sobre a instalação de detenção do inimigo estrangeiro, Crystal City, Texas .

Ironicamente, embora fosse uma prisão, Crystal City oferecia grandes possibilidades para os jovens, atenuando o trauma de terem sido arrancados de suas casas. Kazushige Naganuma gostava do trabalho de entregar blocos de gelo. "Se na época eu tivesse dito isso a meu pai, ele teria me arrasado, mas para mim era um paraíso." Após os distúrbios antijaponeses de 1940 no Peru, os Naganumas, num excesso de cuidado, mantiveram os filhos em casa, "rodando em volta da cozinha e da babá", como disse Kazushige. Em Crystal City, as coisas eram diferentes.

Os garotos de Naganuma frequentavam uma escola que ensinava em japonês. A princípio, a troca de idioma era difícil para crianças que em sua maioria falavam espanhol, mas elas se adaptaram; muitos do que estavam no campo por serem "japoneses" aprenderam pela primeira vez a linguagem em Crystal City. Havia uma escola para falantes de alemão, que Heidi, a filha mais velha de Starr e Werner Gurcke, frequentava e escolas primárias e secundárias com o currículo em inglês certificadas pelo estado do Texas para jovens americanos japoneses, cujos professores eram internos do Havaí. Havia equipes de esportes e torcidas organizadas, escoteiros e jornais escolares mimeografados.

"Como cana-de-açúcar e toranja cresciam por toda parte, eu pegava uma fruta de uma árvore no pomar ou arrancava uma cana-de-açúcar", disse Kazuharu Naganuma.

No verão, a temperatura podia chegar a 46 graus, e os pais tinham de enrolar panos protetores em volta das grades da cama para que as crianças não se queimassem. Mas todos podiam se refrescar em uma piscina circular de 76 metros de largura construída pelos prisioneiros em um pântano drenado e limpo das cobras. Um interno alemão fez o levantamento do local e um detento hondurenho de origem italiana, o engenheiro civil Elmo Gaetano Zannoni, projetou a piscina; os administradores do campo enfatizaram seu uso como um reservatório de irrigação para árvores frutíferas ao requererem ao INS as verbas para a construção. Jovens como os irmãos Naganuma perambulavam como queriam, desde que não se aproximassem da temida cerca. Elena Maoki se recordou com veemência de que o campo fornecia "tudo para as crianças", inclusive aulas de judô e de sumô.

Sob a superfície, no entanto, o conhecimento de que eram prisioneiros nunca deixava os internos, mesmo os jovens. "Eu era indiferente à cerca", disse Libia Maoki, mas com os guardas não era bem assim. "As metralhadoras apontando para nós me assustavam." A irmã mais velha de Libia, Blanca, sabia que suas vidas não mais lhes pertenciam. "Antes, estávamos mais ou menos no topo do mundo, mas naquele momento parecia que tínhamos de abaixar a cabeça para todos." No Peru, o negócio de seu pai havia florescido; havia pessoas que ajudavam com o trabalho doméstico e um motorista. Agora sua extensa família estava na fila para ser trocada por prisioneiros mantidos pelos japoneses – iriam para o Japão, onde nunca tinham vivido.

Para jovens e velhos, a vida em Crystal City continha elementos surreais. Jovens latino-americanos e casais mistos peruanos japoneses falavam espanhol entre eles, mas a escola japonesa, com seus cursos e eventos sobre história e costumes japoneses, tinha por objetivo preparar internos para a vida no Japão. Chamar sua iminente jornada de "repatriação" era usar a palavra em um sentido orwelliano – muitos estavam programados para ir a um país que nunca tinham conhecido ou que tinham conscientemente deixado décadas atrás para se fixar nas Américas. Alguns haviam trazido lembranças de fé católica de suas casas latino-americanas (Libia Maoki carregava um pequeno crucifixo). Mas a presença de numerosos clérigos budistas definia o tom religioso para os internos "japoneses". Como estariam mais dispostos que os cristãos japoneses a manter a língua, desempenhar rituais tradicionais e permanecer conectados com os acontecimentos no Japão, os budistas eram considerados um risco para os Estados Unidos. Depois de Pearl Harbor, quando o FBI relacionou grupos que deviam passar por escrutínio com as designações "A", "B" ou "C", com "A" (onde foram incluídos os budistas) indicando o risco mais alto, foi atribuída ao clero budista a classificação "A1", rótulo para a ameaça mais urgente à segurança nacional.

O campo em Crystal City mantinha 4 mil prisioneiros em 1944. Os acordos internacionais e a consciência de que os japoneses os estavam observando – conforme o princípio da reciprocidade – ajudaram a assegurar condições decentes no local. Observadores da Cruz Vermelha Internacional, encarregados de monitorar campos de concentração em muitos países durante a guerra, visitavam-no com frequência. E os internos costumavam encontrar boa vontade entre administradores do campo e empregados civis. Se quisessem, homens e mulheres podiam trabalhar até oito horas por dia ganhando 10 cents por hora. Cada grupo – alemães, japoneses latino-americanos, japoneses americanos e uns poucos italianos – produzia seu próprio jornal e elegia seu próprio "conselho" para representá-lo diante das autoridades do campo.

Na casa de Starr, em Santa Cruz, na Califórnia, ela e Heidi Gurcke Donald, filha de Werner Gurcke, me mostraram as "moedas" de papel prensado usadas como certificados – lembravam fichas de cassino – para pagar cativos como o pai, que trabalhava na oficina que produzia colchões e no departamento de manutenção do campo. Na loja de um campo, determinados itens alimentares e outros produtos podiam ser retirados com os certificados. Além do pagamento pelo trabalho, os adultos recebiam 5,25 dólares por mês, crianças de 6 aos 13 anos 4 dólares e até mesmo os de 2 a 5 anos recebiam uma bonificação no valor de 1,25 dólares. Uma foto de Crystal City mostrava Starr e Werner, com sorrisos tensos, segurando as meninas em vestidos com alças de avental, os reluzentes cabelos louros cortados da mesma maneira.

Não havia empregos suficientes para manter todo mundo ocupado, mas os pais não sobrecarregavam os filhos com preocupações de adultos. "Parecia que todos davam vazão a uma atitude *gaman*", disse Kazumu Naganuma, usando o termo japonês para uma honrada paciência diante do que é quase insuportável. "Seja paciente, faça o melhor com o que você tem."

Ainda assim, muitos homens ficavam particularmente desanimados, mostrando o que os alemães chamavam *Gitterkrankheit*, a doença da cerca. Alguns revelavam sinais de depressão. Suas propriedades tinham sido confiscadas, seus ativos estavam congelados ou tinham desaparecido por completo, suas sentenças não tinham um período determinado. Estar preso dentro da cerca minava o *status* de um homem como chefe da família. As crianças se perguntavam o que os adultos tinham feito de errado para serem colocados em uma prisão no deserto, tratados como criminosos. Um filme do Departamento de Justiça que pretendia exibir o lugar como um campo-modelo apresenta um assistente de roupa branca empurrando um homem numa cadeira de rodas enquanto o narrador diz: "As doenças eram com frequência imaginárias, relacionadas à detenção, à cerca, à perda de liberdade".

O hospital do campo – os médicos eram internos – tratava das "indisposições" e dos inúmeros casos de "ameaças de abortos". Foram registrados alguns relatos de suicídio, incluindo o de duas mães peruanas japonesas cujas filhas, com 13 e 11 anos de idade, se afogaram na piscina.

Em 1993, aos 98 anos, Kashiro Hayashi disse ao filho Thomas que ainda se lembrava da sensação de contínua opressão, só aliviada quando ele transportava os mortos em um destacamento fúnebre. Os internos carregavam os caixões para um cemitério fora da cerca. "Não é saudável sair com uma pessoa morta e sentir-se livre", Hayashi disse ao filho. "Mas essa sensação de liberdade é algo que eu nunca pude esquecer."

E sombras do conflito maior caíram sobre Crystal City. Muitos internos, como os Gurckes, ficavam longe de alemães que eram obviamente pró-nazistas, como Fritz Kuhn, o antigo e arrogante líder da German American Bund [Federação Germano-Americana], conhecido como "o nazista mais infame do mundo". No campo de Stringtown, em Oklahoma, os primeiros recém-chegados – em sua maior parte abertamente simpatizantes de Hitler – elegeram um nazista da Costa Rica, Ingo Kalinowski, como seu porta-voz e Kalinowski reservava pacotes da Cruz Vermelha que vinham da Alemanha para seus amigos. Em certos campos, irromperam lutas entre as populações minoritárias pró-nazistas – estimativas calculam de 3 a 15% dos prisioneiros alemães – e outras.

Os judeus – somavam cerca de oitenta vindos da América Latina em diferentes campos – sofriam uma "extrema angústia mental", como expressou William Heinemann, um judeu-alemão detido no Panamá e enviado para Stringtown. As trocas de prisioneiros nem sempre eram voluntárias; judeus temiam ser trocados por prisioneiros de guerra americanos e enviados para campos de extermínio alemães. Para protegê-los de simpatizantes nazistas, as autoridades acabaram transferindo os judeus que se sentiam ameaçados para um campo especial em Algiers, na Louisiana.

Após a guerra, alguns cativos permaneceram em Crystal City por mais de dois anos; a burocracia para libertá-los andou mais devagar que o programa que os havia aprisionado. A Seabrook Farms, uma empresa que produzia vegetais congelados e enlatados, ofereceu trabalho aos internos em suas instalações de Nova Jersey por turnos de 12 horas a 50 cents por hora (35 cents para mulheres) num período em que prisioneiros de guerra militares recebiam, em contratos privados, 80 cents por hora e rações. Aos internos de Crystal City era dado um dia de folga a cada duas semanas, sem direito a licença médica nem pagamento extra pelo trabalho em feriados. "Mesmo na época, essas condições de trabalho eram consideradas severas", escreveu Seiichi Higashide, que pegou um emprego na Seabrook junto com a esposa e duzentos outros internos que ganharam liberdade condicional para trabalhar na fábrica. Substituíam prisioneiros de guerra alemães. O trabalho não constituía escravidão, mas as descrições retratam uma vida de implacável labuta, que dificilmente atrairia alguém além dos desesperados que procuravam escapar do lugar onde viviam como prisioneiros.

Outros conseguiram patrocinadores que lhes permitiram viver em outros lugares dos Estados Unidos em liberdade condicional, desde que se apresentassem regularmente a autoridades locais. Para alguns a exigência persistiu até o fim dos anos 1940. Um sacerdote xintoísta e líder comunitário em São Francisco patrocinou a família Naganuma. Os irmãos, falando inglês com sotaque espanhol e parecendo japoneses, disseram que seus novos amigos duvidavam quando a história dos Naganuma era compartilhada. "Diziam eles: 'Isso não pode ter acontecido... Como conseguiriam ficar impunes?'", contou Kazumu Naganuma. "As pessoas não acreditam que aconteceu, essa história não está nos livros."

De dentro de Crystal City ou mais tarde, sob liberdade condicional, alguns deram início à difícil tarefa de estabelecer-se legalmente nos Estados Unidos, mesmo sentindo que não eram desejados. Em um cenário que tem ecos de um absurdo kafkiano, as autoridades americanas encaravam oficialmente os cativos como estrangeiros em situação ilegal por terem entrado nos Estados Unidos sem vistos ou documentos.

Alguns internos tomaram um rumo diferente. Vinte e quatro alemães da América Latina entraram em juízo para não serem removidos à força para as ruínas do Reich. A ação judicial afirmava, em junho de 1945, que eles não estavam sujeitos ao procedimento de remoção como estrangeiros inimigos já que os Estados Unidos não estavam mais em guerra. Eles perderam a ação.

Em 1945, a maioria dos japoneses peruanos queria retornar aos seus lares, mas Lima, tendo se depurado de parte de uma minoria indesejada, recusou-se a aceitá-los de volta. E como seus lares e meios de subsistência não existiam mais, eles não tinham muito para que voltar. Privados há muito tempo de rádios e jornais do exterior, sabiam apenas que a guerra havia acabado. Centenas se ofereceram voluntariamente para a deportação com destino ao Japão, ou a aceitaram de modo passivo, onde esperavam encontrar boa parte de seus parentes.

Em 11 de dezembro, o SS *Matsonia* transportou 2.400 passageiros para o Japão, incluindo 600 peruanos japoneses de Crystal City. Só na chegada ao porto de Yokosuka, na baía de Tóquio, eles de fato entenderam que o Japão havia perdido a guerra. Remadores em sampanas berravam implorando que lhes jogassem frutas ou cigarros. No cais, fileiras de mulheres vestindo quimonos brancos faziam reverências enquanto gritavam *"Sumimasen"* ("eu sinto muito"), desculpando-se para os passageiros que chegavam, que viam como compatriotas. Naquela noite, em um acampamento temporário, onde havia cadáveres empilhados num canto – não havia gasolina para veículos os tirarem de lá –, famílias abaladas planejaram viagens para cidades onde julgavam que poderiam se abrigar. Carmen Higa Mochizuki, uma jovem adolescente do Peru que não falava japonês, viu a mãe ser praticamente escravizada por parentes ressentidos em Okinawa. A ilha se tornara uma vasta e devastada extensão de terra após o combate no início do ano, quando quase metade da população de 300 mil pessoas morreu.

A família de Libia Maoki escapou por um triz da viagem para o Japão quando o pai, Victor, foi hospitalizado com um severo ataque de gota. No entanto, a filha adotiva da família e seu marido viajaram, acompanhados dos filhos pequenos e um recém-nascido – o bebê era texano, como 250 outros nascidos em Crystal City. Semanas mais tarde, a filha escreveu para dizer que tinha de revirar os campos à procura de plantas selvagens que pudesse ferver para comerem. O bebê morrera de fome.

O programa de sequestros deixou um legado de questões sobre o comportamento de uma democracia durante uma guerra. Em quais circunstâncias e por quanto tempo uma autoridade pode privar as pessoas de liberdade sem julgamento e sem nem mesmo acusações? Que direito tem um governo de ir até outros países para pegar supostos inimigos? Qual o papel do preconceito de raça e de outros tipos de preconceito na determinação de quem é percebido como inimigo? Como o FBI nunca revelava as evidências por trás das capturas, os prisioneiros não tinham condições de enfrentar seus acusadores nem de apresentar defesas.

Algumas das heranças mais profundas do programa ainda habitam a mente e o coração dos envolvidos. Tal legado morrerá com os sobreviventes do programa, mas, enquanto estiverem vivos, continuará a ferver – ou a queimar – em seus pensamentos; cada homem ou mulher é, à sua maneira, afetado a cada dia por suas consequências. Talvez uma história seja representativa do todo.

Quando Chuhei Shimomura zarpou do porto de Callao, em 1943, sua esposa Victoria procurou, em meio às lágrimas, alguma palavra de conforto para dizer aos filhos. "O pai de vocês está partindo. Ele vai voltar para vocês", disse ela. Havia verdade nessas palavras e, ao mesmo tempo, não havia nenhuma verdade nelas.

Um mês mais tarde, Chuhei escreveu do Panamá; em 2016, seu filho Carlos mostrou-me a carta na casa dele, em Callao. O envelope estava carimbado com as indicações "Estrangeiro Detido" e "Examinado". No interior, um papel fino, com elegante caligrafia em espanhol. "Como foi o aniversário de minha filha? Fiquei segurando seu retrato e chorando a noite inteira."

Carlos e a irmã, Flor de Maria, ambos agora com setenta e poucos anos, passaram horas me mostrando fotos de família e cartas como a do Panamá. Carlos, um engenheiro especializado em pesca, ficou mais em pé do que sentado, indo às vezes até uma prateleira para pegar uma pasta ou estendendo o braço até o teclado do computador para abrir alguma imagem. Flor de Maria, recentemente aposentada como professora de literatura espanhola na Universidade Nacional de São Marcos (a mais antiga do continente americano, fundada em 1551), ria ou suspirava com mais facilidade do que o irmão; era uma presença afetuosa. Tinha me encontrado com eles no café do Centro Cultural Nipo-Peruano, no centro de Lima, onde insistiram para que eu fosse à casa de Carlos. A caminhonete de Carlos tinha sensores de movimento que funcionavam de modo ruidoso no tráfego caótico de Lima. Foi um alívio chegar à casa dele em um bairro tranquilo, passar por um lago com uma tartaruga viva na entrada e subir uma escada estreita para o escritório bem-arrumado.

Uma foto da mãe deles, Victoria, como uma bela jovem refletia o parentesco japonês e peruano. No aniversário de Chuhei, em 1937, Victoria presenteou-o com um anel em que estavam gravadas suas iniciais entrelaçadas, CS. O casal tinha uma vida feliz em Callao, onde o pequeno negócio de importação de Chuhei se desenvolveu até aparecer na lista negra, em 1942.

Ele se conformou com a captura – tinha visto aquilo acontecer com outros comerciantes nipo-peruanos cujos negócios apareceram na lista. No dia em que achava que os detetives iam chegar, Chuhei Shimomura preparou uma pequena mala e sentou-se para esperar.

"Não se escondeu", disse Flor de Maria, e sua voz deixava transparecer uma admiração ainda presente.

"Era um samurai", disse Carlos, referindo-se à antiga aristocracia militar do Japão que desapareceu por completo na década de 1870, antes de o pai dele nascer. Carlos me mostrou seu cartão de visita, onde havia um símbolo samurai, parecido com uma flor.

Irmão e irmã contaram a história, alternando-se para preenchê-la com detalhes. "Essas coisas não deviam ser mantidas ocultas, elas têm de ser compreendidas", disse Flor, colocando mais cartas na minha frente. Do Campo Kenedy, Chuhei escreveu para a esposa: "Qual será seu futuro e o dos meus filhos?".

Chuhei queria pedir que a família se unisse, possível através da missão diplomática espanhola, mas a mãe de Victoria havia acolhido a família e persuadido a filha de que um campo de concentração não era lugar para crianças pequenas. As autoridades americanas mandaram Chuhei para o Japão em troca de um prisioneiro americano. Victoria enviou uma foto de estúdio em preto e branco para ele. Diante de uma parede pintada de forma a reproduzir o ambiente de uma refinada sala de estar, ela está sentada fitando a câmera, o exuberante cabelo preto emoldurando o rosto. Usa um colar de pérolas e um casaco comprido, segura luvas e uma bolsa no colo, tem os tornozelos cruzados recatadamente sobre sapatos de salto alto com uma abertura na frente. Carlos está em pé e parece inseguro, segurando uma das mãos da mãe. Flor de Maria olha fixamente sob uma touca de pano; traz no ombro a correia de uma bolsinha que enfeita o estilo adulto do casaco.

"Esta é a última carta que mandarei nesta viagem", escreveu Chuhei em 21 de outubro de 1943, a bordo do MS *Gripsholm*, um transatlântico sueco fretado pela Divisão Especial para Problemas de Guerra dos Estados Unidos. O navio tinha entrado no porto de Goa, na Índia, onde a troca ocorreria e ele esperava ser embarcado em um navio japonês com destino a Yokohama. "Tome cuidado com sua saúde. Não faça trabalho pesado. A guerra não vai demorar muito tempo."

O tempo passou sem novas notícias, e mãe e filha passaram a ir com frequência à embaixada dos Estados Unidos. "Eles nos tratavam com indiferença, como se dissessem 'que chatice, como essas pessoas são cansativas'", comentou Flor de Maria. "Por fim, alguém falou: 'Señora, sinto muito, seu marido morreu na guerra'."

Quando eram adolescentes, Carlos e Flor de Maria deram aulas particulares a outros estudantes para ajudar a mãe. Victoria casou-se de novo, mas o homem que ela esperava que lhe desse apoio tratou-a muito mal e os dois se separaram. "Eu a escutava chorando à noite", disse Flor.

Em 1976, quando Carlos e Flor de Maria estavam próximos dos 40 anos de idade e Victoria passava da meia-idade, uma bomba caiu sobre suas vidas. Durante o trabalho de Carlos Shimomura em um órgão do governo, um empresário reconheceu seu sobrenome e disse que havia conhecido o pai dele no Peru, antes da guerra, e sabia que agora ele estava no Japão. Carlos jantou com o empresário em um restaurante de Lima, "e pela primeira vez em minha vida comi comida japonesa". Logo chegou um pacote com uma carta com a inconfundível escrita em espanhol do pai.

"Ele me mandou este anel", disse Carlos, que estava usando o anel que a mãe dera a seu pai como presente de aniversário. "Veja como as iniciais ainda estão claras", disse Flor. *CS*, pai e filho, Chuhei e Carlos Shimomura. "O anel carrega muita memória", tinha escrito Chuhei na primeira comunicação com o filho em mais de 30 anos. "Nunca em minha vida poderei me esquecer desse tempo, a flor da minha juventude... Não o tire."

Em 1942, quando Chuhei Shimomura chegou ao Japão, os militares imperiais o enviaram para servir nas Filipinas ocupadas. Na época em que o intermediário colocou-o em contato com Carlos, Chuhei era um rico proprietário de armazéns portuários e morava em uma casa ancestral com a esposa japonesa e dois filhos. Alguns meses depois que o anel chegou pelo correio, Carlos foi receber o pai no aeroporto de Lima.

"Desde o momento em que ele apareceu na porta do avião, eu disse: 'Lá está o meu pai'." Na casa de Flor de Maria, onde ela havia preparado uma refeição, a mãe deles estava à espera. "Todos nós nos cumprimentamos", disse Carlos, como se o momento tivesse sido tocado pela formalidade. "Então meu pai se sentou e chorou. Eu nunca tinha visto um homem chorar daquela maneira."

Chuhei Shimomura ficaria vários dias no Peru, mas naquela primeira noite ele não demorou a se despedir, incapaz de esperar pela refeição, incapaz de falar qualquer coisa. Pediu que o filho o levasse a um bairro vizinho, onde tinham vivido como uma família. Os dois pararam em frente à casa onde haviam morado. Eram 11 horas da noite.

"Olhe, tudo está exatamente como antes, tudo igual!", disse Chuhei. Os dois ficaram algum tempo olhando a casa. "Filho, você conhece a música *Caminito*?" Claro que Carlos conhecia. E juntos cantaram o tango composto na Argentina e conhecido em toda a América Latina. "*Caminhozinho que o tempo apagou... Eu vivo na tristeza...*"

Quando um de seus meios-irmãos escreveu para informar da morte de Chuhei, em 1984, anexando à carta uma foto do funeral budista, Carlos e Flor mandaram rezar uma missa em Lima. Mas a ruptura trazida pela experiência de sequestro político que a família viveu durante a guerra os havia marcado de uma maneira que não poderia ser apagada.

"Minha mãe e minhas tias me disseram que, quando criança, eu estava sempre procurando por meu pai", disse Flor de Maria. A casa de seu irmão ficava perto do aeroporto de Lima e os últimos aviões da noite pareciam passar perto de nossas cabeças ao descer para pousar, criando uma câmara de ruído ao redor de suas palavras. Impressionou-me que, setenta anos após o fato, a respeitada professora se mostrasse desolada ao falar daqueles anos. "Disseram que eu ficava procurando por ele nos cômodos da casa. 'A que horas o papai vem?'"

Carlos fez um comentário, como que para acalmar os fortes sentimentos trazidos à tona com a conversa. "*Bueno*, são as lições da vida", disse ele. Mas Flor não se calaria.

"Por 36 anos sentindo a falta de meu pai, em cada dia da minha vida..." Ocorreu-me que, embora Flor de Maria Shimomura nunca tivesse respirado o ar viciado no balanço de um porão de navio nem tivesse passado anos cercada de arame farpado ou vendo armas apontadas quando erguia os olhos, ela também tinha sido cativa do programa de sequestros. Enquanto testemunhas como ela estiverem vivas, pensei, ainda podemos ter uma chance de saber sobre os erros históricos cometidos em nome da segurança nacional durante uma guerra lembrada como honrosa. Mas e quando elas se forem?

Carlos e Flor de Maria Shimomura me levaram até Lima cruzando as ruas de Callao e escolhendo um itinerário que beirava o mar. De um lado, emergiam rochedos; do outro, fileiras de espuma branca entravam no foco dos faróis da estrada, as ondas se erguendo e quebrando. As fortes emoções das últimas horas tinham se acalmado, e os irmãos começaram a cantar canções otimistas da terra natal da mãe deles, no norte do Peru, e o tango melancólico, mas confortador, *Caminito*, sobre o familiar "caminhozinho" um dia trilhado com tanta alegria e amor.

"*Não lhe digas, se ela voltar a passar por aqui... que meu pranto teu solo molhou...*"

PARTE III

Os Ilusionistas

8

SEDUÇÃO

*O imperialismo intelectual de ideias nazistas é uma ameaça
tão séria quanto a possibilidade de uma invasão militar.*

— Nelson Rockefeller, coordenador norte-americano
de Assuntos Interamericanos, 1940.

O jovem Nelson Rockefeller contemplou as extensas terras que se espalhavam ao redor da sede da sua propriedade na Venezuela, onde o negócio de petróleo da família estava bem entrincheirado. Antes de completar 30 anos, Nelson dirigia uma subsidiária da Standard Oil de Nova Jersey e controlava vastas reservas no país. Rockefeller já era um aficionado pela arte latino-americana, uma inclinação herdada da mãe, Abby. E se esforçava ao máximo para falar espanhol.

Durante a visita que fez em 1939 à Venezuela, Rockefeller concluiu que o melhor meio de preservar o *status quo* que permitia que companhias como a sua prosperassem na América Latina era um bom trabalho de relações públicas com as nações anfitriãs. Mas com a guerra no horizonte, a imagem dos Estados Unidos, de seus interesses comerciais e de seu povo estava sendo contestada exatamente nos lugares onde Rockefeller tinha não apenas negócios, mas pelos quais estava se afeiçoando.

Quando voltou à Nova York, o homem jovem e ambicioso preparou um curto memorando junto com colegas de outros negócios da família, o Chase Manhattan Bank e o Rockefeller Center, e fez com que o documento chegasse ao presidente Roosevelt. A propaganda nazista e sua infiltração na mídia latino-americana tinha de ser combatida com afinco, dizia o memorando. O resultado do documento de três páginas foi a criação do Gabinete do Coordenador de Assuntos Interamericanos (CIAA) que, graças a seu diretor – Nelson Rockefeller – tornou-se conhecido como Gabinete Rockefeller. A missão do CIAA: guerra econômica e psicológica na América Latina.

Trabalhando com o FBI, o Gabinete Rockefeller contribuiu com os nomes das empresas que compunham as listas negras, suspeitas de ajudar o inimigo ou simplesmente cujos donos eram pessoas de etnia alemã, japonesa e italiana, interrompendo seu comércio com os Estados Unidos. Depois de Pearl Harbor, o CIAA de Rockefeller foi o motor por trás de uma violenta campanha de propaganda.

Antes mesmo de os Estados Unidos entrarem na Guerra, Rockefeller contratou pessoal em Nova York e nas principais cidades latinas para o CIAA. A princípio, disse um antigo membro da equipe, "quase todos os nossos esforços estavam concentrados em organizar as elites pró-ocidentais da Venezuela e do Brasil em uma rede privada de influência". Logo, porém, eles voltaram suas vistas para a população em geral.

Os italianos, e especialmente o Reich, por intermédio do ministro da propaganda e esclarecimento público, Joseph Goebbels, estavam produzindo reportagens, incluindo textos de opinião em espanhol e português – até mesmo assinados "por Adolf Hitler" – para publicações regionais. Com um fluxo contínuo de dinheiro, às vezes saído do próprio bolso de Rockefeller, o CIAA estava determinado a superar a vantagem inicial do Reich na difusão de sua própria versão da verdade.

Rockefeller fez contato com Henry Luce, da revista *Time*, e rádios, estúdios de cinema e fabricantes de produtos americanos, que iam do sabonete Lux à Coca-Cola, garantindo que o Departamento do Tesouro daria uma isenção fiscal pelos custos de propaganda das corporações que trabalhassem com ele. Os anúncios das companhias americanas feitos através do CIAA logo atingiram 40% da renda publicitária total de estações de rádio e dos jornais na América Latina, praticamente sustentando a mídia que veiculava os anúncios e influenciando leitores e ouvintes em relação aos prazeres e produtos que acompanhavam o estilo de vida americano. Rockefeller mobilizou uma equipe de 1.200 jornalistas, publicitários e especialistas em opinião pública, como George Gallup, futuro criador de um instituto de pesquisa.

A revista ilustrada *On Guard*, um veículo típico do CIAA, tomava por base a revista *Life*, de Henry Luce, publicando imagens dos melhores fotógrafos do mundo. Com o *slogan* de capa "Pela Defesa das Américas", a *On Guard* [Em Guarda] logo estava vendendo mais do que a revista subsidiada pelo Reich voltada para o mesmo público-alvo. Uma típica edição de *On Guard* em português mostrava fotos de mexicanos prontos para a batalha em exercícios militares na Baixa Califórnia e sentinelas do exército dos Estados Unidos de vigia em um forte à beira-mar, em Porto Rico. Um artigo fala sobre as condições de "escravidão" dos franceses sob a ocupação e mostra igrejas que caíram nas mãos dos alemães sendo incendiadas – fotos que sem dúvida despertavam medo no coração de católicos latinos devotos.

A mais audaciosa arma de contrapropaganda de Rockefeller, no entanto, foi de um descarado espalhafato. Ele recrutou astros de Hollywood como Rita Hayworth, Errol Flynn, Bing Crosby e Douglas Fairbanks Jr. para serem "embaixadores da boa vontade". Os artistas se entrosaram com funcionários governamentais e a casta social superior no continente, falaram no rádio e deram entrevistas. George Balanchine e o Balé Americano Caravan apresentaram-se durante cinco meses em cidades latino-americanas, em uma pré-estreia mundial de duas produções que se tornariam conhecidas como obras-primas: o *Concerto Barocco* e o *Ballet Imperial* (Concerto para Piano no 2 de Tchaikovsky). Aaron Copland visitou colegas compositores no México, Colômbia, Peru, Brasil, Argentina e supervisionou apresentações públicas de seu balé *Billy the Kid*, que trata o bandido como um anti-herói e revisita canções de caubóis. Waldo Frank, um romancista socialista e crítico literário que escrevia para o *New Yorker* e para o *New Republic*, fez palestras abertas ao público e deu entrevistas. Talvez Frank fosse mais conhecido na América Latina do que nos Estados Unidos por seu livro *Our America* (1919), em que explora uma visão das Américas do Norte e do Sul unidas pelas etnicidades e pela geografia para cumprir um destino comum progressista. Como embaixador da boa vontade, Frank ganhou a estima do povo da região ao iniciar suas palestras dizendo: "Vim aqui para aprender".

Não obstante, um olhar nas filas em frente aos cinemas nos movimentados centros das capitais latinas mostrava a Rockefeller que ele podia colher o mais alto retorno para o investimento e alcançar a maioria das pessoas combinando embaixadores da boa vontade com o instrumento de maior magia da época – filmes. Há anos os países latinos vinham reclamando dos estereótipos cinematográficos que Hollywood usava para retratar os que viviam ao sul do Rio Grande como *"bad hombres"*; cucarachas; ensebados amantes latinos que perdiam a garota para machões americanos; mulheres que eram sensuais, mas sem nada na cabeça... ou como pistoleiros e feiticeiros que conheciam mandingas e poções. Em lugar disso, os filmes de Boa Vizinhança retratariam os latino-americanos como quem eles eram, construindo uma ponte entre o público latino que amava o cinema e as audiências americanas.

O CIAA embarcou num programa de sedução via celuloide. Rockefeller entrou em contato com Hollywood por intermédio de John Hay Whitney, um milionário refinado de uma das melhores famílias de Nova York e chefe da Divisão Cinematográfica do CIAA. Juntos, "Jock" Whitney e Rockefeller recrutaram dois exemplos da criatividade americana como embaixadores de boa vontade para a América Latina: Walt Disney e Orson Welles.

No caso de Welles, a indicação se revelaria uma catástrofe. No caso de Walt Disney, porém, ela funcionou espetacularmente bem.

> *Enquanto metade deste mundo está sendo obrigada a gritar "Heil Hitler", nossa resposta é dizer "Saludos Amigos".*
>
> – Walt Disney, durante um programa de rádio de Hollywood em 12 de dezembro de 1942.

Os brasileiros já conheciam o Sr. Walt Disney antes de ele colocar os pés na América do sul – era o pai do Mickey Mouse. O apelo do Mickey cortou caminho por entre as opiniões políticas. Dizia-se que George V, rei da Inglaterra, só se interessava pela exibição de um filme se também houvesse no programa um dos desenhos do Mickey; Mussolini adorou *Topolino*; O presidente Roosevelt pedia que um desenho do Mickey Mouse fosse incluído quando exibia filmes para convidados em um salão do andar de cima da Casa Branca. Disney fingiu perplexidade e pareceu ofendido quando soube que o Führer não era um fã.

"Imagine isso!", ele escreveu no artigo de uma revista. "Bem, o Mickey vai salvar o sr. A. Hitler de um dia se afogar ou alguma coisa do tipo... Então não se sentirá o sr. A. Hitler constrangido?."

Na realidade, Goebbels achou *Branca de Neve e os Sete Anões* uma "obra-prima" e deu certa vez a *Der Führer* um presente de Natal contendo dezoito desenhos animados do Mickey Mouse; Hitler teve uma "satisfação infinita", Goebbels escreveu em seu diário. Os censores de Goebbels no Ministério da Propaganda alemão proibiram alguns filmes da Disney, como *The Barnyard Battle* [A Batalha no Celeiro], julgando-o "ofensivo à dignidade nacional" (*Barnyard* retratava um exército de camundongos lutando contra gatos que usavam capacetes do exército alemão). Mas os desenhos da Disney eram exibidos em cinemas alemães mesmo quando Hitler já reclamava dos produtos culturais estrangeiros importados. E o público alemão adorava seu *Mickey Maus*.

Mickey apresentava uma imagem dos americanos que Nelson Rockefeller tinha intenção de promover. O camundongo morava numa cidadezinha muito parecida com as encontradas no Kansas e no Missouri do início do século XX, onde Disney foi criado. Ele inventou soluções práticas para problemas irritantes, a saber: a utilização da cauda abanando de Pluto como limpador de para-brisas durante um temporal. E todos podiam se identificar com os dilemas do Mickey. Por exemplo, o aparecimento inevitável de formigas, esquilos e de uma dança de moscas que devoram *O Piquenique* quando Mickey e Minnie estão distraídos ou os insetos que zumbem, chiam e rastejam no *Jardim do Mickey*, além de ficarem maiores quando entram em contato com o inseticida. Os filmes e as revistas em quadrinhos de Disney tornaram o mundo mais animado em 37 línguas. Sua simples existência era boa propaganda.

Melhor que tudo, como pessoa Walt Disney era o tipo de embaixador da boa vontade que defendia valores que remetiam a um passado imaginário e simples "tipicamente americano". Nascido em Chicago e criado em uma fazenda, Disney se mudou para a Califórnia aos 21 anos de idade, mas pareceu nunca ter saído do Meio-Oeste. Manteve hábitos interioranos de cordialidade e vida simples. Sua visão de mundo não estava de fato preocupada com relatividade cultural ou engajamento político. O jovem Walt cresceu pobre, trabalhou entregando jornais ou cumprindo tarefas de curta duração na hora do almoço, e não foi para a universidade. Era no entanto mais propenso a atribuir sua adolescência carente à falta de ambição do pai para se elevar acima das circunstâncias adversas em vez de se limitar a censurar o sistema econômico e político em que a família vivia. Ao completar 40 anos, Disney era um homem rico e influente. Ninguém ouviria críticas aos erros da política norte-americana partindo de Walt Disney. "Já há suficiente feiura e cinismo no mundo sem que eu precise fazer acréscimos", dizia ele.

Disney foi também o empresário perfeito. Seu Walt Disney Studios era o Google ou Apple de seu tempo, operando na vanguarda dos avanços tecnológicos. Brincalhão e atlético, embora frequentemente visto com um cigarro na mão, Disney concordou em ir para a América Latina, mas não concordava com a ideia de Rockefeller de uma típica turnê de boa vontade. Não se encontraria com prefeitos nem com presidentes, não compareceria a eventos formais e insistiu em levar uma equipe para trabalhar a ideia de um filme. Já estava a caminho de se tornar bilionário, mas, além de qualquer outra coisa, Walt Disney era um viciado em trabalho e, um dia, explicou: "Não fazemos filmes para fazer dinheiro, fazemos dinheiro para fazer mais filmes".

Tudo andou bem com Rockefeller e Jock Whitney. Eles concordaram em cobrir as despesas de viagem da equipe do filme de Disney, que ele e seu pessoal passaram a chamar de *El Grupo*: o chefe, sua esposa Lillian e quinze escritores e artistas. Rockefeller também concordou em bancar dois filmes a serem produzidos a partir da viagem de até 50 mil dólares cada. Assim, em agosto de 1941, após uma jornada aérea de dois dias (sem voo noturno) de

Los Angeles via Miami, Bahamas e Belém, o *Clipper* de El Grupo pousou nas águas azuis da Baía da Guanabara, no Rio de Janeiro.

Os membros de El Grupo passearam entre as multidões na capital brasileira, perambularam por jardins tropicais, cavalgaram em fazendas argentinas, flutuaram nos barcos de totora do Lago Titicaca, na fronteira da Bolívia com o Peru. À noite, no Rio, iam dançar no elegante Cassino da Urca, com sua vista deslumbrante da baía, onde podiam desfrutar o jantar, de cozinha francesa, servido em porcelanas de Limoges e copos de cristal tcheco. Durante o dia, trabalhavam muito, pensando no filme com lápis e blocos na mão; ao mesmo tempo, não hesitavam em conversar com os moradores locais que encontravam. Uma foto da revista *Life* mostra Disney deitado de barriga para baixo – totalmente vestido – apontando sua câmera fotográfica para banhistas na praia de Copacabana. Em outra foto, Mary Blair, uma artista plástica de 29 anos de Oklahoma, constrói com a areia úmida uma escultura de Mickey Mouse, cercada por curiosos. Em um bonito dia, no terraço do luxuoso Alvear Palace Hotel, em Buenos Aires, Disney coloca o chapéu para imitar os passos do tradicional *zamba* ao lado dos dançarinos que haviam chegado para mostrar como se dançava; uma filmagem feita por outro membro do El Grupo já mostra Walt dançando com rapidez e perícia, na mão o cachecol branco característico da música, enquanto os acordeonistas tocam e os artistas em volta dele ainda tentam a sorte com os passos.

Disney está avisando que só encontraria o que estava vivo na cultura local. Bem-humorado, desempenhava o papel de convidado popular em festas, boates e eventos em sua homenagem. Por todo lugar que andasse, El Grupo fazia esboços, tomava notas, fotografava e gravava as músicas que ouvia – samba nas ruas do Rio, tango urbano e *zamba* rural na Argentina, *cueca*, as flautas de pã e as flautas de madeira do Chile e Peru. Disney não conseguiu (ou não se dispôs a) aprender o espanhol ou o português necessários para conversar com quem encontrava na rua, mas tinha outros meios de se comunicar. Ele se relacionava com extrema facilidade com uma multidão reunida e posava para retratos, às vezes cercado de crianças.

"Walt Disney faz muito mais sucesso como empresa e como pessoa do que poderíamos ter imaginado", escreveu Jock Whitney em um relatório enviado para Rockefeller em Nova York. "Sua conduta em público é impecável. Não se deixa perturbar pela adulação e pressão... Dá todos os autógrafos solicitados e não para de sorrir."

A era que os cientistas políticos chamariam mais tarde de *soft power* [poder brando] – o uso de meios diferentes da força bruta, como as comunicações, para fazer países se alinharem com metas diplomáticas – tinha realmente começado. A viagem de Disney também influenciou sua empresa, cada vez mais criativa.

Antes da turnê da Boa Vontade, Walt Disney tinha saído poucas vezes dos Estados Unidos e poucos do grupo eram bem viajados. A América do Sul foi para eles uma avalanche sensual, com suas cores vibrantes, vegetação exuberante e novos ritmos de música e dança. Disney estava sempre filmando o que via com uma pequena câmera de 16 milímetros – as imagens mostravam os artistas do grupo em praias, em mercados tradicionais, enchendo os blocos de apontamentos com desenhos de plantas e pássaros exóticos, com registros de detalhes da vida latina que estavam vendo pela primeira vez. Tomaram nota do modo como as mulheres peruanas do meio rural carregavam os bebês enrolados nas costas; do modo como gaúchos argentinos, a cavalo, lançavam suas tradicionais armas de arremesso, chamadas *bolas* – pesos fixados na ponta de cordas de couro –, e as ficavam vendo cortar o ar. Lhamas andinas, cobertas de lã, eram um novo animal para eles – viram as criaturas dispararem e caírem capturadas, as pernas emaranhadas nas *bolas*.

A América Latina mudou o olhar dos Estúdios Disney, mudança personificada na artista Mary Blair, que daria forma ao visual característico da Disney nos vinte anos seguintes, dos longas-metragens aos parques temáticos da Disneylândia. As aquarelas de Mary Blair de fins dos anos 1930 mostravam céus escuros e tempestuosos, ou enormes árvores lavadas de cinza e preto; em um de seus primeiros trabalhos para Disney, ideias para a história de um cachorro que resultariam em *A Dama e o Vagabundo*, pessoas que compram presentes de Natal caminham de cabeça baixa no frio, aconchegadas dentro de casacos grossos. Seria seu último trabalho desse tipo.

Blair era alta, loura e chamava atenção por onde quer que fosse na excursão à América Latina. Usava chapéus com grandes abas para se proteger do sol e saias e jaquetas elegantes que ela mesma costurava. Mas também era capaz de interagir sem dificuldade, revelando um interesse detido pelas pessoas à sua volta. A prova disso está na intimidade das imagens que captou: habitantes locais carregando cestos de galinhas e flores na cabeça ou esperando fregueses, com uma paciência atemporal, diante de uma seleção de frutas espalhadas no chão na feira de uma cidadezinha. A nova luz da América do Sul e o fluxo veloz de novas impressões transformaram para sempre a arte de Mary Blair, marcando os futuros filmes da Disney, de *Cinderela* a *Peter Pan*. Cores intensas, com frequência dissonantes – do tipo visto em trajes latino-americanos nativos –, juntavam-se agora de modo vibrante para contar as histórias do estúdio, começando com os filmes que resultariam da viagem pela América Latina, *Alô, Amigos* (*Saludos Amigos*) e *Você já foi à Bahia?* (*The Three Caballeros*).

"Disney viu acontecer diante de seus olhos e compreendeu por instinto que a arte vibrante de Blair estava em sincronia com a mudança dos tempos e os projetos futuros", escreveu um comentador. O trabalho dela era "moderno". Após a viagem pela América do Sul, o tipo de arte de conto de fadas e tom mais suave que inspiraram *Branca de Neve e os Sete Anões* (1937) estavam "out", ultrapassados. Ao contrário, "naturalismo, estilização e surrealismo radicais" entravam na ordem do dia. A cor e a vivacidade do continente imprimiriam nas mentes de gerações o visual contido nas imagens de Disney.

Para Rockefeller, o embaixador da boa vontade Walt Disney deixou uma boa impressão pessoal. Atraiu enormes multidões quando exibiu *Fantasia* em Montevidéu e no Rio de Janeiro; conversou com centenas de crianças em idade escolar. O rádio e a imprensa escrita só tinham coisas boas para dizer, exceto um jornal nazista de Buenos Aires, *El Pampero*, que reclamou da quantidade de nomes judaicos no El Grupo e publicou um editorial contra uma "invasão" estrangeira. Agora Rockefeller tinha de esperar pelos filmes, mas eles não chegariam logo. Dias depois do retorno de El Grupo ao estúdio de Burbank, Pearl Harbor foi bombardeado.

Em Burbank, artistas plásticos e escritores trabalhavam na primeira obra latino-americana, *Alô, Amigos*, ao mesmo tempo que produziam filmes num ritmo frenético para o esforço de guerra. Em 8 de dezembro de 1941, Disney voou para Washington com *storyboards* para o primeiro das centenas de produtos de animação de utilidade pública, indo do incentivo para pagar impostos à coleta da gordura usada na cozinha – num curta, o cachorro Pluto desiste patrioticamente de sua amada gordura de bacon, que poderia ser usada em torpedos movidos por glicerina e em cargas de profundidade. Um vencedor do Oscar em 1943, *A Face do Führer* (*Der Führer's Face*), criado para vender bônus de guerra, mostrava como funcionava a lavagem cerebral: um exausto Pato Donald é um nazista relutante, assoberbado pelas demandas de tarefas a serem cumpridas para o Reich e pelo esforço de repetir continuamente a saudação *Heil Hitler!* Um corte de seu crânio mostra que seu cérebro está mudando. No final, Donald desperta do pesadelo totalitário para abraçar a Estátua da Liberdade.

Enquanto os estúdios de Walt Disney trabalhavam em *Alô, Amigos* e em um documentário chamado *South of The Border with Disney* [Ao Sul da Fronteira com Disney] – talvez o primeiro do gênero "making of", agora familiar, de documentários –, também havia equipes produzindo filmes de treinamento para civis e para as Forças Armadas dos Estados Unidos. Traziam títulos tão secos quanto *Four Methods of Flush Riveting* [Quatro Métodos de Rebite de Cabeça Escareada] ou tão empolgantes quanto *Stop That Tank!* [Pare esse Tanque!], sobre como usar o rifle antitanque da marca *Boys*. Nele, soldados atiram em tanques nazistas que explodem num frenesi de ruído e cores brilhantes; o tanque de Hitler acaba no inferno, onde ele esbraveja com Satã a respeito do caráter abusivo da nova arma. Numa época em que companhias americanas como a U.S. Steel e a Ford Motor Company colhiam lucros inesperados com os negócios da guerra, Disney decide abrir mão de lucros com os filmes do governo, que chegaram a 93% da produção de seus estúdios entre 1942 e 1945.

Em fevereiro de 1943, Disney finalmente viu o lançamento nos Estados Unidos do filme da viagem feito para Rockefeller, *Alô, Amigos*, um hino ao pan-americanismo que logo se tornou sucesso de bilheteria. O relato de 42 minutos da viagem envolvia os espectadores não só com suas imagens e histórias, mas também com a nova combinação de documentário com *live action* e animação, uma técnica que mais tarde o estúdio usaria para filmes como *A Canção do Sul* (*Song of the South*) e *Mary Poppins*. Disney tivera vontade de fazer uma história para cada país da viagem à América Latina, mas como Rockefeller insistiu em um único filme que abrangesse tudo, *Alô, Amigos* tira seu enredo da viagem de El Grupo: artistas plásticos e escritores partem para os quatro cantos da América do Sul e suas impressões, registradas em blocos de rascunho, se fundem em animações. No primeiro dos quatro segmentos, o Pato Donald é o estereótipo de um turista que veste trajes nativos e tenta, com resultados hilariantes, encantar uma lhama com uma flauta, como viu um garoto fazer num mercado; no segundo segmento, um pequeno avião com uma personalidade vibrante cruza os Andes, reunindo toda a presença de espírito de *O Pequeno Motorzinho* (*The Little Engine That Could*), enfrentando uma tempestade feroz e uma montanha monstruosa para entregar a correspondência; na terceira sequência, Goofy, um caubói do oeste americano, é transportado sobre um mapa para os pampas argentinos, onde se torna um gaúcho, provando, conforme o espírito pan-americano, como nós, do norte e do sul, somos parecidos.

No grandioso final de *Alô, Amigos*, o Pato Donald encontra seu parceiro em um papagaio fumador de charuto chamado José (Joe) Carioca (*carioca* é o gentílico de quem nasce na cidade do Rio de Janeiro), que mostra as paisagens e os sons de sua cidade natal com exuberância brasileira. Uma canção famosa, "*Brazil*", de Ary Barroso, constitui a trilha sonora, sensual e animada. Chamada "Aquarela do Brasil" em português, a música introduz imagens de natureza mágica: quando um pincel de pintor varre a tela, uma aquarela azulada se derrama de modo luxuriante, transformando-se numa queda d'água, enquanto flores viram flamingos e as palmeiras, papagaios de penas verdes. O pincel torna a escorrer e um enorme cacho de bananas é transformado em um bando de tucanos de bico amarelo em voo. Em um gesto de respeito ao continente, *Alô, Amigos* foi o primeiro filme de Hollywood a estrear na América Latina antes de estrear nos Estados Unidos. Numa resenha, James Agee chamou o filme de tentativa vergonhosa de "interesseira, tardia integração", mas as plateias do norte e do sul o adoraram. Países que não foram incluídos, como Venezuela e Cuba, fizeram queixas estridentes ao Departamento de Estado.

Em fevereiro de 1945, Disney lançou seu segundo grande filme da viagem, um musical chamado *Você já foi à Bahia?*, em que personagens de animação – Pato Donald, Zé Carioca, do Brasil e Pancho Pistolas, do México – interagem com dançarinos reais. As fabulosas aves – Pancho é um galo vermelho – se dão notoriamente bem, uma metáfora para Bons Vizinhos. "Somos três cavaleiros, três alegres cavaleiros", eles cantam. "Dizem que somos aves da mesma espécie". Donald recebe presentes de aniversário de "amigos da América Latina" (um projetor de cinema, um livro que se abre para uma estada no Brasil e uma pinhata*) e faz com seus dois amigos viagens estimulantes para a Bahia, no Brasil (apresentada no forte tom de ouro e carmim de Mary Blair) e para Patzcuaro, Veracruz e Tehuantepec, no México, onde os três cavalheiros assistem a danças tradicionais. Donald se apaixona por deslumbrantes mulheres latinas, mas suas abordagens são elegantemente desencorajadas, recordando a expressão que Agee um dia usou para caracterizar uma marca registrada de Disney: "sensualidade assexuada". As plateias americanas ouvem, muito provavelmente pela primeira vez, talentos musicais excepcionais do sul da fronteira: a mexicana Dora Luz canta uma versão em inglês (*"You Belong to My Heart"*) do clássico *"Solamente uma vez"*, do lendário compositor Agustin Lara, e Aurora Miranda, irmã de Carmen, brilha na tela em uma sequência em que canta "Os Quindins de Iaiá".

Os estereótipos não desaparecem em *Você já foi à Bahia?* – estão presentes como bobos e inofensivos. Pancho Pistolas não é o "cucaracha" lati-

---

* Uma pinhata é um recipiente com doces. Ele pode entrar num jogo onde é suspenso no ar para que uma pessoa, com venda nos olhos, tente quebrá-lo com um bastão para pegar os doces. (N.T.)

no anterior à Hollywood da Boa Vizinhança, mas leva dois revólveres que, para todos os efeitos, não deixa de disparar. Zé Carioca não é um brasileiro exótico familiarizado com artes de feitiçaria, mas não deixa de mostrar a Donald como usar "magia negra" – alguns elaborados movimentos de dedos – para restaurar a estatura que Donald perdera depois de encolher para entrar no livro que ganhou no aniversário. Longe de ser um continente de perigo e superstição, a América Latina de *Alô, Amigos* e *Você já foi à Bahia?* é uma região incrivelmente bonita, cujos habitantes têm muito em comum uns com os outros e com os Estados Unidos. As imagens documentais dos filmes, personagens animados e sons fascinantes tornavam a política da Boa Vizinhança atraente e motivadora.

As equipes de Walt Disney jamais viraram as câmeras para a pobreza do povo cuja beleza e cultura exaltavam; não era esse aspecto da região que Rockefeller queria mostrar. Isso não significa que Disney, Rockefeller ou grupos como a Cruz Vermelha Americana ignorassem o poder do cinema para educar as pessoas sobre como melhorar sua sorte – mesmo que a educação não colocasse em xeque as estruturas políticas e econômicas que eram as verdadeiras causas da pobreza.

A Unidade de Medicina e Saúde do CIAA alistou Disney em sua campanha para alcançar residentes de áreas pobres das cidades e do interior com mensagens sobre melhoria da alimentação, saneamento e uma agricultura eficiente. A divisão recorreu a vários produtores de cinema para distribuir filmes em benefício de governos latino-americanos e organizações de serviço, mas as contribuições de Disney, com títulos como *How Disease Travels* [Como a Doença Viaja], *Cleanliness Brings Health* [Limpeza traz Saúde] e *The Winged Scourge* [O Tormento Alado], sobre como os mosquitos espalham a malária, foram especialmente eficazes porque alcançavam os espectadores enquanto os divertiam. Em *The Winged Scourge*, as asas dos mosquitos batem no ritmo da música, no estilo de *Fantasia*. Os sete anões da Branca de Neve colocam telas em janelas, em um exemplo de ação coletiva. As equipes do CIAA vadearam rios e enfrentaram tempestades de poeira para chegar a lugarejos remotos onde exibiam os filmes em praças públicas, empregando o mesmo tipo de caminhões de som que a Bayer Company estava usando para exibir filmes de propaganda alemã no Brasil. Mostravam os filmes em delegacias de polícia e em hospitais, às vezes até 8 mil vezes por mês. Alguns espectadores nunca tinham visto um filme. Às vezes, faziam comentários em voz alta durante a exibição e aplaudiam com entusiasmo no final.

O público americano gostava de ver nos cinemas os filmes de longa-metragem da Disney, mas surgiram questionamentos entre os membros do Congresso sobre por que os contribuintes americanos deveriam estar bancando filmes para melhorar o bem-estar de pessoas indigentes em um continente distante. Alusões vagas à política da Boa Vizinhança não eram uma resposta suficiente ou sincera. Mas o diretor da Unidade de Medicina e Saúde do CIAA, Maurice Feuerlicht, explicou para uma importante audiência de educadores americanos que, "por razões estratégicas as outras repúblicas americanas são importantes para nossa segurança". Filmes sobre melhorias na saúde e na agricultura não diziam respeito apenas às audiências latinas, mas "ajudam a nós mesmos de um modo justificadamente egoísta". Os Aliados dependiam da América Latina para borracha, cristal de quartzo, quinino, bismuto, iodo e alimentos que sustentavam e curavam as tropas, escreveu Feuerlicht em uma revista sobre educação, a *Educational Screen* [Tela Educacional], em 1943. "Assim, a saúde dos nossos vizinhos do sul é uma arma poderosa em benefício de nós mesmos." Ele chamou os filmes de "nosso *show* de medicina moderna". Ao longo da guerra, eles foram apresentados a 4 milhões de latino-americanos.

> *Se você quer um final feliz, isso depende, claro, de onde você*
> *para sua história.*
>
> – Orson Welles, roteiro, *O Anel* (*The Brass Ring*).

A função da propaganda do CIAA era contrastar as democracias dos Aliados com o totalitarismo exemplificado pelo Reich. Ao recrutar Orson Welles, a ideia original de Rockefeller era usar a voz profunda de barítono e as importantes habilidades de oratória do astro do rádio em pronunciamentos sobre liberdade individual – o rádio tinha grande alcance na América Latina, mesmo entre os analfabetos que estavam fora do alcance da imprensa escrita. O anfitrião do *Mercury Theatre On The Air* (Teatro Mercúrio no Ar) parecia uma escolha perfeita.

Orson Welles tinha subido ao palco aos 19 anos. Era um rapaz robusto de 1,83m, com cabelo muito preto e um talento especial para imitar sotaques e dialetos. Com pouco mais de 20 anos, estava interpretando um misterioso herói do seriado radiofônico "O Sombra", que tinha "o poder de obscurecer a mente das pessoas para que elas não pudessem vê-lo".

Para manter o clima de mistério do programa, Welles interpretava o Sombra sob anonimato, mas ele se tornou um nome familiar quando produziu a série radiofônica chamada *Mercury Theatre On The Air*. Seu critério para a escolha das peças era sua eficiência nas ondas do rádio (a primeira foi *Drácula*, de Bram Stoker) e, em 1938, transmitiu o mais famoso programa radiofônico de Halloween da história, sua adaptação do romance de 1897 de H. G. Wells, *Guerra dos Mundos*. O programa chamou tanta atenção que atraiu o patrocínio comercial da Campbell's Soup Company e Welles foi buscar os mais renomados intérpretes da época para participar do programa: Katharine Hepburn, Laurence Olivier, Helen Hayes, Margaret Sullivan, Burgess Meredith, Joan Bennett e Lionel Barrymore.

O presidente Roosevelt e Rockefeller queriam que a propaganda do CIAA fluísse de norte a sul, enfatizando o conceito de ideais comuns de uma ponta à outra das Américas. Rockefeller viu em Orson Welles um orador que faria não só palestras abertas ao público, mas também comentários radiofônicos ouvidos na América Latina e nos Estados Unidos. Suas palavras chegariam longe e seriam irresistíveis.

Contudo, no início de 1942, no momento em que Welles estava fazendo as malas para embarcar no Clipper da Pan Am para a América do Sul, alguma coisa havia se alterado no perfil de seu público. Ele continuava sendo a voz mais identificável do rádio, mas agora era também um diretor de cinema famoso e inovador. Seu primeiro grande filme, *Cidadão Kane (Citizen*

Kane), estava sendo aclamado como o melhor filme até então produzido. O personagem central de *Kane*, mal disfarçada versão do magnata da imprensa marrom Randolph Hearst, interpretado por Welles, era inesquecível. O tratamento dado por Welles ao personagem de Hearst foi implacavelmente mordaz; Hearst tentou fazer com que o negativo do filme fosse destruído, proibiu que sua cadeia de jornais lhe desse espaço para críticas ou anúncios, ameaçou com chantagem. Enquanto isso, comentários boca a boca faziam com que os louvores a *Cidadão Kane* chegassem à América Latina.

Após a estreia do filme em Nova York, em maio de 1941, Jock Whitney encontrou-se no Rio de Janeiro com Lourival Fontes, o chefe poderoso e maquiavélico do Departamento de Imprensa e Propaganda do Brasil. O astuto Fontes viu um modo de conseguir alguma propaganda própria com a operação do CIAA. Sim, as falas e *performances* radiofônicas do Sr. Orson Welles seriam bem-vindas. Mas por que não conseguir que o famoso diretor fizesse um filme, a ser visto no mundo inteiro, sobre o lendário Carnaval do Rio, a extravagância de dança, música e fantasias delirantes promovida todo ano pela cidade, uma produção que serviria ao objetivo de apresentar o Brasil aos americanos? E que, não por acaso, traria turistas ao Brasil? Ótimo, disse Whitney. Rockefeller concordou.

Welles fez corpo mole porque não queria deixar nas mãos de outros a edição de seu segundo filme, *Soberba* (*The Magnificent Ambersons*), e também porque estava desenvolvendo um novo projeto, *The Story of Jazz*, com Louis Armstrong e Duke Ellington. Mas tanto Rockefeller quanto Whitney possuíam participações na RKO, o estúdio de Welles, sendo de certo modo seus patrões. E como Welles estava sob contrato com a RKO, Rockefeller forçou o estúdio a bancar um filme sul-americano do diretor até a quantia de 300 mil dólares, outro ponto de pressão. Em 20 de dezembro de 1941, com os americanos ainda em choque com Pearl Harbor, Whitney mandou para Welles um telegrama decisivo. "Pessoalmente acredito que você daria uma grande contribuição à solidariedade hemisférica com este projeto. Cumprimentos."

Anos mais tarde, Welles disse de modo engraçado a Peter Bogdanovich: "Eu fui dado a entender que meu dever era aquele". De fato, Welles era um patriota e considerou a tarefa uma contribuição em tempos de guerra. Era também amigo pessoal do presidente Roosevelt, que uma vez disse a Welles que o considerava "o segundo maior ator da América" – depois dele próprio. Em sua fala de despedida como apresentador de *Mercury Theatre On The Air*, Welles informou aos ouvintes que estava indo "para os confins da Terra que nós conhecemos".

O que aconteceu em seguida tem sido objeto de controvérsia, há mais de setenta anos, entre aficionados e estudiosos do cinema. Alguns afirmam que o tão esperado filme pan-americano, que Welles intitulou É tudo Verdade (*It's All True*), nunca foi finalizado porque Orson Welles se desorganizou, bebeu demais, trabalhou de forma caótica. Outros afirmam que o filme não foi concluído porque ele mergulhou demais no tema, foi demasiado fiel a seus ideais e se viu sabotado por Rockefeller e pela RKO.

O que é certo é que, enquanto trabalhava na obra frustrada, Orson Welles abraçou sua missão como embaixador itinerante do pan-americanismo. "Vim para o Brasil esperando revelá-lo tanto para aqueles que o julgam mal quanto para os que ainda não o conhecem", disse a repórteres na chegada ao Rio de Janeiro.

Em uma série chamada *Hello Americans* [Alô, Americanos], Welles compartilhou o microfone com celebridades brasileiras como Carmen Miranda e Sebastião Bernardes de Souza Prata, um amado ator, comediante, cantor e compositor conhecido popularmente como Grande Otelo. *Hello Americans* era transmitido em ondas curtas para os Estados Unidos pela NBC Blue Network, predecessora da ABC e casa de populares locutores como Lowell Thomas e Walter Winchell. Em 18 de abril de 1942, Welles atuou como mestre de cerimônias em uma comemoração de gala do aniversário do Presidente Vargas organizada pelo embaixador americano, Jefferson Caffery, no glamoroso Cassino da Urca.

"Aqui é Orson Welles, falando da América do Sul, do Rio de Janeiro, nos Estados Unidos do Brasil", ele entoou para a audiência de rádio dos Estados Unidos e distintos convidados locais, mostrando-se elegante e esfuziante ao microfone num *smoking* branco. Sugeriu que as fronteiras eram fluidas, dirigindo-se a "amigos do Maine a Manaus, de São Paulo a Chicago, do Rio de Janeiro a São Francisco... em uma centena de estações na América do Norte e na maioria das estações no Brasil". Na chegada ao Rio, Welles havia afirmado com orgulho aos repórteres que havia sido concebido no Brasil, quando os pais lá estiveram na lua de mel. Agora, no rádio, depois de a orquestra ter tocado "Tudo é Brasil" em ritmo de *fox-trot*, Welles traduziu o título: "*All is Brazil*", disse ele, acrescentando depois, numa voz embargada pela emoção: "*Oh! My Brazil*".

Welles também enviou a mensagem de que os americanos tinham muito a aprender com os vizinhos do sul. Em um número com Carmen Miranda, partiu para uma discussão sobre instrumentos nativos, demonstrando os sons de raspagem e percussão de pratos e tambores. No misto de festa e *show* do aniversário de Vargas, salpicou palavras em português e apresentou à audiência do norte do equador a nova música que impulsionava o filme que ele estava rodando. "Se você mistura duas palavras, 'música' e 'Brasil', e mexe bem, você tem o samba", disse ele. "E se acrescenta a isso alguns brasileiros, tem a dança do samba."

Welles não havia ficado entusiasmado com a ideia do filme sobre o Carnaval levantada por Jock Whitney e pelo ministro brasileiro de imprensa e propaganda. Mas a música fez com que mudasse de ideia. "Fiquei horrorizado com a ideia de fazer um filme sobre o Carnaval", disse Welles a Bogdanovich. "Mas o fato é que acabei fascinado com o samba".

Conquistado pela emoção da música, Welles frequentou o Cassino da Urca, fazendo amizade com Grande Otelo e outros músicos e artistas afro-brasileiros que se apresentavam lá. Ficou ansioso para conhecer melhor o país e contratou pesquisadores para abastecê-lo com informações sobre temas que iam de mineração a trajes nativos e revoltas de escravos. Quando precisou deixar o Rio para receber um prêmio em Buenos Aires por *Cidadão*

Kane e fazer um discurso inaugural na recém-fundada Academia Argentina de Artes e Ciências Cinematográficas, procurou encurtar a viagem. De volta ao Rio, fez palestras sobre temas que iam de Shakespeare ao emprego de poesia em dramaturgia. Divertiu-se com as elites empresariais e sociais do Rio, encantou as esposas de diplomatas e a filha de Vargas, Ella. "LENDA AMERICANA AMA O BRASIL E OS BRASILEIROS AMAM SR. ORSON WELLES", dizia uma típica manchete de jornal. Se Welles e Rockefeller tivessem parado aí, a história teria um final feliz.

No entanto, o filme sobre a América Latina que Welles tinha em vista, É Tudo *Verdade*, detonou sua relação com Rockefeller e foi à raiz da discussão do que era exatamente esperado de um "embaixador da boa vontade". Nem Disney nem Welles ganhavam um centavo para desempenhar a tarefa e, embora estivessem abrindo mão da renda que poderiam estar ganhando em casa, não esperavam receber qualquer compensação financeira de Rockefeller. Contudo, até que ponto se sentiam vinculados à interpretação do CIAA do que seria uma boa propaganda parecia uma questão controversa.

Orson Welles queria fazer, usando acontecimentos reais, um filme capaz de despertar sentimentos que tanto as pessoas do norte quanto as do sul pudessem compartilhar, um épico pan-americano para demonstrar sonhos e emoções comuns, um incentivo à compreensão mútua. Por onde poderia começar?

Antes de vir para o Brasil, Welles tinha dado início a *My Friend Bonito* [O Amigo Touro], um filme sobre um rapaz mexicano que cria um bezerro e luta para salvá-lo da arena de touros. Baseado na história verídica de um touro libertado, por aclamação do público, na Plaza El Toreo, em 1908, na Cidade do México, o filme já havia entrado em produção e algumas cenas já haviam sido filmadas em *pueblos* [povoados] que pouco haviam mudado desde a entrada do século. Em vez de um longa-metragem, *My Friend Bonito* poderia ser um segmento da obra pan-americana, pensou Welles.

Na edição da revista *Time* de 21 de dezembro de 1941, Welles encontrou inspiração para outro segmento. Quatro pescadores empobrecidos tinham acabado de fazer uma viagem épica de Fortaleza, no nordeste do Brasil, ao

Rio, navegando 61 dias numa balsa aberta chamada *jangada*, orientando-se apenas pela experiência que tinham de céu e mar. Com o capitão da jangada, Manoel Olímpio Meira, chamado de "Jacaré", nome do lugarejo onde nascera, um líder natural que aprendera a ler estudando à noite, a tripulação representava milhares de pescadores das jangadas, que trabalhavam muito mas viviam em condições de indigência, sem cuidados de saúde, escolas ou pensões deixadas após a morte, pescando para intermediários que ficavam com metade do que era apanhado. Os pescadores expuseram sua situação ao presidente Vargas e, diante das manchetes sobre a viagem de quase 2.600 quilômetros, ele rapidamente assinou uma lei permitindo que os pescadores das jangadas passassem a fazer parte de sindicatos de pescadores, desfrutando de benefícios trabalhistas. Pouco importava para Welles se Vargas tinha agido para fomentar sua imagem populista ou se queria corrigir uma injustiça. Para ele, o capitão da jangada, Manoel Jacaré, era uma figura heroica. O extraordinário episódio serviria de base para um segmento que Welles chamou *Jangadeiros*.

Welles decidiu que a obra começaria com *My Friend Bonito* e *Jangadeiros* num evocativo preto e branco, explodindo em cores com o coroamento do filme, o desejado e grandioso Carnaval. Junto com seus deveres de embaixador da boa vontade, Welles tinha começado a rodar, desde que chegara, o segmento da extravagância carnavalesca do Rio. Desde o início, porém, nada fora fácil no que se refere a filmagens no Brasil.

Em 8 de fevereiro de 1942, quando o Clipper da Pan Am e um bombardeiro do exército americano desembarcaram Welles e sua equipe de quarenta pessoas no Rio, a preparação para as festividades de Carnaval já haviam começado. O Carnaval é como um *tsunami* – nada o detém – e não houve tempo para reconhecer locações ou sequer receber orientações com relação a elas. Como o equipamento de iluminação não havia chegado, a equipe tomou emprestado faróis de avião da aeronáutica brasileira para iluminar a noite, onde grande parte da ação ocorria. *Carnaval* seria o primeiro filme em Technicolor rodado em locações externas fora dos Estados Unidos, com o vibrante colorido visto em *E o Vento Levou* (*Gone with the Wind*) e *O Mágico de Oz* (*The Wizard of Oz*) dando uma nova dimensão às ruas e aos cintilantes clubes carnavalescos do Rio. Mas as câmeras em Technicolor eram também um fardo; as equipes de Hollywood não estavam acostumadas a trabalhar em externas com qualquer tipo de equipamento, muito menos com as pesadas câmeras de 35 mm usadas no novo processo. Um membro da equipe queixou-se em uma carta enviada à sede da RKO do "tempo quente, a comida ruim e a impossibilidade de operar à maneira eficiente de Hollywood".

Quando Welles e sua equipe tentavam lidar com as condições novas e desorientadoras, ocorreu uma terrível tragédia. Em maio de 1942, Manoel Jacaré aceitou de bom grado o convite de Welles para voar até o Rio com os homens da jangada e recriar a chegada deles, em dezembro. Em um dia calmo, quando um pequeno número de pessoas da equipe estava filmando, a jangada inexplicavelmente virou. Três homens sobreviveram, mas Jacaré, o comandante e carismático ativista, se afogou. Welles ficou devastado. Tomou providências para que uma quantia em dinheiro chegasse à viúva de Jacaré e seus dez filhos. Mas nada, ao que parecia, conseguia aliviar seu sentimento de culpa. Vozes na imprensa o censuraram pela morte do homem que se tornara um herói nacional.

E os problemas continuavam vindo da RKO e de certos brasileiros. Estes estavam alarmados com os locais que Welles frequentava e com os amigos que fazia, como o compositor Herivelto Martins, cujo "Trio de Ouro" incluía o destacado cantor negro Nilo Chagas, e como Grande Otelo, que também era negro. O representante da RKO na viagem reclamou, em uma carta enviada ao escritório central, que Welles "organizava dia e noite tomadas em alguns bairros de crioulos da cidade, lugares muito sujos e mal-afamados". Alguns dias mais tarde, o representante relatou: "Tivemos uma semana muito cheia no que se refere a tomadas. O material filmado em si, no entanto, não passa de crioulos cantando e dançando músicas de Carnaval, algo de que já temos pilhas".

De dia, Welles visitava as favelas do Rio para filmar com Herivelto Martins e Otelo, e ficava bebendo com eles até tarde da noite. Em uma comemoração no Cassino da Urca, Welles perguntou pelos amigos e foi informado de que eles não estavam autorizados a entrar no cassino para o evento social. Welles procurou-os nos bares próximos até encontrar Herivelto e Grande Otelo. "Ficamos bebendo até as três da manhã", disse Otelo ao biógrafo de Welles. Contou que Welles lhes disse: "Esta noite bebemos cerveja preta".

* * *

Quanto mais tempo passava no Rio, mais Orson Welles acreditava que a música que inspirava, inflamava e punha de pé o Carnaval tinha nascido da experiência da favela, ressoando com ritmos africanos, assim como o *jazz* tinha nascido nos bairros negros de Nova Orleans. Lourival Fontes e seu Departamento de Imprensa e Propaganda, assim como a embaixada americana, encaravam com desconfiança o fato de Welles passar tanto tempo nas favelas.

"O Carnaval para ele era essencialmente uma história negra... uma história da origem da música brasileira em comunidades negras dos morros", disse Richard Wilson, assistente de direção de Welles, em um documentário de 1993 sobre a produção abortada de *É Tudo Verdade*. Mas a face negra do Brasil era a última coisa que o Brasil oficial e as mulheres e homens glamorosos que tinham mantido contato com Welles queriam ver representando seu país perante o mundo. E fizeram esse descontentamento chegar aos diplomatas americanos.

Em abril de 1942, Grande Otelo e outros estavam filmando em estúdios recentemente construídos no Rio, recriando trechos da música e da vida do Carnaval para entrelaçar com as tomadas que a equipe tinha filmado ao chegar. Toda semana, Welles enviava os rolos do copião para a produtora. Estava entusiasmado com as "microssequências" que abriam janelas sobre "a miríade de formas de interação humana do Carnaval", mostrando como o espírito da festa associava pessoas de diferentes raças e diferentes condições econômicas, uma metáfora para o pan-americanismo.

Entre aqueles que estavam longe dos processos de filmagem, cresceram os medos de que Welles tivesse ultrapassado perigosamente os limites. Seu filme estava construindo uma idolatria a latino-americanos que eram operários, jangadeiros e afro-brasileiros das favelas. "O *establishment* brasileiro começou a boicotar o filme e influenciou a RKO a fazer o mesmo", disse Wilson. O estúdio cortou as remessas de dinheiro e parou de enviar rolos de filme virgem.

É difícil acreditar que Nelson Rockefeller e Jock Whitney, ou a RKO, não soubessem onde estavam se metendo quando recrutaram Orson Welles para fazer um filme no Brasil. Desde o início de sua carreira, a cultura negra e os direitos trabalhistas tinham figurado na obra de Welles. Aos 20 anos, ele dirigiu o "*Macbeth* vodu", como costuma ser chamado, uma versão da peça de Shakespeare com um elenco inteiramente afro-americano, com o local da ação deslocado da Escócia para o Caribe, com o *vodu* haitiano substituindo a feitiçaria escocesa. "*Macbeth* vodu" apontou um holofote para um teatro afro-americano e projetou seu diretor como gênio imprevisível. Welles produziu uma adaptação para o palco de *Filho Nativo: Tragédia de um Negro Americano* (*Native Son*), um romance de Richard Wright sobre a chegada à vida adulta de um rapaz negro e pobre criado em Chicago. Welles também dirigiu *The Cradle Will Rock* [O Berço vai Balançar], a ópera brechtiana de Marc Blitzstein sobre organização sindical, hipocrisia religiosa e ganância empresarial em "Steeltown, EUA". O *New York Times* chamou-a "a melhor coisa que a prática militante já levou ao teatro".

Ao mesmo tempo, Orson Welles podia ter se precavido de Rockefeller se tivesse levado em conta o comportamento do milionário com relação a outro artista singular, o muralista Diego Rivera. Em 1932, Rockefeller persuadiu Rivera, um dos mais conhecidos pintores do México e o preferido da mãe de Rockefeller, Abby, a criar um enorme mural no saguão do Rockefeller Center com o tema "O Homem e os Caminhos a Seguir". O objetivo do trabalho era provocar o pensamento, olhar à frente para os potenciais científicos, industriais e sociais no desenrolar do século XX, e Rivera trabalhou nele durante meses. Rockefeller não ficou nada à vontade quando viu que Rivera pintara Vladimir Lênin liderando uma parada de trabalhadores no Primeiro de Maio e sugeriu que ele substituísse a face do líder comunista revolucionário pela de um trabalhador comum. Rivera se recusou, mas propôs acrescentar

Abraham Lincoln em outro lugar da composição. Isso não foi o bastante para Rockefeller, que mandou o artista mexicano descer do andaime. Em 1934, Rockefeller ordenou que a obra fosse destruída.

A RKO demitiu Welles. Welles encarou o desastre dizendo que um Rockefeller acovardado permitira que os brasileiros e os executivos da RKO afundassem *É Tudo Verdade* antes mesmo que os carretéis do copião tivessem sido editados em um verdadeiro filme. Rockefeller sabia como o diretor se sentia com relação a ele e mais tarde descreveu Welles como "um homem brilhante, austero, um tanto arrogante, mas extremamente respeitado que de fato não me suportava". Welles expressou sua opinião sobre Rockefeller no *thriller noir* de 1947, *A Dama de Shanghai* (*The Lady from Shanghai*). Criou o sórdido e odioso personagem George Grisby como uma encarnação do chefe do CIAA, onde não faltava o sugestivo maneirismo, falsamente casual, de chamar todo mundo de "colega".

Restaram pedaços irresistíveis *É Tudo Verdade*. De "*My Friend Bonito*", há paisagens áridas do deserto ao redor da aldeia mexicana onde o garoto cria seu touro, sequências de uma igreja e de um lugarejo imemoriais, uma cena notável do rito tradicional da bênção dos animais. O segmento dos jangadeiros, em uma versão de 40 minutos chamada *Jangadeiros* (*Four Men and a Raft*), mostra os pescadores construindo sua embarcação aberta a partir de uma árvore, trabalhando a madeira com ferramentas artesanais; cavalgam as ondas em tomadas tão ricas e intensas que parecerão pintadas, não filmadas. Quase todo o copião do segmento *Carnaval* desapareceu após ser mandado para a RKO – uma lenda de Hollywood diz que o estúdio jogou o material no Pacífico. Mas a sinopse e as anotações de Welles, conservadas na Universidade de Indiana, e os relatos em documentários com a participação da equipe e de integrantes do elenco, como Richard Wilson e Grande Otelo, descrevem uma grande proeza de captação dos mais grandiosos conjuntos e dos menores gestos de passistas, cantores e foliões fantasiados, passando de trilhas nas favelas a suntuosos palácios de dança, tudo integrado e entrelaçado por meio do samba, viva e interminável. *É Tudo Verdade* pode ser um dos filmes mais ricos e mais belos jamais realizados.

Vinte anos antes do movimento pelos direitos civis nos Estados Unidos, os elegantes filmes de Disney ignoravam a existência de latino-americanos de raça negra e mestiça (um documentário de viagem de Disney menos visto, de 1944, *The Amazon Awakens* [*A Amazônia Desperta*], os mostrava). Para Welles, no entanto, a experiência negra era a chave para a cultura brasileira que ele queria compartilhar.

Em um documentário para TV de 1993, um idoso Grande Otelo disse que seu velho amigo Welles "mostrava como o Brasil realmente era. Ele passou a amar não só o Brasil, mas toda a humanidade através da mistura de raças que viu aqui". As belas tomadas e os personagens de desenho animado de Disney não deixam o público com uma impressão de profundidade cultural latina. Mas eram muito divertidos e faziam as pessoas da América Latina parecerem amigáveis.

Milhões viram a versão Disney do continente. Para Rockefeller, foi uma boa propaganda, e foi um sucesso.

9

ESPIÕES, CHEFES DE ESPIÕES

A guerra da espionagem na América Latina foi um duelo entre dois chefes de espionagem que não poderiam ter sido mais diferentes. O enigmático almirante Wilhelm Canaris, da agência de inteligência do Reich, a *Abwehr*, era cosmopolita, habilidoso e ousado. O metódico J. Edgar Hoover, do FBI, a face severa do combate ao crime nos Estados Unidos, nunca viajou ao exterior, mas estabeleceu um sistema de agentes internacionais de incrível eficiência. Cada um deles controlava centenas de agentes. Durante grande parte da guerra, porém, os alemães se mantiveram na dianteira.

Em 1939, quando Hitler anexou a Tchecoslováquia e invadiu a Polônia, o maior medo do presidente Franklin Roosevelt era que a subversão nazista na América Latina ameaçasse a segurança dos Estados Unidos. Mas não havia uma rede de espionagem adequada para acompanhar as atividades nazistas na região. A Coordenação de Segurança Britânica (BSC), de William "Intrépido" Stephenson, com sua missão de convencer Washington a entrar na guerra, de difundir propaganda e coletar informações nas Américas, só instalou em seus escritórios do Rockefeller Center em maio de 1940.

E os Estados Unidos se atrasaram em espionagem no exterior graças em parte a uma antiquada polidez. Em 1929, o secretário de Estado Henry L. Stimson desativou o U.S. Cipher Bureau [Escritório de Códigos dos Estados Unidos], conhecido como Câmara Negra. Precursora da National Security Agency [Agência de Segurança Nacional], a Câmara Negra fora encarregada de quebrar os códigos diplomáticos de outros países. "Cavalheiros não leem a correspondência uns dos outros", Stimson declarou.

Os espiões de Hitler não tinham esses escrúpulos.

Os agentes da *Abwehr* de Canaris se encontraram com seus colegas japoneses no México em 1936. Três anos depois, a rede latino-americana de espionagem do Reich estava instalada e funcionando.

Imaginemos uma recepção na Cidade do México numa noite qualquer dos anos que precederam Pearl Harbor; homens e mulheres bem-vestidos falam uma mistura de espanhol, alemão e inglês; bebendo; rindo; vez por outra, cochichando. Se olhássemos ao redor do salão, seria improvável vermos agentes da inteligência americana ou britânica tentando extrair informações de mexicanos de destaque ou diplomatas estrangeiros.

Mas veríamos outros trabalhando em nome da *Abwehr* de Canaris, como a exuberante atriz de cinema loura Hilda Krüger. Na Alemanha, Krüger fora íntima de Joseph Goebbels, ministro de propaganda do Reich. Ela se dirigiu ao Novo Mundo depois de ter sido supostamente tirada de cena pela formidável esposa de Goebbels, Magda.

Krüger parou em São Francisco por tempo suficiente para viver um romance com o herdeiro de uma marca milionária de cerveja, mas recusou sua proposta de casamento antes de continuar viagem para o sul, para Hollywood, onde esperava fazer sucesso em filmes americanos. Seu inglês precário a impediu de conseguir bons papéis, mas foi em Hollywood que ela conheceu o bilionário do petróleo John Paul Getty, que se tornou seu acompanhante frequente. Viajaram juntos para a Cidade do México, onde a glamorosa alemã tornou-se a celebridade local. Ela também se tornou amante de mais de um ministro do gabinete, incluindo Miguel Aleman, que seria eleito presidente em 1944. Conversas na cama se transformaram em informações de inteligência.

Outros espiões do Reich, colegas de Krüger, também eram pessoas interessantes. O chefe da *Abwehr* no México era o alto e louro Georg Nicolaus, codinome "Max". Filho do diretor do Deutsche Bank, em Berlim, "Max" havia trabalhado em um banco na Colômbia e como engenheiro no Equador, falando um espanhol perfeito. Na Alemanha, fora instruído em comunicação telegráfica e fórmulas químicas para fazer explosivos. No México, contudo, não era provável que Georg Nicolaus recebesse ordens para explodir alguma coisa, pois tanto o almirante Canaris quanto o Ministério do Exterior alemão franziam a testa ante ações clandestinas violentas que pudessem minar a neutralidade das nações latinas. Mas suas habilidades no telégrafo foram bem usadas.

Com grande competência, "Max" fazia contato, a partir da Cidade do México, com espiões alemães nas Américas Central e do Sul. Também comandava dois agentes da *Abwehr* nos Estados Unidos, que traduziam o que havia de mais importante nas publicações disponíveis, recolhiam a informação e a enviavam para que "Max" a despachasse para a Alemanha. Quatro contatos adicionais ao "norte da fronteira", disse "Max" a Berlim, forneciam-lhe um fluxo de materiais confidenciais sobre bombardeiros e caças americanos e sobre os níveis de produção de petróleo, alumínio e aço.

Friedrich Karl von Schlebrügge, codinome "Morris", vinha logo abaixo de Nicolaus e era um barão prussiano que vivera por um ano no México, em 1938, passando-se por vendedor de máquinas de costura. Na verdade, a especialidade do barão era a venda de veículos blindados e tanques suecos, assim como aparelhos de comunicação para os militares mexicanos.

"Morris" evocava uma figura aristocrática, com monóculo e uma cicatriz facial que parecia originada em uma luta com espadas. Chegou a conhecer bem os oficiais mexicanos. Comandou um esquadrão de bombardeiros de mergulho para a Luftwaffe em 1939, durante a invasão da Polônia por Hitler, mas em vista da necessidade de espiões com experiência no hemisfério ocidental, Schlebrügge foi rapidamente treinado em comunicações e escritas secretas e mandado de volta ao México. Lá, recrutou mais dois agentes que se tornaram importantes na coleta e envio de informações de inteligência: Walter Baker, funcionário de uma empresa de navegação marítima que fornecia itinerários de navios mercantes, petroleiros e navios de guerra nos portos do Golfo, e Carlos Retelsdorf, codinome "Glenn", empresário, dono de um poderoso rádio transmissor em sua fazenda de café, em Veracruz, que a rede de espionagem usava para se comunicar com a Alemanha.

Edgard S. Weisblat, um cavalheiro elegante de origem polonesa, também estava no México. Trabalhava não para a *Abwehr*, mas para a Gestapo, a temida polícia secreta do Reich, sendo um de seus agentes mais capazes. Fazia-se passar por um empreendedor que fabricava embarcações velozes para a defesa nacional mexicana, um subterfúgio que lhe dava o álibi para solicitar fotos e desenhos de equipamentos marítimos dos Estados Unidos e de companhias britânicas.

Hilda Krüger, "Max", o barão, Weisblat e dezenas de outros agentes da rede faziam sua espionagem em sigilo, tomando cuidado para não afetar a neutralidade mexicana. Até mesmo o embaixador de Berlim, Rüdt von Collenberg, embora uma figura pública, foi extremamente discreto ao construir uma rede de informantes entre empresários, empregados de bancos e funcionários do governo, não todos alemães, mas todos simpatizantes à Alemanha de Hitler. Com frequência, as mesmas companhias que financiavam a guerra do Reich proporcionavam cobertura para agentes em suas filiais mexicanas: IG Farben, Bayer, BASF, Agfa, Hoechst.

Antes do ataque a Pearl Harbor, quando a maioria dos países latinos se sentiriam obrigados a se juntar aos Aliados (mas não todos eles), as nações consideravam a neutralidade uma condição sagrada. Ela permitia que mantivessem relações com um amplo leque de atores. Washington não era necessariamente um aliado natural, nem um parceiro automático – muitos temiam o grande vizinho do norte ou se ressentiam dele, em particular por causa de seu histórico de diplomacia de canhoneira. Os latinos costumavam olhar de forma mais descontraída para a Europa, e não apenas para Espanha e Portugal como países "maternos". Negociavam com entusiasmo com países europeus, admiravam a Alemanha pelas realizações industriais e pelo profissionalismo militar, assim como a França e Itália por sua cultura e arte. A Inglaterra era uma fonte financeira, de investimentos na infraestrutura. Famílias que podiam se dar ao luxo de mandar os filhos para o exterior prefeririam com frequência países europeus, não os Estados Unidos, para uma educação superior e a aquisição da experiência que lhes seria útil como futuros líderes em seus países.

E por que alinhar-se com algum dos países em contenda? Permanecer neutro era melhor para proteger o comércio e as relações diplomáticas. Além disso, para alguns latino-americanos a guerra europeia era um conflito entre impérios, cujo desfecho os países latinos podiam esperar longe dos campos de batalha.

Enquanto isso, a presença em países "neutros" era vital para os espiões do Eixo. O almirante Canaris escolheu a capital asteca para sede latino-americana de seus agentes porque a Alemanha queria manter estrita vigilância sobre o suprimento de petróleo e outros insumos básicos para a indústria da guerra que o México podia fornecer: mercúrio para explosivos, manganês, enxofre, alumínio para fuselagens de aviões, ferro, tungstênio. E o México compartilhava uma fronteira porosa com os Estados Unidos. Enquanto Washington ponderava se devia ou não entrar na guerra, a Alemanha e o Japão sentiram que era urgente rastrear o nível de preparação dos Estados Unidos, suas novas tecnologias, o movimento de suas esquadras.

Os agentes do Reich trabalhavam sem grande preocupação de serem presos em seus primeiros anos mexicanos. O fascismo ia contra os valores apregoados pelo governo revolucionário do presidente Lázaro Cárdenas, mas nem Cárdenas nem membros de seu gabinete tomaram uma posição formal contra ele. Não houve um esforço intensivo para perseguir espiões. Quando surgiam desconfianças, a polícia e as autoridades podiam ser facilmente subornadas. Além disso, graças ao boicote das companhias de petróleo americanas, britânicas e holandesas, os melhores fregueses para o petróleo mexicano eram a Alemanha, a Itália e o Japão, cujos pagamentos sustentavam programas do governo. Não havia razão para ofendê-los sem necessidade.

E espiões nazistas podiam constatar um ambiente de apoio nas ruas. Os Camisas Douradas, um grupo paramilitar nacionalista, antissemita e anticomunista (*Acción Revolucionaria Mexicana*), se manifestavam abertamente, às vezes de forma violenta, ostentando os braços erguidos na saudação fascista. Para não ficar atrás, a comunidade italiana organizava desfiles com adolescentes em passo de ganso em apoio do Eixo. Militantes da direitista União Nacional Sinarquista, um enorme movimento camponês católico contra as reformas de Cárdenas, como por exemplo a educação secular, mantinham conexões com os nazistas e os japoneses. Marchavam com a mesma saudação de braço erguido. A Juventude Hitlerista tinha ramificações em escolas alemãs e no Centro Alemão, que era também a sede do Partido Nazista. No norte, onde os residentes tinham simpatia por Hitler, a suástica tornou-se uma espécie de declaração de intenções encontrada em assoalhos de casas e até mesmo no piso da nave da catedral de Tampico.

Alguns espiões do Reich guiavam carros vistosos, mas fora isso operavam na sombra. A exceção de perfil destacado: Hilda Krüger. O rosto doce de Hilda estava em filmes mexicanos com títulos como *Adulterio* [Adultério] e *El que Murió de Amor* [O Homem que Morreu de Amor]. Krüger aparecia em festivais e jantares nos braços de funcionários do governo e figuras da alta sociedade. Em uma foto do período ela está cantando de modo informal, mas com visível prazer, ao lado de Mario Moreno, o ícone picaresco mexicano mais conhecido como Cantinflas.

Numa época em que os estrangeiros eram obrigados a informar seus movimentos fora da capital ao Ministério do Interior, Hilda Krüger parecia viajar para onde quisesse sem burocracia, tendo suas excursões aprovadas por Aleman, que estava à frente do Ministério. Na embaixada americana, agentes do Centro de Inteligência Naval (ONI) estavam convencidos de que as viagens de Hilda, facilitadas pelo inescrupuloso Aleman, estavam relacionadas ao contrabando de mercúrio e outros valiosos materiais de guerra. Tão grande era a influência de Hilda sobre o futuro presidente que, em um relatório de 1941 sobre a penetração de espiões estrangeiros no México, o ONI estudou a possibilidade de sequestrá-la e levá-la para os Estados Unidos sob custódia.

Os espiões alemães estavam bem conectados, mas enviar as informações em segurança para Berlim era um desafio. O embaixador Von Collenberg às vezes incluía remessas para a Alemanha na segurança de uma mala diplomática. Mensagens de rádio costumavam ser enviadas para agentes da *Abwehr* no Brasil, que as transmitiam para a Europa. Os agentes elaboravam mensagens escritas com tinta invisível, colocando-as nos cantos ou ao longo das margens de cartas que pareciam inócuas; depois as remetiam para um nome fictício em uma caixa postal em São Paulo, em Lisboa ou para uma dúzia de outras cidades europeias.

A tinta secreta ideal era feita de algo que um agente poderia ter em casa ou em uma maleta. Deveria se tornar legível com uma simples reação de precipitação e não deixar cheiro ou traços, como cristais que pudessem ser detectados quando o pedaço de papel fosse posto contra a luz. Em geral, na América Latina, um agente alemão fazia a tinta secreta usando comprimidos de Pyramidon, um medicamento para alívio da dor feito com aminopirina* e vendido sem receita médica, como a aspirina. O líquido resultante da dissolução desses comprimidos em álcool serve para escrita de mensagens que surgem quando o papel é tratado com uma solução de óxido de ferro – ferrugem – e sal de cozinha comum. Outro método consistia em datilografar em um papel coberto com uma fina película de cera. Mas com este método o agente tinha de ter o cuidado de não usar pontos finais ou outros sinais de pontuação que deixassem uma marca mais forte que as letras e pudessem ser detectados com mais facilidade.

Em 1941, um novo e revolucionário modo de enviar mensagens escritas foi desenvolvido pela *Abwehr* na Alemanha. Segundo seu próprio relato, um agente jovem e decidido chamado Duŝko Popov foi o primeiro a manejar uma mensagem secreta criada pelo novo método. É fácil acreditar na história porque Popov, um rico advogado empresarial iugoslavo e *bon vivant*, não era como qualquer outro espião da *Abwehr*.

Louro e de porte atlético, com um sorriso de campeão, Popov desfrutava sem remorsos um alto padrão de vida, um gosto por vinhos finos. Se algum espião pudesse servir de modelo para James Bond, o charmoso Duŝko Popov seria o homem.

Sob o disfarce de empresário no ramo de importação-exportação, Popov espionava em Londres e viajava regularmente para Lisboa, a capital neutra

---

* A aminopirina é um dos componentes da dipirona. (N.T.)

onde todos os serviços de inteligência tinham pelo menos alguns agentes e supervisores. Em 1941, em uma casa de veraneio na Riviera Portuguesa, a oeste da capital, o supervisor de Popov na *Abwehr* disse que ele estava sendo transferido para os Estados Unidos e o conduziu para um escritório onde Popov viu uma mesa antiga, a que a idade dera um tom oleoso e preto, e sobre a qual brilhava um microscópio na luz da tarde. "Dê uma olhada", disse o supervisor, fazendo uma lâmina de vidro deslizar para baixo da lente. "É o *micropunkt*".

Parecia um pontinho de sujeira. Na realidade era um pequeno pedaço de filme, o supervisor explicou, "com uma gotinha mínima de colódio" – uma solução melosa de celulose –, "e você pode colá-lo onde quiser. Em qualquer pedaço velho de jornal, na bagagem, na sua pele se preferir." Então ele ofereceu champanhe.

Popov aprendeu que uma página inteira de texto podia ser reduzida, por meio de uma nova técnica de microfotografia, ao tamanho do pingo num "i" impresso. Ele poderia transportar um volume do tamanho de uma Bíblia ou de um manual técnico; eles não seriam detectados. O ponto podia ser lido por qualquer microscópio com uma potência de duzentas vezes. Espiando de novo pelo microscópio enquanto tomava o champanhe, Popov examinou a extensa lista de perguntas que deveria responder para encaminhar à *Abwehr* nos Estados Unidos. Todas estavam contidas no ponto. Popov deixou a casa de veraneio com um suprimento de tinta secreta e o *micropunkt* enfiado em uma carta pessoal, mas não lhe fora passada o dispositivo para reduzir páginas a pontos.

Alguns meses mais tarde, Popov fez uma de suas frequentes visitas ao chefe da espionagem alemã em São Paulo, um executivo de uma companhia de eletricidade chamado Albrecht Engels, codinome "Alfredo". Popov concordou em levar um questionário de sete páginas para o subagente de Engels nos Estados Unidos. O documento listava perguntas sobre firmas americanas que andaram dando uma olhada em minas de urânio sul-americanas: como o minério era processado? Qual era o estoque de urânio das firmas dos

Estados Unidos? Na época, Popov não fazia ideia da corrida pela bomba atômica, por isso também não fazia ideia das razões para aquelas perguntas.

Popov reparou, no entanto, que "Alfredo" tinha o dispositivo de microfotografia, com o qual reduziu o feixe de perguntas ao tamanho de algumas sardas. Quando Popov revelou uma certa inveja, Engels se prontificou a lhe conseguir uma máquina do quartel-general em Berlim.

A rota da máquina prometida dá uma ideia da facilidade com que os objetos podiam se deslocar sub-repticiamente pela região. Da Europa à América do Sul era fácil. No Brasil, "Alfredo" esconderia a máquina em um fardo de algodão para sua jornada à América do Norte. O exportador de algodão estava em sua folha de pagamento, assim como o comandante português de um navio cargueiro e um agente marítimo canadense. Quando recebesse uma mensagem codificada, Popov viajaria para Quebec, se hospedaria em um determinado hotel, simularia estar doente e receberia a visita de um médico calvo. A receita do médico conteria as instruções sobre onde pegar a máquina. Entrar com malas nos Estados Unidos vindo do Canadá não era problema.

O que "Alfredo" não sabia era que Popov relatou tudo o que descobriu ao homem do FBI no Rio. O pilantra Duŝko Popov era um agente duplo que trabalhava para o MI5 britânico como membro clandestino do seu "Sistema da Dupla Cruz"*. O sistema trabalhava com homens e mulheres empregados pelos serviços secretos alemães, mas que, correndo grande risco, passavam informações à Inteligência Britânica. Agentes da "Dupla Cruz" também canalizavam desinformação para os serviços alemães. O supervisor britânico de Popov o havia instruído a trabalhar com o diretor do FBI, Edgar Hoover, quando estivesse cumprindo uma missão para a *Abwehr* nos Estados Unidos.

Popov compartilhou o segredo do *microdot* [microponto] com o FBI. Depois da guerra, Hoover descreveu a "descoberta" do *microdot* em um estilo presunçoso no *Reader's Digest*, como se ele tivesse sido capturado por seus agentes. Hoover disse que encontrou o ponto escondido com um agente ale-

---

* Em inglês: *Double-Cross System*, onde *double-cross* tem também o sentido de "traição", "punhalada pelas costas". (N. do T.)

mão "playboy", filho de um empresário milionário. Não atribuiu nenhum mérito a Popov, que esteve envolvido num jogo perigoso – que poderia ter sido fatal se tivesse sido descoberto pelos alemães.

Insolente, mas amável, com uma capacidade de mentir de forma descarada, Duŝko Popov forneceu informações de valor inestimável aos americanos e britânicos, ao mesmo tempo que mantinha seus chefes na *Abwehr* na ignorância sobre seu comprometimento com os Aliados. Ele foi também um libertino cujo codinome britânico – "Triciclo" – veio, segundo relatos, de sua propensão a ir para a cama com duas mulheres ao mesmo tempo. O austero Hoover não podia suportá-lo. Vigiava "Triciclo" com máxima atenção, como se ele fosse o inimigo.

"Se eu me inclinar para cheirar um jarro com flores, arranho meu nariz num microfone", queixou-se Popov a um agente britânico. Um dia, quando Popov levou uma amiga para a Flórida, o FBI o ameaçou de prisão por violar o Mann Act, que proíbe atravessar fronteiras estaduais com uma mulher "para fins imorais".

Quer o julgamento de Hoover tenha sido prejudicado por seu preconceito contra Popov quer houvesse outras forças em ação, o chefe do FBI pareceu ignorar uma informação de Popov que deveria ter levantado uma bandeira vermelha acerca de Pearl Harbor. Os operadores alemães de Popov tinham-no instruído a ir para o Havaí com o questionário detalhado que ele trouxe no primeiro *microdot* que compartilhou com o FBI. Um terço das solicitações eram itens "da mais alta prioridade" sobre Pearl Harbor para atender a um pedido insistente dos japoneses: croquis de aeródromos, profundidade das águas, situação das docas secas, localização de depósitos de combustíveis, o estado de dragagem do porto e as condições das novas redes de torpedos britânicos e americanos. Elas estavam instaladas? Estava Punchbowl – cratera de um vulcão extinto em Honolulu – sendo usada como lixão de munições?

Popov também compartilhou que, em benefício dos japoneses, um colega da *Abwehr* havia viajado para Taranto, na Itália, local de um dos mais bem-sucedidos ataques aéreos da guerra. Os japoneses queriam saber como os britânicos destruíram quase toda a frota italiana, em novembro de 1940, usando aviões torpedeiros lançados de um porta-aviões. O interesse japonês no Havaí e em Taranto sugeria um possível ataque a Pearl Harbor, quartel-general da tropa americana do Pacífico.

O chefe do FBI, no entanto, parecia mais interessado na nova tecnologia – o *microdot* – do que nas implicações das questões que o *microdot* carregava. Popov sugeriu que a informação foi "subestimada".

Os britânicos, que souberam das questões no *microdot*, não pressionaram Hoover. Após a guerra, *sir* John Masterman, presidente britânico do comitê que comandava o Sistema da Dupla Cruz, confirmou que "o questionário do Triciclo... continha uma sombria, mas desconsiderada advertência sobre o subsequente ataque a Pearl Harbor". Cabia aos americanos, disse ele, não a nós "fazer uma avaliação e estabelecer deduções a partir do questionário".

Os britânicos se seguraram porque queriam que os americanos entrassem na guerra com eles? Ou no fundo da pista perdida houve a desconfiança na participação de Hoover? As comunidades de inteligência americana e britânica ainda estavam cautelosas uma da outra, longe de serem as íntimas colaboradoras que se tornariam depois da guerra. E Hoover, apesar das garantias dos britânicos, tinha uma profunda desconfiança do mensageiro, Popov. Chamava o sérvio iugoslavo de "playboy dos Bálcãs".

Incapaz de trabalhar de modo produtivo com o FBI, Popov insistiu para que seus operadores do MI5 lhe permitissem retornar à Europa. Convenceu a *Abwehr* de que a missão americana que tiveram para ele fora mal concebida. Os alemães o mandaram de volta para Londres, inconscientes até o fim da guerra de que Popov era um agente duplo para os britânicos.

Agentes europeus de ambos os lados na América Latina estavam preocupados com suas famílias e amigos perto das linhas de batalha. Na Europa, Popov descobriu que os pais tinham escapado de Dubrovnik de barco, quando o movimento croata ustashe, recém-instalado como governo fantoche nazista, deu início a um reino de terror contra nacionalistas e sérvios. O tio e dois primos de Popov não tiveram tanta sorte. Foram enforcados em uma árvore no quintal da casa deles.

Roosevelt não deixava dúvidas de que queria ajudar a Grã-Bretanha sitiada, mas a opinião pública não estava a seu lado. O poderoso movimento *America First* e outros militavam contra uma declaração de guerra; alguns eram pró-nazistas, outros isolacionistas – ou tinham as suas razões para se colocarem à parte do conflito. Participando deles havia algumas das figuras mais ricas e mais influentes do país, como o herói da aviação Charles Lindbergh. Segundo pesquisas de opinião, não menos de 80% da população era contra a guerra. Unir-se formalmente aos Aliados seria o suicídio político de Roosevelt. Não obstante, os americanos continuavam desconfiados das intenções alemãs nos países latinos.

Em 27 de outubro de 1941, Dia da Marinha, o presidente apresentou um trunfo para fazer com que todos, exceto as mentes mais inflexíveis, se colocassem a favor da declaração de guerra. "Tenho em meu poder um mapa secreto, feito na Alemanha, durante o governo de Hitler, pelos planejadores da Nova Ordem Mundial", disse ele a uma audiência nacional de rádio.

O mapa mostrava o continente sul-americano e parte da América Central talhados em quatro grandes Estados vassalos a serem administrados pela Alemanha em data indeterminada. "Esse mapa, meus amigos, deixa clara a intenção nazista não só contra a América do Sul, mas também contra os Estados Unidos", disse o presidente.

Supunha-se que o mapa secreto havia sido tirado de uma correspondência alemã na Argentina por um operador da inteligência britânica. No escritório da BSC em Nova York, o "Intrépido" passou-o a seu amigo Bill Donovan, um assessor da Casa Branca que fundaria o Office of Strategic Services [Escritório de Serviços Estratégicos] (OSS), e Donovan compartilhou-o com Roosevelt. O presidente se recusou a exibir o documento para a imprensa, insistindo em dizer apenas que vinha de "uma fonte que, sem dúvida alguma, é confiável".

Mais tarde, o mapa se tornou disponível. Os feudos chegavam a ter nomes: *Brasilien, Argentinien, Neuspanien* e *Chile*. Nas margens, com letra de mão, havia dúvidas em alemão sobre suprimentos de combustível para rotas aéreas, sobre linhas aéreas que voavam para o Panamá e o México.

Ao longo dos anos, pesquisadores sugeriram que o "mapa secreto" era uma fabricação da Coordenação de Segurança Britânica com objetivo de ajudar Roosevelt a conseguir autorização para entrar na guerra. Nem Roosevelt, Stephenson ou Donovan jamais admitiram a fraude. Seja como for, um mês depois, o ataque a Pearl Harbor fez com que o assustador documento fosse esquecido. A decisão de se unir aos Aliados foi definida para os Estados Unidos não por Hitler ou Churchill, mas pelo Japão.

A fumaça sobre Pearl Harbor ainda não tinha se dissipado e o agente Georg Nicolaus, chefe da *Abwehr* baseado no México, estava enviando para Berlim informações que impressionavam pela exatidão. Um agente local da inteligência japonesa, trabalhando com um informante americano cujo nome nunca foi revelado, precisou da ajuda de Nicolaus para enviar dados de inteligência – ele estava sendo vigiado muito de perto após o ataque para que pudesse enviar. Nicolaus conseguiu enviar duas cartas para Berlim com microfilmes que relatavam nada menos que o esquema da iminente ofensiva da Marinha americana no Pacífico Sul e norte do Japão, "fulminantes" ataques aéreos lançados de porta-aviões. O agente reportava as perdas americanas em 7 de dezembro e o número de aeronaves disponíveis para pilotos voluntários dos Estados Unidos na Birmânia e na China. Reportava ainda os nomes de um porta-aviões e de alguns navios de guerra que naquele momento transitavam pelo Canal do Panamá rumo ao Pacífico.

OS MESTRES DA ESPIONAGEM

Com a entrada dos Estados Unidos na guerra, a disputa entre Hoover e Canaris tornou-se mais aguda. Eles trouxeram para o combate experiências de vida completamente diferentes. Ambos foram o segundo filho a nascer em suas famílias, e os dois nasceram no dia 1º de janeiro: Hoover em 1895 e Canaris em 1887. Mas as semelhanças acabam aí.

J. Edgar Hoover era corpulento, sempre vestido com elegância, e morou com a mãe na casa onde nasceu até a morte dela, quando Hoover tinha 43 anos. Wilhelm Canaris era baixo e uma figura um tanto banal, tinha esposa e família, além da reputação de ter incluído entre suas amantes a espiã e cortesã Mata Hari. Canaris era católico, Hoover um presbiteriano que "gostava de reservar alguns minutos por dia... para meditar e orar".

O contraste se estendia ao modo como trabalhavam. Hoover era um homem de gabinete que não viajava, enquanto Canaris conhecia o mundo e tinha tanta experiência de campo quanto qualquer um de seus espiões. A rotina de Hoover era como um relógio batendo. Caminhava para o trabalho de manhã e todo dia almoçava com o diretor-assistente do FBI, Clyde Tolson, seu amigo de toda a vida. Canaris tinha fama, em seus primeiros anos, de desaparecer para cumprir missões de espionagem e de ser bom em disfarces.

Apesar das diferenças, Hoover e Canaris tinham um irrefutável atributo em comum. Eram ambos profundamente patriotas.

O enigmático Wilhelm Canaris era, de longe, o que conhecia melhor o continente latino. Filho de um rico industrial, criado para fazer parte da elite manufatureira da nova indústria do aço no Vale do Ruhr (fabricantes de navios, armas, máquinas a vapor e trens), o jovem Wilhelm acabou ignorando os protestos do pai para cumprir um desejo que nutrira desde garoto: ir para a Marinha. Em 1907, com 20 anos de idade, completou a rígida formação dos oficiais na academia da Marinha imperial alemã, no Mar Báltico, e partiu para sua primeira viagem. Era o imediato do comandante do *Bremen*, um cruzador ligeiro que ia para a América Central.

Com facilidade para línguas, Canaris mergulhou no espanhol. Usou-o com os habitantes locais que conheceu entre as construções de madeira pintadas de branco e as exuberantes palmeiras dos portos do Golfo do México e das terras ao sul. Na América do Sul, o comandante levou o jovem Canaris em descidas a terra, onde ele conheceu alemães e germanófilos do Novo Mundo, fazendeiros e empresários. O título de Canaris a bordo também incluía a expressão "oficial de inteligência", um encargo que então significava pouco mais que anotar o nome dos outros navios que estavam nos portos. Canaris, porém, fez mais do que o mínimo. Absorvendo um amplo leque de informações úteis à inteligência militar, sondando diretamente o terreno e fazendo contatos, começou a construir o que se tornaria a rede de espionagem latino-americana.

E fez uma importante visita aos Estados Unidos, servindo no cruzador *Dresden*.

Em setembro de 1909, o *Dresden* estava entre centenas de navios reunidos no rio Hudson para comemorar o aniversário dos trezentos anos da fundação de Nova York e o centenário do primeiro barco a vapor de Robert Fulton. Canaris, no uniforme branco de um oficial da Marinha imperial alemã, observava tudo com atenção do convés. Na sua frente, o poderio naval dos Estados Unidos estava, de forma deliberada, em exibição.

Mais de trinta países mandaram barcos de guerra para a celebração; pequenas nações latinas, como Cuba e Guatemala, enviaram todas as embarcações de suas diminutas frotas. Em uma época em que a maioria das casas ainda não tinha acesso à energia elétrica, as noites se tornaram mágicas com as manobras no rio, os mastros dos navios iluminados entre uma exibição de fogos de artifício. Wilbur Wright subia e descia sobrevoando o rio, dava voltas em torno da Estátua da Liberdade com centenas de milhares de habitantes de Nova York observando pela primeira vez o voo de um avião. A regata, as paradas e as exposições tinham sido organizadas para promover Nova York como uma cidade de importância mundial, mas Canaris estava testemunhando algo mais.

A Alemanha possuía uma frota que alcançava o Pacífico oriental, e a Grã-Bretanha chamava a si própria de soberana dos mares, mas a Marinha americana estava anunciando sua hegemonia nas Américas: a capacidade de controlar mares regionais, de dar respaldo a decisões tomadas em Washington bem como de oferecer suporte a seus aliados, se houvesse necessidade.

Cinco anos mais tarde, Canaris executou na América do Sul proezas com provas de pensamento rápido e tenacidade que lhe dariam uma fama quase mítica de sobrevivência. No início da Primeira Guerra Mundial, o *Dresden*, que navegara na esquadra alemã do Extremo Oriente sob o comando do lendário almirante Graf Maximilian von Spee, foi o único navio a escapar da derrota alemã na Batalha das Malvinas.

Navios de guerra ingleses caçaram o *Dresden* durante cem dias, até o encurralarem na baía de uma ilha chamada *Más a Tierra* e o colocarem em chamas. O comandante alemão, querendo ganhar tempo para transferir seus mortos e feridos para a costa e afundar o navio, despachou Canaris num barco a remo, sob tiros, para negociar com o comandante britânico. Num inglês perfeito, o jovem oficial discutiu pontos de direito marítimo sobre seu navio fora de combate com o comandante britânico até a tripulação alemã ser evacuada, as explosões preparadas e o *Dresden* afundado, negado ao inimigo. A tripulação inglesa tratou Canaris com extrema polidez, ele recordou mais tarde, apesar de sua patente relativamente baixa, deixando-o com uma duradoura impressão positiva da Marinha de Sua Majestade.

A tripulação do *Dresden* foi mantida em *Más a Tierra*, um ponto tão isolado no mar que o escritor inglês Daniel Defoe, certa vez, o empregou como símbolo do fim da terra, o lugar onde Robinson Crusoé chegou à praia. Canaris, porém, logo escapou para o continente.

A pé e a cavalo, disfarçado de camponês, ele peregrinou pelos Andes por entre o vento glacial, ficando esquelético com ataques de malária até alcançar a Patagônia argentina. Trocando de disfarce, fazendo-se agora passar por um jovem viúvo em viagem para a Europa, Canaris tomou um trem para Buenos Aires, 1.600 quilômetros ao norte, e reservou uma passagem para a Holanda neutra. Os britânicos forçaram seu vapor holandês a atracar em Plymouth para removerem alemães suspeitos, mas o "sr. Reed Rojas" – Canaris –, que falava um bom inglês, continuou a bordo, desembarcando com segurança em Rotterdam. Ele se apresentou para dar baixa em sua missão no quartel-general da Marinha imperial em Kiel, no Báltico. Homenageado com uma Cruz de Ferro e promovido a comandante, Canaris ganhou o direito de opinar sobre sua próxima missão. Escolheu a inteligência.

A trajetória do chefe da espionagem aliada, J. Edgar Hoover, era tão monótona quanto a de Canaris era empolgante. Mas Hoover também viveu, nos primeiros anos de sua trajetória, em meio a uma atmosfera de guerra que o inspirou pelo resto da vida.

Hoover tinha 22 anos em 30 de julho de 1916, durante a Primeira Guerra Mundial, quando ocorreu um incrível ato de sabotagem no porto de Nova

York. A explosão Black Tom, que recebeu o nome da ilha onde ocorreu, é considerada o primeiro ataque terrorista ocorrido em solo americano. Sabotadores alemães plantaram dinamite e bombas-relógio *pencil*, de ação retardada (engenhosos dispositivos não maiores que um charuto), em um depósito de munições na ilha onde armas destinadas aos Aliados eram guardadas. A explosão lançou colunas de fogo para o céu, matou sete pessoas e feriu centenas, destruiu quarteirões da região ao sul da ilha de Manhattan e danificou a Estátua da Liberdade, deixando os americanos em choque. Os sabotadores alemães que detonaram Black Tom estavam baseados no México. Alguns meses mais tarde, com a lembrança desse horrível ato muito viva em sua mente, J. Edgar Hoover começou a trabalhar no Departamento de Justiça, onde permaneceria toda a sua vida.

Enquanto Hoover dava os primeiros passos de sua carreira, outro evento da Primeira Guerra Mundial, o Telegrama de Zimmerman, advertia os americanos de que as atividades alemãs no hemisfério ocidental tinham de ser estreitamente vigiadas. Em janeiro de 1917, o secretário do exterior do *kaiser*, Arthur Zimmerman, notificou seu embaixador na Cidade do México de que uma irrestrita guerra submarina contra os britânicos estava prestes a começar no Atlântico. Se como resultado disso os Estados Unidos entrassem na guerra, o embaixador de Berlim devia propor ao presidente mexicano um acordo: juntem-se à Alemanha e ao Japão contra os Estados Unidos e o México receberá ajuda financeira e a devolução do território perdido para os americanos, algumas décadas atrás, compreendendo o Arizona, o Texas e o Novo México. O Telegrama de Zimmerman foi interceptado, decifrado pelos britânicos e compartilhado com os americanos, ajudando a precipitar a entrada dos Estados Unidos na guerra europeia.

Representando a terceira geração de sua família no serviço público, de comportamento reservado, o jovem Hoover era com frequência o último a deixar o escritório. Seus superiores na War Emergency Division [Divisão de Emergência de Guerra] do Departamento de Justiça dos Estados Unidos, que ele estava sempre ansioso para agradar, descobriram que às vezes Hoover também ia trabalhar nos finais de semana. Trabalhava de modo incansável, escrevendo notas e enchendo gavetas, arquivos e aposentos inteiros com dados confidenciais para manter seu país seguro, incluindo às vezes falcatruas de ocupantes de cargos políticos ou suas famílias, um hábito a que daria continuidade. Ele ascendeu com rapidez, tornando-se chefe do Alien Enemy Bureau [Bureau do Inimigo Estrangeiro], com autoridade para prender estrangeiros considerados desleais sem necessidade de julgamento. Em 1924, o presidente Calvin Coolidge nomeou Hoover como diretor da Divisão de Inteligência Geral do Departamento de Justiça, precursora do FBI, para monitorar radicais domésticos. Ele tinha 29 anos de idade.

SERVIÇO DE INVESTIGAÇÃO ESPECIAL – O DIFÍCIL COMEÇO DO SIS

A tarefa do FBI era doméstica, mas à medida que a próxima guerra se mostrava cada vez mais iminente, Hoover passava a participar de reuniões entre chefes da agência de inteligência militar para discutir quem assumiria a liderança na espionagem estrangeira. O FBI já estava monitorando pessoas suspeitas de espionagem nos Estados Unidos. "A melhor maneira de controlar a espionagem nazista nos Estados Unidos é eliminar ninhos de espiões na América Latina", dizia ele. Hoover argumentava com os chefes militares, fazia abordagens privadas do FBI para Roosevelt, pressionava o Secretário de Estado Assistente para Assuntos Latino-Americanos Adolf A. Berle. Finalmente Roosevelt, frustrado com a briga interna, tornou o FBI a única agência responsável por inteligência estrangeira no hemisfério ocidental. Hoover batizou a nova unidade espiã de Serviço de Investigação Especial (SIS, do nome em inglês Special Intelligence Service).

Para esconder seus verdadeiros objetivos, no verão de 1940 o SIS abriu uma firma fictícia chamada "Importers and Exporters Service Company" [Empresa de Serviços para Importadores e Exportadores] no mesmo prédio do Rockefeller Center que alojava a BSC, que era muito mais branda em suas operações. Um mês depois, agentes do SIS já tinham tirado a placa falsa da porta deles para se defenderem de uma torrente de vendedores e gente da publicidade que vinham solicitar negócios. Também perceberam que estavam despreparados para a nova missão. "Ao assumir o programa, o FBI descobriu uma completa ausência de quaisquer dados ou detalhes precisos sobre a verdadeira extensão ou natureza de atividades subversivas, correntes ou potenciais, na América Latina", dizia um relatório interno escrito em 1962. E havia a questão da língua. Agentes fizeram cursos intensivos no Berlitz ou breves estudos de línguas por intermédio das empresas que lhes davam cobertura, como a General Motors, a Firestone ou a Pan American, mas a maior parte dos que foram mandados a campo tinham um conhecimento precário de espanhol ou português.

Fazendo-se passar por empresários ou jornalistas, os pretensos detetives usavam mensagens escritas, criptografadas, para enviar informações. Censores da segurança britânica, que mantinham uma base de operações nas Bermudas para checar com rapidez toda a correspondência vinda da América Latina, começaram a desconfiar das cartas escritas pelos agentes; mensagens urgentes eram proteladas enquanto era feita uma checagem da boa-fé de seus autores. Na sede do FBI, reagentes químicos que podiam revelar o que estava escrito por agentes em tinta secreta ainda estavam "em fase experimental".

E, no trabalho de campo, a aparência dos "empresários" do SIS os entregava. Eram invariavelmente jovens, solteiros, atléticos e, estranhamente, não estavam nas forças armadas americanas em uma época de recrutamento nacional. À medida que seu número crescia, Hoover conseguiu vincular muitos agentes a embaixadas e consulados americanos como "adidos civis" ou "adidos legais", para irritação de algumas pessoas no Departamento de Estado, que estavam descontentes com a existência de atividades de inteligência que não podiam controlar. Antes da Segunda Guerra Mundial, não existiam "adidos legais" nas embaixadas americanas, mas, desde então, estiveram lá, propagando-se da América Latina para os quatro cantos do mundo, proporcionando ao FBI uma presença permanente no exterior.

Entre os talentos do famoso Canaris e as deficiências do SIS, Hoover tinha muito com o que se preocupar. Mas seu terreno latino-americano também estava sendo desafiado por um antigo rival, William Donovan, fundador do OSS, que um dia seria a CIA.

OSS: A EXCEÇÃO MEXICANA

Procedimentos operacionais padrão eram quase tabu no OSS.
Ação efetiva era o único objetivo.

– R. Harris Smith, *OSS: The Secret History of America's First Central Intelligence Agency.*

Nos anos 1930, o MAGIC, um projeto conjunto de criptografia do Exército e da Marinha para decodificar comunicações secretas japonesas revelou que os japoneses tinham extensas redes de vigilância na América Latina. O projeto apontou que, em caso de guerra com os Estados Unidos, o México se tornaria o centro da espionagem regional. A Marinha, que havia mantido um adido na embaixada americana na Cidade do México desde 1937, estava preocupada com a costa oeste do México. Apesar de seus ciúmes acerca do controle da espionagem latino-americana, Hoover não fez objeções às primeiras sondagens e coleta de informações do Centro de Inteligência Naval [ONI] na Baixa Califórnia a partir de abril de 1941.

A península escarpada da Baixa Califórnia e os sonolentos portos mexicanos que hoje conhecemos como glamorosos balneários, como Acapulco e Manzanillo, tinham potencial para a infiltração japonesa devido à localização estratégica no Pacífico. Espiões da Marinha descobriram essa presença japonesa entre uma infinidade de empresas de pesca suspeitas.

Em 11 de julho de 1941, Roosevelt indicou o coronel William Donovan para a chefia de um escritório de inteligência chamado Coordenador de Informação (COI). Donovan se irritou quando percebeu que a hegemonia de Hoover sobre a América Latina não deixava espaço para que os agentes do COI operassem no México, na América Central ou na América do Sul. A limitação violava o princípio de Donovan de que "na guerra moderna, todas as fases da atividade militar de um beligerante devem ter um alcance mundial". Mesmo quando o COI se transformou no OSS [Escritório de Serviços Estratégicos], em 1942, encarregado de coletar e analisar informações requeridas pelo Estado-Maior Conjunto e conduzindo operações especiais, os países latinos estiveram proibidos para Donovan. Seu novo serviço de inteligência global ficaria truncado de um modo absurdo, impedido de cobrir um continente inteiro, ele assinalou – um continente conectado aos Estados Unidos. Donovan argumentou em vão.

A competição entre Hoover e Donovan acerca da América Latina, que começou pelo México, continha as sementes de discussões relativas a quais seriam as atribuições legais do FBI e da CIA, discussões que se prolongam até hoje.

O chefe do OSS trouxe à discussão uma colorida história pessoal e um caráter forte. Canaris certa vez comentou que, de todos os líderes aliados, o que ele mais gostaria de ter conhecido seria William Donovan. Adolf Hitler, que um dia se encontrou com Donovan, deixou claro que sempre o temeu e odiou mais que a qualquer outro americano.

Como impetuoso advogado de 29 anos, vindo de Buffalo, Donovan formou uma unidade de cavalaria na Guarda Nacional de Nova York que lutou na fronteira mexicana, nas fileiras do general John J. Pershing, contra Pancho Villa. Durante a Primeira Guerra Mundial, como oficial de infantaria na França, Donovan comandou ataques e resgates que tinham lhe rendido a Medalha de Honra, a fama em seu país e confirmado um apelido que permaneceu com ele durante toda a sua vida – "Wild Bill" [Bill Selvagem].

As divergências entre Hoover e Donovan começaram entre as guerras, quando, por um breve período, Wild Bill foi chefe de Hoover no Departamento de Justiça. Era impossível conciliar seus temperamentos. Ao se tornar presidente, Franklin Roosevelt trocava informações com Donovan e se apoiava em suas avaliações sobre as tensões na Europa. Hoover, com a cara fechada e num tom oficioso, usava com frequência a imprensa para vender seu peixe, enfatizando, de modo decidido, o papel que tivera nos êxitos do FBI. Ele provavelmente estremeceu ao ver com que facilidade Donovan – cabelo prateado, queixo quadrado, galante e fisicamente magnético – tornou-se uma celebridade quando seus feitos heroicos na Primeira Guerra Mundial foram estampados nas telas dos cinemas em 1940, no sucesso da Warner Bros. *Regimento Heroico* (*The Fighting 69th*).

A principal diferença entre Donovan e Hoover, no entanto, dizia respeito às suas opiniões sobre como uma agência de inteligência devia funcionar e como devia ser operada. Bill Donovan acreditava em inteligência estratégica, análise, ação secreta, domínio dos truques do ofício e sabotagem, o que dava ao OSS uma vantagem no exterior sobre os métodos mais obstinados, policialescos, do FBI. Wild Bill era contra a burocracia, contra a hierarquia. Qualquer recurso que um agente do OSS pudesse usar para cumprir o trabalho era aceitável. Hoover, ao contrário, acreditava mais na descoberta de fatos e exposição de alvos, como na composição das listas negras de "inimigos estrangeiros". O fato é que Hoover, o supremo burocrata, foi capaz de fortalecer sua base política doméstica em prejuízo de Donovan exatamente porque sabia lidar com a burocracia de Washington. Cada um passou a manter um dossiê sobre o outro.

Pouco disposto a se ater às regras de Hoover, Donovan moveu de forma sorrateira sua operação para o México ajudado por um civil com uma rica história de vida, Wallace Phillips, que estava comandando uma operação local para o Centro de Inteligência Naval. Phillips havia se formado em West Point, estudado na Sorbonne, servido na Primeira Guerra Mundial e – ao contrário de muitos espiões americanos naquela época – tinha experiência em espionagem. Era executivo de uma empresa do ramo da borracha, mas também tocava sua própria organização independente de espionagem industrial, cujos clientes lhe pagavam por informações sobre concorrentes de negócios. Os agentes secretos de Phillips – "incluindo sete ex-primeiros-ministros", como ele gostava de se gabar – enviavam informações da União Soviética e dos Bálcãs ao México. No México, Phillips negociou um lucrativo arranjo particular com o presidente Ávila Camacho. Visava encontrar funcionários para o pequeno serviço especial de rastrear atividades subversivas mantido pelo líder. No final de 1941, com a bênção do ONI, Phillips decidiu transformar sua agência privada, chamada "K Organization", em uma unidade especial do OSS de Donovan e tornou-se diretor de espionagem de Donovan. Todos – Phillips, Donovan e a Marinha – mantiveram a manobra como algo secreto.

Depois de Pearl Harbor, Hoover despachou de imediato sete agentes para o México, onde cobririam "a Baixa Califórnia e outros pontos perigosos do ponto de vista de um possível desembarque inimigo ou atividades subversivas". Em fevereiro de 1942, mais de duas dúzias de agentes secretos estavam trabalhando no México sob o comando de Donovan e seus analistas reportavam informação valiosa: mexicanos ricos e influentes, diziam eles, antiamericanos e muito católicos, tinham inclinação totalitária, não democrática. Os únicos setores mexicanos com potencial como aliados de Washington eram o movimento trabalhista organizado e o partido comunista.

* * *

Houve momentos em que o cabo de guerra entre Donovan e Hoover minou operações que poderiam ter servido à causa aliada. Em 1943, o OSS queria colocar agentes de sua ultrassecreta Insurance Intelligence Unit [Unidade de Inteligência das Seguradoras] em Buenos Aires e Santiago. A unidade do OSS visava não só descobrir a estrutura das finanças de guerra nazistas, mas também analisava registros de companhias de seguro alemãs, onde quer que pudesse encontrá-los, para garimpar dados estratégicos como tábuas de maré ou projetos de fábricas de armas, importantes para os planejadores dos Aliados elaborarem planos de ataques a indústrias e cidades inimigas. Empresas de seguro alemãs, grandes financiadoras da guerra, controlavam quase metade das apólices de seguros do mundo, de Berlim a Bangkok. O negócio nazista era administrado na Suíça, mas grande parte do dinheiro era lavado na América Latina, em especial na Argentina. O FBI não atendeu ao pedido de Donovan.

O fato de não receber permissão não significava que o rebelde Donovan deixasse de enviar agentes secretos não só para o México, mas também para o restante da América Latina. Em 1954, quando a CIA orquestrou um golpe de direita contra um presidente de esquerda democraticamente eleito na Guatemala, um de seus autores, um agente chamado Joseph Rendon, contou com orgulho aos repórteres que tinha advertido pela primeira vez sobre a infiltração comunista uma década antes, durante a guerra, quando estava numa missão do OSS no país.

Os espiões de Donovan estavam oficialmente proibidos de operar em campo na América Latina, mas a divisão de seu OSS chamada R&A (Research and Analysis) [Pesquisa e Análise] estudava o mundo a partir de seus escritórios em Washington e mantinha uma ativa central de suporte na América Latina. Para o trabalho da R&A, o OSS solicitava, pedia emprestado ou roubava peritos das melhores universidades dos Estados Unidos, de museus e laboratórios de pesquisa, acrescentando o conhecimento deles à informação coletada de outras agências do governo e de espiões no exterior. Os relatórios da R&A eram enviados para o presidente acompanhados de recomendações para ações.

A central da R&A na América Latina, sob a direção do historiador dr. Maurice Halperin, era uma das mais produtivas da agência. Halperin elaborou um dossiê que condenava a diplomacia americana no México. Combinado com a rivalidade entre o OSS e o FBI, o dossiê granjeou-lhe a ira perpétua de J. Edgar Hoover, que após a guerra acusou Halperin de ser agente da União Soviética.

Usando a central da R&A, Wild Bill criou outro caminho para o México. Donovan sempre viu o cinema como uma ferramenta para estimular o patriotismo, intimidar o inimigo e promover seu OSS. Se seus espiões não podiam ter liberdade de ação, Donovan podia ao menos fazer um filme ou dois no México como pesquisa para o R&A e ao mesmo tempo investigar. Quando a Marinha indicou que precisava de levantamentos fotográficos e de um filme de propaganda no México, Donovan estava pronto.

> *Ford afirmou que não dava a menor importância a seus prêmios da Academia. Mas se mencionássemos que ele ganhou quatro Oscars, esquecendo os dois que ganhou com documentários navais, ele encaixaria: "Seis".*
>
> – Joseph McBride e Michael Wilmington, *John Ford*.

O parceiro de Donovan nas operações do filme foi John Ford, o diretor de Hollywood que ganhou seis Oscars e se tornou famoso por dramas icônicos que exploravam o papel da guerra e da história na vida de indivíduos inesquecíveis: As Vinhas da Ira (*The Grapes of Wrath*), Como Era Verde Meu Vale (*How Green Was My Valley*), Rastros de Ódio (*The Searchers*), No Tempo das Diligências (*Stagecoach*) e Fomos os Sacrificados (*They were Expendable*). Donovan não bebia e Ford bebia, mas exceto por este fato eram almas gêmeas, amigos de antes da guerra. Compartilhavam um vínculo especial, místico, com o catolicismo irlandês e ambos eram sem dúvida valentes – em missão para Donovan, Ford filmou com uma câmera de mão sob ataque japonês em Midway, na invasão da Sicília e na Normandia.

Tanto Donovan quanto Ford eram pensadores independentes que respeitavam a hierarquia de comando, mas gostavam de simplificar as coisas. Ford havia criado uma unidade fotográfica de campo para o período da guerra com profissionais conceituados, recém-introduzidos nos serviços, e ficou feliz em incorporar a unidade na operação OSS de Donovan, pois a hierarquia não poderia ser mais simples: de Ford para Donovan, e deste para Roosevelt.

Desde a época em que fora promovido a capitão de corveta na reserva da Marinha dos Estados Unidos, em meados dos anos 1930, Ford tinha navegado pela costa mexicana e centro-americana do Pacífico em seu amado veleiro de 34 metros, *Araner*, batizado em homenagem às Ilhas Aran, da Irlanda, terra de sua mãe. Ford explorou bastante a costa em direção ao sul, chegando até o Panamá. Os oficiais americanos sabiam que era provável que o Japão, faminto de recursos para seu militarismo na Ásia devido a um embargo ocidental, estivesse planejando uma guerra para garantir acesso ao que precisava. Uma invasão da América do Norte era possível e o comandante de Ford na Reserva encorajou seus informes.

Embora um curioso visse apenas um iatista rico se divertindo, o diretor de Hollywood coletava dados de inteligência e mapeava águas de modo clandestino. Disse que uma certa lagoa ficava "próxima o bastante das rotas de navegação para servir como lugar ideal para estocar suprimentos ou como ponto de encontro de submarinos e navios de abastecimento". Tirou fotos registrando as condições e os problemas de camuflagem em La Paz, Mazatlan, Ilhas Três Marias e Panamá. Levou seu conhecimento para a equipe de Donovan.

As viagens de espionagem de John Ford eram bancadas por ele próprio e, na Baixa Califórnia, aconteciam às vezes sob o disfarce de glamorosas aventuras de astros de Hollywood. Enquanto John Wayne, Ward Bond e Henry Fonda recuperavam-se das ruidosas bebedeiras em bares da costa a bordo do luxuoso *Araner*, Ford compilava notas extensas, detalhadas, sobre o que tinha visto no litoral. Escreveu sobre "turistas" japoneses com câmeras Leica, equipadas com teleobjetivas, tirando um número excessivo de fotos de pontes e tanques de armazenagem de combustível. Homens que estariam de licença de barcos japoneses de pesca de camarão estavam vestidos com muita distinção para serem pescadores, "com jaquetas que caíam muito bem, de lã penteada e *tweed*... e coturnos pretos, muito bem engraxados".

"É plausível que esses homens conheçam todas as baías, enseadas e canais do Golfo da Califórnia, um golfo tão cheio de ilhas e tão perto de nossa fronteira do Arizona que faz com que eles constituam uma verdadeira ameaça", Ford relatou.

Em uma operação psicológica para incitar o orgulho regional e impressionar relutantes aliados potenciais, Ford fez um filme de 55 minutos mostrando o México de prontidão e filmes mais curtos dirigidos a plateias latino-americanas. "Garantam que a bandeira mexicana seja conduzida em pleno galope", escreveu ele nas instruções para a equipe técnica. "Mostrem com cuidado seus campos de pouso. Coloquem os aviões em fileiras para que eles pareçam ágeis, eficientes e numerosos."

Depois que os Estados Unidos entraram na guerra, a vantagem da espionagem alemã desapareceu, não tanto devido à competência do SIS – embora os agentes do FBI estivessem avançando na qualidade do seu trabalho – mas devido aos próprios erros dos alemães e a um pouco de falta de sorte por parte deles.

Conseguir enviar dinheiro de Berlim para seus espiões latino-americanos nunca era fácil, uma deficiência que atormentaria as redes alemãs até o fim da guerra. Uma tentativa de financiar Georg Nicolaus e seu círculo da *Abwehr* por intermédio de Mussolini fracassou graças, em parte, a um primeiro exemplo de cooperação entre J. Edgar Hoover e William Stephenson, da BSC. Sem conseguir enviar fundos diretamente para México e Brasil, Canaris pediu que seu aliado Il Duce sacasse US$ 3,85 milhões em notas de baixo valor da conta bancária da embaixada italiana em Washington e as enviasse para o sul por mensageiros. Em outubro de 1940, dois cônsules e um secretário da embaixada italiana levaram o dinheiro em malas diplomáticas até Brownsville. De lá, dois dos italianos viajaram para Nova Orleans, onde tomariam um navio para Pernambuco, no Brasil, enquanto o outro seguiria de trem para a Cidade do México. Os homens de Hoover, que ficaram sabendo da transferência e entraram em contato com a BSC, mantiveram os italianos sob vigilância até eles atingirem a fronteira, enquanto os homens de Stephenson tomaram elaboradas providências para cobrir os pontos de chegada.

Infelizmente para os Aliados, o navio dos italianos ignorou Pernambuco, onde os espiões britânicos estavam à espera, e seguiu para o Rio de Janeiro, onde o presidente brasileiro Getúlio Vargas prometera ao embaixador italiano que protegeria a entrega. No entanto, na estação ferroviária da Cidade do México, o mensageiro italiano ficou muito espantado ao ter seus pertences revistados. O procedimento violava os princípios básicos do privilégio diplomático e, diante da justa indignação do embaixador italiano, o governo mexicano se desculpou com amabilidade pelo ato estúpido e infeliz de "um funcionário novo e inexperiente". Mas o dinheiro, um milhão e quatrocentos mil dólares, foi para uma conta bloqueada, para que os alemães não pudessem pegá-lo.

O mais duro golpe para a *Abwehr* no México veio de dentro, quando o chefe da espionagem local, Georg Nicolaus, deu um tiro no próprio pé levando grande parte da rede com ele. Nicolaus tinha uma amante, que era também a zeladora do imponente edifício onde ele morava. No início de 1942, chegaram notícias de que a esposa de Nicolaus estava vindo da Alemanha, e com isso sua amante teria de ficar em segundo plano, pelo menos por algum tempo. A amante não gostou da ideia, ficou muito irritada e levou a informação que tinha sobre ele para a polícia mexicana, que deteve Nicolaus. A maioria de seus agentes foram descobertos.

Quando submarinos alemães torpedearam dois petroleiros mexicanos, em maio de 1942, o México declarou guerra e agentes alemães se tornaram inimigos. Nesse momento o México já havia suspendido a venda de petróleo para o Eixo; o FBI tinha avisado a polícia mexicana sobre os espiões cujo rastro eles estavam seguindo e detetives locais deram início às prisões de homens como o barão Von Schlebrügge e Weisblat, o elegante espião com raízes polonesas que se apresentava com armador. Georg Nicolaus foi entregue às autoridades americanas e levado para um campo de prisioneiros de guerra em Bismarck, na Dakota do Norte. O México repatriou os outros agentes que estavam na lista de espiões do SIS para a Alemanha. Com exceção de um.

Hilda Krüger havia se casado precipitadamente com um neto do ex-presidente Porfirio Díaz, uma união que teria sido arranjada por Aleman. Krüger oferecia recepções de gala na *hacienda* do novo marido, fora da capital, protegida da repatriação e da entrega aos Estados Unidos. Investigadores mexicanos não puderam ou não conseguiram provar as acusações de espionagem contra ela. De modo imprevisível, Krüger acabou se envolvendo com intelectuais na Universidade Nacional do México, onde estudou cultura mexicana e escreveu uma biografia de La Malinche, a inteligente e bela tradutora indígena que foi também amante do conquistador espanhol dos astecas, Hernán Cortés. Krüger se casou mais duas vezes, primeiro com um rico venezuelano comerciante de açúcar e depois com um industrial russo. Viveu seus últimos anos em um luxuoso apartamento em Nova York, de frente para o Central Park.

Hoover pode ter ganho o duelo no México, mas Canaris estava longe de ter sido fatalmente ferido. À medida que a guerra avançou e começou a Batalha do Atlântico, a atividade de espiões alemães se deslocou da espionagem política e industrial, passando a incluir a coleta muito mais letal de inteligência sobre o movimento de navios no Caribe e na América do Sul. Canaris estava lá com uma poderosa rede instalada, pronto para a ação.

10

OPERAÇÃO BOLÍVAR, ESPIONAGEM ALEMÃ NA AMÉRICA DO SUL

Todo político que procura legitimidade e autoridade na América do Sul tenta associar seu nome na mente do povo a Simón Bolívar, o herói do início do século XIX encarado como um unificador que um dia governaria da Argentina ao Caribe. Bolívar almejava defender os países recém-independentes do hemisfério da velha potência colonial, a Espanha, mas também do poder continental que emergia, os Estados Unidos. Na Segunda Guerra Mundial, um sistema nazista de inteligência e comunicações operava, como uma hidra, 8 mil quilômetros ao sul do México – no Brasil, Argentina, Chile, Paraguai e Uruguai. Seu nome: Operação Bolívar.

O centro da operação era o rádio, a mesma tecnologia que estava se difundindo pelo continente.

Em 1935, quando Carlos Gardel, o ídolo argentino do tango, morreu no auge de sua fama em um desastre aéreo perto de Medellín, na Colômbia, a mesma mídia que tornara o cantor famoso em todo o continente – o rádio – trouxe a notícia de sua morte do local do acidente. Uma das primeiras transmissões ao vivo na América Latina, a reportagem gerou um período de intenso luto, compartilhado entre todos os países da região.

Na década de 1930, o rádio transportava vozes humanas para todas as casas onde alguém pudesse montar ou comprar um receptor. A voz do presidente Roosevelt trazia conforto e informação aos americanos com suas "conversas ao pé da lareira" durante as crises da Depressão e da guerra. Também os líderes latinos viram a vantagem de usar o rádio, com sua capacidade de transmitir a ilusão de que o locutor estava falando diretamente com cada ouvinte. Em 1938, quando tomou a corajosa decisão de nacionalizar o petróleo do México, o presidente Lázaro Cárdenas comunicou-a primeiro ao público do rádio. Seus ministros só foram oficialmente informados duas horas depois.

Nos procedimentos práticos da espionagem, os espiões do Reich usavam radiotransmissores e receptores grandes e pequenos em dezenas de locais. Como as condições atmosféricas na parte mais austral do continente eram melhores que no norte para transmissões à Europa, a Operação Bolívar recebia mensagens de agentes dos Estados Unidos, México e outros pontos espalhados pelas Américas e as repassava, através do Atlântico, para receptores em Berlim, Colônia e Hamburgo. Algumas células da Operação Bolívar também enviavam dezenas de cartas microfilmadas para Berlim e para estações na Espanha e em Portugal.

O comandante Dietrich Niebuhr encarnava as qualidades dos melhores chefes locais de espionagem da rede: lealdade ao Reich, capacidade de comando e uma rede de contatos que ia de membros da classe alta a falsários corruptos. Quando chegou a Buenos Aires em 1936, Niebuhr se sentia à vontade em seu disfarce de adido naval. Apoiado por apresentações feitas por um primo que era proprietário de dezoito grandes empresas na Alemanha, o oficial alto, louro e amável não demorou a criar relacionamentos valiosos com as elites políticas e empresariais por todo o Cone Sul.

Um dos mais inteligentes movimentos iniciais de Niebuhr foi argumentar com êxito com seus chefes na Alemanha contra uma nova e ultrassecreta unidade de sabotagem da *Abwehr* para a América do Sul chamada Operação Polo Sul. Empregar a violência contra alvos britânicos, como sabotar navios em portos, era agredir a neutralidade de uma nação anfitriã e poderia minar a nascente operação (mais tarde a Operação Bolívar forneceu informações a submarinos que afundaram navios aliados em alto mar).

Em 1939, quando o couraçado alemão *Admiral Graf Spee* afundou no Rio da Prata, Niebuhr fez o arranjo para o "internamento" de sua tripulação de mil homens em condições relativamente agradáveis na Argentina, onde muitos formaram famílias. Niebuhr também fez arranjos para a fuga de mais de duzentos desses homens, os que eram mais qualificados e valiosos para o Reich. Ele os escondeu como passageiros clandestinos, com a ajuda das tripulações, em navios espanhóis e portugueses ou despachou-os com guias para o Chile, através dos Andes. De lá seguiam a rota eurasiática preferida por espiões alemães durante a guerra: via cargueiro japonês pelo Pacífico até Vladivostok, depois por terra, de trem, para a Europa Ocidental. Alguns dos que fugiram na época de Niebuhr tornaram-se ases de submarinos e continuaram a contribuir para perdas aliadas no mar.

Na embaixada em Buenos Aires, Niebuhr tinha uma das lendárias Máquinas Enigma, o supersecreto aparato nazista de criptografia, de extrema complexidade – suas combinações possíveis estavam na escala de 150 trilhões. Durante a guerra, essas máquinas estavam instaladas em pelo menos meia dúzia de outros lugares na América Latina e no Caribe, assim como a bordo de submarinos que navegavam em suas costas.

O código da Enigma foi quebrado em julho de 1941, sem o conhecimento dos alemães. Por fim, criptoanalistas das ultrassecretas instalações de Bletchley Park, nos arredores de Londres, estavam lendo 3 mil mensagens por dia, embora em geral as peças de informação não pudessem ser utilizadas isoladamente sem revelar o fato de que o código havia sido quebrado. Não obstante, uma enorme quantidade de informações de inteligência foi reunida para ajudar a causa aliada, incluindo aquela que veio da América Latina.

Um documento de Bletchley Park (Hut 18, ISOS [Intelligence Section Oliver Strachey]) contém registros de mensagens trocadas entre transmissores em Berlim, Bruxelas, Praga e Rio de Janeiro, além de locais não especificados na Alemanha, Brasil, Argentina e "América do Sul". O documento mostra que as mensagens foram registradas de 7 de agosto de 1941, quase imediatamente após o Código Enigma ter sido quebrado, até agosto de 1944.

Apesar de toda a importância das Máquinas Enigma, a maior parte das mensagens cifradas no contexto da Operação Bolívar era transmitida pelo sistema de radiocomunicação – muito difundido e usado diretamente por agentes em campo. Só na Argentina foram implantadas onze estações ao longo da costa, da Patagônia, no sul, até a província de Santa Fé, a noroeste de Buenos Aires. Um grande transmissor foi enterrado em uma fazenda produtiva, numa cova sob um galinheiro, a antena escondida em uma floresta próxima. No Brasil, agentes que não tinham trazido da escola de espionagem da *Abwehr*, em Hamburgo, seu próprio equipamento de transmissão e recepção portátil, conseguiam sistemas em miniatura construídos por cerca de mil dólares. Cabiam em uma maleta e eram empregados nas horas do dia em que as condições de transmissão eram melhores, em casas de bairros residenciais ou escritórios alugados.

A *Abwehr* não estava sozinha na espionagem e administração de transmissões para a Alemanha. O capitão da SS, Johannes Siegfried Becker, codinome "Sargo", era o chefe dos cinquenta agentes de inteligência que estavam na região trabalhando para a agência de inteligência rival da *Abwehr*, a *Sicherheitsdienst* (SD). Considerado um dos mais perigosos espiões alemães por sua competência técnica e capacidade de organização de agentes para repassar informações sobre comboios dos Aliados, embarques de minérios e coisas semelhantes, Becker havia chegado a Buenos Aires para uma missão de sabotagem, mas passou a trabalhar com espionagem quando a embaixada alemã fez objeções a operações que pudessem comprometer a neutralidade argentina. Ele também viajou para o Brasil, onde, em um exemplo pouco habitual de cooperação entre a SD e a *Abwehr*, Becker deu mais qualidade e aumentou a capacidade da rede operada pelo empresário de São Paulo Albrecht Engels – o "Alfredo", visitado com frequência pelo agente duplo Duško Popov. Cerca de metade das transmissões de Engels tratavam de atividade marítima britânica e americana, incluindo descrições do tipo das cargas e seus destinos. A informação não era difícil de obter – entre os informantes de "Alfredo" estavam empregados de uma grande companhia de navegação.

Albrecht Engels foi um bom exemplo de um típico espião da Operação Bolívar, que nem sempre esperava por ordens e fazia coisas por iniciativa própria. Em 1939, os alemães equiparam dois navios cargueiros no Rio para fornecer apoio tático aos navios de ataque escalados para serem lançados contra os transportes ingleses. Quando um deles estava prestes a partir, Engels decolou com um piloto da Força Aérea Brasileira e localizou os navios de guerra britânicos; levou a informação de volta ao porto e salvou o navio de carga de um ataque certo. Em 1942, J. Edgar Hoover informou a Roosevelt que o posto de Engels "parece ser a estação mais importante na cadeia de rádios clandestinas alemãs na América do Sul".

Apesar do trabalho eficiente e às vezes criativo de homens como Engels, alguns agentes se enrolavam de modo ridículo. O dr. Emil Wolff, que trabalhava para a IG Farben, ficou nervoso quando desconfiou que o FBI estava atrás dele e atirou sua pasta – com um manual de códigos dentro dela – pela murada de um barco no Canal do Panamá (o FBI a recuperou). Um subagente no Brasil, atordoado em sua primeira missão, perguntou a um dentista alemão onde poderia conseguir um microscópio para ler um microfilme (o dentista relatou o evento a autoridades nazistas locais). Quando Engels e o adido naval alemão no Rio se fartaram de um agente recém-chegado que insistia em ser superior a "Alfredo", mandaram um telegrama falso para o homem dizendo que sua presença era requerida de imediato na Alemanha. Duas semanas mais tarde, depois de atravessar o Atlântico de navio e chegar ofegante ao escritório do supervisor, o incômodo agente descobriu que tinha sido enganado (ele não retornou).

Segundo estimativas do FBI, o número de agentes na América Latina que respondiam a Berlim durante a guerra, em especial à *Abwehr*, pode ter chegado a 800. Canaris achava melhor usar muitos agentes, inclusive locais, em uma espécie de teoria da grande rede: quanto maior a rede, maior a probabilidade de conseguir informação útil. Além disso, Hitler tinha muito medo do serviço secreto britânico – o MI6 – e queria uma vasta rede de agentes de inteligência para contrapor-se a ele.

Com números tão grandes em uma região onde viviam pessoas de muitas etnias, a preocupação nazista com a "pureza racial" foi por água abaixo, em especial depois de ter ficado claro que a guerra não terminaria logo. Fazia-se vista grossa para a miscigenação. Agentes secretos e informantes não eram necessariamente nazistas, mas eram leais à Alemanha e alguns nem eram pagos – Canaris acreditava que a espionagem era algo que a pessoa fazia por fidelidade à pátria. Os tesoureiros dos círculos de espionagem, em geral diplomatas, nem sempre podiam desembolsar, nos momentos certos, quantias suficientes para manter as coisas funcionando. Métodos ilícitos eram usados para gerar dinheiro, a saber: comercialização de produtos farmacêuticos e contrabando de pedras preciosas, como esmeraldas e diamantes industriais. Itens do mercado negro, fáceis de esconder, seguiam para a Europa levados por comparsas chamados "lobos", que viajavam como tripulantes de navios espanhóis e portugueses.

A rivalidade amarga e perigosa que crescia na Alemanha entre a *Abwehr* e a temida SD, com seus agentes da Gestapo, não afetou os operadores da espionagem no Novo Mundo como aconteceu na Europa. Em Berlim, a SD, agência de inteligência da SS e do Partido Nazista, mantinha fichas de cidadãos e usava extorsão, chantagem e tortura para obter informações e preservar a lealdade. Seus agentes exploravam as fichas da *Abwehr* numa luta por território, mas também pesquisando sobre pureza ideológica. Canaris, o diretor da *Abwehr*, nunca tinha se filiado ao Partido Nazista.

Canaris achou que podia proteger a *Abwehr* do diretor da SD, Reinhard Heydrich, que já tinha servido como seu imediato na Marinha imperial e que fora demitido em 1931 por "conduta não condizente com um oficial e cavalheiro". Heydrich e Canaris não só se conheciam como se tornaram vizinhos em Berlim. A despeito da luta silenciosa entre seus serviços, os homens e suas esposas às vezes se reuniam para jantar na casa de Heydrich ou na casa de Canaris (Canaris gostava de cozinhar) e os dois tocavam música de câmara juntos. Alguns relatos especulam que Canaris conhecia um segredo acerca de Heydrich: ele teria antepassados judeus.

Canaris decidiu trabalhar ao redor da SD, mas isolando a *Abwehr* dos métodos nazistas mais selvagens. Queria que sua agência se expandisse, mas que fosse um instrumento que mantivesse pensamento e ação independentes, parte poderosa da futura Alemanha. Na América Latina, assim como em outros lugares, instruiu seus homens a ignorar ordens vindas de fora que envolvessem brutalidade.

PATRULHANDO O ÉTER

A Operação Bolívar, no Brasil, foi finalmente paralisada pelo trabalho clandestino de um grupo, em grande medida menosprezado, de especialistas civis e aficionados liderados por um homem modesto, de meia-idade, que tinha vivido e respirado rádio desde a adolescência. Em uma ilha do Maine, em 1908, quando tinha apenas 14 anos, George Sterling ficou apaixonado pelo rádio sem fio. Prestou o serviço militar na fronteira mexicana, sob o comando do general Pershing e, na Primeira Guerra Mundial, serviu na França, novamente sob o comando de Pershing. Sterling organizou e operou a primeira seção de informação de rádio do Signal Corps.* Localizava os transmissores do inimigo e captava suas mensagens. Retornando à vida civil, trabalhou para o governo nas margens do submundo. Localizava cambistas de apostas no hipódromo que usavam pequenos transmissores escondidos e, para bater os demais apostadores, só transmitiam suas apostas quando os vencedores iam cruzar a linha de chegada.

Sterling escreveu mais tarde que, durante a Lei Seca, acumulou o que chamou de "treinos de tiro ao alvo" para mais tarde desmascarar espiões nazistas. Ajudava a encontrar contrabandistas que empregavam estações clandestinas para se comunicarem com barcos que chegavam com cargas de bebida.

Em 1940, com a guerra se aproximando, Sterling criou a Radio Intelligence Division [Divisão da Informação de Rádio] (RID) da FCC [Federal Communications Commission – Comissão Federal de Comunicações], reunindo técnicos e operadores profissionais de rádio e radioamadores para servir à causa. Sterling concordou em manter contato e troca de informações com o equivalente britânico da RID, o Radio Security Service [Serviço de Segurança de Rádio]. Para Sterling, o "mais ativo e crítico teatro de espionagem" da RID era a América Latina.

Em 1942, a RID havia mandado equipes a uma dúzia de países, embora o nível de cooperação que seus agentes receberam dos governos locais tenha mostrado uma extrema variação, da pronta ajuda no Brasil aos braços cruza-

---

* Centro de comunicações do exército. (N.T.)

dos no Chile. Não obstante, estações da RID foram bem equipadas com aparelhos de recepção e gravação, grandes radiogoniômetros, antenas rotativas sensíveis à direção dos sinais de ondas curtas ricocheteados da ionosfera. Unidades móveis, disfarçadas como vans de entrega, podiam perambular pelas vizinhanças ou viajar para o interior equipadas com uma simples antena *loop*, capaz de captar o componente onda de terra de um sinal no raio de alguns quilômetros. Para interceptar transmissores em áreas muito próximas, um risco que os operadores às vezes assumiam, eles desenvolveram o que chamaram *snifter*, um medidor da força do sinal. A pessoa podia carregar o *snifter* na palma da mão ao inspecionar um prédio para determinar de que ponto vinha o sinal. Em escuta constante, os homens da RID chegaram a distinguir as distintas "pegadas" de diferentes espiões mandando mensagens – os peritos nos dirão que não existem dois operadores que transmitam código Morse com exatamente o mesmo toque e ritmo.

Em março de 1942, agentes da RID detectaram uma estação no Rio de Janeiro codificando uma mensagem com base em um livro (uma técnica de uso comum) cujo título descobriram em uma transmissão acidentalmente não cifrada: *The Story of San Michele*, de Axel Munthe. Criptoanalistas determinaram – sem computadores – as páginas indicadas, linhas e substituições de letras que estavam sendo usadas para emitir uma assustadora mensagem:

QUEEN MARY INFORMADO AO LARGO DO
RECIFE POR NAVIO A VAPOR CAMPEIRO DIA ONZE
ÀS DEZOITO HORAS HORÁRIO DA EUROPA CENTRAL.

O lendário transatlântico fora adaptado para o transporte de tropas e estava levando 10 mil homens americanos e canadenses. Outros transmissores da Operação Bolívar estavam cheios das notícias e os operadores de rádio rastrearam suas localizações. O transatlântico foi desviado e a maior varredura de espiões na América Latina do período da guerra arrebanhou duzentos agentes e informantes, que foram presos pela polícia brasileira.

Mesmo após a guerra, quando as atividades da RID tornaram-se públicas, J. Edgar Hoover continuou não reconhecendo o mérito dos agentes da contraespionagem por prisões como estas e outras, que ele atribuiu apenas ao FBI. Hoover guardava rancor do presidente da FCC, James Lawrence Fly, que por muito tempo bloqueou o poder de grampear do FBI; de qualquer forma, compartilhar méritos não era o estilo do chefe do FBI.

Mais agentes secretos britânicos e dos Estados Unidos chegaram a países que se juntaram aos Aliados. Misturavam-se inadvertidamente com os agentes do Reich e com informantes locais que, não vendo muito sentido em abrir mão da lealdade a antigos contatos e redes, continuavam a coletar informações para a Alemanha. No Brasil, os espiões e contraespiões dos Aliados e do Eixo podiam se cruzar como inimigos não reconhecidos em meio aos prédios escuros do centro histórico da capital ou passear lado a lado de Ipanema a Copacabana pelo mesmo arejado calçadão da praia.

O "MESTRE DA ESPIONAGEM" DAS AMÉRICAS

Por ironia, apesar de todo o prejuízo causado por agentes que ajudaram U-boats e outras embarcações do Eixo a atacar navios aliados, o único agente alemão executado por espionar na América Latina nunca teve acesso a um rádio para trabalhar adequadamente. O agente A-3779, Heinz August Lüning, fora preparado pela escola de espionagem da *Abwehr* em Hamburgo para fazer tintas invisíveis, mas uma vez em campo tinha frequentemente dificuldades para acertar nas fórmulas, quer usando suco de limão, urina ou comprimidos para dor de cabeça. Achou que tinha escapado do pior (ser convocado para o exército de Hitler) ao se tornar um espião e estar a caminho de Cuba. Viajou disfarçado como um refugiado judeu, levando um passaporte hondurenho.

O período de Lüning em Havana coincidiu com a Batalha do Caribe, uma série espetacular de desastres para o transporte marítimo aliado. Em apenas dez meses, de fevereiro a novembro de 1942, submarinos alemães presentes do Atlântico Sul ao Caribe afundaram 609 embarcações aliadas – cerca de duas por dia ou 17,5% da tonelagem transportada em navios mercantes dos Aliados perdida entre 1939 e 1945 em todos os mares sob todas as formas de ataque (perdas alemãs: 22 submarinos).

No Caribe e no Atlântico, norte e sul, *Milchkühe* alemães de 1.600 toneladas, os submarinos "vacas leiteiras" nazistas, pareciam estar em toda parte. Esses submarinos reabasteciam e forneciam suprimentos aos submarinos de combate, permitindo que eles se mantivessem em uma caça contínua sem retornar a bases europeias. As defesas dos Estados Unidos – pessoal treinado, aviões e navios apropriados, equipamento de detecção eficaz – ainda não estavam prontas para a batalha.

No outono de 1942, as coisas pareciam estar indo mal para os Aliados em todos os lugares. Forças nazistas controlavam a maior parte da África do Norte e estavam assediando Stalingrado; os japoneses lutavam pelo controle do Pacífico Sul em Guadalcanal, Port Moresby e no norte da Austrália. Os U-boats alemães praticamente controlavam o Caribe; metade dos navios que afundaram eram petroleiros. Se as rotas marítimas não pudessem ser protegidas, os Estados Unidos e a Grã-Bretanha não contariam com combustível ou outros insumos básicos, como bauxita (minério de alumínio), carne e outras provisões essenciais às rações dos soldados, como açúcar e café.

O tamanho de Cuba e sua localização geográfica transformaram a ilha no marco zero da luta contra os submarinos alemães. Britânicos e norte-americanos contavam com um bom número de espiões no local. Até mesmo Ernest Hemingway supervisionou, de forma um tanto desajeitada, uma rede privada de contrainteligência de refugiados republicanos espanhóis. Mas as perdas nos mares próximos foram consideradas prova da eficiência dos espiões nazistas em Cuba. Infelizmente para o inepto Lüning, foi ele o espião apanhado.

Lüning, codinome "Lumann", foi identificado por uma carta comprometedora descoberta na estação da Censura Imperial Britânica, nas Bermudas, onde 1.200 pessoas treinadas esquadrinhavam o correio marítimo e aéreo entre Europa e América Latina. Alguns dos mais habilidosos agentes de espionagem do Reich foram descobertos pela perspicaz dedicação das mulheres na estação das Bermudas. Os espiões nunca perceberam isso ou só compreenderam mais tarde, quando suas operações, rastreadas pelos britânicos ou pelos americanos, davam tremendamente errado.

Heinz Lüning, contudo, segundo opinião geral, era um espião incompetente. O escritor Graham Greene, trabalhando para o MI6 no escritório de Portugal, que mantinha arquivos sobre a *Abwehr* no hemisfério ocidental, compartilhou a supervisão do caso Lüning. Foi dito que Greene tinha usado "Lumann" como modelo para o personagem de James Wormald, o vendedor de aspiradores e agente ficcional de espionagem em *Nosso Homem em Havana* (*Our Man in Havana*).

Não houve, contudo, nada de interessante no destino de Lüning. No julgamento, foi mostrado que seu rádio estava avariado e não houve prova de que ele tenha alguma vez enviado alguma peça importante de inteligência. Sua história chegou às páginas da revista *True Detective*, que continha fotos de Hoover, em Washington, D.C., observando um mapa ao lado do chefe de polícia cubano, Manuel Benitez, o pedante e interesseiro ex-funcionário da imigração que tinha vendido milhares de permissões inválidas de desembarque a judeus. Outras fotos mostravam Lüning na porta aberta de uma cela de prisão, a mão na cintura como um modelo em um desfile, como se estivesse tentando causar boa impressão. Benitez inventou "subagentes", supostamente controlados por Lüning e espalhados pelas Américas. Agentes americanos chamaram-no de "mestre da espionagem".

Nada disso causou problemas para a *Abwehr* porque a prisão de Lüning desviou as atenções de agentes mais capazes na rede alemã. A captura colocou o ditador de Cuba, Fulgêncio Batista, e seu lacaio Benitez sob uma luz favorável e os dois foram convidados para uma visita a Washington. Lá, na frente dos *flashes* dos fotógrafos, J. Edgar Hoover compartilhou a glória de ter capturado o "mestre da espionagem" das Américas. Lüning escreveu uma carta para a esposa, o filho, os pais, uma tia e um tio dizendo que os cubanos o trataram bem na prisão, que "nunca gostei deste trabalho" e condenando a *Abwehr* por "má preparação e péssima organização". Mandou beijos e uma advertência para "manterem a cabeça erguida". Na manhã de 25 de novembro de 1942, Heinz Lüning recusou uma venda nos olhos e foi morto a tiros por um pelotão de fuzilamento cubano. O desaparecimento de Lüning em nada contribuiu para dar fim aos ataques a navios aliados, que continuaram até o início de 1944, quando técnicas de defesa aprimoradas finalmente expulsaram os submarinos alemães e italianos do Caribe.

FINAL DE JOGO

Ao longo da guerra, os agentes atuando pelo SIS, declarados ou secretos, totalizaram cerca de 700. Eles continuaram a investigar pistas sobre empresários suspeitos e líderes comunitários, fazendo arranjos com as polícias locais para deportação deles para a Europa e Japão ou para os campos de concentração de "estrangeiros" capturados nos Estados Unidos. Durante a guerra, os diplomatas em países latinos assumiam com frequência uma atitude simpática para com os movimentos pacíficos de trabalhadores ou estudantes e outros movimentos da sociedade civil que estavam se organizando por mais democracia nessas repúblicas, mas Hoover suspeitava deles. Anticomunista visceral, ordenava que os grupos fossem vigiados e infiltrava agentes em suas reuniões, em especial depois de 1943, quando a "ameaça" de espionagem nazista parecia contida. Os agentes do FBI treinavam polícias secretas. Estabeleciam relações com agências policiais e investigativas que seriam mantidas ao longo de décadas por diplomatas dos Estados Unidos e operadores secretos para erradicar governos latinos indesejados e forças de esquerda. O OSS, prestes a se transformar na CIA, continuou a acumular informações sobre a região.

Apesar dos golpes sofridos, a Operação Bolívar prolongou-se para além de 1942, com a abordagem que Canaris defendera desde o início: criar uma ampla rede de muitos agentes, em muitas células, operando sem dependerem uns dos outros de modo a tornar menos provável o rompimento de todo o tecido quando um fio ou dois fossem puxados. Os agentes do Reich que permaneciam no Brasil mantiveram as cabeças baixas. Já não se reuniam, descontraídos, em mesinhas com tira-gostos no Café Simpatia, no Rio de Janeiro e não podiam recorrer à embaixada alemã em busca de fundos, pois ela fora fechada depois que o Brasil declarou guerra ao Eixo, em junho de 1942.

Mas as informações continuavam a fluir de Buenos Aires. O capitão da SS Johannes Siegfried Becker, o genial espião da SD que havia expandido a operação "de Alfredo", transformando-a em um canal de espionagem de primeira classe, estava na Europa quando o cerco se fechou no Brasil; agora ele retornava à Argentina, onde a embaixada alemã permanecia aberta. Argentinos antifascistas relataram atividade suspeita às autoridades, mas seus esforços não surtiram efeito.

"Toda nossa família e nossos amigos tinham a mais profunda simpatia pelos Aliados e pela Rússia, desejando a derrota do Eixo, e saudávamos as vitórias do Exército Vermelho", escreveu Ernesto Guevara Lynch em um livro de memórias. No início dos anos 1940, Guevara Lynch que fora dono de uma fazenda de cultivo de erva-mate para a onipresente bebida argentina uniu-se a jovens antifascistas. Eles espionaram tripulantes do *Graf Spree* instalados pelo governo em Córdoba, 650 quilômetros ao norte de Buenos Aires. Viram a tripulação fazendo exercícios militares como se estivesse segurando rifles.

Eles apresentaram um relatório sobre os alemães com essa e outras situações suspeitas (um caminhão carregado de armas, um hotel com um rádio transmissor) à *Acción Argentina*, uma organização que cobria todo o país e promovia a entrada na guerra ao lado dos Aliados. Mas a organização foi proibida em 1943, e esses relatórios de espionagem cidadã não deram em nada. Ernesto Guevara Lynch entrou para a História como pai do líder guerrilheiro Ernesto "Che" Guevara. Quando Che era garoto, seu pai escreveu, o futuro ícone revolucionário "estava sempre pedindo que eu o deixasse ajudar" nas operações de espionagem.

Congressistas argentinos antinazistas também tentaram erradicar a espionagem e seus esforços resultaram em algumas prisões. Mas grande parte da velha rede continuava intacta. O governo, disse Guevara Lynch, "não escondia suas simpatias por Hitler e Mussolini".

Após a guerra, J. Edgar Hoover continuou a combater "o inimigo interno": comunistas, defensores dos direitos civis e manifestantes antiguerra nos Estados Unidos. Em 1947, o OSS de Donovan se transformou na CIA, a agência de inteligência designada para cobrir o restante do mundo, agora incluindo a América Latina.

William Donovan ganhou o combate mais agudo com Hoover acerca da espionagem internacional, mas perdeu uma batalha pessoal pela chefia da agência no pós-guerra. O que Wild Bill não entendeu, mas Hoover sim, foi o modo de manipular Washington e o público. "Donovan sabe tudo aquilo que nós sabemos, exceto o que sabemos sobre Donovan", disse uma fonte anônima do FBI a colunistas da revista *Colliers*, no final de 1941. O apelo de Donovan a Roosevelt não ajudou. "Nenhum presidente ousaria tocar em John Edgar Hoover", disse Donovan a um colega do OSS. "Muito menos congressistas. Todos morrem de medo dele."

No final de 1944, o plano "ultrassecreto" de Donovan para a nova agência de inteligência global foi vazado para um repórter que era amigo íntimo de J. Edgar Hoover. Manchetes subsequentes advertiam sobre uma AGÊNCIA SUPERGESTAPO e o plano foi arquivado. Allen Dulles, antigo chefe do OSS de Donovan em Berna, tornou-se diretor da CIA. J. Edgar Hoover comandou o FBI até sua morte, em 1972, aos 77 anos de idade.

Wilhelm Canaris, o lendário chefe da espionagem do Reich, não sobreviveu à guerra. Como Hoover, Canaris era visceralmente anticomunista desde que testemunhara o tumulto de uma revolta de inspiração marxista entre marujos de sua amada Marinha imperial, no fim da Primeira Guerra Mundial. E tinha conservado por muito tempo a confiança de Hitler, mantendo, por exemplo, dezessete encontros privados com ele em 1934 e 1935. De fato, Canaris realizou missões secretas de inteligência por conta própria – mesmo o Almirantado Britânico perdeu seu rastro entre 1935 e 1939. Na Espanha, onde operava disfarçado, quase perdeu a vida. No Japão, ignorou as proibições de Versalhes montando um programa secreto em Osaka para construir submarinos para a Alemanha. Não havia dúvida alguma quanto à sua lealdade à pátria.

Canaris, no entanto, ficara horrorizado ao saber que a Waffen-SS, o braço armado do partido, estava incendiando povoados sem justificativa militar durante a invasão alemã da Polônia em 1939, matando intelectuais, judeus, padres, membros da aristocracia e líderes políticos. Foi até o *front* para ver por si mesmo, exigindo, ao voltar, que a carnificina cessasse, mas o general Wilhelm Keitel, chefe do Estado-maior, mandou-o energicamente retornar à *Abwehr*. "Virá um dia em que o mundo considerará a *Wehrmacht* responsável por esses métodos", advertiu Canaris.

Wilhelm Canaris era um homem do mundo bem viajado, com boa leitura, que podia avaliar com frieza as forças de diferentes beligerantes, mesmo quando a *Wehrmacht* parecia imbatível. Acreditava que tinha sido um erro ir à guerra contra a Grã-Bretanha. Talvez se recordando daquela primeira experiência no convés do *Dresden*, onde vira a jovem frota americana exibir suas cores e seu potencial no porto de Nova York, ele intuiu que também havia sido um erro ir à guerra contra os Estados Unidos. Canaris queria sua pátria e seus oponentes intactos quando a luta acabasse. De modo secreto, e inútil, abordou de várias formas os britânicos para fazer uma ponte diplomática que pudesse servir a ambos os lados e salvar seu país da ruína.

Quando Roosevelt e Churchill se encontraram em Casablanca, em 1943, e declararam que só aceitariam uma "rendição incondicional" do Eixo, Canaris perdeu as esperanças em negociações. "Acredito que agora o outro lado nos tirou a última arma com a qual poderíamos ter encerrado a guerra", disse ele a um amigo. Nenhum general alemão aceitaria uma derrota "incondicional". Depois de Casablanca, Goebbels enervou a população pelos jornais e pelas ondas do rádio descrevendo as condições aterradoras que seriam impostas com uma rendição total.

"Depois desta guerra, os estudantes de História não precisarão revirar as cabeças, como fizeram após a última, para determinar quem teve a culpa por iniciá-la", disse Canaris. "Mas tudo muda de figura quando pensamos na culpa por prolongar a guerra."

Entre alguns dos oficiais alemães mais patrióticos, incluindo Canaris, as táticas de terror de Hitler, os assassinatos em massa de judeus e o patrocínio de um Estado policial secreto finalmente superaram o papel que lhes era atribuído de bastiões contra o bolchevismo. Canaris associou-se à conspiração para assassinar o Führer, uma tentativa desesperada de retirar as forças armadas do controle nazista e antecipar um acordo de paz com os Aliados.

Em 20 de julho de 1944, na sua Toca do Lobo, Hitler escapou da bomba que pretendia matá-lo. Canaris foi preso três dias depois, em Berlim, e levado para o campo de concentração Flossenberg, na Baviera, onde foi submetido a interrogatórios durante meses. Quando não fornecia respostas ou quando descobriam que as respostas eram sofisticados estratagemas que não implicavam ninguém e levavam a becos sem saída, era torturado.

Em 8 de abril de 1945, Canaris passou uma mensagem em código para o ex-diretor da inteligência dinamarquesa, que estava na cela ao lado da sua: "Muito mal tratado. Nariz quebrado no último interrogatório. Meu tempo está esgotado. Não fui um traidor. Cumpri meu dever como alemão. Se você sobreviver, por favor diga isso à minha mulher". Com quatro outros conspiradores, incluindo o teólogo Dietrich Bonhoeffer, Canaris foi despido e enforcado no dia seguinte. Duas semanas mais tarde, o campo foi libertado por tropas dos EUA.

PARTE IV
Os Guerreiros

11

A BATALHA DO ATLÂNTICO: MARES DO SUL

Comprido, baixo, cinzento e repleto de torres de tiro e antenas, um *Panzerschiff* descansava na costa do Brasil, em setembro de 1939, escondido pela vastidão do Atlântico, à espera de ordens. Um dos três *Kriegsmarine Deutschland* – classe cruzadores, o *Panzerschiff* (navio blindado) transportava mil homens e pesava 10.600 toneladas, mais que o peso limite imposto aos navios militares alemães pelo Tratado de Versalhes. Quando os britânicos viram os planos para os "cruzadores", julgaram que não eram de forma alguma cruzadores e deram ao *Panzerschiff* o apelido pelo qual ele se tornou mais amplamente conhecido: couraçado de bolso.

Os poderosos e novos navios deixaram atônitos planejadores de guerra de outras nações: as juntas eram soldadas, não fixadas com rebites e, para serem mais leves, eram construídas com mais alumínio do que o habitual. A propulsão não era feita por turbinas a vapor convencionais, mas por motores a diesel de 54 mil cavalos que podiam navegar 16 mil quilômetros sem reabastecer.

O comandante Hans Wilhelm Langsdorff sabia que comandava um navio especial. Para compensar pelas restrições impostas à Marinha alemã pelo tratado da Primeira Guerra Mundial, cada *Panzerschiff* tinha de servir ao propósito de vários navios. Podiam navegar mais depressa que navios mais poderosos e superar em poder de fogo a maioria das belonaves. Langsdorff havia pensado em ser padre, mas também queria tanto ir para o mar que, como Wilhelm Canaris, desafiou os desejos do pai e se tornou cadete da

Marinha imperial. Aos 45 anos de idade, comandava um dos navios mais valiosos da *Kriegsmarine*, a Marinha do Reich.

Região de operação designada para Langsdorff: sul do Equador. A missão: ir atrás de navios mercantes do inimigo ou de navios com carga que serviria ao inimigo, em especial à Grã-Bretanha, que dependia ao extremo de importações marítimas; esvaziar os navios mercantes e capturá-los ou destruí-los; não se envolver em combates com navios de qualquer bandeira. Hitler invadira a Polônia em 1º de setembro. Nas semanas seguintes, Langsdorff recebeu ordens para dar início à sua missão. A primeira vítima de um couraçado de bolso na Segunda Guerra Mundial estava em águas sul-americanas, o vapor mercante britânico *Clement*.

"Navio a bombordo!", gritou o vigia do *Clement* na manhã do dia 30 de setembro. Um navio de guerra era a última coisa a passar pela mente do terceiro oficial do *Clement*, que navegava ao largo da costa nordeste do Brasil, rumo à Bahia. Mas o homem olhou através do vidro e lá estava, um navio vindo direto na direção deles, em alta velocidade, a água saltando pelos lados da proa. O oficial avisou o capitão pelo tubo acústico. "Comandante, há um *man-o'-war**..."

Quando os oficiais não conseguiram identificar o navio, acharam que era o *Ajax*, o cruzador leve de Sua Majestade que se sabia estar em águas do sul e o comandante desceu para colocar uma vestimenta formal a fim de receber os visitantes. Quando voltou à parte de cima, um hidroavião voou do convés do navio que se aproximava, passou por cima das cabeças deles e atacou o *Clement* com rajadas de metralhadora. Alguém viu marcas nas asas. "Meu Deus, é um Jerry!"**

O operador de rádio do *Clement* começou a transmitir "RRR", código para "estou sendo atacado por aeronave", mas uma placa em inglês subiu na belonave atacante: "Pare. Nenhuma transmissão sem fio". E assim que enfiou os documentos confidenciais do *Clement* em um saco com lastro e

---

* Navio de guerra de grande poder militar. (N.T.)
** Na Segunda Guerra Mundial, soldados aliados, em especial os britânicos, deram o apelido de "*Jerry*" aos alemães. (N.T.)

jogou-os no mar, mandando que lançassem os barcos salva-vidas, o comandante do *Clement* recebeu ordem de embarcar em um escaler que abordara o navio.

Exceto pelas rajadas de metralhadora contra o *Clement*, os alemães agiram de maneira amável. Langsdorff colocou o comandante e o imediato em um navio grego que passava e ordenou uma transmissão de mensagem de rádio pedindo a outros navios "por favor, salvem" os demais homens da tripulação, dando a posição dos botes salva-vidas. Daí a dois dias, todos estavam em segurança. A tripulação do *Clement* passou ao almirantado várias descrições a respeito do navio que dera fim à viagem deles, mas todos concordaram que ele não tinha inscrições. Alguns, no entanto, haviam reparado no nome *Admiral Scheer*, pintado no escaler. Almirantes britânicos espalharam a notícia de que o couraçado de bolso *Admiral Scheer*, arma secreta de Hitler, estava perambulando pela costa atlântica da América do Sul.

Mas Langsdorff tinha mais de um truque na manga. Além de ter surpreendido o *Clement* e de tê-lo afundado em uma operação modelo, sem perda de vidas, tinha também semeado confusão entre os britânicos falsificando o nome do navio, mandando pintar no escaler o nome de um couraçado de bolso irmão. Logo o almirantado britânico e seus Aliados acreditariam que havia dois temidos *Panzerschiffe* nos mares, pois quando atacou sua próxima presa, menos de uma semana depois, em 5 de outubro, Langsdorff mostrou o verdadeiro nome do navio que comandava, o *Admiral Graf Spee*.

Quando o *Graf Spee* atacou o cargueiro britânico *Newton Beech*, o comandante do navio tinha acabado de lançar ao mar os documentos da embarcação e tirar o pijama. Calculou que o que viria em seguida seria melhor enfrentado de uniforme.

Langsdorff colocou o *Newton Beech* em condição de apresamento e recebeu os cativos de modo educado. Depois mandou colocá-los em alojamentos limpos, onde receberam a mesma alimentação oferecida à sua tripulação. Ele conversou com o comandante em sua cabine. Langsdorff sabia que as regras da guerra exigiam que os prisioneiros tivessem tratamento decente e, além disso, segundo todos os relatos, Langsdorff era um cavalheiro afável, com uma benevolência natural, de quem nenhum dos prisioneiros se queixaria – e haveria muitos prisioneiros. Dois dias depois outro navio britânico, este transportando açúcar, foi dominado com tanta rapidez pelo *Graf Spee* que o comandante, em vez de jogar os papéis do navio no saco com lastro, que ele temeu que pudesse ser recuperado, correu para baixo e os atirou na fornalha. O navio de Langsdorff estava ficando lotado.

Nas seis semanas seguintes, navegando às vezes com sua própria bandeira e outras vezes sob a bandeira francesa, que Langsdorff levava para despistar navios favoráveis aos Aliados, o *Graf Spee* pegou mais seis navios. Certa vez contornou o Chifre da África e atacou um petroleiro, o *Africa Shell*, ao sul de Madagascar. Uma alarmada Whitehall acreditou que a Marinha britânica estivesse se deparando com outra frente em sua luta contra os *Panzerschiffe* – ao Atlântico juntava-se agora o Oceano Índico. Vinte e cinco navios de guerra britânicos e franceses, em nove forças-tarefas, já estavam na caçada, a maior busca marítima da História até aquele momento. Os britânicos deslocaram forças de lugares onde elas eram necessárias a fim de encontrar o *Graf Spee* e, acreditavam eles, o *Admiral Scheer*.

O comandante do *Africa Shell* juntou-se aos outros prisioneiros. Langsdorff viu que o restante da tripulação estava em barcos a remo, a caminho da costa, a pouco mais de 3 quilômetros de distância. Mandou que drenassem o petroleiro para aproveitar o óleo e que depois o destruíssem. Retornou então pelo mesmo caminho que o trouxera do Atlântico e pegou mais navios. Utilizou muito bem a velocidade do *Panzerschiff*, notável para uma embarcação do seu porte – podia atingir 27 nós, cerca 51 quilômetros por hora. E usou a maravilhosa inovação do couraçado: uma versão inicial de radar que permitia a um comandante ter uma visão mais profunda do horizonte, detectando navios ainda invisíveis para olhos humanos, mesmo com binóculos de lentes mais potentes.

Em doze semanas, Langsdorff apreendeu mais de 50 mil toneladas de carga – nove navios – sem perda de vidas, seja entre sua tripulação ou entre os oponentes. Tudo isso mudou na manhã fatídica em que o *Admiral Graf Spee* deparou-se com três navios de guerra britânicos: o cruzador pesado

HMS *Exeter* e os cruzadores ligeiros HMNZS *Achilles*, tripulado principalmente por neozelandeses, incluindo alguns maoris, e o *Ajax*.

O comodoro Henry Harwood, que comandou a Divisão da América do Sul da Marinha britânica, era capitão do *Ajax* e comandava a força dos três navios. Estava há dois meses caçando o saqueador alemão. Recebendo novas informações sobre a data, hora e posição de um ataque do *Graf Spee* no Atlântico, e acrescentando a elas seu conhecimento das rotas marítimas da América do Sul, Harwood calculou de modo brilhante o lugar e o momento em que o navio alemão provavelmente apareceria de novo: 13 de dezembro de 1939, ao largo do grande estuário onde o Rio da Prata, entre Uruguai e a Argentina, deságua no Atlântico Sul.

"Ataque em vista de dia ou de noite", ele ordenou.

Às 6h04 da manhã do dia previsto por Harwood, uma trovejante salva de explosões anunciou o início da primeira batalha naval da Segunda Guerra Mundial, a Batalha do Rio da Prata. Por que Langsdorff se meteu com a força britânica apesar das ordens para evitar batalhas nunca foi explicado – ele os teria espionado com seu radar de longo alcance antes que pudesse ser visto; teria tempo para dar a volta e fugir. O *Achilles* e o carro-chefe *Ajax* seguiram o *Graff Spee* por um dos lados e o cruzador pesado *Exeter* atacou pelo outro.

Langsdorff tinha mais poder de fogo. Perdeu tempo e posição favorável fazendo curvas para bombardear não só o *Exeter*, mas também os cruzadores menores, quando poderia ter dado tudo que tinha para tirar de vez o *Exeter* da água por uma explosão, voltando-se depois para os outros barcos. Quando o bombardeio levantou uma cortina de fumaça, o *Achilles* e o *Ajax* usaram a obscuridade a seu favor, ganhando distância do *Graf Spee*.

Logo depois dos primeiros tiros, um oficial alemão deu uma olhada no porão do *Graf Spee* onde os prisioneiros estavam sendo mantidos. "Senhores, acho que hoje terei de abandoná-los à própria sorte", disse ele, fechando a escotilha e trancando-a por fora. Uma torre de tiro estremecia fazendo um ruído insuportável bem acima das cabeças dos presos. Durante horas eles sofreram um dilema emocional, torcendo para a derrota dos alemães, mas temendo que um golpe muito forte pudesse enviá-los para o fundo do mar.

Sessenta e um homens foram perdidos no *Exeter* – mais que nos outros navios. No entanto, quando a explosão de uma bomba criou um olho mágico para os prisioneiros no *Graf Spee*, eles olharam para fora e viram desinfetante sendo derramado sobre os cadáveres dos marinheiros alemães empilhados no convés.

Langsdorff teve apenas um ferimento leve no rosto causado por estilhaços de madeira, mas viu membros da sua tripulação mortos por toda parte. Seu aparelho de dessalinização da água do mar foi destruído; a refinaria a bordo, que processava o óleo cru, transformando-o no combustível de que ele precisava para voltar à Alemanha, foi seriamente danificada. Os feridos precisavam de cuidados para não morrer. Ele então subiu o rio para o porto neutro de Montevidéu.

Harwood enviou um pedido para que outros navios britânicos pegassem o couraçado de bolso na foz do rio, mas o navio mais próximo que poderia ajudar estava a dois dias de viagem. O grande *Exeter*, gravemente atingido, navegou para reparos nas Ilhas Malvinas. Só o *Achilles* e o *Ajax* continuaram no mesmo lugar, vigiando se o *Graf Spee* não tentaria escapar. Não havia garantia, porém, de que os dois leves cruzadores seriam capazes de bloquear o caminho do *Graf Spee* caso seu comandante estivesse determinado a abrir novamente caminho para o mar.

Agora começavam os três dias que realmente decidiram o resultado da Batalha do Rio da Prata. A vitória iria para quem melhor manejasse o armamento auxiliar da guerra moderna: propaganda, manobra política, informação deliberadamente falsa. Os britânicos espalharam a notícia de que uma força com muitos navios estava rodeando o *Graf Spee*, esperando a melhor hora para atacar o *Panzerschiff*. Não era verdade, mas a BBC e os repórteres dos Estados Unidos que voaram para cobrir o grande evento repetiram sem confirmação as falsas "notícias". Langsdorff queria ver por si mesmo, mas a aeronave de seu navio estava avariada e ninguém lhe alugaria uma – o Uruguai era "neutro", mas favorecia a Grã-Bretanha. O comandante Dietrich Niebuhr, adido naval na embaixada alemã em Buenos Aires, voou para providenciar ajuda e reparos porque os bons cidadãos de Montevidéu não queriam ajudar.

Para assegurar que o *Graf Spee* ficasse parado o maior tempo possível no porto, o representante britânico no Uruguai, Eugen Millington-Drake, usou de modo inteligente uma cláusula do direito internacional que estipula que nenhum navio de guerra pode deixar um porto neutro nas 24 horas seguintes à partida de um navio mercante. Millington-Drake convocou uma reunião de emergência com os comandantes dos navios mercantes britânicos em Montevidéu e fez arranjos para que partissem um por dia, impedindo assim a saída de Langsdorff. No terceiro dia, mais de 20 mil espectadores – homens de chapéu e gravata, mulheres em vestidos finos – lotavam o comprido cais de Montevidéu, ansiosos para ver os primeiros tiros serem disparados. Em todo o mundo, milhões de pessoas liam sobre o impasse nos jornais e outros milhões acompanhavam o drama pelo rádio. Era a primeira vez que um evento de guerra era transmitido ao vivo para o mundo. De Londres vinham notícias de que o rei havia concedido ao comodoro Harwood o título de cavaleiro.

Em terra, em Montevidéu, Hans Langsdorff liderou um cortejo de notáveis, oficiais e tripulantes para enterrar os 37 homens da tripulação alemã que haviam morrido. Os prisioneiros britânicos que Langsdorff levava foram libertados assim que o *Graf Spee* atracou, mas eles voltaram para acompanhar o cortejo, como uma homenagem ao comandante do couraçado de bolso. Langsdorff espalhou um punhado de terra em cada caixão.

No final da tarde de 18 de dezembro, Langsdorff ordenou que o *Graf Spee* se deslocasse para um canal lateral do rio, saindo das rotas de navegação. Acompanhado por oficiais e dois rebocadores argentinos, ele supervisionou a colocação dos explosivos que destruiriam o navio e que seriam detonados ao pôr do sol. Langsdorff quis ficar a bordo e afundar com o navio, mas foi dissuadido por seus oficiais. O *Admiral Graf Spee*, uma das maravilhas da Marinha alemã, batizado em homenagem ao herói que derrotou os britânicos na Batalha de Coronel, durante a Primeira Guerra Mundial, explodiu em uma enorme bola de fogo e ardeu durante dois dias.

A tripulação alemã, mais de mil homens, atravessou o Rio da Prata para a Argentina, onde foram internados. Em 20 de dezembro, tendo se certificado de que seus homens estavam sendo bem tratados, Langsdorff subiu a escada do quartel-general da Marinha, em uma esquina do centro de Buenos Aires, um prédio antigo com colunas brancas, uma fachada pura e elegante. Em seus aposentos, ele abriu no chão, com cuidado, o estandarte de batalha do *Graf Spee* – não uma bandeira com a suástica, mas um estandarte que evocava a Marinha imperial. Vestindo o uniforme completo, deitou-se sobre o pano e, com uma pistola Mauser cinzenta, deu um tiro na cabeça.

Hans Langsdorff está enterrado no cemitério alemão, nos limites de Buenos Aires, no centro de uma fileira de sepulturas com lápides bonitas, mas modestas, pertencentes a oficiais do *Graf Spee*. A área ao redor das tumbas é mantida limpa e aparada. Quando estive lá, numa tarde em 2017, havia flores recém-colhidas em alguns túmulos, incluindo o de Langsdorff. Ao lado, sob os olmos do cemitério inglês, em um muro comprido, de mármore preto, estão gravados os nomes de 861 anglo-argentinos que perderam a vida na Primeira e na Segunda Guerras Mundiais. Uma arquivista de um terceiro cemitério, o Recoleta, me disse acreditar que antigamente todos os cemitérios na comprida rua eram abertos, um levando a outro, mas que muros foram erguidos entre eles entre as guerras.

Em 2011, ao visitar o cemitério em Montevidéu onde os mortos do *Graf Spee* estavam enterrados sob simples cruzes de metal, tive de repente curiosidade de saber o que fez Langsdorff destruir seu navio e depois tirar a própria vida. Os uruguaios, pressionados pelos britânicos e querendo proteger seu *status* neutro, tinham finalmente ordenado que o *Graf Spee* deixasse o porto e o capitão alemão não tinha opção senão obedecer ao direito internacional.

Talvez Langsdorff acreditasse que havia de fato uma frota à espera para atacar o *Graf Spee* se ele tentasse levá-lo para o alto-mar e que mais vidas seriam perdidas. Dificilmente poderia ter se limitado a abandonar o navio. Ele não ficaria intacto e com certeza acabaria nas mãos dos britânicos. Nas fotos do sepultamento dos membros da tripulação, os marinheiros alemães, os oficiais e mesmo um padre estendem os braços na saudação nazista para o adeus final; só Langsdorff, de uniforme branco, não a faz, limitando-se à continência naval. Ele não poderia ter admitido a possibilidade de um retorno ao Reich? Estaria sua honra tão manchada? Temia uma punição do Führer? Ou estava abalado pela perda de tantos homens? Ao meu redor, no cemitério, reparei na idade dos que estavam sepultados: 17, 18, 19.

A Batalha do Rio da Prata deu início à Batalha do Atlântico, a mais longa campanha militar contínua da Segunda Guerra Mundial, que se estendeu de 1939 a 1945. *Graf Spee, Exeter* e *Ajax* são nomes que ecoam na memória da história naval. O encontro, no entanto, de dois navios esquecidos, o navio da classe Liberty *Richard Caswell** e o submarino alemão *U-513*, é mais típico do confronto experimentado pela maioria dos homens que cruzaram os mares ao largo da América do Sul durante esses anos. Eram os tipos de embarcações que passavam com regularidade ao longo das costas – navios transportando tropas e itens de comércio vitais para a guerra, e os submarinos de ataque que os perseguiam. Cada um partiu de seu porto de origem para uma viagem de semanas, típica dos barcos de sua espécie, rumo a um encontro mortal próximo à costa do Brasil.

Em junho de 1943, o *Richard Caswell* saiu do porto de Wilmington, na Carolina do Norte, com os tripulantes em formação no convés de popa, em posição de descansar, as mãos atrás das costas sob um sol quente. O navio descia o Rio Cape Fear para o mar e o ruído de gaivotas estridentes suplantava os bravos acordes da *"The Washington Post March"*. Havia escoteiros na beira do cais, as mãos nas testas lisas em uma continência que se manteria até que o *Richard Caswell* desaparecesse. É provável que o comandante Solomon Suggs, parado na ponte, tenha achado fantástico que as pessoas das cidades ainda viessem se despedir após um ano e meio vendo navios partirem para a guerra.

Navios da classe Liberty, como o *Richard Caswell*, batizado em homenagem a um herói da Guerra de Independência, estavam sendo produzidos com rapidez, projetados para trajetos longos e vidas curtas – em torno de

---

* Os navios da classe *Liberty* ou *Liberty ships* eram navios cargueiros construídos nos Estados Unidos durante a guerra. (N.T.)

cinco anos. Eram um elemento-chave de defesa contra a estratégia de Hitler de estrangular a Inglaterra. Levavam comida para a ilha, além de trazerem suprimentos para os Estados Unidos. Tripulados pela Marinha Mercante dos Estados Unidos, em geral com civis sindicalizados, os navios da classe Liberty transportavam não apenas comida, mas matérias-primas como madeira, borracha e metais raros necessários à guerra, como tungstênio e magnésio. E transportavam soldados, a carga humana essencial. Um navio mercante era tão fundamental para o esforço de guerra quanto um bombardeiro e era a embarcação mais importante na lista de alvos dos U-boats. Planejadores de guerra nazistas estimaram que a destruição de 150 navios mercantes por mês derrotaria a Inglaterra. No ano anterior, 1942, o Eixo havia afundado 1.661 navios, a maioria mercantes, 1.151 deles abatidos por submarinos.

Era por isso que os estaleiros americanos estavam produzindo navios Liberty com uma rapidez até então nunca vista, às vezes numa base de apenas 41 dias por navio em média, embora o recorde fosse de quatro dias e quinze horas e meia, batido por uma embarcação saída de Richmond, na Califórnia. Ao contrário dos tripulantes alemães, que estavam presentes durante a construção de seus submarinos, do batimento da quilha à instalação dos últimos interruptores de luz, as tripulações da Marinha Mercante dos Estados Unidos recebiam os navios na hora do lançamento das mãos de operários recém-chegados à força de trabalho da construção naval, negros e especialmente mulheres. Milhares de moças como Rosie, a rebitadora, e Wanda, a soldadora, trabalhavam dia e noite em Mobile, Portland, Nova Orleans, Savannah, Sausalito e em uma dúzia de outros lugares. O magnata do aço Henry Kaiser supervisionava meia dúzia de companhias que administravam a produção de navios Liberty com o emprego dos métodos de linha de montagem de Henry Ford.

Já não era possível ver as docas de Wilmington do convés do *Richard Caswell*. "Imediato, dispense os homens", disse Suggs.

Eles saíram de forma. Havia no grupo homens que até o início da guerra nunca haviam saído das cidades onde haviam nascido. Os que demoraram mais a se mexer eram da Black Gang, um grupo de marujos que sabiam que a vasta e barulhenta sala de máquinas lá embaixo estaria ainda mais quente que o convés. Tinham sido batizados com esse nome quando a propulsão dos navios era feita pela queima de carvão e eles passavam os dias cobertos de fuligem. Eram engenheiros, mas também lubrificadores, bombeiros e limpadores que, dia e noite, cuidavam de pistões e válvulas, de motores principais e auxiliares. Tommy Pike e Benjamin Groutner, da Black Gang, desceram para iniciar seu turno.

Quatorze homens da força naval dos Estados Unidos estavam a bordo, sob comando separado, para defender a tripulação e a carga contra ataques. Eles também se espalharam. Alguns foram operar as duas armas frontais, outros a única arma de popa.

Só então, quando as primeiras ondas do alto mar já começavam a quebrar na proa, o comandante Suggs ia girar e subir uma estreita escada de metal para a casa do leme. Antes que o *Richard Caswell* levantasse âncora, um oficial da Marinha dos Estados Unidos tinha vindo a bordo para entregar a Suggs um envelope contendo as ordens do navio. Por razões de segurança, Suggs havia retardado a abertura do envelope até estarem em mar aberto. Mas essa espera também estava protocolada para Suggs – fora o que aprendera em sua *alma mater*, a Academia da Marinha Mercante dos Estados Unidos, em Great Neck, Nova York.

Suggs puxou um pedaço de papel de cor creme, leve como tecido, leu com atenção e fechou os olhos. Ainda não era um quarentão e tinha um rosto franco meio bronzeado. Suggs sentiu os cantos da boca se repuxarem num leve sorriso. Seu navio não se juntaria a um dos comboios transoceânicos com destino à Inglaterra. Agora esses comboios chegavam a incluir cem navios mas, ainda assim, continuavam sendo presas das alcateias de U-boats que, com grande habilidade, escolhiam determinadas embarcações. Então sua testa se franziu. Pelo menos, os comboios do Atlântico Norte eram protegidos por uma espécie de círculo de navios de escolta. O *Richard Caswell* navegaria para o Atlântico Sul, sozinho.

Olhando pelas janelas da casa do leme, Solomon Suggs viu nuvens de um azul cinzento rolando do sul. Era inverno no hemisfério sul, não o verão fumegante de Bradford, sua cidade natal da Flórida, ao longo das margens verdes do Rio Suwanee. O timoneiro mantinha os olhos à frente, mas pode ter ouvido uma exalação que sinalizava o peso da responsabilidade que caía sobre os ombros do capitão.

"Navegamos para o sul", Suggs anunciou, "para a Argentina."

A 3.200 quilômetros da posição do *Richard Caswell*, o *U-513* estava há treze dias cruzando a superfície do médio Atlântico, longe do quartel-general da flotilha na costa da França ocupada pelos nazistas. O submarino era do comprimento de três vagões de carga, embora não mais largo que um deles. Tinha motores a diesel que podiam atingir dezoito nós quando na superfície, quase 34 quilômetros por hora. Seu baixo perfil servia de proteção contra navios inimigos e, ultrapassando os Açores sem incidentes, rumava agora, sob céus claros, para a costa do Brasil.

Era quase um milagre que o *U-513* ainda estivesse navegando. Ao retornar de sua patrulha anterior, o *U-513* encontrara outro U-boat na entrada do porto de Lorient, no Golfo de Biscaia. Nessa viagem, o capitão do *U-513* fizera a gentileza de permitir que o outro comandante atracasse na sua frente. Uma guarda de honra e uma banda militar esperavam no cais para saudar os U-boats enquanto os caça-minas concluíam sua tarefa. Um, no entanto, iria se perder; o submarino que ia à frente atingiu a mina, a explosão abriu um enorme buraco na popa da sala de controle e ele afundou imediatamente. Horrorizada, a tripulação do *U-513* partiu para o resgate, mas apenas onze dos 53 homens que estavam no outro submarino foram salvos.

No porto, o oficial engenheiro do *U-513* foi substituído depois de entrar em um estado de choque que paralisou suas pernas. O comandante, um veterano que já havia comandado três patrulhas no *U-513*, também deixou a embarcação; foi substituído por um homem muito mais novo, o *Kapitänleutnant* (capitão-de-corveta) Friedrich Guggenberger. Seis semanas mais tarde, o *U-513* estava mais uma vez no mar.

Em cima da embarcação, alto e magro, com 29 anos, Guggenberger levantou o binóculo Zeiss e esquadrinhou a paisagem marinha. Viu apenas uma vastidão azul-esverdeada, animada por ondas e espuma. Seu antigo campo de caça no Mediterrâneo fora mais vigorosamente azul, mais perigoso, mais excitante. O *U-513* estava bem além da ilha inabitada de Ascensão no meio do Atlântico e, exceto por um vapor de duas chaminés que perseguiu e perdeu ao sul das Ilhas Canárias, não havia encontrado nenhuma presa. No Mediterrâneo, além de um número maior de navios inimigos por uma extensão menor de água, havia alvos na costa que Guggenberger podia atacar — como fizera corajosamente em Jaffa, destruindo tanques de estocagem de combustível.

Guggenberger guinou para a escotilha, fechou-a e desceu a escada de metal. Ao passar do último degrau para a sala de controle, ficou um instante parado, deixando os olhos azuis-claros se ajustarem ao tom marfim e nada natural da iluminação. No porto de onde zarpara, frutas e vegetais frescos tinham sido colocados em cada canto do submarino e agora estavam amadurecendo. A comida exalava uma mistura de enjoativos aromas adocicados que colidiam com os odores de óleo diesel do barco, do banheiro único que era usado por toda a tripulação e dos homens sem banho — a água era um luxo. Guggenberg tirou a encharcada pelerine de borracha, que passou a um ajudante de ordens, talvez lamentando não ter ficado mais alguns minutos ao ar livre.

Os tripulantes se viraram em seus postos e bateram continência. Seus rostos estavam ásperos, porque fazer a barba também era um luxo. Alguns, é claro, mal exibiam uma barba. Àquela altura, os alemães estavam sendo levados para a guerra com 15 ou 16 anos.

Antes mesmo de pousarem os olhos nele, todos a bordo já tinham ouvido falar de Guggenberger. O ás da guerra submarina havia destruído mais de 60 mil toneladas de transportes inimigos desde o início do conflito. Certa vez, no comando do submarino *U-81*, executou sua proeza mais famosa, uma arrojada ultrapassagem de Gibraltar e entrada no Mediterrâneo para afundar o porta-aviões britânico *Ark Royal*.

Esse navio inimigo era a presa maior que os alemães ansiavam por destruir. O *Ark Royal* fora uma das embarcações que haviam participado do bloqueio britânico do Rio da Prata, em 1939, quando o *Graf Spee* afundou.

Dois anos mais tarde, em maio de 1941, era um dentre as dezenas de barcos que caçavam o poderoso couraçado alemão *Bismarck*, quando a simples menção a este nome enchia de terror os marinheiros britânicos. Quando o *Bismarck* destruiu o imponente HMS *Hood*, uma lenda imperial conhecida por exibir sua bandeira em portos do mundo inteiro como símbolo do poder britânico, Winston Churchill disse: "Não me interessa como farão isso, mas afundem o *Bismarck*".

O *Ark Royal* encontrou o *Bismarck* no Estreito da Dinamarca, mutilou-o com torpedos e perseguiu-o até que, fustigado pelo *Ark* e seus irmãos, o navio foi a pique. Seis meses mais tarde, ao largo de Gibraltar, Guggenberger afundou o *Ark Royal* com um único e bem colocado torpedo em seu estibordo. O ato representava uma vingança pelos 2 mil homens perdidos no *Bismarck* e, como escreveu um cronista britânico, "destruiu o centro do impressionante poder da Marinha Real no Mediterrâneo". O próprio Hitler presenteou Guggenberger com a Cruz de Cavaleiro da Cruz de Ferro, a mais alta condecoração militar do Terceiro Reich.

Herói nacional ou não, o novo comandante impôs um regime que provocou resmungos no *U-513*. Repetidas submersões de rotina, exercícios de emergência e mergulhos repentinos levaram a tripulação ao esgotamento, pondo à prova os homens e a máquina. Quando Guggenberger considerava o tempo de mergulho muito lento, os tripulantes tinham de eliminar aberturas no espaço em cima dos tubos dianteiros dos torpedos para aumentar a circulação do ar e reduzir o tempo de descida em alguns segundos. Esses momentos extras podiam significar a diferença entre a vida e a morte.

Mais de uma vez, o operador de rádio Hans Zophel inclinou-se para fora do cubículo onde monitorava as transmissões de rádio e os sons fora do submarino para pedir silêncio. A ordem passava de um homem para outro ao longo de toda a extensão do barco como uma pedra saltando num lago, mas eram alarmes falsos, só para deixar os homens em alerta e fazê-los suar.

Quando Guggenberger finalmente caía no seu beliche, deitando sem travesseiro e com um pano sob as botas para manter a roupa de cama limpa, era provável que suspirasse com a frustração de um homem de ação amarrado a uma vela de arrasto. Talvez pegasse uma foto de sua mulher, com quem havia se casado apenas três meses antes. Ou do pai, usando o uniforme preto de um oficial da Marinha do Kaiser. O pai desaparecera na Batalha de Heligoland Bright, no Mar do Norte, durante a Primeira Guerra Mundial, depois de cair em mãos britânicas, alguns meses antes de Guggenberger nascer.

* * *

Em 21 de junho, primeiro dia de inverno no hemisfério sul, ao largo da costa do Brasil, Guggenberger enfim encontrou o inimigo com que tanto queria se defrontar.

O cargueiro sueco *Venezia* acabara de embarcar tabaco, café, cacau, manteiga de cacau e barris de óleo vegetal em um porto de Salvador, na Bahia, e passava por fortificações portuguesas da época colonial com destino a Buenos Aires. Estocolmo vendia minério de ferro para a Alemanha nazista, permitia a passagem de soldados alemães pelo seu território e, de um modo ou de outro, colaborava com Berlim. Ao mesmo tempo, a Suécia compartilhava inteligência com a Grã-Bretanha e acolhia judeus. Jogava com ambos os lados; era seu modo de permanecer "neutra".

Guggenberger deu a ordem para lançar os torpedos. Qualquer cargueiro flutuando no Atlântico que não pertencesse à Itália ou à Alemanha podia terminar em mãos aliadas e tinha de ser destruído. Se a ação do U-boat resultasse em mal-estar político por ter atingido uma embarcação de um país neutro, o feito sempre poderia ser atribuído aos italianos. O *Venezia* afundou tão rapidamente que o operador de rádio não teve tempo para enviar um SOS. O desaparecimento do navio só se tornou conhecido uma semana depois, quando sobreviventes da tripulação chegaram à terra.

Quatro dias mais tarde, o *U-513* avistou um navio sobre o qual não poderia haver suspeitas de neutralidade, o petroleiro americano *Eagle*. No escuro, o perfil baixo, sem luzes, do U-boat era praticamente invisível. A tripulação do *Eagle* não sabia o que os atingira. Contudo, recuperando-se com rapidez, o *Eagle* devolveu o fogo, obrigando Guggenberger a mergulhar.

"Alarme, alarme", vozes repetiram. Durante as doze horas seguintes, o *U-513* perseguiu o *Eagle*. O petroleiro americano era antigo, construído no ano de 1917 em São Francisco, mas conseguiu se evadir até Cabo Frio, ao norte do Rio de Janeiro, de onde Guggenberger disparou dois torpedos que causaram danos ao *Eagle*. Ele ordenou um terceiro disparo, contando com um golpe fatal, mas o *Eagle* virou bruscamente na direção do porto e o torpedo errou o alvo por menos de 5 metros.

O *U-513* se afastou, mas satisfeito, tendo vencido o *Venezia* e causado dano ao petroleiro americano.

No final de junho, mais precisamente no dia 30 daquele mês, o *U-513* estava perseguindo um grande vapor ao sul de São Paulo quando uma chuva torrencial caiu como uma cortina entre as embarcações. A meia-noite veio e se foi. Quando o ar clareou, a presa havia sumido, mas um vapor menor, o cargueiro brasileiro *Tutoya*, surgiu a uma pequena distância e Guggenberger acertou-o no meio do casco com um único torpedo. A proa do *Tutoya* afundou primeiro e o navio levou consigo seu comandante e seis tripulantes. Dois dias depois, Guggenberger afundou o *Elihu B. Washburne*, um navio americano da classe Liberty que tinha como destino Nova York e que estava cheio de café, uma provisão quase tão crítica para as tropas quanto as munições. Em 72 horas, o U-boat destruiu mais dois navios, o mercante inglês *Incomati* e o cargueiro americano *African Star*, que ia para Nova York com um carregamento de peles e couro. O *U-513* era regularmente abastecido por uma *Milchkühe*, uma "vaca leiteira" nazista, como eram chamados os submarinos cuja única função era reabastecer os U-boats de combate. Em determinado momento, Guggenberger teve de solicitar outro tipo de suprimento: mais torpedos.

Certa noite, o U-boat decidiu avaliar a situação das defesas portuárias do Rio de Janeiro. Ficou tão perto da costa que os homens subiam em turnos ao convés para contemplar as luzes da cidade. Guggenberger descobriu que um único navio, um velho contratorpedeiro, patrulhava a entrada do porto. Ele ordenou posições de ataque e manobrou várias vezes, mas não conseguia encontrar a posição correta. O *U-513* deslizou então para o fundo, permanecendo no local. Horas mais tarde, irrompeu na superfície e, para choque da tripulação, viu-se a pouco mais de um quilômetro de distância do contratorpedeiro.

"Inundar! Tanque de mergulho rápido. Inundar!", ordenou Guggenberger. Objetos soltos voaram, homens bateram com força contra paredes de ferro. Ao dar-se conta de que nenhuma carga de profundidade ou torpedo fora lançada, o *U-513* dirigiu-se para mar aberto. Além da habilidade e valentia, o *Kapitänleutnant* Friedrich Guggenberger era abençoado pela sorte.

Mas era também abençoado por informações precisas sobre os movimentos do inimigo. Talvez a Operação Bolívar estivesse sob pressão de J. Edgar Hoover, mas os navios do Eixo continuavam a estar na ponta receptora da inteligência da *Abwehr*. E é provável que houvesse uma Máquina Enigma a bordo do *U-513* – os submarinos também as tinham.

Vestindo um sobretudo para se proteger do inverno do hemisfério sul, Solomon Suggs estava na ponte do *Richard Caswell*. Um carregamento de tungstênio, o prodigioso metal extraído das montanhas do norte da Argentina, aguardava o navio Liberty no porto de Buenos Aires. Quatro vezes mais duro que o titânio e duas vezes mais duro que o aço, o tungstênio, quando misturado ao carbono comum, tornava-se um componente fundamental para a produção de armas antitanque fortes o bastante para deter os tanques da *Wehrmacht* nazista.

Em Buenos Aires, Suggs escalonou as licenças de desembarque, limitando-as a quatro horas, e ele próprio não desceu do navio; ficou supervisionando o embarque da mercadoria, que foi carregada a mão ou levada por guindaste, e sua colocação nos porões. Após 48 horas, o *Richard Caswell* já estava novamente em alto-mar.

Saindo fumegante do porto e com destino a Nova York, o navio da classe Liberty transportava 900 toneladas de tungstênio, carregamentos de carne enlatada, peles de animais para botas do exército, manganês e fertilizantes. O Rio da Prata corria à sua volta, carregando lodo do Paraguai, do Uruguai e da Argentina, e os detritos davam às águas uma aparência de café.

Suggs conduzia o barco com rapidez e determinação pelo meio do rio, tão largo que não era possível ver a costa. Dedos claros de águas salgadas, de um azul esbranquiçado, penetravam na corrente abraçando o *Richard Caswell* e puxando-o para o mar aberto.

Apareceu um cadete. "Mensagem do imediato, senhor", disse ele. "Aproximando da foz do Rio da Prata." A guerra precisara de cadetes jovens como aquele garoto, dispensados dos quatro anos habituais de formação na Marinha e do treinamento integral.

"Norte", ordenou Suggs. "Norte, para Florianópolis."

Perto das cidades agitadas do litoral brasileiro, Florianópolis possuía um sentimento tão independente de existir como ilha tropical que suas placas de trânsito apontando para noroeste diziam apenas: "Continente". Corriam rumores de que certos pontos de sua orla de areia serviam como estações para reabastecimento de U-boats operadas por colaboradores brasileiros. Mas Suggs sentiu-se seguro com respeito à ilha e seus mares próximos. No porto, havia uma base para navios da Marinha dos Estados Unidos, incluindo aviões anfíbios que acompanhavam a caçada aos U-boats.

Algum dia, no futuro, esses meses seriam lembrados como os mais letais da Batalha do Atlântico, quando os U-boats destruíram mais embarcações aliadas que em qualquer outro período da guerra. O povo inglês quase passou fome. Winston Churchill, que sempre se mostrava forte em suas memórias, escreveu que a Batalha do Atlântico "foi até hoje a única coisa que realmente me assustou".

No *U-513*, o capitão Friedrich Guggenberger recebeu uma mensagem do operador de rádio. Um navio cargueiro dos Estados Unidos cruzaria as águas ao largo de Florianópolis durante a noite. Os espiões da Operação Bolívar estavam fazendo o trabalho deles. E o navio estava carregando tungstênio! O metal havia se tornado um dos mais valiosos da Terra. Poderia ser recuperado? Será que os caixotes flutuariam, pelo menos algum tempo, na água salgada? Certa vez, os americanos tinham salvo mantas de borracha de um navio afundado perto da foz do Amazonas, pagando aos pescadores locais em relação a cada barcada recuperada, portanto a ideia não era tão impossível de ser concretizada. E a informação da inteligência dava uma vantagem ao submarino: tempo para se preparar.

O *Richard Caswell* e o *U-513* navegaram um em direção ao outro durante todo o dia. O mar era enorme, mas o encontro era tão inevitável quanto a chegada da noite. Navios cargueiros geralmente perdiam para U-boats. Mas tinham a bordo atiradores da Marinha americana, e o resultado da disputa poderia ser outro.

Na noite de 16 de julho de 1943, em pleno inverno no hemisfério sul, a lua veio cheia, luz azul sobre as ondas geladas. O vento parecia chegar furioso da Antártida, a algumas centenas de quilômetros ao sul. No *Richard Caswell*, talvez só aqueles da Black Gang, como Pike e Groutman, sentissem calor entre as caldeiras de fogo, os assobios e o ressoar metálico nos três níveis de suas salas de máquinas.

Por volta das nove da noite, de uma posição no convés, Guggenberger espreitou o mastro de um navio rompendo o horizonte, reflexo diminuto mas inconfundível do luar vindo em sua direção. A embarcação que se revelou num perfil mais completo era um navio cargueiro dos Estados Unidos. Com o preto do seu submarino contra o preto da noite, invisível até mesmo sob o luar, Guggenberger decidiu não submergir. E deu um comando aos postos de batalha.

"Fogo!"

Às 9h15, 240 quilômetros a sudeste de Florianópolis, um torpedo atingiu o *Richard Caswell* no lado de estibordo, na extremidade de popa da sala de máquinas, matando os três homens que estavam de vigia e destruindo os motores do navio. Os guardas-marinha começaram a disparar os dez canhões na direção de onde viera o míssil. Oficiais e tripulação corriam e Suggs avaliou os danos e as chances de sobrevivência. "Abandonar o navio!", ele gritou no fone.

Em menos de 10 minutos, sete oficiais, 34 tripulantes, 24 guardas armados e dois passageiros embarcaram em três barcos salva-vidas e num bote inflável e se afastaram. O comandante Suggs, o último a sair, embarcou em um segundo bote com dois oficiais e três marujos, incluindo Pike e Groutman, da Banda Preta.

No *U-513*, Guggenberger viu por um binóculo o último barco se distanciando do navio americano. Então aconteceu uma coisa extraordinária. O bote começou a retornar em direção ao danificado *Richard Caswell*.

Vendo que o navio não afundara de imediato, Suggs retornava com os homens para recolher os documentos da embarcação e destruir a maior quantidade possível de equipamentos do navio.

Quando viu o que os americanos estavam fazendo, Guggenberger ordenou um segundo disparo de torpedo. Este atingiu a ponta dianteira da sala de máquinas. A explosão atirou para fora do navio o capitão e os tripulantes, incluindo Pike e Groutman, dilacerando o convés no meio do navio e a superestrutura da meia-nau. Em minutos, o *Richard Caswell* se partiu em dois e afundou. Não houve sobreviventes entre os que haviam retornado ao navio.

Três dias depois, em 19 de julho de 1943, um avião da Marinha dos Estados Unidos, que decolou do tênder de hidroaviões *USS Barnegat*, avistou o *U-513* e o afundou com cargas de profundidade. Após a guerra, o Almirantado Britânico reconheceu o valor das tripulações do corpo de submarinos alemães, como os homens do *U-513*: "O moral deles continuou inalterado até o amargo fim". Além do *U-513*, 782 submarinos afundaram na guerra. A perda de vidas foi impressionante. Do total de 39 mil mortos do efetivo completo da força naval, 28 mil faziam parte da frota de submarinos.

O piloto do avião que viera do *Barnegat* jogou coletes salva-vidas e botes infláveis para os homens que tentavam salvar-se nas águas e, em menos de quatro horas, o *Barnegat* chegou para pegar os sobreviventes do *U-513*, incluindo Guggenberger. Três dias depois, o outro avião do *Barnegat* relatou ter visto sobreviventes em outro bote e o navio foi para a posição indicada, onde encontrou dois botes amarrados um ao outro e recolheu dezessete sobreviventes do *SS Richard Caswell*. No Rio de Janeiro, o *Barnegat* transferiu seus prisioneiros alemães para as autoridades e desembarcou os homens do *Richard Caswell*... em ancoradouros distintos.

Friedrich Guggenberger foi preso em campos dos Estados Unidos, de onde escapou duas vezes. Na segunda fuga, foi recapturado quando estava a apenas 16 quilômetros da fronteira mexicana. Depois da guerra e de sua repatriação, Guggenberger frequentou o Naval War College [Escola de Guerra Naval] em Newport, Rhode Island. Ele foi promovido a almirante da Marinha alemã e serviu como vice-chefe do Estado-maior das Forças Aliadas da OTAN no norte da Europa.

Em outubro de 1943, três meses depois de Solomon Suggs desaparecer no mar após o disparo de torpedo do U-boat de Guggenberger, seu filho, Solomon Jr., integrou-se, como marujo competente, à tripulação do navio da classe Liberty *Edward D. White*, de Brunswick, na Geórgia.

12

COBRAS FUMANTES

No alto das montanhas dos Apeninos, ergue-se uma torre medieval entre muros arruinados, um lembrete da luta feroz entre nazistas e Aliados que alterou drasticamente a vida de uma pequena cidade durante a campanha que os alemães chamaram "Tempestade de Inverno". Hoje, as encostas de Sommocolonia – o nome ecoa as origens romanas – abrigam jardins com castanheiras e casas agradáveis. A cidade é muito tranquila, trazendo poucas evocações aos disparos e ao bombardeio que assolou esta cidade e todas as outras cidades e vilarejos ao longo da Linha Gótica, onde a guerra grassou durante todo o inverno de 1944-1945, um dos piores da história europeia.

No septuagésimo aniversário do fim da Segunda Guerra Mundial na Itália, membros da unidade de combate na montanha *Alpini*, todos usando o característico e tradicional *capello* com a pena de corvo preto, depositaram uma coroa de folhas de louro no memorial de mármore erguido em Sommocolonia para os caídos. Depois, jovens e velhos sentaram-se para um banquete ao ar livre que terminou com pratos feitos com castanhas, uma homenagem à forma como os habitantes da cidade sobreviveram quando a comida acabou. Eles contaram histórias de medo, perda e bravura. Em uma torre, em um promontório com vista para o Vale do Rio Serchio, três bandeiras esvoaçavam: a tricolor italiana, as estrelas e listras dos Estados Unidos e a esfera azul do céu noturno colocada no centro de um campo amarelo e verde, a bandeira do Brasil.

Vinte e cinco mil brasileiros lutaram ao lado dos Aliados durante a invasão da Itália – a única força latino-americana a lutar na Europa durante a

Segunda Guerra Mundial. O número de seus veteranos diminui a cada ano, e a Força Expedicionária Brasileira (FEB) está à beira de ser esquecida no Brasil. Mas vale a pena lembrar sua história.

Entre julho e dezembro de 1944, comboios de navios com tropas partiram do Rio de Janeiro para a Itália. Os U-boats eram sempre uma ameaça, e navios dos Estados Unidos escoltaram os comboios em certos trechos do oceano. Nery Prado, de 92 anos, recordou que um navio americano parou ao lado do seu no meio do Atlântico para saudar os brasileiros.

"Foi no Equador, antes de o navio americano se desviar", Prado disse para mim na sua casa em Curitiba, no sul do Brasil. "Todos os seus homens estavam no convés, vestidos de branco, e todos nós também estávamos no convés. Cantamos juntos, americanos e brasileiros, *God Bless America*". Sentado no sofá da sala de estar, Prado cantou de novo a música, em português. "*Deus Salve a América...*"

"Foi uma coisa que a gente nunca esquece", disse ele.

Os primeiros 5 mil brasileiros chegaram à Itália em julho de 1944, enfraquecidos pelo enjoo do mar e pela disenteria depois de zigue-zagues pelo Atlântico para evitar submarinos. Pisaram em terra firme sem armas – um desembarque indigno – porque os planejadores aliados haviam decidido que só receberiam armas depois da chegada, não antes. Para complicar, seus uniformes eram verdes, parecidos com os do inimigo. Os napolitanos os confundiram com prisioneiros de guerra alemães, recebendo-os com zombarias e palavrões. Talvez os brasileiros esperassem amenizar o orgulho ferido passando a noite em alojamentos decentes, mas foram levados em caminhões para um "acampamento de base", que na realidade não passava de um bosque com árvores frutíferas no sopé do Monte Vesúvio. Dormiram ao ar livre.

Assim surgiu o primeiro dos mal-entendidos, das diferenças em termos de percepção e comportamento operacional que iriam permear a relação entre brasileiros e americanos. No dia da chegada da FEB, um major do exército dos Estados Unidos relatou: "O tempo estava muito quente e calmo". O comandante brasileiro, general João Baptista Mascarenhas de Moraes, referiu-se àqueles primeiros dias como "terrivelmente frios". O pequeno

Mascarenhas, que usava óculos redondos com aros de metal, era um oficial brasileiro da velha escola cujas expectativas de um certo tipo de boas-vindas foram nitidamente violadas.

Sem alimentação familiar, alguns brasileiros quase morreram de fome nas primeiras semanas até conseguirem acostumar-se às rações GI,* carnes misteriosas em latas de um dourado opaco, e não o arroz, o feijão e a farinha de mandioca com que estavam acostumados. Quando receberam novos uniformes, acharam as botas americanas grandes demais e improvisaram palmilhas de papel ou de pano. Três meses depois, ao chegarem a um distrito da comuna de Barga chamado Fornaci di Barga, alguns soldados empreendedores aproveitaram uma pausa no combate para conseguir sapateiros que ajustassem as botas em troca de rações.

Em suas memórias, o general Mark Clark, comandante do Quinto Exército, ao qual a FEB foi associada, escreveu: "Conseguimos, no entanto, jaquetas de combate e roupas de baixo de inverno** com rapidez para eles, que ficaram devidamente preparados para a linha de frente".

Dizer que os brasileiros estavam "devidamente preparados" com o vestuário, como Clark escreveu, não era dizer que estivessem preparados, apesar da opinião do general, "para a linha de frente" contra tropas do marechal de campo Albert Kesselring. Como um dos estrategistas mais bem-sucedidos de Hitler, Kesselring comandava soldados muito bem treinados e experientes na frente do Eixo, na Itália. A mais recente – e única – missão no exterior de tropas brasileiras fora três séculos antes, em 1648, quando soldados da colônia portuguesa do Brasil participaram de uma expedição para expulsar os holandeses de Angola e assumir o controle do comércio de escravos que alimentava a indústria açucareira.

---

* Eram as rações fornecidas aos soldados do exército americano, chamados pelas iniciais G e I. O costume de chamá-los assim vinha da Primeira Guerra Mundial, quando o equipamento fornecido aos soldados dos EUA trazia a marca G.I., indicando que fora feito de *galvanized iron*, ferro galvanizado. (N.T.)

** Ou seja, gandolas e calças de inverno. (N.T.)

Ao se prepararem no Brasil para lutar na Europa, os soldados tinham usado armas das décadas de 1920 e 1930, como os rifles Mauser de um só tiro, as metralhadoras Hotchkiss dos tempos da Primeira Guerra Mundial e a artilharia Schneider do tipo transportado no lombo de mulas. Em um antigo campo de caça real, perto de Pisa, os homens fizeram um curso intensivo com as novas armas americanas.

Mascarenhas e suas tropas enfrentaram uma situação militar perigosa na Itália. Os Aliados já haviam tomado a Sicília, Monte Cassino, Roma e a maior parte da região sul do país, mas as forças alemãs (junto com milhares de italianos que tinham concordado em servir no exército alemão depois que a Itália se rendeu, em 1943) mantinham-se firmes em grande parte do centro do país e na quase totalidade da rica região norte. Dezenas de milhares de tropas aliadas tinham acabado de ser retiradas da Itália para se prepararem para a invasão da França, deixando os Aliados com falta de homens. Toda a Itália ao norte de Roma ainda continuava em disputa.

O restante da Europa estava em chamas. No dia em que os primeiros brasileiros chegaram a Nápoles, uma conspiração para assassinar Hitler acabara de fracassar e o Führer ordenou a mobilização de todos os alemães para a guerra. Os tanques do general americano George Patton estavam avançando sobre linhas alemãs; os russos avançavam para Varsóvia.

De modo pouco coerente, entre a instrução intensiva e exercícios exaustivos, as tropas recém-chegadas se divertiam em atividades extracurriculares, como se não pudessem deixar para trás um espírito de celebração particularmente brasileiro. Em 19 de agosto, quando Winston Churchill chegou usando um terno leve, um capacete esbranquiçado e o sempre presente charuto na boca para visitar um campo de batalha em um trecho pantanoso – mas arborizado – da costa chamado Tiro de Bolo, os brasileiros estavam em forma, magníficos nos novos uniformes. Alguns dias depois, comemoraram uma data brasileira, o Dia do Soldado, com músicas e um desfile com os uniformes. Essa propensão para o convívio quase foi fatal para algumas tropas que gostavam de se reunir de modo informal, à noite, em volta de fogueiras, apesar das ordens de blecaute. Mais de uma vez o brilho do fogo atraiu ataques de aviões da Força Aérea Italiana fascista.

Depois de três semanas de treinamento em Pisa e de um inevitável desfile de graduação, os brasileiros foram jogados contra milhares dos mais experientes soldados da *Wehrmacht* de Adolf Hitler. "A posição alemã na Itália estava tão forte quanto em qualquer outra época da campanha italiana", escreveu o historiador do Quinto Exército, tenente-coronel Chester G. Starr. Mascarenhas temia que seus homens servissem de bucha de canhão.

Os brasileiros encontraram o inimigo na Linha Gótica. Construída por 15 mil trabalhadores escravos italianos vinculados à Todt Organization, uma empresa de engenharia a serviço do Reich, a Linha era uma faixa sinuosa, com abrigos de aço e *bunkers* de proteção, de quase 300 quilômetros de comprimento por 16 de largura, que partia do sul de La Spezia, na costa oeste da Itália, e cruzava os Apeninos até um ponto entre Pesaro e Ravena na costa leste, no Mar Adriático. Para deter o avanço dos Aliados em direção ao norte de Roma, Kesselring fez com que projetassem fortificações inexpugnáveis, com 2 mil plataformas de concreto para servir de base a baterias antitanques e antiaéreas de 88 milímetros, além de campos minados e posições de defesa talhadas nas montanhas. Formadas a partir de 27 divisões alemãs de Kesselring e partes de seis divisões italianas — meio milhão de homens —, havia dezoito divisões estacionadas na Linha.

Foram as minas terrestres que levaram algumas das primeiras vidas brasileiras. Os soldados alemães lutavam de modo competente e obstinado. A essa altura, os veteranos da *Wehrmacht* já haviam participado de dezenas, senão centenas de batalhas, escaramuças e tiroteios na Europa e na África.

Mas, mesmo fora do campo de batalha, longe do inimigo, os brasileiros eram descartados de tarefas ou missões importantes devido à preparação inadequada. Homens que nunca tinham entrado em um automóvel de repente viam-se no volante de caminhões de 10 toneladas, dirigindo em estradas de regiões montanhosas que a chuva deixava escorregadias e lamacentas; 36 motoristas e passageiros morreram em acidentes no primeiro mês. Setenta e um anos mais tarde, um veterano chamado Eronides João da Cruz ainda insistia no valor de seus colegas soldados, embora lamentasse a falta de treinamento. "Em tudo que aconteceu, nós brasileiros mostramos que não éramos fracos, mas basicamente inexperientes", me disse Cruz.

E muitos eram doentes. Nery Prado se lembra que, dos seis adolescentes que abandonaram fazendas de café para se apresentarem como voluntários para a FEB, só ele e mais um passaram no exame físico. "Você tem de ser saudável para morrer", disse num tom de pesar. Contudo, a triagem médica no Brasil foi errática. Para a consternação de médicos brasileiros e americanos, homens que nunca deveriam ter ido para a Itália tinham de ser tratados por complicações relacionadas à tuberculose e à hepatite, ou mandados de volta para casa.

E a questão do idioma foi um problema não previsto – ou ignorado – por brasileiros e americanos. O general Clark designou seu ajudante de ordens, o capitão Vernon Walters, de Connecticut, como oficial de ligação junto ao general Mascarenhas. Walters tinha sido criado na Europa e falava várias línguas, incluindo o português. Mas o dinâmico e jovem oficial, que mais tarde serviria como assessor de presidentes, de Harry Truman a Ronald Reagan, era apenas um homem, e muitas vezes tinha de atender a vários oficiais ao mesmo tempo. E não obtinha grande ajuda de soldados brasileiros no que traduzia, embora muitos deles falassem não apenas o português nativo, mas também italiano, alemão ou japonês, línguas que haviam herdado dos antepassados imigrantes; e muitos falavam francês. Brasileiros bilíngues tornavam-se interrogadores improvisados quando soldados alemães ou italianos eram feitos prisioneiros. Só um punhado, no entanto, falava inglês e quase todos eles foram treinados como operadores de rádio. Praticamente não havia outra pessoa que falasse português entre os americanos. Os sul-americanos consideravam que a educação de seus treinadores americanos, que só falavam uma língua, tinha falhas lamentáveis.

* * *

Os primeiros combates dos brasileiros na frente norte do Rio Arno foram verdadeiras provas de fogo. Ninguém fugiu, mas os brasileiros levaram uma surra. Em 18 de setembro, no entanto, as tropas acossadas finalmente alcançaram uma vitória – e em um ponto crítico da Linha Gótica. Perto de Camaiore, cidade localizada em um distrito de planícies verdes no oeste da Toscana, com o general-de-divisão Euclides Zenóbio da Costa liderando o ataque.

Zenóbio, um homem de 51 anos com bom físico e postura de comando de um graduado das melhores escolas militares do Brasil, tinha uma reputação de bravura e a capacidade de conseguir que as coisas fossem feitas. E também exigia lealdade permanente dos homens que tinham servido com ele no Brasil – muitos o seguiram para a Itália. Em 17 de setembro, as ordens chegaram a Zenóbio: tome Camaiore.

"Ele não perdeu tempo", escreveu o general brasileiro chefe do Estado-maior, Floriano de Lima Brayner. "[Zenóbio] comandou, não sem alguma imprudência, autorizando e dirigindo a partida dos veículos, não se preocupando com os perigos que o cercavam."

Os brasileiros puseram os alemães em fuga. A libertação de Camaiore "no estilo puro e impulsivo de Zenóbio" foi uma pequena vitória dentro de uma grande e desafortunada ofensiva aliada chamada Operação Oliva. O plano era atacar a Linha Gótica e abrir caminho para importantes cidades do norte da Itália antes da chegada do inverno. No final de setembro, porém, a Operação Oliva estava "engasgando". Os Aliados estavam perdendo muitos homens e equipamentos. Sempre que os alemães pareciam desaparecer, eles atacavam com ações de retaguarda. Churchill tinha calculado mal: ele não acreditava que os alemães fossem defender a Itália.

Os brasileiros amadureceram como força de combate no vale do sinuoso Rio Serchio, que percorre 125 quilômetros do norte da Toscana, entre os Alpes Apuanos e os Apeninos. Em um dos lados do vale, ergue-se a serra costeira que cintila com os picos brancos de onde Michelangelo tirava seu mármore. Do outro, assentamentos antigos, como Sommocolonia, coroam as vertentes ao longo da cordilheira apenina, chamada de espinha dorsal da Itália. Os Apeninos do Norte, correndo para sudeste a partir do Mar da Ligúria, ao sul de Gênova, e cruzando a península italiana quase até o Adriático, abaixo de Rimini, foram "a mais formidável barreira montanhosa que [o Quinto Exército] teve de enfrentar em operações de combate na Itália", escreveu Starr, o historiador do Quinto Exército.

Infelizmente, os brasileiros enfrentaram chuvas torrenciais quando chegaram ao Vale do Serchio. Chuvas que varriam os caminhões das estradas e ameaçavam as tropas que seguiam a pé com trombas d'água e um tipo de lama capaz de engolir uma pessoa. Com Zenóbio no comando, os homens cumpriram uma dura marcha rio acima, cidade após cidade, ponte após ponte.

Em 6 de outubro, tomaram o distrito de Fornaci di Barga com tanta rapidez que conseguiram se apoderar das munições e da fábrica de peças de aeronaves antes que os alemães pudessem explodi-la. Um esquadrão alemão retornou durante a noite para sabotar o lugar. Seguiu-se um longo tiroteio e quatro brasileiros morreram. De manhã, no entanto, a fábrica estava intacta e em mãos brasileiras.

A essa altura os brasileiros estavam trabalhando articulados com a única unidade *partisan** italiana que permaneceu invicta até o fim da guerra, organizada pelo lendário "Pippo", Manrico Ducceschi. Pippo, um estudante que frequentara o curso de formação de cadetes dos *Alpini*,** teve a honra de ser o combatente da resistência guerrilheira "mais procurado" pelos alemães. Os brasileiros ficaram surpresos com a primeira visão que tiveram dos guerrilheiros – "armados até os dentes", escreveu um *partisan*, "mas sem qualquer tipo de uniforme". Os *partigiani* faziam patrulhas e passavam as informações aos brasileiros. Em pelo menos duas ocasiões, procuraram soldados brasileiros que tinham perdido contato com os comandantes, escoltando-os de volta à base. Relatórios da época dizem que, de todas as unidades aliadas, os brasileiros, de temperamento latino e mostrando respeito pelo conhecimento local dos combatentes italianos, eram os que melhor trabalhavam com os *partigiani*.

---

* Os *partisans* [*partigiani* em italiano] eram os guerrilheiros dos diferentes grupos da resistência italiana ao fascismo. (N.T.)
** Tropas de elite do exército italiano, treinadas para a guerra em áreas de montanha. (N.T.)

Um destacamento brasileiro de Fornaci di Barga encarregou-se de patrulhar o prêmio mais valioso no setor sul do Serchio, a menos de 5 quilômetros de distância: a própria Barga, uma cidade murada com uma notável catedral dominando a paisagem, o melhor exemplar de arquitetura românica no vale.

Os habitantes de Barga tinham convivido com a morte e a ocupação. O padre da paróquia, Lino Lombardi, anotou em seu diário o dia e a hora de cada tiro de canhão disparado nos montes, de cada bomba que atingiu uma casa, de cada alma que havia enterrado naqueles meses terríveis em fins de 1944. Próximo dos 60 anos, com o cabelo quase todo grisalho e óculos de aros pretos que davam ao rosto redondo um ar de sabedoria, o *prete* [padre] usava um chapéu de aba larga e uma batina preta e solta, que o vento balançava quando ele, apressado, cruzava as ruas íngremes e estreitas de Barga. Seu rebanho, ele escreveu, tinha um ar sombrio que parecia inconsolável, "como alguém com um ente querido à beira da morte".

Ao verem os uniformes, os lavradores e moradores da cidade se esconderam com medo de serem arrebanhados para as fileiras de trabalho escravo da Todt Organization. Famílias choravam seus rapazes mortos, que estavam entre as dezenas de milhares de italianos enviados por Mussolini para lutar junto com as divisões de Hitler na frente russa.

Não longe dali, os alemães estavam praticando massacres de mulheres, crianças e idosos, de vinte a setenta pessoas de cada vez, como advertência ou punição. Em uma operação de terra arrasada em agosto, numa cidadezinha montanhosa a menos de 40 quilômetros de Barga, chamada Sant'Anna di Stazzema, tropas da SS praticaram represálias por uma operação *partisan* indo de porta em porta, arrebanhando mais de 700 moradores, incluindo 130 crianças, que assassinaram e cujos corpos queimaram. Na cidade de Marzabotto, uma unidade da Waffen-SS matou cerca de 770 moradores desarmados numa operação que demorou cinco dias. Foi proibido enterrar os corpos. Um dia, Lombardi e alguns paroquianos foram até uma antiga propriedade entre bosques de oliveiras e vinhedos para dar comida a um "rebanho" de pessoas que tinham sido trazidas como trabalhadores escravos em incursões alemãs. Era "um espetáculo lamentável de homens em roupas puídas e rasgadas", escreveu ele, "sapatos quase acabados, gente maltrapilha e sofrendo... reduzida a um estado semianimalesco."

A Brigada Negra, saída das tropas fascistas leais a Mussolini, tinha ocupado Barga desde julho. No outono, eles entregaram a cidade aos alemães, que explodiram o aqueduto local ao se retirarem ante a aproximação dos Aliados, ocupando posições nos montes ao redor. Para cidades como Barga, talvez a libertação não viesse a tempo.

Às 12h15 de 7 de outubro de 1944, Lombardi, retornando da missa que rezara numa paróquia remota, deparou-se com a patrulha brasileira de reconhecimento que vinha de Fornaci. A unidade, Lombardi anotou com espanto, era "composta de soldados das mais variadas cores, do branco ao preto, e comandada por um sargento bem moreno". A não ser que tivesse participado da conquista da Etiópia por Mussolini ou servido em algum lugar da África, talvez um italiano nunca tivesse visto uma pessoa negra antes de ver os brasileiros.

As leis raciais de Mussolini, que vigoraram de 1938 a 1943, faziam discriminação contra judeus, mas também difamavam negros, considerando-os não de todo humanos. Publicações como a revista ilustrada do governo *La Difesa della Razza* promoviam mitos fascistas de preponderância "racial" e cultural italiana sobre judeus e africanos. Para o padre Lombardi, a primeira visão de seus libertadores, soldados brasileiros "das mais variadas cores", era um símbolo do que tinha andado terrivelmente errado na Itália.

"Pensei com tristeza em todo o orgulho racial que, nos últimos anos, tinha sido um dos carros-chefes do Regime, e também sobre o fato de nós, o povo de uma antiga civilização, estarmos sob controle [dos brasileiros], mesmo que um controle amigável, no meio de uma guerra", escreveu ele.

No dia 11 de outubro, precisamente às 10h30, Lombardi comentou "para registro" que as forças brasileiras entraram em Barga em jipes, muitos dos quais, ele escreveu com prazer, "traziam os nomes da Virgem e dos santos, além de imagens sagradas". Multidões encheram as ruas, visivelmente agradecidas ante a promessa de um fim para seu sofrimento. *Partisans*, alguns dos quais estavam há dois dias na cidade, tiveram uma visão mais contida da grandiosa chegada.

Um representante de Pippo já tinha assumido o controle da Prefeitura e supervisionado represálias leves, pondo simpatizantes fascistas para trabalhar tirando os destroços das ruas e cortando os cabelos de algumas mulheres consideradas próximas demais ao inimigo. Agora os *partigiani* contemplavam perplexos o comportamento dos sul-americanos, relaxado, triunfal, "exposto de maneira franca, sem prudência, com sorrisos e alegria, quase como se estivessem em um desfile".

Alguém alertou as pessoas para que saíssem das ruas, e os canhões alemães abriram fogo. Quando o tiroteio tornou a irromper, à meia-noite, Lombardi disparou da cama e correu para se abrigar com os trinta *brasiliani* que tinham acampado no andar de baixo, para passar a noite entre as grossas paredes do complexo da catedral.

Pode ter sido mais ou menos nessa época que os brasileiros, reparando nas características insígnias de grupo usadas nos ombros de americanos, indianos, sul-africanos e outros que lutavam com o Quinto Exército, também quisessem ter uma. A escolha da imagem foi fácil. Havia um dito atribuído a Hitler que circulava entre os brasileiros: "Os brasileiros só vão lutar quando uma cobra fumar". Assim nasceram as Cobras Fumantes, simbolizadas por uma serpente em posição de bote com um cachimbo na boca, a fumaça se erguendo no desenho.

Todos concordam que o povo de Barga ficou feliz ao ver a cidade "ocupada" pelos brasileiros. Um historiador italiano que reuniu relatos da época no pós-guerra concluiu que os sul-americanos "criaram com sua alegre presença na cidade um clima de euforia há longos meses ausente". Mulheres faziam macarrão com molho de tomate e davam aos soldados, homens distribuíam garrafas de vinho; os brasileiros, por sua vez, deram uma parcela tão grande de seu próprio alimento e itens pessoais que enfrentaram uma crise de aprovisionamento. Parte do problema veio de uma pródiga partilha que eles também fizeram com os *partisans*, com quem contavam para as patrulhas. "Nossa comida melhorou", escreveu um *partisan*, porque os brasileiros "dividiam [conosco] a pouca comida que tinham". Também emprestaram aos *partisans* suas metralhadoras Bren, uma Tommy Gun [submetralhadora Thompson], munição e granadas de mão. Ainda hoje, entre os habitantes de Barga novos demais para terem vivido a guerra, os rostos brilham e as histórias jorram com a menção dos *brasiliani*. Em uma observação indicando como eles haviam sido incorporados ao folclore local, o prefeito da cidade me disse que, meses após os brasileiros partirem, nasceram crianças que cresceram com uma notável aptidão para o futebol.

O INVERNO MAIS LONGO

Em três noites no início de novembro de 1944, os soldados brasileiros lotaram caminhões e fizeram um percurso de 120 quilômetros para o leste e depois para o norte do Vale do Serchio, às vezes sem faróis, fazendo curvas ao redor de penhascos cheios de precipícios. Ao amanhecer, chegaram a novas posições da linha de frente.

Por toda a volta erguiam-se montanhas esbranquiçadas pelo primeiro salpico de neve da temporada. Os soldados contemplavam aquilo maravilhados; a neve fresca dava aos montes um ar de encantamento. Era a primeira neve que a maioria deles via. O granizo, a lama congelada e as quedas quando as botas se agarravam ao gelo acabariam se tornando no futuro ameaças tão hostis quanto qualquer inimigo, causando necrose nos pés e queimando a pele. Mas as primeiras neves foram um belo espetáculo, mesmo que incrivelmente frio.

Os sul-americanos ficaram encarregados de tomar o Monte Castelo, com 987 metros de altitude, talvez a montanha mais alta que muitos deles já tinham visto. O controle sobre o monte precisava ser tomado dos alemães para que os Aliados pudessem passar para o Vale do Pó e, por fim, descer para Bolonha, a maior cidade do norte. "Bolonha no Natal!" era a palavra de ordem dos Aliados. Em suas memórias, o marechal Kesselring disse que Monte Castelo era "de máxima importância para a posse de Bolonha e para as rotas de comunicação para o sul, norte e noroeste". Monte Castelo era a chave para conservar posições no leste que chegassem até o Adriático. Os alemães tinham defendido o local com extremo rigor com casamatas de concreto e as tropas da 232ª divisão Panzer.

Em novembro e dezembro, os brasileiros se jogaram de modo brutal – não há outra forma de dizer isso – contra as encostas geladas da montanha. Monte Castelo se tornou a ideia fixa, a presa maior a ser conquistada. "Francamente, vocês, brasileiros, ou são malucos ou muito valentes", disse um capitão alemão a um tenente brasileiro capturado. "Nunca vi ninguém avançar contra metralhadoras e posições bem defendidas com tanto desprezo pela vida."

As Cobras Fumantes tinham lançado seu primeiro ataque em um estado físico debilitado, após 68 dias de ações militares ininterruptas. Perderam doze homens, e outros 45 ficaram tão gravemente feridos que tiveram de ser retirados de combate. Atacaram de novo a montanha no dia seguinte, um assalto frontal sem reforços. Os alemães liquidavam brasileiros como se estivessem praticando tiro ao alvo.

Depois de conversas ásperas com os comandantes americanos a quem os brasileiros responsabilizavam – de forma justificada ou não – pelos fracassos, o general Mascarenhas exigiu o controle da tentativa aliada de tomar a montanha. Suas tropas, afinal, estavam na liderança. O general Clark concordou. O risco era grande, mas o enérgico, decidido Mascarenhas estava determinado a resgatar a honra das Cobras Fumantes. Ele tinha de justificar a presença brasileira no teatro de guerra europeu não só em termos políticos, mas como força de combate. Porém, o ataque seguinte, em 29 de novembro, o primeiro sob comando brasileiro, correu terrivelmente mal.

Na confusão da preparação, algumas unidades não tinham recebido comida e lutaram o dia inteiro famintas. Um novo batalhão foi colocado em posição de forma apressada, sem ter tido tempo de executar um reconhecimento e, quando o dia raiou, ficaram plenamente à vista dos alemães distribuídos pelas encostas. Uma única granada de fragmentação do inimigo chegou a matar nove brasileiros. Longe de se redimirem aos olhos dos americanos ou a seus próprios olhos, as Cobras Fumantes pareceram simplesmente incompetentes. Oficiais aliados reconheceram sua tenacidade, mas começaram a duvidar da viabilidade da Força Expedicionária Brasileira.

De forma inacreditável, os brasileiros fixaram uma data para o que classificaram como um assalto decisivo à montanha. Mandaram o plano de ataque para o alto comando americano, que deu sua aprovação. Na Hora Zero (seis horas) da manhã de 12 de dezembro, uma chuva incessante estava transformando as encostas em pântanos gelados. A névoa espessa dificultava uma cobertura aérea e a visibilidade para o fogo de artilharia. No final da tarde, o general Zenóbio ordenou a retirada. Quarenta e nove homens haviam morrido, e outros seis haviam desaparecido em ação. Recriminações jorravam. Washington havia aprovado o plano de ataque, diziam os brasileiros. Os comandantes brasileiros eram incompetentes, diziam alguns americanos.

Pior para os soldados. Os corpos de camaradas que haviam tombado jaziam espalhados pela neve, inatingíveis porque o território estava sob controle inimigo. Os alemães enterraram alguns dos mortos; mais tarde, uma patrulha das Cobras Fumantes passou em frente a uma lápide que dizia, em alemão: "Aqui Jazem Três Bravos Soldados Brasileiros".

Não haveria "Bolonha no Natal". Foi o pior momento da trajetória da Força Expedicionária Brasileira.

As Cobras Fumantes precisavam se adaptar a um clima que não haviam conhecido em seu país: noites congelantes passadas em tendas de lona que pouco serviam para atenuar o frio. Os pés das trincheiras se alastravam sem controle – provocavam descamação, sangramento na pele e o cheiro horrível característico de um início de necrose. Planadores do inimigo jogavam panfletos. "Por que você abandonou seu país, radiante e cheio de sol, e agora está lutando aqui no meio do nevoeiro, da lama e da imundície, à espera de um inverno terrível, com tempestades de neve e uma avalanche atrás da outra? Isso vale os $95 que você recebe por mês? Um corpo crivado de balas ou um enterro na Itália deviam ser mais bem pagos."

As mensagens, em português, tratavam os brasileiros como "camaradas" e eram assinadas pelos "soldados alemães". À noite, música destinada a induzir saudades de casa jorrava da "Hora Verde e Amarela", um programa de rádio alemão em língua portuguesa batizado com os nomes das cores da bandeira do Brasil. Às vezes, o locutor advertia os ouvintes sobre o fato de que os americanos "que não tinham a estima de ninguém neste mundo" haviam enganado os soldados brasileiros e os induzido a cruzar o mar enquanto os Aliados estavam a postos para invadir o Brasil e se apossarem de seus minérios e outros recursos naturais. Era mais ou menos obrigatório para os soldados ouvir a transmissão, porque ela trazia o placar dos jogos de futebol no Brasil.

Em dezembro, os brasileiros receberam roupas com camuflagem de inverno – tudo branco. Certo dia, relataram a intrigante chegada de uma carga de "tábuas compridas e algumas varas pontiagudas com argolas". Vernon Walters inspecionou a entrega e descobriu a remessa de esquis com bastões para soldados que saíssem em patrulha – em muitos locais os montes de neve já estavam profundos demais para uma caminhada. Por fim, um homem indicado como instrutor de esqui, o tenente Francis Sargent (que mais tarde seria governador de Massachusetts), chegaria para dar aulas regulares mas, enquanto ele não vinha, o poliglota Walters, também esquiador experiente, recebeu instruções para começar o treinamento. Walters inventou "um vocabulário em português totalmente novo para descrever as diferentes manobras e movimentos sobre esquis", conforme ele mesmo escreveu. Após algumas aulas, no entanto, os soldados protestaram, dizendo que não sabiam descer as encostas ou parar. Suas queixas foram testadas quando uma aeronave avariada, um B-25 com inscrições americanas, aproximou-se vindo do norte, expeliu homens em paraquedas, entrou em um mergulho estridente e explodiu em chamas. Walters disse aos brasileiros que ia à base da divisão informar sobre os paraquedistas que tinham descido. "Venham comigo", ele ordenou. E todos souberam descer muito bem do monte.

Os brasileiros aprenderam a esquiar a meio caminho entre Florença e Bolonha, acima do quartel-general da FEB em Porretta Terme, uma pequena cidade do Rio Reno conhecida desde a época etrusca pelos banhos termais. O bombardeio era ouvido toda noite e, durante o dia, os alemães cruzavam com tanta intensidade as estradas vizinhas que Mascarenhas trouxe máquinas de fumaça para que o inimigo não pudesse ver o tráfego aliado; quase todos sofreram com ardência nos olhos e na boca, além de uma sensação de pulmões queimados. A maioria das divisões tinha suas bases situadas bem atrás da linha de combate, mas o quartel-general da FEB ficava no próprio *front*.

Ainda assim, quando o general-de-divisão Willis Crittenberger, comandante do IV Corpo do Quinto Exército, visitou Mascarenhas e sugeriu uma transferência da base, o general brasileiro rejeitou por completo a ideia.

"General Crittenberger, você é americano", disse Mascarenhas. "Tem muitos quartéis-generais na Itália. Pode movê-los para a frente, para os lados ou para trás e ninguém vai dar a menor atenção. Este é o único quartel-general brasileiro na Itália e, quando eu mudá-lo de lugar, vai ser para a frente e não para trás."

O general João Baptista Mascarenhas era um soberbo estrategista, um homem de extrema coragem que se sentia à vontade entre os demais oficiais aliados. Mas oficiais de mais baixa patente também foram exemplos de persistência e audácia naquela campanha de inverno.

O tenente Max Wolf, alto, de olhos azuis, do sul alemão do Brasil, juntou-se à FEB no final de 1944. Vinha nas pegadas de seu oficial superior na força nacional de polícia, o general-de-divisão Zenóbio, que ele admirava. Wolf era filho de um imigrante austríaco, dono de uma torrefação de café. Já fora provado em combate no Brasil, tendo sido gravemente ferido ao lutar ao lado de Zenóbio em 1932, em São Paulo, durante a Revolução Constitucionalista de 1932. Viúvo aos 33 anos, com uma filha de 10 anos em casa, Wolf foi um dos 800 teuto-brasileiros nas fileiras da FEB.

Durante o malfadado ataque de 12 de dezembro a Monte Castelo, Max Wolf tinha mantido sua posição quando a maior parte dos outros recém-chegados, aterrorizados por enfrentar o inimigo poucas horas depois de terem alcançado o terreno, haviam atirado de modo frenético, revelando suas posições e atraindo fogo. Após a batalha, ele se ofereceu como voluntário para comandar uma unidade de reabastecimento com quatro soldados. Levaram munição para posições avançadas, recolhendo na volta os mortos e feridos. No dia seguinte, Wolf acompanhou um oficial superior numa missão de reconhecimento, insistindo para caminhar à frente.

"Capitão, sua vida é mais útil ao país do que a minha", disse Wolf.

Durante as semanas que se seguiram, Max Wolf, carismático e aparentemente incansável, liderou unidades de voluntários para avaliar as linhas inimigas, executar missões especiais e atacar patrulhas do inimigo. Um dia, Zenóbio pediu voluntários para recuperar o corpo de um capitão tombado que estava sendo usado como isca pelos alemães – eles atiravam nos soldados que tentavam resgatar os restos mortais. Liderando uma pequena unidade protegida pela escuridão da noite, Wolf trouxe de volta o capitão morto. Ele coletava informações, fazia prisioneiros alemães e, certa vez, desmascarou um civil italiano que andara orientando a artilharia alemã contra os brasileiros usando para isso as luzes de sua casa.

No final de janeiro, as tropas estavam chamando Max Wolf de "rei dos patrulheiros", uma alcunha que ele assumiu com bom humor. Em 7 de março, uma companhia brasileira que atravessava um campo durante a noite foi surpreendida por explosões de uma fileira de minas. Elas fizeram corpos voar, matando ou ferindo treze homens e, não sem consequência, derrubando linhas telefônicas que as tropas usavam para se comunicar com os postos de comando. Liderando três outros voluntários, Wolf contornou o campo minado e restabeleceu as linhas. Ele já havia recebido de Zenódio medalhas por bravura, por ações anteriores. Devido à ação no campo minado, o general americano Lucien Truscott, que recebera de Clark o comando do Quinto Exército, presenteou Wolf com a Estrela de Prata.

Quando Max Wolf assumiu, em abril, o comando de uma nova unidade chamada Pelotão Especial, os outros soldados tomaram como certo, de modo reservado, que o esquadrão estaria destinado a "missões suicidas". As fotos, no entanto, mostram os homens da companhia em um clima relaxado, cordial e sorridente. Os correspondentes dos jornais brasileiros chegavam ao *front* querendo entrevistar um homem: Max Wolf. Ele cooperava, mas demonstrava uma inesperada timidez ao se ver no centro das atenções.

A foto icônica dos arquivos de um jornal do Rio de Janeiro, tirada em 12 de abril de 1945, mostra Wolf usando um capacete de aço e uniforme de combate, mãos nos quadris, em pé, cerca de um metro à frente de seus homens, que parecem descontraídos, alguns sorridentes, um carregando uma bazuca, os outros submetralhadoras Thompson. Ele está olhando para o lado, como se estivesse preocupado ou distraído. Naquele dia, a patrulha estava encarregada de colher informações vitais para as forças aliadas, que planejavam a gigantesca Ofensiva da Primavera. O inimigo tinha fincado pé no lugar ou estava em retirada? Eles tinham de descobrir.

Duas horas depois que essa foto foi tirada, o Pelotão Especial aproximou-se com cuidado de um trecho de campos abertos, pontilhados de sedes de fazendas, nos ondulantes arredores da cidade de Montese. Feitas de pedras e gesso, lembrando fortalezas, as casas eram às vezes usadas como defesas pelos alemães, que se escondiam atrás ou dentro delas; um soldado se aproximando podia ser recebido por tiros de metralhadora ou de rifle. Por outro lado, as casas poderiam estar abrigando civis assustados, desarmados. Ou podiam estar acolhendo alemães prontos para se renderem, o que às vezes acontecia nesses últimos meses da guerra.

Em um estranho silêncio de meio de tarde, Wolf distribuiu seus homens em flancos opostos e caminhou uns 50 metros à frente deles. Atravessava um campo aberto sem cobertura. Uma longa rajada de fogo de metralhadora explodiu de uma casa de fazenda. Max Wolf caiu com o rosto na terra, onde a neve tinha há pouco derretido.

O comando brasileiro informou sua morte sem mencionar o fato de que, como líder do pelotão, Wolf nunca deveria ter sido o elemento a assumir a posição arriscada do *esclarecedor*, aquele que caminha à frente. Nem o relatório sugeriu que o episódio foi suicida. Em vez disso, Max Wolf é louvado pela "bravura insuperável" em circunstâncias que "não abateram seu ânimo, frente às quais ele não recuou nem fraquejou".

Para muitos que sobreviveram ao inverno de 1944-1945, a bravura consistiu em enfrentar obstáculos menos espetaculares do que aqueles pelos quais Max Wolf é lembrado. "O centro da guerra girava em torno do frio", disse Pedro Rossi, na época um artilheiro de 25 anos. "Muitos perderam as pernas por causa do frio."

Conheci o ex-capitão Rossi por acaso, em 2015, em Pistoia, quando estava parada diante da chama eterna na plataforma comemorativa do monumento de quatro hectares oferecido aos brasileiros, que fica a 32 quilômetros ao sul de seu velho quartel-general em Porretta Terme. Rossi, de 95 anos, usava um chapéu de palha para se proteger do sol, mas ainda conservava o porte militar. Estava completando sua terceira visita aos campos de batalha, disse ele, acompanhado do filho e da nora. Juntos, cruzamos um campo de lápides, cada qual marcada com o nome de um dos 455 brasileiros que morreram na Itália, incluindo Max Wolf. Rossi falou das vicissitudes do clima naquele ano e o fato de ele e seus amigos terem sobrevivido ainda parecia espantá-lo. No entanto, enquanto caminhávamos entre as pedras tumulares, sua voz se reduziu quase a um sussurro. "Os que morreram foram os verdadeiros heróis", disse.

Na extremidade do campo, entramos em um pequeno museu e paramos diante de um mostruário com bombas e armas. Rossi pegou uma metralhadora do tempo da guerra e a manuseou com cuidado, com familiaridade. Recordou os minutos que antecederam a meia-noite em 31 de dezembro de 1944. "Éramos novos. Era a passagem do ano", disse ele apontando a antiga arma para cima. "Então atirei para o alto. Comemorando, você sabe. E um dos outros – um alemão – atirou também." Ele baixou a arma. "Éramos jovens."

O fato é que alguns oficiais mais velhos tiveram a mesma ideia naquela noite, quase no mesmo momento, segundo o relato de Vernon Walters. O coronel Ademar de Queirós, oficial de operações da artilharia divisional brasileira, mandou que fossem disparados revólveres e morteiros para saudar 1945, o Ano da Vitória. Para não ficar atrás, os alemães lançaram uma salva de tiros tão intensa que fez cair um pedaço do reboco do quartel-general brasileiro, demolindo um bufê da comemoração. Oficiais se jogaram no chão para se proteger. Walters pulou para baixo de uma mesa onde havia acabado de colocar sua contribuição para a festa, uma grande travessa de queijo, que era tão difícil de conseguir. O bombardeio cessou. Tocou o telefone. O oficial chefe de operações, coronel Humberto de Alencar Castello Branco, atendeu e ouviu a voz alegre de Queirós: "Gostou da queima de fogos que fizemos?"

"Ademar, nunca mais faça isso", bufou Castello Branco. "A resposta alemã acabou de pousar em cheio em nós. É muita sorte estarmos aqui para atender o telefone."

A determinação de Mascarenhas, a audácia de Max Wolf e a perseverança do artilheiro Pedro Rossi, multiplicadas de uma centena de maneiras pelos soldados brasileiros naquele inverno europeu, podem dar uma ideia de como as Cobras Fumantes se transformaram de uma mal preparada divisão operando com um sentimento de derrota em uma força que emergiria da guerra com justificável orgulho. O combate em si foi o treinamento deles. A reviravolta se manifestou, dentre todos os lugares onde estiveram, em seu velho oponente, o Monte Castelo.

Cinquenta *partisans* italianos juntaram-se às Cobras Fumantes, aumentando sua eficiência. A 92ª divisão, chamada de Soldados Búfalos, tropas negras com oficiais brancos de um exército americano ainda segregacionista – um fato que chocou os brasileiros – lutou ao lado deles. E outra unidade chegou dos Estados Unidos, treinada para lutar nas mais difíceis condições de montanha: a 10ª Divisão de Montanha do Colorado.

A unidade do Colorado, formada por homens que esquiavam por esporte, guardas florestais, montanhistas e trilheiros transformados em soldados de uniforme branco, já tinha cativado o público americano. Eles foram capa da *Saturday Evening Post* e participaram dos populares programas de rádio do aventureiro Lowell Thomas, ele próprio um ávido esquiador. Em 18 de fevereiro, a 10ª Divisão surpreendeu os alemães com uma escalada noturna, silenciosa, dos 450 metros da Crista Riva, considerada inexpugnável de dia ou noite. Uma vez no comando da Crista, conseguiram tomar o Monte Belvedere, muito bem fortificado, o pico mais alto dos Apeninos, com 1.500 metros de altitude. Com as vertentes tomadas, estava aberto o caminho para mais um ataque brasileiro ao vizinho Monte Castelo.

Os homens da 10ª Divisão, com suas insígnias de espadas vermelhas cruzadas num campo azul sob a palavra "montanha" em negrito, compartilharam seu conhecimento de técnicas de sobrevivência com os brasileiros, tais como o uso de sapatos de neve e a construção de uma caverna na neve.

Havia, porém, em termos culturais, uma distância entre eles. Certa noite, um soldado do Colorado ouviu impressionado o que acontecia de um lado a outro da crista. Os brasileiros "deviam estar realmente felizes, porque estavam fazendo muito barulho... como se estivessem passando de uma festa para outra", ele escreveu. "Com certeza, mais cedo ou mais tarde esse pessoal seria ouvido pelos alemães."

No início da manhã de 21 de fevereiro, os brasileiros lançaram seu quinto ataque a Monte Castelo, não um desastroso assalto frontal como tinham tentado antes, mas pelos flancos. No final da tarde, em meio à fúria da batalha, mal-humorados generais americanos visitaram o comando de Mascarenhas para perguntar por que a reserva da FEB não entrara em ação para completar a conquista da montanha. Mascarenhas disse que o momento não era oportuno. Os generais concordaram que, afinal, era àquele brasileiro que cabia a decisão, mas assim que eles saíram Mascarenhas enviou uma mensagem para Zenóbio. A crista tinha de ser atingida enquanto ainda era dia para permitir o apoio da artilharia. "Não vamos perder a confiança dos comandantes americanos", disse Mascarenhas.

O comandante de campo de Zenóbio disse que estava mantendo um ritmo lento para evitar baixas desnecessárias. "Mas meu caro amigo", respondeu Zenóbio, "você quer conquistar o Monte Castelo com homens ou com flores?" Às 4h20 da tarde, a artilharia brasileira começou a martelar a montanha com uma barragem impiedosa de fogo de artilharia. Uma hora e meia mais tarde, Zenóbio pegou o telefone e chamou Mascarenhas. "A montanha é nossa", disse ele.

No Brasil, a imprensa ficou frenética. Agora a nação seria certamente convidada para se unir às outras cinco potências mundiais no Supremo Conselho Aliado, disse o diário carioca *A Manhã*, refletindo as esperanças de um país. O Brasil ajudaria a moldar o mundo do pós-guerra.

As Cobras Fumantes se tornaram imbatíveis, tomando a cidade de Castelnuovo em 5 de março e ajudando a tomar, em abril, a cidade de Montese, com vista para o exuberante Vale do Panaro, após quatro dias de furiosa batalha que custou 426 mortos e feridos. Alguns dias depois, Mascarenhas recebeu notícias de que uma bem-equipada divisão alemã, com oficiais veteranos das campanhas africana e italiana, estava vindo do sul e tentava atravessar o Vale do Pó em direção a Parma, uma das cidades mais prósperas da Itália. Os brasileiros bloquearam as estradas e encontraram os alemães em Collechio, 13 quilômetros a sudoeste de Parma, onde montaram posições de morteiro na frente de uma igreja. Quando um comandante de campo quis interromper a luta e montar um acampamento para passar a noite, Mascarenhas se opôs. "O velho general agia com o entusiasmo de um tenente", disse o militar. Zenóbio também lutou com muita disposição.

"Aquele Zenóbio era maluco", recordou um soldado brasileiro que atirou morteiros durante a batalha. Em textos escritos depois da guerra, o soldado recordou que, defrontado com o fogo inimigo, "eu estava deitado como todo mundo, com aquela metralhadora atirando perto". Mas Zenóbio "não se mexeu, não abaixou, não fez nada disso".

Na vizinha Fornovo, os brasileiros fizeram sua última parada da guerra. Excedidos em número pela infantaria da *Wehrmacht* e pelos *Panzers*, pelos *bersaglieri* [atiradores] do Exército Republicano Nacional dos fascistas italianos, e pelos *alpini*, os brasileiros levaram as tropas aliadas a um impasse com o inimigo. Mascarenhas exigia rendição incondicional; os alemães recusaram. Um padre local foi encarregado de levar mensagens escritas de um lado para o outro das linhas. Os brasileiros garantiram a segurança. Incapazes de escapar ou contra-atacar, os alemães viram que estavam encurralados.

Em seu último feito na Segunda Guerra Mundial, as Cobras Fumantes capturaram 14 mil soldados inimigos e três generais – membros da 90ª *Panzergrenadier* alemã e do icônico Corpo Italiano de *Bersaglieri* – além de toda a 148ª divisão do exército alemão.

SÓ FALTA IR PARA CASA

E agora – agora só me resta acender um cigarro e ir para casa. Meu Deus, só agora me lembrei que a gente morre. Mas – mas eu também?! Não esquecer que por enquanto é tempo de morangos. Sim.

– Clarice Lispector, que cuidou de soldados da FEB em Nápoles.

Em junho de 1945, quase todos os brasileiros na Itália já tinham embarcado de volta para casa — alguns haviam se casado com mulheres italianas e ficaram, ou voltaram mais tarde para o Brasil com suas esposas. Em julho, o general Clark, Vernon Walters e outros oficiais norte-americanos sentaram-se num palanque com vista para o Pão de Açúcar, no Rio de Janeiro. O general Zenóbio liderou as tropas em desfile pela avenida na orla da baía, que cintilava. Os antigos canhões da cidade dispararam salvas de tiros, centenas de embarcações se reuniram no porto, sinos de igreja tocaram e multidões aplaudiram.

Dentro de algumas semanas, no entanto, os veteranos da Força Expedicionária Brasileira passaram a ser deliberadamente ignorados por uma ditadura que temia soldados que haviam lutado por democracia. "Viraram as costas para nós", me disse Eronides João da Cruz. "Éramos inteligentes e bem preparados, mas aqui fomos tratados como cachorros." Cruz não conseguiu arranjar emprego quando retornou. A força foi dissolvida, os soldados se espalharam pelo país. O governo só permitiu que eles se unissem como um grupo de veteranos em 1970.

O general Mascarenhas, o oficial da velha escola que comandou a divisão brasileira nos momentos de glória e de desastre, escreveu uma série de memórias após seu retorno.

O ministro da guerra, general Eurico Gaspar Dutra, que tinha visitado as tropas no Vale do Serchio, ajudou a depor o presidente Vargas em 1945. Dutra foi eleito presidente em 1946 e o Brasil voltou à democracia sob uma nova constituição. Mas Dutra fez o relógio andar para atrás ao preservar programas de desenvolvimento populistas de Vargas. Além disso, destruiu sindicatos, baixou salários e cooperou de forma apaixonada com a política econômica de livre mercado dos Estados Unidos no pós-guerra.

Vargas, no entanto, continuou sendo tão popular que ganhou novamente a presidência quando foram realizadas novas eleições, livres e justas em 1950, e o general Zenóbio tornou-se ministro da guerra. Mas inimigos de Vargas entre os principais generais acabaram exigindo a renúncia do presidente. Foi Zenóbio quem trouxe a notícia na noite de 26 de abril de 1954.* Duas horas mais tarde, Vargas deu um tiro no próprio peito com um revólver Colt calibre 32.

Após os mandatos dos presidentes Juscelino Kubitschek, Jânio Quadros e João Goulart – entre janeiro de 1956 a março de 1964 – os militares brasileiros, ferozmente anticomunistas, implantaram uma ditadura respaldada pelos Estados Unidos que perdurou de abril de 1964 a março de 1985 e incluiu oficiais da FEB. Quando fora presidente, Dutra havia fundado, com assistência dos Estados Unidos, a Escola Superior de Guerra, que ensinava anticomunismo e a visão norte-americana da Guerra Fria; vários conspiradores do golpe militar de 1964 foram graduados nesta escola.

Castello Branco, chefe de operações de Mascarenhas na Itália, tornou-se o primeiro presidente após o golpe. Vernon Walters, já então amigo íntimo de Castello Branco, estava servindo como adido de defesa dos Estados Unidos no Rio de Janeiro. Castello Branco aboliu os partidos políticos e ordenou que juristas elaborassem uma constituição nova e autoritária.

Em 1960, os restos mortais dos homens que haviam sido enterrados no monumento de Pistoia foram transferidos para o Brasil, onde descansam em um monumento no bairro do Flamengo, no Rio de Janeiro. Em Minas Gerais, terra de muitos soldados da linha de frente em Monte Castelo, há um pequeno museu com artefatos da FEB, enquanto veteranos idosos do estado do Paraná às vezes se reúnem no Museu do Expedicionário, em Curitiba. Na cidade costeira de Fortaleza, no nordeste brasileiro, um bairro batizado como Montese é uma homenagem à batalha por aquela cidade italiana.

Mas, com exceção desses, há poucos vestígios das Cobras Fumantes hoje no Brasil. Jovens atendentes do principal centro de informação turística de São Paulo disseram ser para eles uma novidade o fato de os brasileiros terem participado da guerra quando perguntei a eles onde havia um monumento à Força Expedicionária Brasileira na cidade.

---

* Na realidade, na madrugada de 24 de agosto de 1954. (N. T.)

Na Itália, no entanto, há muitas lembranças. Em Pistoia, Mário Pereira, filho do falecido veterano da FEB Miguel Pereira, cuida do monumento visitado por um número crescente de diplomatas, veteranos e viajantes brasileiros. "Eles encontram na internet", disse Pereira. Há um museu que conta a história das Cobras Fumantes e da divisão do Colorado na cidade de Iola de Montese. Um monumento espetacular para os brasileiros, na forma de um imponente arco prateado, pode ser visto de Monte Castelo. Há também placas comemorativas em pequenas cidades libertadas pelas Cobras Fumantes nas províncias de Pisa, Modena e Bolonha.

E todo ano se repete a cerimônia com o piquenique e a colocação da coroa de louros em Sommocolonia, com vista para o Vale do Serchio. Um cômodo anexado à igreja paroquial tem máscaras contra gases de ambos os lados, bandeiras rasgadas por buracos de bala, uniformes marcados com manchas de sangue que escureceram e panfletos dos alemães para os "camaradas" brasileiros.

Em uma parede de pedra, há uma placa mostrando a cobra num verde brilhante, com o cachimbo na boca. Em negrito, é apresentada uma saudação, em italiano e em português:

EM MEMÓRIA DOS SOLDADOS DA FORÇA EXPEDICIONÁRIA BRASILEIRA QUE, PARA DEFENDER A LIBERDADE E A DEMOCRACIA, CRUZARAM O OCEANO PARA LUTAR NA SEGUNDA GUERRA MUNDIAL.

PARTE V
O Fim sem um Fim

13

RATLINES

Em 1949, Walter Rauff, que desenvolveu as câmaras de gás montadas em vans em que milhares morreram durante o Reich de Hitler, estava navegando em um navio que partira de Gênova com destino à América do Sul, em uma rota de fuga administrada pelo Vaticano. Desde o final da guerra, Rauff tinha passado seu tempo trabalhando para as agências de inteligência dos Estados Unidos e de Israel, e dando início, em Damasco, a um serviço de inteligência sírio com base na Gestapo. Agora ele ansiava por uma vida confortável no hemisfério sul.

Rauff foi um dos que fizeram parte da maior fuga em massa de criminosos do século – fascistas com sangue nas mãos que vieram para as Américas depois da guerra por meio do sistema conhecido como *Ratlines* (*Rattenlinien*).*

A Igreja Católica Romana tinha uma boa razão para ajudar nazistas como Rauff, que eram visceralmente contra o bolchevismo. Após a Revolução Russa de 1917, os comunistas travaram uma guerra contra a religião, transformando igrejas ortodoxas russas em museus ou salões de casamento, matando centenas de sacerdotes e torturando crentes que se apegavam à sua

---

* *Ratlines*, em tradução literal *linhas de ratos*, são as cordas cruzadas entre mastros de veleiros por onde antigamente subiam os marujos, em especial as cordas horizontais, que serviam de degraus. A palavra também pode ser traduzida como *trilhas, rotas ou caminhos de ratos*. Quem participava desse sistema de fugas para a América do Sul e usava a palavra em inglês talvez fizesse um jogo com *hotlines*, linhas diretas ou linhas de ajuda. (N.T.)

fé. Eles saquearam e liquidaram monastérios e conventos, ridicularizaram e destruíram objetos de reverência popular. O ateísmo se tornou a lei do país.

Quando a Segunda Guerra Mundial terminou, o Vaticano tinha algumas conclusões definitivas: os comunistas estavam determinados a difundir seu sistema pelo mundo e o conflito entre o comunismo e a Igreja era um jogo de soma zero – só um poderia sobreviver. Era certo que os fascistas jamais se acomodariam a comunistas de qualquer espécie. Tinham experiência na luta e tinham de ser salvos. Foi este mesmo pensamento que levou as agências de inteligência ocidentais, com foco na Guerra Fria, a contratar criminosos de guerra nazistas como Walter Rauff.

Em um notável feito de casuística, aqueles que faziam as *Ratlines* funcionarem supunham que o lado bom do nacional-socialismo – seu ódio ao bolchevismo – podia ser separado do que havia de mau nele. O Vaticano imaginava que, em razão de suas origens sagradas, sua história, posses e visão de mundo, a Igreja era o repositório dos valores da civilização ocidental que estavam sob ameaça. Se os fascistas precisavam ser aliados na nova guerra, que assim fosse.

Na imaginação popular, as rotas de fuga para a América Latina eram um projeto dos nazistas visando estabelecer um Quarto Reich, como descrito em 1972 por um dos *thrillers* de maior sucesso até hoje, *O Dossiê Odessa* (*The Odessa File*), de Frederick Forsyth. O livro era apenas ficção. Oficiais da SS, como Rauff, ajudavam camaradas a fugir e, uma vez na América Latina, eles se associavam de forma aberta. Mas as *Ratlines* envolviam um emaranhado de participantes muito mais amplo e insidioso que o descrito em *O Dossiê Odessa*.

A Igreja utilizou sua vasta infraestrutura para dar cobertura aos fugitivos, da Cidade do Vaticano às dioceses e paróquias de aldeias. Trilhas na Itália, pelas quais fugitivos do Reich começaram a escapar já em 1944, passavam por locais seguros, incluindo conventos e a "rota dos monastérios", seguida por Adolf Eichmann. Os fundos em geral eram provenientes de projetos para refugiados legítimos e pessoas que ficaram sem pátria após a guerra, mas em um caso espetacular, um fundo nazista de dinheiro sujo, criado por uma operação de falsificação da SS, proporcionou ouro e dinheiro vivo que deram suporte a fugas.

A Operação Bernhard, como o esquema foi chamado, teve sua base em um dos fascinantes distritos montanhosos de Tirol do Sul, onde se encontra a antiga cidade de Merano, ligada às origens da dinastia dos Habsburgos e localizada em meio a um balsâmico vale verdejante cercado por nevados picos alpinos. Desde os anos 1850, Merano tem sido um destino para os enfermos ou ociosos. Escritores famosos como Franz Kafka e Ezra Pound estiveram lá por causa do clima e das águas, que tinham a reputação de trazer saúde e bem-estar. Em uma avenida pontilhada de palmeiras nas margens do Rio Passer, um visitante pode pegar um táxi para cruzar uma elegante área de *spas* até morros cobertos por pomares de maçãs e castelos seculares, usados agora como residências particulares ou hotéis.

Em 1943, Friedrich Schwend, um empresário que trabalhava com a SS, comprou um dos sinuosos castelos antigos, Schloss Labers. Perfeito para sua missão, Schloss Labers dava vista para todo o Vale do Passer até um anel de picos cobertos de neve, mesmo no verão. Guardas podiam ver alguém se aproximando. Schwend assumiu a identidade de um major da SS de nome de Wendig, que havia sido morto durante um ataque de guerrilheiros italianos. Algumas vezes como Schwend e outras como Wendig, ele supervisionou durante dois anos a Operação Bernhard, uma trama complexa para minar a economia da Grã-Bretanha e, por fim, a economia dos Estados Unidos. Schwend respondia diretamente a Heinrich Himmler, um dos arquitetos do Holocausto e chefe da SS. Inundando o mercado com notas falsas de libras esterlinas, pretendiam fazer aquilo que a Luftwaffe e o bloqueio de alimentos não haviam conseguido fazer: pôr a Inglaterra de joelhos.

A Operação Bernhard também fabricava documentos falsos para a rede mundial de espionagem do Reich. O projeto escondia, em velhos túneis de mineração na Áustria meridional, ouro e artefatos de valor que poderiam ser necessários no futuro para atender a necessidades nazistas durante uma eventual guerra de guerrilhas no caso da derrota de Berlim ou para a segurança do pessoal da SS após a guerra. Por fim, os lucros da Operação Bernhard acabaram ajudando a bancar as *Ratlines*.

Schloss Labers aparece hoje como um hotel em *sites* de viagens, mas em um dia de abril, quando o visitei, estava fechado para a temporada. Pelas janelas de um vasto pórtico murado, pude vislumbrar um salão imponente, com pé-direito alto. A construção inclui vários anexos, que talvez já tenham sido usados para guardar objetos de valor ou dinheiro. Um pessoal que fazia trilha nas montanhas passou por lá em uma tarde de domingo, mas, nas fotos da Segunda Guerra que eu vira nos arquivos da cidade de Merano, Schloss Labers parecia isolado em seu promontório, absolutamente austero. Schwend vivia de modo confortável, com um grande círculo doméstico, os filhos desfrutando uma árvore de Natal que se erguia quase até as alturas do teto e ovos decorados na Páscoa. No telhado, escondido dos pavimentos inferiores, havia um canhão antiaéreo.

Merano era praticamente um posto avançado do Reich, ocupado pelos nazistas, e Schwend não parecia se sentir ameaçado ao pegar todas as manhãs seu cavalo branco para um passeio pelas colinas. Mas um contingente de soldados da Waffen-SS ligados ao *Sonderstab-Generalkommando III Germanisches Panzerkorps*, o efetivo especial do quartel-general do Terceiro Corpo Blindado Alemão, montava guarda no alto da casa e atrás de arbustos. Schwend viajava bastante, mas, fora isso, lembrava um tranquilo morador das colinas.

Um agente da Divisão de Inteligência do Exército dos Estados Unidos mencionou mais tarde a Operação Bernhard de Schwend como "o esquema mais elaborado e de maior alcance jamais concebido por um exército invasor para a falsificação em massa de dinheiro e credenciais de outros países".

No campo de concentração de Sachsenhausen, ao norte de Berlim, o *Sturmbannführer* Bernhard Kruger da SS supervisionou 140 gravadores, joalheiros e outros artesãos qualificados, todos judeus, que criaram chapas para as falsas libras esterlinas britânicas e, em menor grau, para dólares americanos. Usaram um papel telado especial, encomendado de uma fábrica de papel no norte da Alemanha, e tintas especiais. Os artesãos judeus permaneciam vivos desde que fizessem um trabalho de qualidade, enquanto os prisioneiros ao redor eram aniquilados ou morriam de fome. O dinheiro era enviado de trem de Sachsenhausen para Merano, depois levado para Schloss Labers, armazenado em galerias ocultas e, ao final, distribuído pelas redes globais de Schwend.

Agentes da operação compravam ouro e obras de arte com notas falsas nas galerias de Paris ou Berlim e nos mercados árabes do Oriente Médio. Pagavam os espiões do Reich. Lavavam dinheiro comprando imóveis. Às vezes Himmler, chefe de Schwend, brigava com outros ramos da burocracia nazista sobre a Operação Bernhard: o ministério das relações exteriores e o banco central alemão não queriam desestabilizar sistemas monetários globais, mesmo os dos inimigos. Vez por outra, um frustrado *Reichsbank* se via às voltas com a moeda sem valor.

O dinheiro falso de Schwend, incluindo certificados falsos de pagamentos militares dos Estados Unidos – *scrip* – chegaram a perturbar ligeiramente as economias, em especial a da Itália. Mas as cédulas da Operação Bernhard, criadas com tanto esmero, não chegaram a desestabilizar as moedas do mundo, como os planejadores esperavam. Schwend não teve tempo suficiente. "Se essa operação de falsificação [tivesse sido] totalmente organizada em 1939 e início de 1940, os resultados da Segunda Guerra Mundial poderiam ter sido bem diferentes", disse um estudioso do Holocausto, o rabino Marvin Hier. Mas o esquema bancou a fuga dos fascistas da Europa para a América do Sul.

Caminhões carregados de dinheiro e ouro deixaram Schloss Labers em direção ao sul, a Roma. Entre as torres e cúpulas da Cidade Eterna, as riquezas, a infraestrutura de transporte e os locais seguros da Operação Bernhard contribuíram para as *Ratlines*, que já estavam sob proteção da Igreja.

O comunista Stalin podia exterminar pessoas aos milhares e assistir a milhões morrerem de fome e o fascista Hitler podia matar milhões por terem nascido as pessoas que eram – judeus, homossexuais, ciganos, deficientes físicos. Mas membros da Igreja viam uma diferença entre os dois e acreditavam que era possível conviver com uma das visões de mundo, mas não com a outra. O ardor anticomunista de certos príncipes da Igreja pôs em ação as *Ratlines*.

Um bispo austríaco no Vaticano, Alois Hudal, protegeu muitos dos criminosos de guerra nazistas mais infames, incluindo Rauff, Eichmann e Franz Stangl, comandante de Treblinka, um campo de extermínio. Quando seminarista, Hudal, filho de um fabricante de calçados de Graz, mergulhou na história da Igreja Católica Ortodoxa Oriental, separada de Roma há um milênio devido a questões doutrinárias. Ficou obcecado por um princípio orientador — na realidade, um desejo — que permaneceria com ele pelo resto de sua vida: um dia a Igreja Oriental nos Bálcãs se uniria de novo a Roma. Isso só poderia acontecer, acreditava ele, se a Rússia comunista se tornasse decididamente fraca, incapaz de se impor sobre a Europa Oriental. Para Hudal, uma Alemanha forte seria um baluarte sagrado do cristianismo, a única esperança de o Ocidente impedir que o bolchevismo ateísta varresse o continente.

Enquanto prestava serviço voluntário como capelão do exército na Primeira Guerra Mundial, Hudal escreveu um livro de sermões para soldados que antecipava as crenças que se solidificariam mais tarde. Os sermões confundiam lealdade nacional com "lealdade a Deus". Mais tarde, Hudal também escreveu sobre judeus, que estavam ligados, ele advertia, à "nefasta" tendência para a democracia. Os judeus eram o portal para o liberalismo e o bolchevismo, e o cristianismo tinha de enfrentá-los. O nazismo era uma ferramenta para atingir esse objetivo.

Logo Hudal se viu como um mediador entre a Alemanha e Roma, dizendo que a postura do Vaticano com relação a Hitler era muito severa. Ele sustentava que o Führer não era um extremista, embora alguns de seus seguidores fossem. Um nacional-socialismo cristianizado poderia salvar o mundo.

Nos anos 1940, Hudal era o bispo responsável pelo complexo composto da igreja e das salas de aula do seminário Santa Maria dell'Anima, que ocupava um quarteirão de Roma. Localizados entre ruas estreitas e sinuosas perto da Piazza Navona, os muros sólidos do Anima, de um ocre suave, emergiam em contraste com as graciosas e brancas igrejas das proximidades. Um visitante ainda hoje pode ver seminaristas chegando ao Anima de bicicleta, as longas batinas esvoaçando. Acima da porta estão as palavras *speciosa facta est* ("justa ela é"), de uma antífona das Vésperas marianas, uma alusão à Santa Virgem, de braços abertos para o estranho. Um dos mais notórios criminosos de guerra a procurar ajuda nessa porta foi o perpetrador do terrível massacre das Ardeatinas, de 1944, que continua sendo um símbolo na Itália das odiosas matanças nazistas de civis ocorridas entre setembro de 1943 e o final da guerra, em maio de 1945. A trajetória do oficial da SS na Roma ocupada (onde o massacre aconteceu) em busca de um salvo-conduto para a Argentina mostra como funcionavam as *Ratlines*.

"ELE ERA MUITO CONTROLADO, MUITO FRIO..."

Em 23 de março de 1944, uma divisão armada com 160 policiais da SS, formada por pessoas de etnia alemã de Tirol do Sul, marchava pela estreita Via Rasella, no centro da Roma ocupada, não longe da Fonte de Trevi. Uma bomba explodiu e vários soldados morreram. *Partisans* italianos surgiram de esconderijos, dispararam submetralhadoras e pistolas, desaparecendo por entre as ruas e esquinas. Morreram 33 policiais da SS.

As notícias do ataque chegaram a Hitler no bunker Toca do Lobo, na floresta do leste da Prússia. A reação dele foi furiosa. "Ele está aos berros", relatou um oficial para seus colegas. "Quer explodir um quarteirão inteiro da cidade, incluindo todos que moram lá."

Foi dada a ordem para serem mortos dez romanos para cada soldado da SS que tombara na Via Rasella.

O capitão da SS Erich Priebke estava de serviço. Aos 31 anos, o alemão de cabelos claros era um homem magro e atraente. Priebke havia trabalhado em hotéis de alto padrão em Londres e Capri antes de se oferecer como voluntário, em 1936, para o corpo de "soldados políticos", uma unidade de elite; ele servira de intérprete entre Mussolini e Hitler quando o Führer foi a Roma. Parte de seu trabalho era servir de contato entre a SS e bispos próximos ao papa. À noite, Priebke aproveitava a vida noturna dos privilegiados que circulavam pela cidade ocupada. Um agente secreto do OSS que conheceu Priebke em uma festa classificou-o como "charmoso, frio e distinto — bem-apessoado, com o uniforme impecável".

Na sede da Gestapo na Via Tasso, porém, Priebke podia ser violento. "Era muito controlado, muito frio", disse uma mulher cujo marido foi um dos prisioneiros que Priebke torturou. "Bateu muitas vezes nele com um soco-inglês."

O escritório da Gestapo de Priebke recebeu ordens para reunir 330 italianos e executá-los dentro de 24 horas em represália pela morte dos policiais da SS. "Passamos toda aquela noite examinando os registros e não conseguimos encontrar a quantidade suficiente de pessoas para completar o efetivo requerido para execução", disse ele mais tarde. A polícia militar pegou então alguns pedestres nas ruas e outros foram levados por serem judeus. Uma dúzia de homens que tinham sido soltos de uma penitenciária do outro lado da cidade e estavam pegando suas coisas na portaria para sair foram agarrados para preencher a cota.

O registro final de vítimas em mãos de Priebke representava um corte transversal dos romanos, entre eles 68 militares, incluindo 42 oficiais do exército italiano leal ao rei Victor Emanuel, que tinha cedido aos Aliados em setembro de 1943. Outros eram agricultores, artesãos, artistas, comerciantes, um diplomata, um padre, seis estudantes, médicos, um advogado e funcionários públicos.

No final da manhã de 24 de março, Priebke e outro oficial ordenaram que os homens subissem em caminhões de carne que tinham sido requisitados para fins militares, e a comitiva seguiu pela Via Ápia até uma área de túneis onde os primeiros cristãos, proibidos de enterrar seus mortos dentro das muralhas da cidade, tinham construído tumbas subterrâneas. Pararam em uma antiga pedreira conhecida como Fossas Ardeatinas, entre as catacumbas de São Calisto, que contém as criptas de dezesseis papas, e de Santa Domitila, onde estão enterrados os mártires cristãos do primeiro século.

As tropas encaminhavam cinco homens por vez para uma caverna a cerca de 30 metros de distância, enquanto Priebke ia riscando seus nomes de uma lista. Um agricultor, que assistiu a tudo escondido em um bosque próximo, registrou o momento do primeiro tiro: três e meia da tarde. Os soldados foram instruídos para eliminar cada pessoa com um único tiro, disparado o mais perto possível e em um determinado ângulo de forma que a bala entrasse no cérebro pelo cerebelo, matando de forma instantânea. Não deviam colocar o cano da arma em contato com o pescoço para que um espasmo ou contração involuntária não retardasse o processo. Um médico se movimentava entre os cadáveres com uma lanterna para confirmar que todos estivessem mortos. Quando alguns soldados hesitaram, o próprio Priebke atirou em dois italianos para que não houvesse interrupção no processo.

Massacres demoram. As horas passavam. Quando os soldados começavam a reagir com repugnância ou pareciam abalados pelo trabalho, os oficiais distribuíam conhaque; a mira se tornava menos precisa, de modo que poderiam ser necessários três ou quatro tiros, não apenas um, para matar. Alguns dos mortos estavam na faixa dos 70 anos. Do lado de fora, os que esperavam, como Gino Cibei, de 19 anos, e seu irmão mais novo, Duilo, de 14, podiam ouvir os tiros e apenas aguardavam sua vez.

Quando o trabalho foi concluído, uma explosão fez desmoronar a abóbada da gruta, sepultando algum ferido que ainda pudesse estar vivo. Três meses mais tarde, depois que os Aliados tomaram Roma, soldados removeram as rochas e exumaram os restos mortais, mas os peritos não conseguiram identificar todos os corpos.

No fim da guerra, dezenas de milhares de alemães, incluindo oficiais como Erich Priebke, foram mantidos em campos italianos de prisioneiros de guerra superlotados enquanto os Aliados tentavam descobrir a identidade de cada um deles. Priebke mantinha a cabeça baixa. Na véspera do Ano Novo de 1946, ele escapou com alguns companheiros cativos cortando caminho pelo arame farpado do perímetro de segurança enquanto os guardas britânicos estavam bebendo e os guardas poloneses já estavam bêbados.

Ele foi para o Tirol do Sul, para onde a esposa havia se mudado com dois filhos pequenos. A família Priebke – ele nunca trocou de nome – adaptou-se perfeitamente à cultura alemã local. Havia muitos outros refugiados do Reich – ninguém se preocupava em ser denunciado. A esposa e os dez filhos de Martin Bormann, secretário particular de Hitler e um dos homens mais poderosos do Reich, instalaram-se em Merano para esperar (em vão) pela chegada do marido.

Em 1944, muitos dos grandes hotéis e clínicas de Merano tinham sido convertidos em hospitais militares nazistas. *Meran* – nome da cidade em alemão – tornou-se uma cidade oficialmente chamada *Lazerettstadt*, "cidade hospital". Cruzes vermelhas em bandeiras brancas esvoaçando nos telhados colocavam a área ao abrigo de bombas aliadas. Protegiam oficiais e colaboradores nazistas que já estavam em fuga.

Em 1948, Priebke já sabia não apenas que os mais próximos colaboradores de Hitler tinham sido julgados em Nuremberg, mas também que ex-nazistas de vários escalões continuavam a ser acusados de crimes de guerra em outros lugares. O *SS Obersturmbannführer* Herbert Kappler, chefe da Gestapo na Roma ocupada pelos alemães e superior de Priebke, já estava preso e os italianos queriam Priebke pelo massacre das Ardeatinas. Ele concluiu que seria prudente deixar a Europa.

Muitos dos fugitivos iam para Madri ou Lisboa, onde certas áreas eram bem conhecidas como refúgios para os que buscavam um meio de sair da Europa. A pequena Merano, na época com uma população de uns 18 mil habitantes, oferecia tantas oportunidades para alguém usar uma *Ratline* quanto essas cidades maiores. Priebke começou procurando um clérigo católico romano do local.

Os párocos, em especial no norte da Itália, costumavam confirmar a fé católica e a boa reputação de fugitivos e colaboradores nazistas. Quer fosse ainda simpatizante do fascismo de Mussolini, que fizera concessões à Igreja em troca de apoio, quer fosse um admirador do Reich porque Hitler combatera os comunistas, ou antissemita, o clérigo atestaria por escrito que uma determinada pessoa procurando documentos era um católico praticante de bom caráter, o que lhe dava acesso ao sistema de fuga organizado pela Igreja. Para se proteger, Priebke passou por um "rebatismo". Também prefeitos e outros funcionários públicos dos municípios, como os de Merano, forneciam recomendações escritas assegurando que uma pessoa em fuga tinha apresentado provas de que era apátrida, vítima do deslocamento de fronteiras que afetava milhões no final da guerra.

Com as referências, tanto os refugiados verdadeiros quanto os falsos podiam obter documentos do Comitê Internacional da Cruz Vermelha (CICV) certificando a condição de pessoas incapazes de retornar para sua terra natal. Oficiais da imigração aceitavam os papéis do CICV como identificação para viagens internacionais, bem como para a emissão de passaportes. O CICV não era capaz de identificar de fato quem recebia os certificados, ou, às vezes, os funcionários sabiam quem eles eram, mas, apesar disso, emitiam os papéis.

Em Santa Maria dell'Anima, o bispo Hudal cumprimentou calorosamente Erich Priebke. O ex-oficial da SS mais tarde descreveria o bispo como um "cavalheiro". Antes que Priebke deixasse o seminário, Hudal lhe passou um passaporte em branco da Cruz Vermelha carimbado com um visto para a Argentina, com o qual sua família poderia viajar.

Não muito longe dali, outro clérigo estava dando abrigo a grupos inteiros de croatas fascistas. A igreja de San Girolamo degli Illirici, cuja agradável fachada de rocha porosa dá para uma pequena praça na margem do Tibre, fica a meia hora de caminhada, seguindo o rio, da Santa Maria dell'Anima, de Hudal. Até a década de 1890, um lance de degraus de pedra desciam da porta de San Girolamo até o porto de Ripetta. Hoje o porto fluvial já não existe, mas a igreja de San Girolamo e o insólito conjunto de edificações a que ela pertence continuam ali, como têm estado há mais de quinhentos anos.

Em meados dos anos 1940, rapazes agressivos com roupas civis e armas em punho montavam guarda ao redor da área. Às vezes, trocavam uma saudação típica nazista e gritavam na língua croata: *"Za dom spremni!"* ("Pela pátria, a postos!"). O verdadeiro protetor dos fugitivos, no entanto, estava do lado de dentro. Era o diretor de San Girolamo, o reverendo Krunoslav Draganović.

Alto, com cabelo ralo e olhos castanhos penetrantes, Draganović era um natural da Bósnia-Herzegovina que desde cedo se envolvera com as ações da Ustashi, o movimento revolucionário pela independência croata. O fundador do movimento, Ante Pavelić, bombardeou trens civis e colaborou com assassinatos políticos, incluindo o homicídio em 1934 do rei Alexandre da Iugoslávia. O pensamento da Ustashi era uma obscura mistura de nacionalismo, catolicismo romano fanático e fascismo; sua missão, defender a civilização cristã europeia das ameaças dos sérvios "orientais". Quando Hitler e Mussolini entregaram o "Estado Independente da Croácia" em uma bandeja para Ante Pavelić, as forças da Ustashi assassinaram mais de 200 mil cristãos ortodoxos sérvios, milhares de maçons, muçulmanos e comunistas, além de quase todos os ciganos e judeus da região. Draganović ocupou um posto sem grande importância no governo antes de ir para Roma. Ele considerava Pavelić um "paladino da liberdade".

Às vezes, Krunoslav Draganović era chamado de "Padre de Ouro" por usar barras de ouro do tesouro croata para garantir vida nova a milhares de croatas comuns que fugiam do novo regime comunista no final a guerra. Deu abrigo, em San Girolamo, ao ex-ministro das finanças, ao ministro da propaganda, ao vice-ministro do exterior, ao chefe da polícia e ao comandante da força aérea do antigo governo ustashi. Quando Ante Pavelić chegou a Roma disfarçado como um humilde sacerdote peruano, Draganović ajudou-o a obter um passaporte da Cruz Vermelha Internacional e uma passagem em um navio de Gênova a Buenos Aires. San Girolamo foi o destino de parte do ouro e do dinheiro de Friedrich Schwend que saía de Schloss Labers.

O "PERIGO MUNDIAL DO BOLCHEVISMO"

Hudal, Draganović e outros clérigos que ajudaram os viajantes nas *Ratlines* refletiam o pensamento dos escalões mais altos da Igreja. O papa Pio XI, que reinou de 1922 até sua morte, em 1939, deu o tom. Bibliotecário por profissão, Pio XI não simpatizava com os objetivos territoriais nem com os métodos nazistas, mas via Hitler como a única personalidade mundial, além dele próprio, que fazia frente ao "perigo mundial do bolchevismo". Sua encíclica de 1937, *Divini Redemptoris*, lançou a luta contra o comunismo universal à luz da secular "luta entre o bem e o mal". O mundo estava em convulsão, dizia o papa, com as pessoas "correndo o risco de retroceder a uma barbárie".

O perigo era "o comunismo bolchevista e ateu, que visa subverter a ordem social e minar os próprios fundamentos da civilização cristã". Historicamente, a Igreja Católica sempre compartilhou o poder político e social com reis e governos. Mas, nos países comunistas, a Igreja não tinha um papel dominante e podia, inclusive, simplesmente não ser tolerada.

Homens como Hudal e Draganović viviam dentro de uma cultura clerical que havia coexistido durante anos com o fascismo italiano, uma ideologia que o papa julgava estar mantendo o socialismo e o comunismo encurralados no país onde a Igreja tinha sua sede. O próprio Vaticano criou a atmosfera para o desenvolvimento das *Ratlines* com uma ambivalência pública acerca da condenação ou não do nazismo, mas a posição tinha suas raízes na colaboração da Santa Sé com Mussolini.

No Tratado de Latrão, de 1929, Mussolini reconheceu a Cidade do Vaticano como um Estado soberano, independente, governado pelo papa. Il Duce tornou obrigatória a educação católica nas escolas e prometeu dinheiro à Igreja. Em troca, o Vaticano se comprometeu a sufocar a oposição política feita por grupos democráticos católicos e a apoiar o Estado fascista de Mussolini. Foi exigido dos bispos um juramento de lealdade ao governo. O papa estava muito feliz com a restauração da propriedade do Vaticano e dos privilégios eclesiásticos que tinham sido suspensos desde a unificação da Itália, no século XIX.

"Jornais de todo o país, incluindo o diário do Vaticano, insistiram no tema de que aquele evento histórico nunca poderia ter ocorrido se a Itália ainda estivesse sob um governo democrático", escreveu o estudioso do Vaticano David Kertzer. "Só Mussolini e o fascismo tornaram aquilo possível."

Pio XI tinha em vista um Estado confessional italiano onde o catolicismo seria a religião oficial, imaginando que poderia cristianizar o fascismo. Mas Mussolini criou sua própria religião política, às vezes montando nas costas da tradição católica. Quando promulgou as leis raciais em 1938, Il Duce citou trechos de folhetos católicos antissemitas medievais.

Quando o secretário de Estado do Vaticano, Eugenio Pacelli, descendente de uma das melhores famílias de Roma, sucedeu ao trono papal em 1939 como Pio XII, veio à tona uma importante diferença entre os dois prelados. No final de sua vida, o velho papa, Pio XI, passara a considerar o nazismo militarista, com sua supressão das liberdades individuais, tão ameaçador quanto o comunismo ateu e materialista. Em *Mit brennender Sorge* [Com Extrema Preocupação], escrito em alemão para a igreja alemã, ele condenou o "neopaganismo" nazista e o "chamado mito da raça e do sangue".

Seu sucessor, Pio XII, não fez condenações públicas dos nazistas. Ficara impressionado quando forças fascistas esmagaram as forças esquerdistas da Espanha republicana com a ajuda da força aérea de Hitler e abençoou as tropas italianas quando retornaram da luta ao lado de Franco. Os fascistas mostravam, na Espanha, serem capazes de deter o comunismo.

Como núncio papal na Alemanha de 1917 a 1929, Pacelli assinou a Concordata com Hitler, visando proteger 20 milhões de membros da Igreja Católica alemã. Houve compromissos no acordo – os bispos tinham de jurar fidelidade ao Reich. Mas prevaleceu o entendimento de que a primeira preocupação do papa era proteger a Igreja para que seus sacerdotes pudessem administrar os sacramentos que dão ao fiel as graças necessárias à salvação.

Quer não quisesse desencadear a ira de Hitler contra católicos que estivessem sob controle do Reich quer fosse um homem de vontade fraca, o fato é que, como papa, ele agiu com excesso de cautela. Não condenou claramente o assassinato em massa de judeus. Não chegou a excomungar o Führer, um católico batizado. Não deu apoio à resistência italiana – os *partisans* eram suspeitos porque a maioria deles era comunista.

Em seu papel como bispo de Roma, Pio XII também se moveu devagar em 1944 para que os ocupantes nazistas não destruíssem a Cidade Eterna e o Estado papal independente. No dia seguinte ao massacre das Fossas Ardeatinas, *L'Osservatore Romano*, porta-voz oficial do Vaticano, lamentou tanto as mortes dos soldados nazistas quanto os mortos das grutas que foram "sacrificados pelos grupos culpados que escaparam da prisão". Desse modo, o papado lançou a culpa pelas matanças da Gestapo não sobre os alemães, mas sobre os *partisans* que fugiram da Via Rasella.

O Vaticano não operou as *Ratlines* sozinho. Mas os papas deram sinal verde para clérigos implementarem rotas de fuga entre a confusão e a dor causadas por movimentos de pessoas desarraigadas pela guerra.

William Gowen, do Corpo de Contrainteligência do Exército dos Estados Unidos (CIC), que estava procurando Ante Pavelić em 1946, soube que o carregamento de cerca de dez caminhões de ouro roubado havia sido descarregado no San Girolamo de Draganović. O comboio trazia placas do Vaticano. Gowen não conseguiu encontrá-lo. Mais tarde, quando foi recrutado para a rede de inteligência americana, Draganović confirmou a Gowen que o comboio existiu, comandado por um tenente-coronel ustashi. Segundo um relatório, um montante croata de US$ 530 milhões – soma espantosa para a época – escorreu "através do oleoduto do Vaticano" para a Espanha, e depois para a Argentina. O Vaticano negou.

O que fica claro nos próprios registros da Santa Sé, no entanto, é que nenhum outro Estado tinha uma rede como a do Vaticano, com tanta capacidade de saber onde as pessoas estavam e de deslocá-las. Na maior parte das vezes, os sistemas do Vaticano foram usados para dar assistência a legítimos refugiados do tempo da guerra, em uma época de terríveis deslocamentos. Graças à Organização dos Refugiados do Vaticano, que ajudou 12 milhões de legítimos refugiados na Europa entre 1945 e 1953, alguns entre os que fugiam da justiça também obtiveram as cobiçadas *cartas di reconicimento*, as cartas elogiosas que garantiam os documentos de viagem do ICRC.

O serviço de informação papal rastreou pessoas desaparecidas por meio de suas redes de paróquias e mosteiros, além de facilitar a correspondência entre famílias e entes queridos nos campos de prisioneiros de guerra ou no *front*. O serviço manteve 4 milhões de fichas em um arquivo central de pessoas no período da guerra. Trabalhando em colaboração com o inventor

Guglielmo Marconi, o papa Pio XI fundou a Rádio Vaticano, em 1931. A estação transmitiu 1 milhão de mensagens no período de guerra, muitas vezes para reaproximar famílias.

Entre 1940 e 1946, agências operando fora do Vaticano ajudaram cerca de 860 mil pessoas, a maior parte civis, a serem repatriadas ou a se deslocarem para refúgios seguros. É provável que cerca de 30 mil delas fossem criminosos de guerra e colaboradores que usaram as *Ratlines*. Depois da guerra, o Vaticano intercedeu diretamente com Washington e Londres a favor de certos criminosos de guerra e colaboradores nazistas abrigados na Itália, incluindo alguns protegidos por Hudal e Draganović, impedindo que fossem extraditados para países onde seriam condenados à morte.

Quase todas as rotas de fuga passavam pela infraestrutura da Igreja, mas as *Ratlines* não foram usadas para ajudar fugitivos apenas por membros da Igreja Católica Romana. Os Aliados também as usaram para levar antigos inimigos para a liberdade.

> *A ânsia de obter informações está sem dúvida enraizada no instinto de sobrevivência.*
>
> — Allen Dulles, *The Craft of Intelligence*, 1963.

Allen Dulles, que se tornou o primeiro diretor civil da CIA e o homem que ficou mais tempo à frente de uma agência de espionagem nos Estados Unidos, passou a Segunda Guerra Mundial como chefe do OSS em Berna, em uma encantadora casa do século XIV com uma vista impressionante dos Alpes e do sinuoso Rio Aare. Assim como Estocolmo, Madri, Lisboa e Istambul, a capital suíça era considerada uma "metrópole da inteligência", devido ao volume de espionagem e contraespionagem que acontecia lá. Nazistas com problemas com o regime encontravam o caminho para a mansão de Dulles, entrando às vezes por uma porta dos fundos, parcialmente oculta. O espião americano falava alemão fluente e extraía informações pertinentes. Às vezes, as informações que recebia também ajudavam seus clientes no

Sullivan and Cromwell, o escritório de advocacia de Nova York onde Allen e seu irmão Foster, que mais tarde tornou-se secretário de Estado, eram sócios.

O OSS acolheu certos nazistas, colocando-os na folha de pagamento para combater o comunismo no pós-guerra. Na primavera de 1945, Walter Rauff, então chefe nazista da inteligência no norte da Itália, participou da Operação Alvorada, um esquema secreto de Dulles para negociar uma rendição em separado de soldados alemães e tropas de Mussolini naquela parte do país, poucos dias antes do fim oficial da guerra. Friedrich Schwend, da Operação Bernhard, também participou. Mais tarde, Rauff trabalhou para o CIC e Schwend colaborou com o OSS.

Quando as agências de inteligência dos Estados Unidos descobriram as rotas das *Ratlines*, começaram a usá-las para deslocar agentes e contatos valiosos, fascistas ou não, para portos seguros. Assim como qualquer pessoa com dinheiro para uma passagem podia pegar um trem, parecia que qualquer pessoa com os contatos certos podia viajar pelas *Ratlines*. Entre os auxiliares de Friedrich Schwend em seu negócio obscuro havia vários judeus que, após a guerra, usaram as velhas rotas da Operação Bernhard para encaminhar ilegalmente sobreviventes do Holocausto para a Palestina. Certa vez, Schloss Labers hospedou judeus em um andar e nazistas fugitivos em outro.

Do ponto de vista de Dulles e de gente como Draganović, Hudal e Rauff, na esteira da derrota do Eixo despontava a próxima guerra, agora entre o Ocidente civilizado e as forças do Oriente, representadas pela União Soviética. O capitão da SS Klaus Barbie, conhecido como "o açougueiro de Lyon" por conta das torturas que aplicava pessoalmente aos prisioneiros da Gestapo, perguntou certa vez a Draganović porque ele estava tão empenhado em ajudá-lo a fugir para a Bolívia. Draganović respondeu: "Temos de manter uma espécie de reserva moral à qual possamos recorrer no futuro".

Os fascistas e colaboradores usaram as *Ratlines* para a Argentina mais do que para qualquer outro país da América Latina. De um modo geral, o presidente Juan Perón concordava com as políticas fascistas. Ao mesmo tempo, queria que os imigrantes ajudassem na modernização do país e no apoio a seus programas nucleares e aeronáuticos. Perón valorizava a experiência militar e industrial e admirava os sistemas políticos de Hitler e Mussolini. Conhecia particularmente bem a Itália fascista.

Em 1939, um tenente do exército de 44 anos, Juan Domingo Perón, estava vivendo em Merano, aprendendo sobre operações de guerra nas montanhas. Estava ligado a uma excelente unidade de combate *Alpini* e se familiarizava com as forças armadas de Mussolini. Esquiava nas encostas que rodeavam a cidade e montava ótimos cavalos no hipódromo perto do quartel. Alto, atlético, com um esplêndido sorriso, o vigoroso argentino era uma figura elegante em seu uniforme.

De Merano, Perón foi para Roma para servir como assistente do adido militar da embaixada argentina. Testemunhou a eficiência do Estado policial de Mussolini e a eficácia do culto à personalidade dele, reconhecendo a força das grandiosas exibições públicas de Il Duce. Na Itália de Mussolini, Perón disse mais tarde, pessoas comuns – trabalhadores – tinham uma participação na vida nacional como nunca tiveram antes, e o mesmo acontecia na Alemanha de Hitler, "um Estado organizado para uma comunidade perfeitamente ordenada e uma população perfeitamente ordenada, onde o Estado era o instrumento das pessoas. Achei que esta devia ser a forma política do futuro, a verdadeira democracia popular, a verdadeira democracia social".

Perón não era um católico que se destacasse pela devoção, mas em Roma mantinha contatos com representantes da Argentina junto à Santa Sé. Coisa incomum para um homem que ocupava uma posição relativamente inferior, Perón foi recebido pelo papa em audiência privada. É quase certo que a visita tenha sido aprovada pelos atentos agentes de inteligência do Vaticano, que reconheciam uma estrela em ascensão quando a viam.

Após dois anos na Europa, Juan Perón retornou a Buenos Aires "num momento em que as batalhas [políticas], como de hábito, estavam sendo encenadas", disse ele em uma entrevista nos anos 1960. "Perguntei a mim mesmo: o que aconteceria se alguém começasse a brigar de verdade e anunciasse 'vou jogar para ganhar'?"

Perón começou a participar de um círculo de oficiais que depuseram o presidente argentino num golpe popular em 1943. Agora coronel, exalava um magnetismo decorrente da destreza física e autoconfiança. J. Edgar Hoover enviou ao Departamento de Estado uma descrição do estilo de Péron fornecida pela rede de espionagem do FBI.

"Ele improvisa", dizia o relatório de Hoover. "Não se gaba de sua força física, mas a exibe. Tira a jaqueta e anda de um lado para o outro com a camisa cáqui, exibindo a pistola no cinto. Bate na mesa e não mede as palavras quando se refere a outros chefes e oficiais ou ao declarar que vai corrigir aquela situação 'na marra'. Mas faz tudo isso rindo. Pode se atrapalhar discutindo alguma coisa, mas a confusão só dura um segundo."

Perón não fazia segredo de sua admiração por Il Duce, por Franco e pelo Führer. Quando partiu de Roma, em 1941, a Alemanha estava no ponto alto do esforço de guerra. Ele queria garantir que a Argentina desempenhasse um papel na futura nova ordem mundial.

* * *

Em 1943, Perón foi uma peça central de um plano secreto que propunha que a Argentina atuasse como agente, em colaboração com o Vaticano, para dar fim à guerra. No audacioso esquema, uma Alemanha vitoriosa obteria uma ponte formal para o hemisfério ocidental através da Argentina. Seria assegurada ao papa proteção para a Cidade Eterna e o Vaticano governaria Jerusalém, mantendo os Lugares Santos a salvo de sionistas e muçulmanos. A Argentina reclamaria a posse das Ilhas Malvinas e poderia contar com um poderoso aliado – o Reich – contra a "penetração bolchevique" na América Latina.

Perón enviou secretamente um homem de sua confiança ao Vaticano e ao Reich propondo um "triângulo de paz" no pós-guerra, amarrado em suas pontas pela Alemanha, o Vaticano e a Argentina. Parte da inspiração veio da interpretação de *hispanidad* do general Francisco Franco, a ideia de que falantes de espanhol e português no mundo inteiro estavam unidos em sua fé católica e no apoio ao Reich, em especial frente ao imperialismo britânico e norte-americano. A ideia de Perón, no entanto, estava mais centrada no conceito da Argentina como líder natural da região. Ele acreditava que, ao lado do Vaticano, a América Latina com Espanha e Portugal poderiam criar uma nova esfera global de influência política.

Como escreveu o jornalista e historiador argentino Uki Goñi: "Os poderosos oficiais militares nacionalistas do país e dignitários da Igreja sonhavam em converter a Argentina de república secular em 'nação católica' hispânica, que pudesse agir como contrapeso a seu 'materialista' primo do norte, o Estados Unidos 'anglo-saxão'."

Um enviado de Péron, um nacionalista católico bem relacionado chamado Juan Carlos Goyeneche, viajou ao Reich para prometer apoio da Argentina. Há versões conflitantes sobre se ele se encontrou ou não com Hitler, mas tem sido confirmado que se encontrou com Himmler, chefe da SS, e com Joachim von Ribbentrop, ministro do exterior de Hitler, na propriedade do ministro em Westfália, onde teve de ouvir um discurso inflamado e prolongado contra o "judeu internacional". Mas Goyeneche recebeu garantias de que, quando o Reich ganhasse a guerra, a Argentina seria recompensada em termos comerciais por sua lealdade. "Podemos comprar tudo que for produzido na Argentina, não importa quanto possa custar", disse Ribbentrop.

Então Goyeneche levantou a questão mais importante que qualquer outra para o orgulho nacional argentino – as Ilhas Malvinas, reclamadas pelos britânicos. Poucas vezes um pedaço de terra que parecia insignificante teve um peso tão grande na história de um país.

As Malvinas – *Falklands* em inglês – estão a 480 quilômetros da costa argentina da Patagônia e ainda hoje têm uma população escassa. Durante grande parte de sua história, as ilhas se destacaram por montes cobertos de uma vegetação rasteira, pinguins e albatrozes e por ser um conveniente ponto de reparo para navios contornando o cabo Horn ou envolvidos no "comércio de carcaças", que recupera carga e madeiras de navios inutilizados.

Para a Grã-Bretanha, no entanto, as Malvinas são um posto imperial avançado no caminho para a Antártica. Durante a Primeira Guerra Mundial, os britânicos defenderam com sucesso as Malvinas de um ataque do almirante alemão Graf Maximilian von Spee, que morreu ao lado de seus dois filhos e mais de 2 mil outros homens. A amarga memória da derrota de seu herói nacional dava também aos alemães um interesse pela libertação de *Las Malvinas* das mãos dos britânicos.

O Reich vitorioso apoiaria a reivindicação argentina às Malvinas? A resposta agradou ao enviado de Perón.

De olhos claros e ar severo, Ribbentrop, ex-embaixador na Corte de St. James, comparou as Malvinas àquele "grotesco exemplo" do Gibraltar britânico, que se encontra "sem sombra de dúvida... na Península Ibérica", pertencendo de forma justa à Espanha. Ele advertiu que "a não ser que a Argentina tome conta delas", os Estados Unidos poderiam assumir o controle das Ilhas Malvinas. Ribbentrop disse que as ilhas estavam "mais perto da Argentina que da Inglaterra" e expressou "grande simpatia" pela reivindicação argentina.

Deve ter soado muito bem aos ouvidos de Goyeneche escutar também Mussolini expressar apoio à reivindicação argentina durante um encontro em Roma. Em outro lugar da cidade, em um escritório de paredes forradas com mogno envernizado, o secretário de Estado do Vaticano, cardeal Maglione, fez uma consulta discreta, mas enfática, a outro diplomata da Argentina, o embaixador do país na Santa Sé. Estava a Argentina disposta "a aplicar, de forma generosa, sua lei de imigração de modo a encorajar, no momento oportuno, imigrantes europeus a procurarem a terra e o capital necessários no país?" Sim.

Em fevereiro de 1946, no mesmo mês em que Juan Perón foi eleito presidente, o bispo argentino Antonio Caggiano viajou a Roma levando outra mensagem diplomática. A Argentina estava "disposta a receber pessoas francesas cuja atitude política durante a guerra as deixaria expostas, se retornassem à França, a medidas severas e vinganças pessoais" – isto é, pessoas que já tinham colaborado com os nazistas.

Caggiano estava acompanhado de outro bispo argentino, um homem com fortes laços com a Action Française, um movimento ultranacionalista que desprezava a Revolução Francesa e a democracia moderna. Os dois se encontraram com o assessor do Vaticano para a Rússia, Eugène Cardinal Tisserant, que acreditava que os russos estavam à beira de assumir o controle da Europa. Logo os vistos carimbados nos passaportes do ICRC estariam disponíveis para colaboradores nazistas franceses e belgas escondidos na Itália e na Espanha.

Os três clérigos que se encontraram no Vaticano podem ter presumido que os homens que estavam ajudando a escapar formariam um banco de cérebros ao qual a Argentina poderia recorrer. Aliás, o navio que conduziu os bispos argentinos para casa também transportou o primeiro colaborador nazista procurado cujo desembarque em Buenos Aires constaria de documentos oficiais. Não era um agente de inteligência ou um veterano da polícia secreta, nem alguém cuja profissão qualificasse como intelectual. Era um gênio da indústria da aviação.

O francês Émile Dewoitine, um dos mais importantes projetistas de jatos da Europa, havia trabalhado para o Reich, para o Japão e para a Espanha. Após um ano na Argentina colaborando com uma equipe de aviação de Perón, havia desenvolvido o *IA-27 Pulqui*, o primeiro jato de caça da América Latina, tornando o país o quinto no mundo a desenvolver um jato de caça por conta própria. Em 1947, chegou ao país sul-americano o perito em aviação Kurt Tank, um engenheiro aeronáutico e piloto de testes que voou no protótipo do primeiro avião terrestre a cruzar o Atlântico e que desenvolveu aviões de guerra para a Luftwaffe. Tank dedicou-se ao projeto de um caça a jato argentino no estilo do soviético *MiG-15, o Pulqui II*. O modelo, no entanto, foi uma das vítimas da crise econômica argentina no início dos anos 1950, após apenas cinco protótipos criados. O único deles que participou de algum combate voou apoiando rebeldes que derrubaram o governo de Perón, em 1955.

O objetivo de Péron era importar o maior número possível de técnicos alemães e outros técnicos refugiados para acelerar o processo de industrialização. Os americanos e os russos já tinham reclamado milhares deles, mas Perón também queria sua parte, embora tivesse menos dinheiro e menos influência internacional. Não era má ideia, observou um memorando do ministério do exterior britânico, a Argentina tirar proveito de especialistas treinados para que a industrialização não fosse dominada por norte-americanos. Pela primeira vez na história do país, a produção industrial argentina superava a agrícola, com a produção de armas ultrapassando a de qualquer outro ramo.

Apesar de toda ênfase em trazer especialistas treinados para promover o desenvolvimento, o sistema *Ratline* de Perón estava nas mãos de alguns dos homens mais repugnantes da Argentina: Rodolfo Freude, chefe de espionagem e chefe do aparato de propaganda de Perón; Pierre Daye, que escrevia para uma revista antissemita e ultracolaboracionista da França; René Lagrou, antigo líder da SS flamenga na Bélgica; e Carlos Fuldner, um argentino que foi criado na Alemanha, juntou-se à SS e foi tradutor da Divisão Azul, uma unidade de voluntários espanhóis e latino-americanos que lutaram pela Alemanha na frente soviética. Os agentes das *Ratlines* tinham suas próprias sedes secretas no Gabinete de Informação Presidencial e no Departamento Central de Informações do Estado, localizados na Casa Rosada, a Casa Branca de cor rosa de Buenos Aires.

Mais tarde, Pierre Daye mostrou-se entusiasmado ao falar sobre uma reunião de dois dias que Perón realizou com essa equipe, destacando a "coragem" do presidente ao receber os homens no "palácio nacional oficial". Mas não havia razão alguma para surpresa. Na década de 1960, Perón deu sua opinião sobre os julgamentos de Nuremberg, chamando-os de "uma infâmia, indigna dos conquistadores". Perón era um militar que parecia considerar que exigir justiça por certos atos cometidos em tempo de guerra fosse uma fraqueza. "Agora percebemos que [os Aliados] mereciam perder a guerra", disse ele.

É difícil dizer com certeza quantos refugiados vieram para a América Latina pelas rotas de fuga das *Ratlines*. A Argentina, por exemplo, tem uma face europeia, com uma população indígena reduzida e imigração historicamente intensa de italianos, ingleses, alemães e espanhóis. Os recém-chegados se misturaram ao fluxo normal de imigrantes; os registros de chegada do período que poderiam nos dar mais informações foram destruídos. O que está claro é que veio gente de muitos países, não só da Alemanha. Trinta mil croatas foram para a Argentina. Alguns recém-chegados tiveram a sorte de conseguir empregos em ramos dos negócios do Reich – IG Farben, Volkswagen, Hoechst, Bayer, Krupp. Outros ganharam a vida modestamente.

Friedrich Schwend, da Operação Bernhard, foi para o Peru, provavelmente em 1946. Segundo alguns relatórios, levou com ele boa parte dos fundos da Operação Bernhard e tornou-se um empresário de sucesso, uma experiência compartilhada por muitos outros recém-chegados. "A vida aqui é muito mais fácil", escreveu ele a um cunhado de Gênova, em 1959. "Uma pena que assim que a guerra acabou você não tenha tomado providências para vir para cá."

Outros que viajaram pelas *Ratlines* para a América Latina estavam entre os mais procurados criminosos de guerra da época.

- **Ante Pavelić**, o fundador da Ustashi, foi ajudado por Krunoslav Draganović e se tornou assessor de segurança de Juan Perón. Em Buenos Aires, proclamou um Estado croata no exílio, tentou dar novo alento ao nazismo entre seus seguidores e protestou contra o regime comunista iugoslavo de Josip Broz Tito. Após a queda de Perón, em 1955, Pavelić se refugiou no Paraguai, onde trabalhou como assessor de segurança do cruel ditador Alfredo Stroessner. Morreu na Espanha, em 1959, como consequência dos ferimentos que sofreu em 1957, em Buenos Aires, durante uma tentativa de assassinato por um patriota sérvio.
- **Joseph Mengele**, o "Anjo da Morte" foi um médico de Auschwitz que condenava os que julgava inaptos para o trabalho ao imediato extermínio nas câmaras de gás. Ele executou experimentos cruéis em pessoas vivas. Mengele tinha uma obsessão pelo desenvolvimento de um método para a produção de gêmeos, acreditando que as mulheres alemãs pudessem compensar as perdas de guerra com nascimentos múltiplos. Com a ajuda do bispo Hudal, Mengele fugiu para a Bolívia. Viveu algum tempo no Paraguai e depois migrou para o Brasil, onde se afogou em 1979, aos 67 anos de idade, após sofrer um derrame enquanto nadava em uma praia no litoral do estado de São Paulo.

- **Adolf Eichmann**, que administrou a logística de transporte para deslocar centenas de milhares de judeus para a eliminação em campos de extermínio, foi para a Argentina com a ajuda de Hudal. Morou lá por quinze anos sem ser incomodado até que, em 1960, foi sequestrado por uma equipe israelense de agentes de segurança e inteligência, sendo levado para Jerusalém, onde foi julgado e enforcado em 1962 (Hudal também ajudou o assistente de Eichmann, Alois Brunner, a ir para a Síria, onde trabalhou como consultor sobre tortura e métodos de interrogatório nazistas).
- **Klaus Barbie**, chefe da Gestapo, gostava de se envolver pessoalmente na tortura de suas vítimas. Assinou uma ordem em 1944 mandando 44 crianças judias e seus sete cuidadores de um orfanato perto de Nice para campos de extermínio. Barbie anotou zelosamente que a casa tinha sido "limpa", mas que "nem dinheiro nem outros objetos de valor puderam ser apreendidos". Depois da guerra, o CIC dos Estados Unidos contratou Barbie como informante. Quando os franceses exigiram que ele fosse julgado, agentes dos Estados Unidos e Draganović organizaram sua fuga para a Bolívia. Lá ele trabalhou para inteligência alemã-ocidental e talvez tenha continuado a trabalhar para a inteligência americana, pois se gabou de ter ajudado na captura de Che Guevara, uma operação feita com assessoria da CIA, embora o que afirmou nunca tenha sido provado. Extraditado para a França, Barbie morreu na prisão em 1991, aos 77 anos de idade.
- **Eduard Roschmann**, o "Açougueiro de Riga", supervisionou os assassinatos de 24 mil judeus em uma floresta da Letônia e chefiou as matanças de judeus-alemães, austríacos e tchecos que tinham sido colocados em um gueto letão. Preso em Graz, Roschmann escapou de Dachau, que fora transformado em um campo de prisioneiros, entrou em contato com Hudal e viajou em segurança para a Argentina e tornou-se cidadão daquele país. Um corpo não reclamado encontrado em Assunção, no Paraguai, em 1977, pode ter sido o de Roschmann, mas sua identidade nunca foi confirmada.

- **Franz Stangl** supervisionou os campos de extermínio em Sobibor e Treblinka, além de uma instalação da rede de "eutanásia" que matava crianças deficientes e as que tinham doenças graves. Stangl foi para o Brasil. Em 1969, com 57 anos, foi extraditado para a Alemanha e morreu três anos depois na prisão.
- **Gustav Wagner**, conhecido como "A Besta" pelos modos brutais, foi vice-comandante de Stangl no campo Sobibor, na Polônia sob ocupação alemã, onde morreram mais de 200 mil pessoas. Em 1948, Hudal deu a Wagner um passaporte da Cruz Vermelha. Ele tomou um navio para o Brasil, onde viveu por trinta anos. Em outubro de 1980, foi encontrado em sua casa, em São Paulo, com uma faca cravada no peito, no que foi considerado um suicídio.

Após a guerra, Erich Priebke, o oficial da SS que chefiou o massacre nas Fossas Ardeatinas, viveu sem problemas durante cinquenta anos em uma cidade no sopé dos Andes, cerca de 1.600 quilômetros a sudoeste de Buenos Aires. Em 1948, Priebke chegou com a esposa e dois filhos a um destino onde as pessoas tiravam férias e esquiavam, Bariloche. Há muito povoado por alemães e austríacos, Bariloche parece pertencer à Baviera, com a arquitetura alpina de construções de madeira e vistas de altas montanhas. Priebke foi gerente de uma *delicatessen* alemã e trabalhou como diretor da escola alemã e presidente da associação cultural.

Esse confortável estado de coisas teve um fim abrupto em 1994, quando uma equipe da ABC-TV, seguindo uma indicação do Centro Simon Wiesenthal de caça aos nazistas, localizou o paradeiro de Priebke. A rede escalou o jornalista Sam Donaldson, que chegou lá com sua equipe como se fossem um grupo de esquiadores. Em uma rua da cidade de Bariloche, Donaldson identificou-se para Priebke e montou uma clássica entrevista-surpresa. "Ah, cara!", disse Priebke quando interpelado sobre o massacre italiano. "Naquele tempo, uma ordem era uma ordem."

Priebke foi extraditado para a Itália, condenado em 1996 pelo massacre das Ardeatinas e colocado em prisão domiciliar. Viveu por dezessete anos em Roma, em um apartamento que pertencia a seu advogado, morrendo em 2013 aos 100 anos de idade. Nem a Argentina nem a cidade natal de Priebke, na Alemanha, quiseram seus restos mortais. O vigário papal para a Cidade Santa proibiu que os padres de Roma celebrassem missas fúnebres; o prefeito e o chefe de polícia não quiseram um enterro aberto ao público.

Uma ordem católica ultratradicionalista ofereceu-se para celebrar uma missa fúnebre em sua sede, fora de Roma, ao sul dos limites da cidade. Manifestantes se reuniram, atacando o carro fúnebre. Uma aglomeração de neonazistas revidou. A polícia conseguiu levar o caixão de Priebke para dentro do prédio, mas os distúrbios de rua avançaram pela noite e o serviço foi cancelado. As autoridades enterraram Priebke em um local secreto. Era o único meio, disseram eles, de impedir que a sepultura se transformasse em um local de peregrinação para os fascistas modernos.

A viagem que Walter Rauff fez em 1949, partindo de Milão, deixou-o no Equador, de onde ele se mudou para a Argentina e, finalmente, para o Chile. Lá ele trabalhou para o Serviço de Inteligência Federal da Alemanha Ocidental e como assessor da polícia secreta do general ditador Augusto Pinochet. Morreu de ataque cardíaco, aos 78 anos, em 1984.

Uma coroa de flores com uma suástica estava na porta da igreja na noite do velório de Rauff. Na manhã seguinte, seu caixão foi levado ao principal cemitério de Santiago. Duzentos acompanhantes participaram do funeral. Quando a família de Rauff saía, cinco homens ficaram para trás, junto ao túmulo, para erguer os braços na saudação nazista.

14

CONEXÕES, A GUERRA FRIA

A guerra, uma vez iniciada, tem poucos limites no tempo ou no espaço, como esses capítulos mostram. Durante os anos em que examinei a época da Segunda Guerra Mundial na América Latina, pensei muitas vezes nas guerras posteriores que cobri como jornalista no México e na América Central, e nas ditaduras sul-americanas da Guerra Fria. Cerca de 400 mil pessoas morreram ou desapareceram com a violência política nos países da América Latina nos anos 1970 e 1980, a maioria delas civis, quase todas nas mãos de governos militarizados apoiados pelos Estados Unidos.

Os fascistas europeus tinham características em comum com os autoritários latino-americanos. Definiam grupos de "inimigos internos". Torturaram indivíduos para obter informações, para aplicar punições ou para o prazer dos torturadores e tentaram ocultar crimes de assassinatos em massa. Roubaram bebês. "Concentraram" os indesejáveis em campos e contaram com a colaboração de profissionais – médicos, psiquiatras. "Noite e Neblina" (*Nacht-und-Nebel-Erlass*), o decreto secreto de Hitler de 1941 que ordenava que os membros da resistência ao Reich fossem levados clandestinamente e eliminados sem deixar vestígios – como se engolidos pela "noite e neblina" –, antecipou o processo que fez com que milhares de latino-americanos sumissem nos anos 1980, os *desaparecidos*.*

Eu me perguntei se os horrores da Segunda Guerra Mundial não estavam conectados aos espasmos de terror que sacudiram os estados latinos

---

* Em espanhol no original. (N.T.)

trinta anos depois. Ou terão as tiranias meras similaridades que se espelham entre si? Existirá o tal ciclo de violência que se repete de forma inevitável, com características compartilhadas, irrompendo aqui e depois ali, sem nunca ser extinto por completo?

Não cheguei a respostas definitivas para essas dúvidas. Mas conheci pessoas que pensaram nelas de modo bastante sério, incluindo um sobrevivente de tortura, um antropólogo forense, um educador em Psiquiatria Pedagógica e um médico cujo período de vida abrangeu o Reich de Hitler e o fascismo do Novo Mundo. O simples ato de ouvir o médico Gunter Seelmann, de 85 anos, tornava possível sentir uma conexão entre as tiranias.

Gunter, com 7 anos de idade, estava na cama da avó na noite de 9 de novembro de 1938, em Aachen, na Alemanha. Em cima ficava o sótão, de onde tinha visto o elegante *Graf Zeppelin* prateado deslizar pelo céu. Embaixo ficava a pequena fábrica onde o pai fazia roupas de cama e a loja onde os produtos eram vendidos e que contava com uma vitrine.

Em algum momento ele acordou com gritos, o som de vidro quebrando. As vitrines da loja do pai estavam sendo destruídas. Mais tarde, essa noite teria um nome: *Kristallnacht*, a Noite dos Vidros Quebrados ou Noite dos Cristais. O pai e o tio de Gunter foram levados para um campo de trabalho, Buchenwald.

No meio da manhã, a avó de Gunter andou com ele pelas ruas até o lugar onde a sinagoga que frequentavam estivera no dia anterior. "Vi a fumaça, que ainda saía das ruínas", disse ele. "Nunca vou esquecer."

O pai de Gunter foi libertado, mas nunca lhe falou de Buchenwald. Só duas vezes o filho o viu demonstrar emoção profunda: uma na plataforma do trem, quando a família partiu para o exílio, a outra mais tarde, no Chile, quando ele recebeu a encomenda de um velho amigo de Aachen, Otto Frank. Nela havia uma cópia de um diário escrito pela filha de Frank, Anne, uma das 3 mil que ele havia impresso em 1947 na esperança de que outros pudessem ler a história dela.

Parentes da família Seelmann continuaram na Alemanha e pereceram. Em Concepción, no Chile, cerca de 400 quilômetros ao sul de Santiago,

Gunter aprendeu espanhol, estudou medicina e se casou com uma ativa professora de enfermagem, Hanni Grunpeter, cuja família tcheca, judia, também havia fugido da Europa.

Em 1970, quando o médico e ex-ministro da saúde Salvador Allende tornou-se o primeiro marxista na história a ser eleito presidente de um país democrático, Gunter era diretor de um hospital pediátrico. Na época, o Chile tinha uma das maiores taxas de mortalidade infantil do mundo. "Não é possível trazer saúde e educação para uma população com nutrição precária, vestida com trapos e que trabalha em um ambiente de impiedosa exploração", tinha escrito Allende. Gunter e Hanni concordavam com ele e ocuparam cargos no novo governo.

Allende enfureceu a comunidade empresarial internacional ao nacionalizar a produção do principal recurso do Chile, o cobre, assim como o sistema de telefonia, ambos de propriedade americana. Ele irritou a oligarquia de proprietários rurais introduzindo uma reforma agrária com o objetivo de alimentar o país – muitas das melhores terras tinham sido mantidas improdutivas ou eram usadas para especulação.

Washington financiou a oposição. Em 1970, um golpe de Estado da CIA falhou. O secretário de Estado de Nixon, Henry Kissinger, chamou os eleitores que elegeram Allende de "irresponsáveis", explicando que "as questões são importantes demais para que se deixe os eleitores chilenos decidirem sozinhos".

Na manhã de 11 de setembro de 1973, forças comandadas pelo general Augusto Pinochet cercaram o palácio presidencial, La Moneda, símbolo da democracia de mais longa duração da América do Sul. Allende se recusou a se render, citando seu dever constitucional. Ele se dirigiu à nação pelo rádio em uma despedida.

> Sigamos em frente sabendo que, mais cedo antes que mais tarde, tornarão a se abrir as grandes alamedas por onde homens livres vão caminhar...

Helicópteros armados atacaram La Moneda e jatos da Força Aérea Chilena bombardearam o palácio até os soldados de Pinochet irromperem em seu interior por volta das 2h30 da tarde. Allende havia cometido suicídio.

Uma viatura parou diante da casa de Gunter e os soldados que desceram do veículo conduziram-no para uma balsa, que o levou a um campo de concentração em uma ilha da Baía de Concepción. Ele se tornou uma das mais de 30 mil pessoas aprisionadas e tratadas de forma brutal pelo regime de Pinochet nos dezessete anos seguintes, tendo sido pelo menos 2.279 delas executadas pelo Estado (21 mortos, observou Gunter, eram médicos).

Durante oito meses, Gunter foi submetido a interrogatórios, sendo "tratado não muito bem", disse ele de passagem, não incentivando perguntas sobre o tempo que passou na ilha. Helmut Frenz, um clérigo luterano, intercedeu por ele junto a um diplomata alemão dizendo: "Se os fascistas alemães não o mataram, os fascistas chilenos o matarão". Gunter e sua família aceitaram asilo na Alemanha – "o último lugar para onde eu queria ir", disse ele –, onde permaneceu até 1985.

Na sua casa em Santiago, em 2017, sentado reto em uma poltrona, Gunter fez uma dedicatória em um livro que me deu: suas *Memórias Políticas*: "Eu era muito mais novo", disse ele apontando para a capa, onde aparecia elegante, sério, durante uma campanha eleitoral municipal. À esquerda dele, estava sentado Allende.

Na contracapa estão impressas palavras de Gunter: "A história não se repete e ninguém quer que isso aconteça". Gunter, no entanto, comparou o sistema de inteligência nazista com o do Chile de Pinochet, ambos "muito bons, com sindicatos, partidos e organizações infiltradas com êxito". O Diretório de Inteligência Nacional Chileno, chamado DINA por suas iniciais em espanhol, tornou-se a temida polícia secreta de Pinochet. Às vezes, a DINA é chamada a Gestapo do Chile.

Na Europa, os judeus foram eliminados aos milhões não devido a suas ações ou associações, como aconteceu com as pessoas no Chile, mas por terem nascido judeus. "A matança da Shoá foi industrializada", disse Gunter. Ele se recostou e pareceu refletir. Não obstante, disse ele, "as ideologias foram as mesmas; eles tentaram estabelecer o fascismo aqui, tomando todas as decisões sobre a vida das pessoas."

A noite havia caído e, com sua longa visão da história, Gunter Seelmann se preocupava com o presente. "Estamos em um momento muito crítico agora, regimes autoritários estão novamente procurando inimigos.

"Parece um ciclo", ele continuou. "Um ciclo de ditaduras e o desejo de conquistar o poder pela guerra. Às vezes, os homens precisam mostrar o lado bestial de si mesmos."

Na Argentina, Ana Maria Careaga, uma sobrevivente da tortura, me disse acreditar que "a besta na natureza humana" causa estragos se as pessoas comuns negam os sinais de seu surgimento ou negam sua existência quando ela já alcançou poder sobre a sociedade. Ana Maria tinha 16 anos e estava com quatro meses de gravidez no dia 13 de junho de 1977, quando soldados enfiaram um capuz preto em sua cabeça e a levaram ao Athletic Club, em Buenos Aires, um dos trezentos locais de tortura durante a ditadura. Ela ficou o tempo todo de olhos vendados, pendurada pelos braços e pernas, levando choques nas partes íntimas com um bastão de choque para gado.

Mesmo hoje, disse Ana Maria, alguns negam a extensão e depravação da violência daqueles anos. Relatórios e defensores dos direitos humanos situam o número de mortos durante a ditadura em 30 mil, mas em 2017 o presidente Mauricio Macri disse que "não sabe" quantos morreram, mas que o número pode não ser superior a 9 mil. Outro funcionário do governo disse que "não havia plano sistemático para o desaparecimento de pessoas".

Hoje Ana Maria Careaga é psicoterapeuta em Buenos Aires. Tem cabelos compridos, negros como os olhos, e tem um grosso volume sobre campos de concentração nazistas na estante de seu consultório. Certa noite, depois do último paciente ter saído, ela permeou nossa discussão sobre torturadores e torturados com referências a Freud, Hitler, Primo Levi e ao fenômeno da sobrevivência. Das 1.500 pessoas que passaram pelas câmaras do Athletic Club, apenas cerca de trezentas deixaram o lugar vivas.

Quando Ana Maria foi capturada, sua mãe, Esther Ballestrino de Careaga, era uma liderança das Mães dos Desaparecidos da Praça de Maio, conhecidas pela palavra espanhola para mães, *madres*. Esther Careaga foi cofundadora das *Madres* em 1976, quando as forças de segurança sequestraram dois de seus filhos e ela conheceu outras mães procurando pelos filhos.

Para denunciar o sequestro de Ana Maria, uma delegação das mulheres foi à redação do *Buenos Aires Herald*, um jornal impresso em inglês, não às redações de jornais controlados pelo governo, onde presumiram que a notícia não seria publicada. O jornalista argentino Uki Goñi me disse que "as Mães dos Desaparecidos costumavam entrar na redação em grupo. Às vezes, Esther voltava depois, sozinha, e falava e, às vezes, eu apenas segurava sua mão".

Esther Careaga fez doutorado em Química e trabalhou em um laboratório onde foi supervisora de um jovem assistente, Jorge Mario Bergoglio, que mais tarde se tornou padre jesuíta. Em 2013, Bergoglio tornou-se o papa Francisco. "Eu me lembro dela como uma grande mulher", disse Francisco a dois jornalistas que publicaram um livro de "conversas" com ele. "Ela me ensinou a seriedade do trabalho." Os dois ficaram amigos. Careaga mostrou-lhe que os marxistas podiam ser "boas pessoas". Durante a ditadura, porém, os argentinos podiam ser condenados pelos livros que liam. Quando Ana Maria desapareceu, Esther chamou o padre Bergoglio para administrar a extrema-unção a um parente em sua casa, mas era um truque. Quando ele chegou, Esther implorou que levasse os livros da família sobre marxismo e comunismo. Foi o que ele fez.

Depois de quatro meses em cativeiro, Ana Maria de Careaga foi libertada e a família foi para a Suécia. Logo, porém, Esther Careaga, então com 59 anos, comprou uma passagem de volta.

"Por que voltou?", Uki Goñi perguntou da primeira vez que tornou a vê-la. Ela respondeu: "Há outras crianças que continuam desaparecidas, outras mães que ainda procuram".

Pouco antes do Natal, Ana Maria telefonou para contar à mãe que o bebê era um menino e tinha nascido com saúde. Mas Esther já não estava lá.

Forças de segurança a tinham capturado com cinco outras *madres* e duas freiras francesas, todas levadas para a Escola de Mecânica da Armada, uma instituição de elite situada em uma grande área verde no centro de Buenos Aires. Enquanto cadetes e oficiais transitavam entre as salas de aula, guardas empurravam as mulheres por uma porta vizinha à residência particular do comandante da base até um porão, onde dados sobre suas características pessoais eram cuidadosamente registrados em formulários oficiais. Depois elas subiam lances de escada para ocuparem lugares no chão, entre outras prisioneiras, em um aposento escuro que cheirava mal. Toda a presa grávida que chegasse ao sétimo mês de gestação era deslocada para um aposento menor, com paredes claras, onde recebia todo dia um copo de leite e uma fruta, além do mingau das prisioneiras. Depois que davam à luz, assistidas por médicos e enfermeiras, as novas mães eram mortas e os bebês traficados por oficiais e seus amigos.

Ana Maria disse que viveu num estado de "permanente incerteza" depois que a mãe desapareceu. Privar os entes queridos de informações sobre os desaparecidos ou sobre o destino deles é uma maneira de infligir punição mental aos sobreviventes. Na América Central, parentes de desaparecidos me disseram que enfrentar essa situação na família é como experimentar uma morte várias e várias vezes, uma ferida que nunca cicatriza. Eles ansiavam por pelo menos enterrar os corpos de seus mortos.

* * *

Durante a Guerra Fria, os governos latinos tentavam esconder os assassinatos insistindo em negar que tivessem ocorrido, "assim como faziam os nazistas", me disse Patricia Bernardi, da Equipe de Antropologia Forense da Argentina. Patricia faz parte da equipe desde 1984, quando ela foi organizada e, desde então, tem trabalhado pelo mundo afora. Vim a conhecê-la em um lugar chamado *Dos Erres*, cenário de um massacre guatemalteco, onde ela trabalhou por vários dias em 1982 grande parte desse tempo no fundo de um poço onde corpos de camponeses desarmados mortos pelo exército haviam sido lançados. Na América Latina, disse ela, a polícia e os tribunais negavam prisões, negavam a existência de centros de tortura. Os militares e a polícia secreta haviam sido treinados em métodos que os franceses usaram na Argélia e nos métodos de contrainsurgência ensinados na U.S. School of the Americas [Escola das Américas].

Na Argentina, um sonífero era inoculado em prisioneiros que eram depois levados para uma aeronave das forças armadas, geralmente um helicóptero. Eles eram transportados para o Atlântico ou o Rio da Prata, onde eram atirados. Em 2005, a equipe de Bernardi exumou ossos enterrados em um túmulo marcado como "desconhecido" que tinham sido encontrados em uma praia em fins de 1977.

"Vimos que eram ossos de mulheres mais velhas", disse ela, o que não era habitual, pois em geral os *desaparecidos* tinham menos de 35 anos. A causa da morte, os cientistas determinaram, foram "múltiplas fraturas consistentes com uma queda de grande altura". Recorrendo a uma impressão digital, fizeram uma comparação: Esther Careaga. Ana Maria acompanhou a irmã mais velha para confirmar a identificação da mãe com um teste de DNA.

Patricia Bernardi disse que ficou surpresa com a identificação dos restos mortais. "Toda pessoa é importante", disse ela. "Mas ali estava a presidente das *Madres*."

"Os torturadores foram derrotados, tanto os nazistas quanto os argentinos", me disse Ana Maria Careaga. Não conseguiram esconder o que haviam feito e "tanto uns quanto outros fracassaram na solução final".

No dia seguinte visitei a antiga escola naval onde a mãe de Ana Maria fora mantida, em geral chamada pelas iniciais em espanhol, ESMA. Não pude deixar de pensar em uma visita que fiz certa vez a Auschwitz. Assim como no Reich, na Argentina os funcionários obedeceram à compulsão por ordem conservando registros detalhados dos condenados. Médicos e enfermeiras mantinham os detidos em condições de suportar a tortura e o interrogatório. Uma sala da ESMA usada para armazenar bens confiscados de cativos, de roupas a móveis e ventiladores, me trouxe à memória a montanha de sapatos tirados de judeus antes que fossem executados que eu tinha visto em Auschwitz. Os prisioneiros de Auschwitz eram forçados a trabalhar, em particular na fábrica da IG Farben, para produzir borracha artificial; os prisioneiros da ESMA eram forçados a consertar e polir os bens confiscados para venda em proveito da Marinha e dos custos do local de tortura.

"Quando levavam os judeus para interrogatórios, a violência contra eles era ainda pior do que contra nós", disse Ana Maria a respeito do Athletic Club. "Eu podia ouvir os guardas tocando discursos de Hitler, alto, enquanto os torturavam." Prisioneiros mantidos em outros lugares contam que viram suásticas nazistas desenhadas por guardas nas paredes de câmaras de tortura e ao longo de corredores; em certo local a palavra "nacionalismo" fora escrita de forma reveladora, com "z", *nazionalismo*. Os judeus representavam 1% da população argentina, mas constituíram 12% das vítimas do autodenominado regime "ocidental e cristão".

Muitos tiranos latinos dos tempos da Guerra Fria admiravam os fascistas italianos e os nazistas. Contudo, todos com quem falei na região me disseram que a principal influência estrangeira sobre os regimes da Guerra Fria não foi o fascismo europeu, mas a Doutrina de Segurança Nacional dos Estados Unidos, a estratégia de Washington para impedir a expansão do comunismo e manter um clima "estável" para os negócios americanos.

No início dos anos 1960, quando a Revolução Cubana já fora vitoriosa e movimentos em outros países estavam desafiando regimes esclerosados, oligárquicos, o presidente John F. Kennedy chamou a América Latina de "a área mais perigosa do mundo". Em um encontro de jornalistas e autoridades na Flórida, em 1963, ele disse: "Nós... temos de usar todos os recursos ao nosso dispor para impedir a criação de outra Cuba neste hemisfério".

O resultado imediato da Doutrina de Segurança Nacional foram dez golpes militares na América Latina entre 1961 e 1964 contra governos empenhados em reformas. A CIA encorajou mais três contra governos civis eleitos: Guatemala (1954), Brasil (1964) e Chile (1973). Os exércitos latinos apoiavam o *status quo*, oposição era considerado subversão e a "guerra irregular" era a estratégia contra os *subversivos*, o inimigo interno considerado comunista. Instrutores e conselheiros dos Estados Unidos dirigiram a transformação dos exércitos do continente em forças de contrainsurgência.

"Comunista", no entanto, era um termo usado com muita elasticidade. Incluía qualquer um que se manifestasse por mudanças. Manuais militares dos Estados Unidos mostram que movimentos populares – estudantes, trabalhadores – e manifestações políticas públicas eram consideradas inspiradas pelo comunismo. Instrutores do exército e da CIA ensinavam a usar a dor em interrogatórios e enfraquecer a resistência dos prisioneiros ameaçando suas famílias. Os manuais ensinavam métodos de assassinato. Como aconteceu durante o Reich, organizações que podiam ter protestado contra a brutalidade foram, uma por uma, desmanteladas; primeiro os comunistas, depois partidos políticos, dos liberais aos conservadores, federações trabalhistas e estudantis, tribunais e assembleias legislativas, e a imprensa independente.

Centenas de indivíduos ligados a movimentos religiosos morreram por denunciar a violência latino-americana. Outros, incluindo clérigos, apoiaram as forças armadas afirmando que estavam fazendo o trabalho de Deus contra o comunismo. Nos anos 1970, os exércitos se apresentavam como cruzados em uma guerra santa, o único instrumento capaz de garantir a sobrevivência nacional diante da ameaça comunista soviética. Onde a Igreja institucional se aliou aos tiranos, o sonho do fascismo cristianizado, alimentado por alguns durante a Segunda Guerra Mundial, finalmente veio a acontecer – mas na América Latina.

Alguns civis e militares antigos influentes participaram da "anti-insurgência" por meio da Liga Anticomunista Mundial (WACL), uma organização militante global comandada, depois de 1980, pelo general-de-divisão John Singlaub. A carreira dele havia começado no OSS e continuado na Coreia do Sul, onde foi chefe do Estado-maior tanto do exército americano quanto das forças da ONU. Do México à Argentina, os membros da WACL incluíam ex--colaboradores nazistas, neonazistas e líderes do esquadrão da morte da América Central. Os homens (havia apenas homens) que participavam de reuniões regulares na América Latina e aprendiam uns com os outros, compartilhando experiências e técnicas contra o inimigo comum, os *subversivos*. Nos anos

1980, o presidente Reagan nomeou membros da WACL como embaixadores na Guatemala, nas Bahamas e na Costa Rica, e mandou congratulações a uma conferência em San Diego com seus "melhores votos de futuro sucesso".

> *Que medo a face do fascismo dá!*
> *Eles executam seus planos com tanta precisão.*
>
> — Víctor Jara, *"Estádio Chile"*.

Na Argentina e no Chile, as pessoas costumam usar palavras para falar sobre as ditaduras durante a Guerra Fria em uma linguagem que evoca a Segunda Guerra Mundial: *nazista, Holocausto, genocídio.*

Em um café de Buenos Aires, uma professora de História, que fazia parte de um grupo de professores peronistas na década de 1970, contou como teve de se livrar de alguns de seus livros. "Às vezes, me pergunto por que eu sobrevivi e outros desapareceram", disse ela. "Meu sogro sobreviveu a Auschwitz. Quando lhe perguntei como, ele disse: 'Puro acaso'.". "Acho que é por isso que estou aqui, puro acaso."

Uma funcionária do cemitério La Chacarita, em Buenos Aires, me mostrou as sepulturas dos famosos – o aviador Jorge Newbery, o ícone do tango Carlos Gardel, Juan Perón (seus restos mortais foram transferidos depois que vândalos atacaram o túmulo e cortaram as mãos de Perón). "É claro que aqui não estão os restos mortais dos que morreram em nosso Holocausto", disse ela, referindo-se aos desaparecidos.

Mesmo a palavra "genocídio" assume um tom particular na América Latina. Autores de uma série de crimes contra os direitos humanos são chamados *genocidas*.

Certas palavras têm significados legais precisos que, segundo alguns peritos, não se ajustam de maneira perfeita à violência latina. Mas, vindo da boca das pessoas com quem eu estava me encontrando, expressavam as piores experiências que alguém poderia ter.

Ecos da Segunda Guerra Mundial soavam com uma estridência especial quando eu ouvia a expressão "campo de concentração". Nós a associamos aos campos de extermínio nazistas, mas ela também descreve outros tipos de encarceramento, como o da Crystal City, no Texas, dos campos americanos no Panamá ou do Campo Algiers, na Louisiana, onde foram mantidos judeus latino-americanos. Os do Chile e da Argentina, no entanto, foram campos de extermínio.

No Chile, milhares capturados em ações das forças policiais logo após o golpe foram levados à força para estádios de futebol em Santiago, onde foram submetidos à tortura física e psicológica, como falsos esquadrões de fuzilamento. Víctor Jara, o ativista e cantor de música *folk* de renome internacional, cantou para manter o moral de companheiros de prisão no Estádio Chile até ser reconhecido pelos soldados. Durante três dias ele foi espancado em um vestiário, quebrando mais de cinquenta ossos, antes de crivarem seu corpo de balas e o descarregarem com outros cadáveres do lado de fora de um cemitério.

"Qualquer um que se encontre conosco saberá o que o fascismo realmente significa para nossa família", disse durante uma entrevista Joan, a viúva de Jara, nascida na Grã-Bretanha. "Nossas filhas jamais serão as mesmas."

Funcionários de alto escalão, como Orlando Letelier, embaixador de Allende nos Estados Unidos e ministro das relações exteriores, foram levados para a Ilha Dawson, um pequeno ponto gelado no Estreito de Magalhães. Letelier esteve entre os milhares que morreram na Operação Condor, a rede secreta de serviços de inteligência de países sul-americanos que, na década de 1970, compartilhavam informações e eliminavam os inimigos uns dos outros enquanto matavam também sua própria gente, chegando a atuar na Europa e nos Estados Unidos. Liberto da prisão sob a condição de que deixasse o Chile, Letelier, um economista, foi para Washington. Um agente da Condor colocou uma bomba no carro de Letelier, que explodiu quando contornava Sheridan Circle em 21 de setembro de 1976, matando o chileno e um colega americano, Ronni Moffitt.

Os Estados Unidos foram cúmplices na Operação Condor. Para se comunicarem secretamente umas com as outras, por exemplo, as bases da Condor usavam um sistema criptografado através de uma instalação de comunicações dos Estados Unidos na Zona do Canal do Panamá, que cobria toda a América Latina.

O campo na Ilha Dawson teria sido projetado pelo criminoso de guerra nazista Walter Rauff. Outro veterano nazista, o ex-cabo e enfermeiro do exército Paul Schaefer, fez a ligação entre os métodos repressivos do Reich com o Novo Mundo em um bizarro e macabro campo de trabalho forçado que ele estabeleceu em 1961, chamado *Colonia Dignidad* (Colônia Dignidade).

"Eles pensaram que construiriam um lugar onde fariam boas obras e viveriam como bons cristãos", disse Horst Schaffrick a um jornal de Londres, falando sobre os pais, Heklmut e Emi, que venderam a casa que tinham na Alemanha e, sob a promessa de uma nova vida no Chile, deram o dinheiro a Schaefer. "Não encontraram nada além de escravidão e sofrimento."

Agindo como pregador evangélico, Schaefer controlava a colônia com terror, "confissões" públicas, sedativos e abuso sexual de crianças, que eram separadas dos pais. A enorme e isolada fazenda, onde todos eram obrigados a trabalhar, menos seus favoritos, era cercada por arame farpado e havia sensores escondidos entre arbustos para impedir fugas. Como eram comuns na área colônias alemãs, com uma arquitetura estilo alemão e uso da língua alemã, a *Colonia Dignidad* levantava menos suspeitas do que se estivesse em outro lugar. Schaefer fez amizade com proprietários locais de terra, gente da classe oligárquica que dava apoio a Pinochet. As autoridades permitiram que ele governasse um Estado dentro do Estado.

Durante a ditadura, Schaefer deu carta branca à DINA para trazer cativos e torturá-los na *Colonia Dignidad*. De cerca de 350 prisioneiros levados para a *Colonia*, a metade morreu lá. Às vezes, Schaefer participava das sessões de tortura. Samuel Fuenzalida, um guarda de 19 anos baseado no sítio Villa Grimaldi da DINA no inverno de 1974, testemunhou ter acompanhado até a *Colonia* um "alemão" com um prisioneiro. Depois de várias horas, Schaefer entrou de repente por "uma espécie de porta secreta" com um pastor alemão preto. "'*Fertig*', disse ele. Foi uma palavra que nunca esqueci. *Fertig*. Significa acabou, está feito. E eu [compreendi] que... o prisioneiro estava morto."

Em 2005, Paul Schaefer foi considerado culpado de abusar sexualmente de crianças e morreu na cadeia aos 88 anos. Hoje a *Colonia Dignidad* se transformou em *Villa Baviera*, um destino turístico onde os residentes –

incluindo alguns que moraram com Schaefer — são funcionários. Refeições alemãs são servidas, música bávara sai de alto-falantes. Está disponível para ser alugada para festas de casamento.

Muitos lugares da América Latina onde ocorreram massacres durante a Guerra Fria ou homens e mulheres desapareceram são lembrados com respeito, assim como os locais de matança da Segunda Guerra Mundial são marcados por lápides, inscrições em pedra ou transformados em locais de visitação. Sempre deixei esses lugares sentindo raiva dos que causaram a dor e as mortes — e triste. Mas houve uma exceção: Villa Grimaldi, nas imediações de Santiago.

Os gramados de Villa Grimaldi e um restaurante chamado "Paradise" eram um local de reunião para o que havia de melhor e mais brilhante no governo da Unidade Popular de Allende, um lugar para relaxar e para trazer à luz novos projetos. Em 1974, quando o aparato de inteligência de Pinochet lançou a fase de repressão seletiva do terror de Estado, atingindo um grupo de oponentes por vez, Villa Grimaldi tornou-se um dos mais importantes centros de tortura da DINA.

Alberto Rodriguez, professor de Psicologia Pedagógica, é também vice-presidente de uma associação que fez com que a Villa Grimaldi se tornasse um local de visitação que lembra um parque, mas onde as pessoas podem ver como o que há de pior no comportamento humano um dia se manifestou. Com membros locais de comunidades cristãs de base, eles conseguiram, nos anos 1990, tirar o lugar do controle do serviço de inteligência, que vinha tentando encobrir o que lá acontecera dividindo a área em lotes para um projeto imobiliário. Os membros da associação restauraram prédios e instalaram placas explicativas, trabalhando para preservar a história, educar o público e homenagear as 4.500 pessoas que entraram na Villa Grimaldi passando por uma pesada porta de madeira para serem torturadas e muitas vezes mortas lá dentro. "Toda pessoa que sobreviveu recorda o som dessa porta fechando", disse Rodriguez, que me pediu para chamá-lo pelo seu apelido, Beto.

Barulhentos papagaios verdes voavam de uma exuberante araucária para outra, o perfume de um jardim de rosas flutuava no ar. Fiz um comentário sobre a beleza de um lugar que tinha visto tamanho horror. "Vivemos com essa contradição", disse ele.

Alguns sobreviventes, disse Beto, lembram do cheiro das rosas no meio das sessões de tortura. Outros se recordam com perfeição do desenho e da cor dos ladrilhos sobre os quais caminhavam – podiam ser vistos por baixo de uma venda. Beto abriu a porta estreita da réplica de uma cela sem janelas. Com meus braços estendidos, não consegui me virar. Um metro e meio quadrado de área para três a cinco prisioneiros. Quando um cativo retornava da tortura, os outros se levantavam para que ele ou ela tivesse espaço para se estender no chão, na diagonal, de um canto a outro. "Eles o acariciavam, chamavam-no pelo nome", disse Beto (quando entravam nesses campos, as pessoas eram chamadas por números pelos guardas). "Imagine a compaixão."

Beto Rodriguez estava me dizendo que um lugar que fazia aflorar o que havia de pior no ser humano também fazia aflorar o que havia de melhor. Nas Sextas-Feiras Santas, centenas de pessoas, incluindo muita gente jovem, vêm em procissão para lembrar os mortos e sobreviventes e para exigir justiça em casos levados à Justiça. Elas passam por um monumento onde estão gravados os nomes dos prisioneiros, chamado Muro da Vida.

Beto é ao mesmo tempo descontraído e sério. Para ele, ao que parece, Villa Grimaldi não foi apenas um local de tortura, mas também um monumento à resistência. Seu conceito sobre a Villa Grimaldi, na verdade o espírito por trás da transformação do local em um memorial, trazia um sentimento de admiração por aqueles que pagaram o preço supremo por suas crenças. Beto tinha passado a vida inteira pensando nisso e sua visão das coisas tornou finalmente possível que eu saísse de lá me sentindo em paz, não deprimida. Ninguém teria mais autoridade que ele para falar do assunto.

"Minha mãe morreu aqui", disse Beto.

Ele viu a expressão no meu rosto e acrescentou com rapidez. "Mas vir aqui não me perturba."

"Veja, eu também fui detido... e só tinha 6 meses de idade." Ele sorriu, deslocando a conversa para o fornecimento de informações.

A mãe e o pai de Beto, Catalina e Rolando, eram ativistas políticos e tinham aderido à teologia da libertação, que adota a "opção preferencial pelos pobres" da Igreja Católica. Na sede da agência de inteligência, Catalina, aos 29 anos, pôde entregar Beto, seu bebê, à avó dele antes de ser levada para Villa Grimaldi, onde foi torturada juntamente com o pai — avô de Beto — e outros parentes. Testemunhas disseram que ouviram os agentes pedirem óleo fervente para derramar pelas gargantas dos cativos na noite de 18 de novembro de 1975. Mais tarde eles foram encontrados mortos.

O pai e a mãe de Beto tinham prometido um ao outro que, se um deles caísse, o que escapasse continuaria na luta. O pai de Beto, Rolando, se recusava a deixar o país. "Os amigos dele disseram que tentaram convencê-lo: 'Pense no Beto', falavam. 'Pense no seu filho'", Beto me contou. Mas o pai dele respondeu: "Estou pensando em todos os Betos do mundo". Os agentes da DINA encontraram Rolando Rodriguez e outro ativista em 20 de outubro de 1976 e os mataram.

Em uma pequena edificação climatizada, vimos pedaços de ferro tirados do mar — peças de trilhos de trem. Os agentes da DINA amarravam os pedaços de trilho aos corpos, que eram atirados no Pacífico por pilotos de aviões militares, para evitar que as correntes marítimas os carregassem. Em 12 de setembro de 1976, no entanto, o corpo torturado de Marta Ugarte, a secretária de educação do Partido Comunista no governo de Allende, que havia se soltado do trilho usado para fazê-lo afundar, apareceu em uma praia chilena. A descoberta serviu para confirmar o sistema que o regime usava para livrar-se dos corpos.

Passamos por uma piscina vazia. Quando a DINA ocupou a Villa, os oficiais levavam suas famílias para se divertirem na água enquanto prisioneiros estavam sofrendo maus-tratos nas proximidades. Pensei na minha visita à ESMA, em Buenos Aires, ligada à casa do comandante da base: durante o tempo em que a ESMA foi usada como centro de tortura, um oficial organizou uma *quinceañera*, uma festa de aniversário de 15 anos, para sua filha e convidados.

Beto disse que acompanhar as visitas à Villa Grimaldi não o perturbava. "Por quê?", tive de perguntar. "Por que faz isso?"

Ele repetiu o acordo que os pais fizeram. "Se um cai, o outro continua".

Poderiam os sistemas totalitários retornar às Américas? "Não posso garantir que isso jamais volte a acontecer", disse ele. Tudo que as pessoas têm a fazer é "não fazer nada". Repetia algo que ouvi muitas vezes nessas latitudes.

As pessoas dizem que não viam o que estava acontecendo, mas a verdade é que desviavam os olhos. Dizer que não sabiam é mentira.

Acima, os papagaios grasnavam e voavam para as araucárias; uma dupla de morcegos e os primeiros pássaros noturnos levantavam voo para pegar insetos nos galhos. Na luz que se alterava, os *bougainvilles*, de um rosado brilhante ao lado da temida porta da morte, captaram os raios do sol e pareceram guardá-los por um momento. Reparei que a porta foi fechada por uma corrente, o que acabava sendo um símbolo de determinada esperança. Beto disse que a chave estava em lugar seguro, para que ninguém pudesse voltar a entrar.

AGRADECIMENTOS

Minha profunda gratidão vai para as mulheres tão especiais que me deram apoio e *posada* durante os anos que levei para documentar e escrever este livro: June Erlick; Rasa Gustaitis; Nancy McGirr; Elissa Miller; Jean Molesky-Poz; Lucia Newman. Agradeço ao meu agente Andy Ross, que permaneceu fiel e persistente do início ao fim, à minha maravilhosa editora Elisabeth Dyssegaard e à experiente equipe da St. Martin's Press. Além daqueles que entrevistei, indivíduos de muitos países contribuíram para o livro e seu entusiasmo alimentou em mim a ideia de explorar um capítulo em grande parte oculto na História da América Latina. Obrigada, Maria Dolores Albiac; Marion Archibald e Russ Archibald; Adelfo Cecchelli e Margarete Bunje Cecchelli; Berlin Juarez; Susana Kaiser; Christine Kim; Rosalin Kleman de Mata; Ronnie Lovler; Andrea Gandolfi; Bernardo Mendez Lugo; Maxine Lowy; James McCarville e Haydee McCarville; Jorge Mario Martinez; Charles Munnell; Marco Palacios; H. Glenn Penny; Mario Pereira; Craig Pyes; Frank Viviano; Regina Wagner; Bill Yenne.

Eu não poderia ter escrito *América Latina sob Fogo Cruzado*, sem uma das maiores instituições americanas, a biblioteca pública, em especial o sistema da Biblioteca Pública de São Francisco. Outros grupos e instituições a cujo pessoal agradeço em particular são: Arquivo Histórico José Ferreira da Silva, de Blumenau; Asociación Mutual Israelita Argentina; Bletchley Park; Cemitério Militar Brasileiro de Pistoia; Museu da Emigração Japonesa para o Peru "Carlos Chiyoteru Hiraoka"; Centro de Investigaciones Regionales de Mesoamérica; Museu do Expedicionário de Curitiba; Espacio Memoria y Derechos Humanos ex-Esma; Biblioteca Presidencial e Museu Franklin

D. Roosevelt; Fundação Cultural de Blumenau; German American Internee Coalition; Gruppo di Studi "Gente di Gaggio"; Hemeroteca Nacional de Guatemala; Arquivo Histórico de Joinville; Londres 38, Espacio de Memorias; Hoover Institution on War, Revolution and Peace; Projeto Japonês-Peruano de História Oral; Instituto Cultural Judaico Marc Chagall; Biblioteca do Instituto de Mecânica em São Francisco; Museu Judaico em Merano; Museo Iola di Montese; Museu Histórico da Imigração Japonesa do Brasil; Museu Pomerano – Centro Cultural de Pomerode; Museu da Memória, Santiago; Arquivos Nacionais, College Park; Sociedade Histórica Nacional Nipo-Americana, São Francisco; Rockefeller Archive Center; SS Jeremiah O'Brien Liberty Ship Memorial; Coleção Histórica de São Frediano, Sommocolonia; Centro de Documentación e Investigación Judío de México, A.C.; Royal Geographic Society, Londres.

Robert DeGaetano e nossa filha Maria Angélica DeGaetano têm minha mais profunda gratidão, não só por suas próprias contribuições intelectuais a essas páginas, mas também pelos muitos meios, grandes e pequenos, que usaram para me apoiar nesses anos. Por mais que lhes agradeça, nunca será o bastante.

FONTES

1. A LUTA PELOS CÉUS AUSTRAIS

LIVROS

Conn, Stetson; Fairchild, Byron. *The Western Hemisphere*. Vol. 1, *The Framework of Hemisphere Defense*. Exército dos Estados Unidos na Segunda Guerra Mundial. Washington, DC: Center of Military History, United States Army, 1960.

Corn, Joseph J. *The Winged Gospel*. Londres: Oxford University Press, 1984.

Daley, Robert. *An American Saga: Juan Trippe and His Pan Am Empire*. Nova York: Random House, 1980.

Dobson, Alan P. *FDR and Civil Aviation: Flying Strong, Flying Free*. Basingstoke: Palgrave Macmillan, 2011.

Espiniella, Fernando. *El tango y la aviación argentina*. Buenos Aires: Editorial Dunken, 2012.

Hilton, Stanley E. *Hitler's Secret War in South America, 1939-1945: German Military Espionage and Allied Counterespionage in Brazil*. Nova York: Ballantine Books, 1982.

Hoffman, Paul. *Wings of Madness: Alberto Santos-Dumont and the Invention of Flight*. Nova York: Hyperion, 2003.

Hyde, H. Montgomery. *Room 3603: The Story of the British Intelligence Center in New York during World War II*. Nova York: Farrar, Straus e Giroux, 1962.

Lear, John. *Forgotten Front*. Nova York: E. P. Dutton & Co., 1943.

Reiss, Curt. *Total Espionage*. Nova York: G. P. Putnam's Sons, 1941.

Stevenson, William. *A Man Called Intrepid: The Secret War*. Nova York: Harcourt Brace Jovanovich, 1976.

Vidal, Gore. "On Flying". Em *United States: Essays 1952–1992*. Nova York: Random House, 1993.

Winters, Nancy. *Man Flies: The Story of Alberto Santos-Dumont, Master of the Balloon, Conqueror of the Air*. Hopewell, NJ: Ecco Press, 1997.

PERIÓDICOS

Hall, Melvin; Peck, Walter. "Wings for the Trojan Horse." *Foreign Affairs* 19, nº 2 (janeiro de 1941): 347-69.

Schwab, Stephen I. "The Role of the Mexican Expeditionary Air Force in World War II: Late, Limited, but Symbolically Significant." *Journal of Military History* 66, nº 4 (outubro de 2002): 1115-140.

DOCUMENTOS

"Otto Lilienthal's letter to Moritz von Egidy in Berlin." Janeiro de 1894. Berlim, Archives, Otto Lilienthal Museum, http://ikareon.de/olma/el1852.htm.

JORNAIS

"Aviation Pioneer Scored a First in Watch-Wearing." *New York Times*, 25 de outubro de 1975.

Calvo, Dana. "The Saga of the Aztec Eagles." *Los Angeles Times*, 25 de julho de 2004.

Wyllie, John Philip. "Escuadron 201 Pilot Recalls Mexico's Role in WWII." *La Prensa San Diego*, 9 de maio de 2003.

RECURSOS *ON-LINE*

"Condecoran al xalapeño Héctor Porfirio Tello." Vídeo do YouTube, 10:30. Postado por Al Calor Politico TV. 20 de novembro de 2015. https://www.youtube.com/watch?v=ipg99rlUhJo.

2. OURO NEGRO, PETRÓLEO PARA ABASTECER A GUERRA

ENTREVISTAS

Galindo, Sergio Hernández; Kerber, Victor; Matsumoto, Ernesto

LIVROS

Brown, Jonathan C. *Oil and Revolution in Mexico*. Berkeley: University of California Press, 1993.

Chew, Selfa A. *Uprooting Community: Japanese Mexicans, World War II, and the U.S.-Mexico Borderlands*. Tucson: University of Arizona Press, 2015.

Galindo, Sergio Hernández. *La Guerra contra los japoneses en México durante la Segunda Guerra Mundial, Kiso Tsuru y Masao Imuro, migrantes vigilados*. Cidade do México: Itaca, 2011.

Gardner, Lloyd C. *Economic Aspects of New Deal Diplomacy*. Madison: University of Wisconsin Press, 1964.

Gellman, Irwin F. *Good Neighbor Diplomacy: United States Policies in Latin America 1933–1945*. Baltimore: Johns Hopkins University Press, 1980.

Grayson, George W. *The Politics of Mexican Oil*. Pittsburgh, PA: University of Pittsburgh Press, 1980.

Harrington, Dale. *Mystery Man: William Rhodes Davis, Nazi Agent of Influence*. Dulles, VA: Brassey's, 1999.

Higham, Charles. *Trading with the Enemy: An Exposé of the Nazi-American Money Plot, 1933–1949*. Toronto: Delacorte Press, 1983.

Jones, Halbert. *The War Has Brought Peace to Mexico: World War II and the Consolidation of the Post-Revolutionary State*. Albuquerque: University of New Mexico Press, 2014.

Katz, Friedrich. "International Wars, Mexico, and U.S. Hegemony." Em *Cycles of Conflict, Centuries of Change: Crisis, Reform, and Revolution in Mexico*, organizado por Elisa Servín, Leticia Reina e John Tutino. Durham, NC: Duke University Press, 2007.

Mancke, Richard B. *Mexican Oil and Natural Gas: Political, Strategic and Economic Implications*. Nova York: Praeger, 1979.

Mayer, Jane. Dark Money: *The Hidden History of the Billionaires behind the Rise of the Radical Right*. Nova York: Doubleday, 2016.

Meyer, Lorenzo. *Mexico and the United States in the Oil Controversy, 1917-1942*. Traduzido por Muriel Vasconcellos. Austin: University of Texas Press, 1977.

Niblo, Stephen R. *Mexico in the 1940s, Modernity, Politics, and Corruption*. Wilmington, DE: Scholarly Resources Inc., 1999.

Schuler, Friedrich E. *Mexico between Hitler and Roosevelt: Mexican Foreign Relations in the Age of Lázaro Cárdenas, 1934-1940*. Albuquerque: University of New Mexico Press, 1999.

Smith, Peter Seaborn. *Oil and Politics in Modern Brazil*. Toronto: Macmillan of Canada/Maclean Hunter Press, 1976.

Stevenson, William. *A Man Called Intrepid: The Secret War*. Nova York: Harcourt Brace Jovanovich, 1976.

Townsend, William Cameron. *Lázaro Cárdenas: Mexican Democrat*. Ann Arbor, MI: George Wahr Publishing Company, 1952.

Ueno, Hisashi. *Los Samuráis de México: La verdadera historia de los primeros inmigrantes japoneses en latinoamérica*. Kyoto: Kyoto International Manga Museum, 2008.

3. OURO BRANCO, A HISTÓRIA DOS SOLDADOS DA BORRACHA

LIVROS

Bunker, Stephen G.; Ciccantell, Paul S. *Globalization and the Race for Resources*. Baltimore: Johns Hopkins University Press, 2005.

Dean, Warren. *Brazil and the Struggle for Rubber*. Cambridge: Cambridge University Press, 2002.

Garfield, Seth. *In Search of the Amazon: Brazil, the United Nature of a Region*. Durham, NC: Duke University Press, 2013.

Goodman, Jordan. *The Devil and Mr. Casement: One Man's Battle for Human Rights in South America's Heart of Darkness*. Nova York: Farrar, Straus and Giroux, 2010.

Grandin, Greg. *Fordlandia: The Rise and Fall of Henry Ford's Forgotten Jungle City*. Nova York: Henry Holt, 2009.

Hall, Anthony. "Did Chico Mendes Die in Vain?" Em *Green Guerrillas, Environmental Conflicts and Initiatives,* organizado por Helen Collinson. Londres: Latin America Bureau, 1996.

Lacey, Robert. *Ford: The Men and the Machine*. Nova York: Ballantine Books, 1987.

Loadman, John. *Tears of the Tree: The Story of Rubber, a Modern Marvel*. Oxford: Oxford University Press, 2005.

McCann Jr., Frank D. *The Brazilian-American Alliance, 1937-1945*. Princeton, NJ: Princeton University Press, 1973.

Revkin, Andrew. *The Burning Season: The Murder of Chico Mendes and the Fight for the Amazon Rain Forest*. Boston: Houghton Mifflin Company, 1990.

Sguiglia, Eduardo. *Fordlandia: A Novel*. Traduzido por Patricia J. Duncan. Nova York: Thomas Dunne Books, 2000.

Shoumatoff, Alex. *The World Is Burning*. Nova York: Little, Brown and Company, 1990.

Vargas Llosa, Mario. *The Dream of the Celt*. Traduzido por Edith Grossman. Nova York: Farrar, Straus and Giroux, 2010.

Wolfe, Joel. *Autos and Progress: The Brazilian Search for Modernity*. Oxford: Oxford University Press, 2010.

PERIÓDICOS

De Guzman, Doris. "History of the Synthetic Rubber Industry." *Independent Chemical Information Service (ICIS)* (12 de maio de 2008). http://www.icis.com/resources/news/2008/05/12/9122056/history-of-the-synthetic-rubber-industry/.

Logsdon, Jonathan R. "Power, Ignorance, and Anti-Semitism: Henry Ford and His War on Jews." *Hanover Historical Review* (1999).

Wendt, Paul. "The Control of Rubber in World War II." *Southern Economic Journal* (janeiro de 1947).

DOCUMENTOS

"Picture story of the visit of President Getulio Vargas of Brazil to Belterra site of the Ford Rubber Plantation, October 8, 1940." 1940. The Henry Ford–Benson Ford Research Center. https://beta.worldcat.org/archivegrid/collection/data/69930928.

Wagner, Regina. "Guatemala Rubber Industry." Manuscrito inédito, 2016.

Wilkinson, Xenia Vunovic. "Tapping the Amazon for Victory: Brazil's 'Battle for Rubber'." Tese de doutorado, Georgetown University, 2009.

"World War II on the Home Front", cartazes do tempo da guerra. U.S. War Production Board. http://www.learnnc.org/lp/editions/ww2-rationing/5911U.S.

JORNAIS, REVISTAS

"Detour on Rubber." *Pittsburgh Post-Gazette*, 4 de fevereiro de 1943.

McConahay, Mary Jo. "Amazonian Futures." *Choices: The Human Development Magazine 6*, nº 2 (abril de 1997): 19-25.

Rohter, Larry. "Brazil 'Rubber Soldiers' Fight for Recognition." *International Herald Tribune*, 13 de outubro de 2006.

RECURSOS *ON-LINE*

Branford, Sue. "The Life and Legacy of Chico Mendes." *BBC News*, 22 de dezembro de 1988. http://news.bbc.co.uk/2/hi/7795175.stm.

"Brazil at War 1943 US Office of the Coordinator of Inter-American Affairs World War II." Vídeo do YouTube, 9:41. Postado por Jeff Quitney, 7 de novembro de 2012. https://www.youtube.com/watch?v=3VcsM8RRS9o.

Darby, Kenyatta, e Matthew. "World War II and Rubber." The History of Rubber. http://historyofrubber.weebly.com.

"Fordlandia: The Rise and Fall of Henry Ford's Forgotten Jungle City." Transcrição de vídeo de Democracy Now!, 46:00, 2 de julho de 2009. https://www.democracynow. org/2009/7/2/fordlandia_the_rise_and_fall_of.

Oliveira, Wolney. "Borracha para a Vitória." Vídeo do YouTube, 54:38. Postado por Jozafá Batista, 26 de novembro de 2012. https://www.youtube.com/watch?-v=Lw4uK5bienI.

"The Charles Goodyear Story." Goodyear Tire and Rubber Company. Reedição do número da *Reader's Digest* de janeiro de 1958. https://corporate.goodyear.com/en-US/about/history/charles-goodyear-story.html.

4. "ONDE ELES NÃO PODIAM ENTRAR": A VIDA DOS JUDEUS

ENTREVISTAS
Guggenheim, Hans; Lowy, Maxine; Scliar, Judith; Skolnick, Paul; Unger, David; Unger, Manuel

LIVROS
Agosin, Marjorie. *Among the Angels of Memory*. San Antonio, TX: Wings Press, 2006.
_____. *Dear Ann Frank*. Lebanon, NH: Brandeis University Press/University Press of New England, 1998.
Columbus, Christopher. *The Journal of Christopher Columbus (during His First Voyage, 1492-1493) and Documents Relating to the Voyages of John Cabot and Gaspar Corte Real*. Traduzido por Clements R. Markham. Boston: Adamant Media Corporation, 2001.
Correa, Armando Lucas. *The German Girl*. Nova York: Atria Books, 2016.
Elkin, Judith Laikin. *Jews of Latin America*. Nova York: Holmes and Meier, 1998.
Gertz, René. *O Fascismo no Sul do Brasil*. Porto Alegre: Mercado Aberto, 1987.
Gleizer, Daniela. *El exilio incómodo, México y los refugiados judíos*. Cidade do México: Colegio de Mexico, 2011.
Gutfreind, Ieda. *A Imigração Judaica no Rio Grande do Sul, da Memória para a História*. São Leopoldo: Editora Unisinos, 2004.
Lesser, Jeffrey. *Welcoming the Undesirables: Brazil and the Jewish Question*. Berkeley: University of California Press, 1995.
Levine, Robert M. *Tropical Diaspora: The Jewish Experience in Cuba*. Princeton, NJ: Markus Weiner Publishers, 2010.
De Magalhães, Marionilde Dias Brepohl. *Pangermanismo e Nazismo: A Trajetória Alemã Rumo ao Brasil*. Campinas, São Paulo: Editora da Unicamp/Fapesp, 1998..
Morais, Fernando. *Olga*. São Paulo: Editora Schwarcz, 2008.
Morimoto, Amelia. *Los japoneses y sus descendientes en el Perú*. Lima: Congreso de la República del Perú, 1999.
Perera, Victor. *The Cross and the Pear Tree, a Sephardic Journey*. Nova York: Alfred A. Knopf, 1995.
Scliar, Moacyr. *The War in Bom Fim*. Lubbock: Texas Tech University Press, 2010.
Sepan, Nancy Leys. *The Hour of Eugenics, Race, Gender and Nation in Latin America*. Ithaca, NY: Cornell University Press, 1996.

Wiazovski, Taciana. *Bolchevismo & Judaísmo: A Comunidade Judaica sob o olhar do DEOPS (Inventário DEOPS)*. São Paulo: Arquivo do Estado/Imprensa Oficial, 2001.

PERIÓDICOS
Birnbaum, Ervin. "Evian: The Most Fateful Conference of All Times in Jewish History: Part. II." *NATIV* (fevereiro de 2009). http://www.acpr.org.il/nativ/0902-birnbaum-E2.pdf.

DOCUMENTOS
Histórias de Vida: Imigração Judaica no Rio Grande do Sul. Porto Alegre: Instituto Cultural Judaico Marc Chagall, nd.

JORNAIS
Bloomekatz, Ari B. "Mexican Schindler Honored." *Los Angeles Times*, 1º de dezembro de 2008.

ARQUIVOS
Fotos e histórias orais, Instituto Cultural Judaico Marc Chagall, Porto Alegre, Brasil.

RECURSOS *ON-LINE*
Peralta, Pablo. "The History of the Bolivian Schindler." Traduzido por *Bolivian Thoughts in an Emerging World*, 4 de setembro de 2015. https://bolivian-thoughts.com/2015/09/04/the-history-of-the-bolivian-schindler/.
Tauber, José Kaminer. "La primera presencia." *Enlace judío*, 21 de agosto de 2012. http://www.enlacejudio.com/2012/08/21/la-primera-presencia/.
"The Evian Conference." United States Holocaust Memorial Museum. https://www.ushmm.org/outreach/en/article.php?ModuleId=10007698.
"The Righteous among the Nations." The World Holocaust Remembrance Center. http://db.yadvashem.org/righteous/family.html?language=en&itemId=5604975.

5. NAZISTAS E NÃO NAZISTAS NA TERRA DA BORBOLETA BRANCA

ENTREVISTAS
Reiche, Olga; Sapper, Arne; Sapper, Maya; Wagner, Regina

LIVROS

Friedman, Max Paul. *Nazis and Good Neighbors: The United States Campaign against the Germans of Latin America in World War II*. Cambridge: Cambridge University Press, 2005.

De Magalhães, Marionilde Brepohl. *Pangermanismo e Nazismo: A Trajetória Alemã Rumo ao Brasil*. Campinas, São Paulo: Editora da Unicamp/Fapesp, 1998..

Newton, Ronald C. *The "Nazi Menace" in Argentina, 1931–1947*. Palo Alto: Stanford University Press, 1992.

Terga Cintrón, Ricardo. *Almas Gemelas: un estudio de la inserción alemana en las verapaces y la consecuente relación entre los alemanes y los k´ekchies*. Coban: Imprenta y Tipografía "El Norte", 1991.

Wagner, Regina. *Los alemanes en Guatemala 1828–1944*. Cidade da Guatemala: Universidad Francisco Marroquin, 1991.

PERIÓDICOS

"O Dirigivel 'Graf Zeppelin' Sobrevoando Blumenau." *Blumenau em Cadernos* (outubro de 1998).

Seyferth, Giralda. "A liga pangermânica e o perigo alemão no Brasil: Análise sobre dois discursos étnicos irredutíveis." *História: Questões & Debates* 10 (junho--dezembro de 1989).

ARQUIVOS

Fotos e efêmera, Arquivo Histórico de Joinville, Joinville, Brasil.

Fotos e histórias orais, Arquivo Histórico José Ferreira da Silva, Blumenau, Brasil.

Coleção de jornais, Hemeroteca Nacional de Guatemala, Cidade da Guatemala.

Fotos e histórias de família, Center for Meso-American Research, Antigua, Guatemala.

RECURSOS *ON-LINE*

Personal accounts, Latin American Germans, The German American Internee Coalition, http://gaic.info.

6. NO PAÍS INCA, CAPTURANDO "JAPONESES"

ENTREVISTAS

Diogo, Adriano; Galindo, Sergio Hernández; Panfichi Huamán, Aldo; Igei, Ginyu; Kerber, Victor; Maoki, Libia; Naganuma, Kazuharu; Naganuma, Kazumu; Naganuma, Kazushige; Okujara, Mario Jun; Shimizu, Grace; Shimomura, Carlos; Shimomura, Flor de Maria; Tsuneshige, Cesar; Yaga, Rolando Tamashiro.

LIVROS

Corbett, P. Scott. *Quiet Passages: The Exchange of Civilians between the United States and Japan during the Second World War*. Kent, OH: Kent State University Press, 1987.

Gardiner, C. Harvey. *Pawns in a Triangle of Hate: The Peruvian Japanese and the United States*. Seattle: University of Washington Press, 1981.

Higashide, Seiichi. *Adios to Tears: The Memoirs of a Japanese-Peruvian Internee in U.S. Concentration Camps*. Seattle: University of Washington Press, 2000.

Hirabayashi, Lane Ryo; Kikumura-Yano, Akemi; Hirabayashi, James A. (Orgs.).. *New Worlds, New Lives: Globalization and People of Japanese Descent in the Americas and from Latin America in Japan*. Stanford: Stanford University Press, 2002.

Masterson, Daniel M., com Sayaka Funada-Classen. *The Japanese in Latin America*. Chicago: University of Illinois Press, 2004.

Robinson, Greg. *A Tragedy of Democracy: Japanese Confinement in North America*. Nova York: Columbia University Press, 2010.

Rocca Torres, Luis. *Los japoneses bajo el sol de Lambayeque*. Lambayeque: Universidad Nacional "Pedro Ruiz Gallo," 1997.

Russell, Jan Jarboe. *The Train to Crystal City: FDR's Secret Prisoner Exchange Program*. Nova York: Simon and Schuster, 2016.

Shinto, Victor Aritomi. *Encuentro y Relaciones Diplomáticas entre Perú y Japón: A cien años de la Inmigración Japonesa al Perú*. Lima: Editorial Perú Shimpo, 1999.

Taneshiro, Takeo. (Org.). *Internees: War Relocation Center Memoirs and Diaries*. Nova York: Vantage Press, 1976.

Yamashita, Karen Tai. *Brazil-Maru*. Minneapolis: Coffee House Press, 1993.

PERIÓDICOS

Watanabe, José. "Wall", traduzido por Michelle Har Kim. *Asian American Literary Review* 2, nº 1 (inverno/primavera de 2011).

DOCUMENTOS

Galindo, Sergio Hernández. "Orígenes del autoritarismo: la concentración de japoneses en México durante la Segunda Guerra Mundial." *El XX mexicano. Lecturas de un siglo*, coordenado por Carlos San Juan Victoria. México: Itaca, 2012.

Cartas, fotos e efêmera, família Shimomura.

ARQUIVOS

National Japanese American Historical Society, São Francisco.

Oral histories, Japanese Peruvian Oral History Project.

7. INTERNOS, UM CASO DE FAMÍLIA

Entrevistas, livros e arquivos citados no capítulo anterior, com a adição de:

ENTREVISTAS
Donald, Heidi Gurcke.

LIVROS
Donald, Heidi Gurcke. *We Were Not the Enemy: Remembering the United States Latin-American Civilian Internment Program of World War II*. Lincoln, NE: iUniverse, 2006.

DOCUMENTOS
Cartas, fotos e efêmera de Starr Gurcke, Werner Gurcke.

RECURSOS *ON-LINE*
Kaplan-Levenson, Laine. " 'Camp Algiers', New Orleans' Forgotten WWII Internment Camp". *New Orleans Public Radio*, 19 de janeiro de 2017. http://wwno.org/post/camp-algiers-new-orleans-forgotten-wwii-internment-camp-part-ii.
_____. "The WWII Internment Camp, 'Camp Algiers', Part I." *New Orleans Public Radio*, 12 de janeiro de 2017. http://wwno.org/post/wwii-internment-camp--camp-algiers-part-i?nopop=1.

8. SEDUÇÃO

LIVROS
Baxter, John. *Disney during World War II: How the Walt Disney Studio Contributed to Victory in the War*. Nova York: Disney Editions, 2014.
Benamou, Catherine. *It's All True: Orson Welles's Pan-American Odyssey*. Berkeley: University of California Press, 2007.
Canemaker, John. *The Art and Flair of Mary Blair: An Appreciation*. Glendale, CA: Disney Editions, 2014.
Evans, Richard J. *The Third Reich in Power: 1933–1939*. Nova York: Penguin Press, 2005.
Gehring, Wes D. *Robert Wise: Shadowlands*. Indianápolis: Indiana Historical Society Press, 2012.
Giesen, Rolf; Storm, J. P. *Animation under the Swastika: A History of Trickfilm in Nazi Germany, 1933-1945*. Jefferson, NC: McFarland & Company, 2012.

Kramer, Michael S.; Roberts, Sam. *"I Never Wanted to be Vice-President of Anything!": An Investigative Biography of Nelson Rockefeller*. Nova York: Basic Books, 1976.

Leaming, Barbara. *Orson Welles: A Biography*. Nova York: Viking, 1985.

Reich, Cary. *The Life of Nelson A. Rockefeller: Worlds to Conquer, 1908–1958*. Nova York: Doubleday, 1996.

Schickel, Richard. *The Disney Version: The Life, Times, Art and Commerce of Walt Disney*. Nova York: Simon and Schuster, 1968.

Shale, Richard. *Donald Duck Joins Up: The Walt Disney Studio During World War II*. Ann Arbor, MI: AMI Research Press, 1982.

Smith, Richard Norton. *On His Own Terms: A Life of Nelson Rockefeller*. Nova York: Random House, 2014.

Tota, Antonio Pedro. *The Seduction of Brazil: The Americanization of Brazil during World War II*. Austin: University of Texas Press, 2000.

Welles, Orson; Bogdanovich, Peter. *This is Orson Welles*. Nova York: HarperCollins, 1992.

PERIÓDICOS

Feuerlicht, Maurice. "To Your Health, Jose!" *Educational Screen* 22 (outubro de 1943): 285-88.

Fox, Stephen. "The Deportation of Latin American Germans, 1943-1947: Fresh Legs for Mr. Monroe's Doctrine." *Yearbook of German-American Studies* 32 (1997).

Stam, Robert. "Orson Welles, Brazil and the Power of Blackness." *Persistence of Vision* 7 (1989).

DOCUMENTOS

Marchesi, Greta. "Nelson A. Rockefeller's Office of International Affairs and the Roots of United States Hemispheric Development Policy." Research Reports, Rockefeller Archive Center, Sleepy Hollow, Nova York, 2010.

JORNAIS, REVISTAS

Ross, Alex. "The Shadow: A Hundred Years of Orson Welles." *New Yorker*, 7 de dezembro de 2015.

ARQUIVOS

Cartas e materiais produzidos pelo Office of the Coordinator of Inter-American Affairs, The Rockefeller Archive Center, Sleepy Hollow, Nova York.

RECURSOS *ON-LINE*

"Disney History." The Walt Disney Company. https://d23.com/disney-history/.

"Orson Welles – Four Men in the Raft (1942) [Alta qualidade e tamanho].

avi." Vídeo do YouTube, 46:26. Postado por João Arjona, 26 de março de 2012. https://www.youtube.com/watch?v=7Hy-4cI3EVc.

"Orson Welles – It's All True (1942) – The Story of Samba." Vídeo do YouTube, 5:31. Postado por MrByronOrlok, 23 de dezembro de 2010. https://www.youtube.com/watch?v=IevOgR1ftSc&list=PLtGZekGgqXq68IOmOtp8zM-QFLAW9A-em.

"Orson Welles – It's All True – My Friend Bonito – The Blessing of the Young Animals." Vídeo do YouTube, 3:14. Postado por upcycle. 27 de novembro de 2011. https://www.youtube.com/watch?v=BZnYhyA_zH8.

"*The Story of Jazz*, Duke Ellington and Louis Armstrong." Columbia University, The Center for Jazz Studies. http://jazz.columbia.edu/event/orson-welles-presents-louis-armstrong.

Thomas, Theodore, dir. *Walt & El Grupo*. 2008; YouTube Movies, 2012, DVD. https://www.youtube.com/watch?v=4-EOG_WqhTE.

9. ESPIÕES, CHEFES DE ESPIÕES

LIVROS

Becker, Marc. *The FBI in Latin America: The Ecuador Files*. Durham, NC: Duke University Press, 2017.

Bogdanovich, Peter. *John Ford*. Berkeley: University of California Press, 1978.

Brown, Anthony Cave. *Wild Bill Donovan: The Last Hero*. Nova York: Times Books, 1982.

Cedillo, Juan Alberto. *Los Nazis en México*. Cidade do México: Random House Mondadori, 2010.

Colvin, Ian. *Master Spy: The Incredible Story of Admiral William Canaris*. Nova York: McGraw-Hill, 1951.

Dunlop, Richard. *Donovan: America's Master Spy*. Chicago: Rand McNally, 1982.

Eyman, Scott. *Print the Legend: The Life and Times of John Ford*. Nova York: Simon & Schuster, 2015.

Farago, Ladislas. *Burn after Reading: The Espionage History of World War II*. Nova York: Walker & Company, 1961.

_____. *The Game of the Foxes: The Untold Story of German Espionage in the United States and Great Britain during World War II*. Nova York: Bantam Books, 1971.

Freidel, Frank. *Franklin D. Roosevelt: A Rendevous with Destiny*. Nova York: Little, Brown and Company, 1990.

Masterman, J. C. *The Double-Cross System in the War of 1939 to 1945*. New Haven, CT: Yale University Press, 1972.

McBride, Joseph. *Searching for John Ford*. Nova York: St. Martin's Press, 2001.

McBride, Joseph; Wilmington, Michael. *John Ford*. Boston: Da Capo Press, 1975.
Mueller, Michael. *Canaris: The Life and Death of Hitler's Spymaster*. Annapolis, MD: Naval Institute Press, 2007.
Paz, Maria Emilia. *Strategy, Security, and Spies: Mexico and the U.S. as Allies in World War II*. University Park, PA: Penn State University Press, 1997.
Popov, Dusko. *Spy/Counterspy: The Autobiography of Dusko Popov*. Nova York: Grosset & Dunlap, 1974.
Powers, Richard Gid. *Secrecy and Power: The Life of J. Edgar Hoover*. Nova York: FreePress, 1987.
Rout, Leslie B.; Bratzel, John F. *The Shadow War: German Espionage and United States Counterespionage in Latin America during World War II*. Nova York: Praeger, 1986.
Smith, Richard Harris. OSS: *The Secret History of America's First Central Intelligence Agency*. Berkeley: University of California Press, 1972.
Summers, Anthony. *Official and Confidential: The Secret Life of J. Edgar Hoover*. Nova York: G. P. Putnam's Sons, 1992.
Waller, Douglas. *Wild Bill Donovan: The Spymaster Who Created the OSS and Modern American Espionage*. Nova York: Free Press, 2011.
Weiner, Tim. *Enemies: A History of the FBI*. Nova York: Random House, 2012.

PERIÓDICOS
Bratzel, John F.; Rout, Leslie B. "FDR and the 'Secret Map.' " *Wilson Quarterly* 9, nº 1 (New Year's, 1985): 167-73.

JORNAIS, REVISTAS
Ahrens, J. M. "Hilda Krüger, la espía que se acostaba por Hitler y su Reich." *El Pais*, 22 de outubro de 2016.
Santibañez, Julia. "Hilda Krüger, espía nazi en México." *Vanity Fair de México*, 20 de outubro de 2016.

RECURSOS *ON-LINE*
Roosevelt, Franklin D. "President Franklin Delano Roosevelt Address over the radio on Navy Day concerning the attack upon the destroyer U. S. S. Kearny, 27 de outubro de 1941." 27 de outubro de 1941. *American Merchant Marine at War*. http://www.usmm.org/fdr/kearny.html.

10. OPERAÇÃO BOLÍVAR, ESPIONAGEM ALEMÃ NA AMÉRICA DO SUL

Livros citados no capítulo anterior, com a adição de:

LIVROS

Anderson, Jon Lee. *Che Guevara: A Revolutionary Life*. Nova York: Grove Press, 1997.

Hilton, Stanley E. *Hitler's Secret War in South America:1939-1945*. Nova York: Ballantine Books, 1981.

Hinsley, F. H.; Stripp, Alan (Orgs.). *Codebreakers: The Inside Story of Bletchley Park*. Oxford: Oxford University Press, 1994.

Schoonover, Thomas D. *Hitler's Man in Havana: Heinz Luning and Nazi Espionage in Latin America*. Lexington: University Press of Kentucky, 2008.

Sebag-Montefiore, Hugh. Enigma: *The Battle for the Code*. Londres: Cassell, 2006.

Turing, Dermot. *Demystifying the Bombe*. Stroud: The History Press, 2014.

PERIÓDICOS

Brinson, Susan L. "Politics and Defense: The FCC's Radio Intelligence Division 1940-1947." *Journal of Radio and Audio Media* 16, n° 1 (maio de 2009): 2-16.

DOCUMENTOS

McGaha, Richard L. "The Politics of Espionage: Nazi Diplomats and Spies in Argentina, 1933-1945." Tese de doutorado, Ohio University, 2009.

Mowry, David P. "German Clandestine Activities in South America in World War II." 1989. United States Cryptologic History (Series IV, Vol. 3), National Security Agency. "ISOS-ISK Broadcast locations," cortesia de Bletchley Park.

11. A BATALHA DO ATLÂNTICO: MARES DO SUL

LIVROS

Blair, Clay. *Hitler's U-Boat War: The Hunted, 1942-1945*. Nova York: Random House, 1998.

_____. *Hitler's U-BoatWar: The Hunters, 1939-1942*. Nova York: Modern Library, 2000.

Dimbleby, Jonathan. *The Battle of the Atlantic: How the Allies Won the War*. Oxford: Oxford University Press, 2016.

Frank, Wolfgang. *The Sea Wolves: The Complete Story of German U-Boats at War*. Nova York: Ballantine, 1955.

"History of the Bureau of Yards and Docks and the Civil Engineer Corps: 1940-1946." Em *Building the Navy's Bases in World War II*, vol. 2. Washington, DC: United States Government Printing Office, 1947.

Landsborough, Gordon. *The Battle of the River Plate*. Londres: Panther Books, 1956.

Mascarello Zappia, Mario, et al. *Graf Spee, De la política al drama*. Montevidéu: Ediciones Cruz del Sur, 2010.

Savas, Theodore P. *Silent Hunters: German U-boat Commanders of World War II*. Boston: Da Capo Press, 1997.

Showell, Jak P. Mallmann. *U-Boat Command and the Battle of the Atlantic*. Londres: Conway Maritime Press, 1989.

DOCUMENTOS

Bidlingmaier, (Ret'd) Kapitän zur See Gerhard. "KM Admiral Graf Spee/Pocket Battleship 1932-1939." *Profile Warship 4*. Windsor: Profile Publications Limited, 1971.

RECURSOS *ON-LINE*

"AVP Barnegat, the Fourth Fleet Ships." Sixtant: War II in the South Atlantic. http://www.sixtant.net/2011/artigos.php?cat=recife-the-u.s.-4th-fleet-headquarters&sub=the-fourth-fleet-ships-(169-pages—325-images)&tag=40) avp-10-barnegat.

"Barnegat report". Julho de 1943. U-boat Archive. http://www.uboatarchive.net/U-513A/U-513BarnegatReport.htm.

"Richard Caswell American steam merchant." Uboat.net. http://uboat.net/allies/merchants/ships/3013.html.

12. COBRAS FUMANTES

ENTREVISTAS

Biondi, Vittorio Lino; Da Cruz, Eronides João; De Oliveira, Dennison; Pereira, Miguel; Pontarolli, Reynaldo; Prado, Nery; Rossi, Pedro; Da Silva Filho, José Basílio; Viviano, Frank.

LIVROS

Atkinson, Rick. *The Day of Battle: The War in Sicily and Italy, 1943-1945*. Nova York: Henry Holt, 2007.

Brayner, Floriano de Lima. *A Verdade sobre a FEB. Civilização Brasileira, Memórias de um chefe de Estado-Maior na Campanha da Itália: 1943-1945*. Rio de Janeiro: Editora Civilização Brasileira, 1968.

Clark, Mark. *Calculated Risk*. Nova York: Harper & Brothers, 1950.

De Oliveira, Dennison. *Os Soldados Alemães de Vargas*. Curitiba: Juruá, 2011.

_____. *Aliança Brasil-EUA, Nova História do Brasil na Segunda Guerra Mundial*. Curitiba: Juruá, 2015.

Dulles, John W.F. *Castello Branco: The Making of a Brazilian President*. College Station: Texas A&M University Press, 1978.

_____. *Unrest in Brazil: Political-Military Crises 1955-1964*. Austin: University of Texas Press, 1970.

Ferraz, Francisco César. *A Guerra Que Não Acabou, a Reintegração Social dos Veteranos da Força Expedicionária Brasileira*. Londrina: Eduel, 2012.

_____. *Os Brasileiros e a Segunda Guerra Mundial*. Rio de Janeiro: Jorge Zahar, 2005.

Giannasi, Andrea. *Il Brasile in Guerra, La Força Expedicionária Brasileira in Italia (1944-1945)*. Roma: Carocci editore, 2014.

Lombardi, Lino. *Barga sulla linea gotica*. Barga: Gasperetti, 1954.

McCann Jr., Frank D. *The Brazilian-American Alliance, 1937-1945*. Princeton, NJ: Princeton University Press, 1973.

De Moraes, João Baptista Mascarenhas. *The Brazilian Expeditionary Force by Its Commander*. Washington, DC: U.S. Government Printing Office, 1966.

Morris, Eric. *Circles of Hell: The War in Italy 1943-1945*. Nova York: Crown Publishers, 1993.

Neto, Ricardo, Cesar Campiani Maximiano e Ramiro Bujeiro. *The Brazilian Expeditionary Force in World War II*. Oxford: Osprey Publishing, 2011.

Starr, Chester G. *From Salerno to the Alps: A History of the Fifth Army 1943-1945*. Washington, DC: Infantry Journal Press, 1948.

Teixeira, Carlos Gustavo Poggio. *Brazil, the United States, and the South American Subsystem: Regional Politics and the Absent Empire*. Lanham, MD: Lexington Books, 2012.

Walters, Vernon. *Silent Missions*. Nova York: Doubleday & Company, 1978.

DOCUMENTOS

Rosenheck, Uri. "Olive Drab in Black and White: The Brazilian Expeditionary Force, the U.S. Army and Racial National Identity." *XXIX International Congress of the Latin American Studies Association*, outubro de 2009.

RECURSOS *ON-LINE*

"Brazil: Prosecute Dictatorship-Era Abuses." *Human Rights Watch*, 14 de abril de 2009. https://www.hrw.org/news/2009/04/14/brazil-prosecute-dictatorship--era-abuses.

"History of the 10th Mountain Division." *Fort Drum: Home of the Tenth Mountain Division,* http://www.drum.army.mil/AboutFortDrum/Pages/hist_10thMountainHistory_lv3.aspx.

Imbrie, John. "Chronology of the 10th Mountain Division in World War II, 6 January 1940 – 30 November 1945." *National Association of the 10th Mountain Division,* junho de 2004. http://www.10thmtndivassoc.org/chronology.pdf.

Pankhurst, Richard. "Racism in the Service of Fascism, Empire-Building and War: The History of the Italian Fascist Magazine 'La Difesa della Razza'." *Marxists Internet Archive,* 2007. https://www.marxists.org/archive/pankhurst-richard/2007/03/x01.htm.

Zanchi, Lindano. "Pippo e i brasiliani in mediavalle." *Manrico Ducceschi detto "Pippa" Comandante XI Zona.* http://xoomer.virgilio.it/lpoggian/PIPPO/brasiliani.htm.

13. RATLINES

LIVROS

Godman, Peter. *Hitler and the Vatican: Inside the Secret Archives That Reveal the Complete Story of the Nazis and the Church.* Nova York: Free Press, 2004.

Goñi, Uki. *The Real Odessa: How Perón Brought the Nazi War Criminals to Argentina.* Londres: Granta Books, 2003.

Katz, Robert. *Death in Rome.* Nova York: Macmillan, 1967.

Kertzer, David. *The Pope and Mussolini: The Secret History of Pius XI and the Rise of Fascism in Europe.* Nova York: Random House, 2014.

Kinzer, Stephen. *The Brothers: John Foster Dulles, Allen Dulles, and Their Secret World War.* Nova York: Times Books, 2013.

Malkin, Lawrence. *Krüger's Men: The Secret Nazi Counterfeit Plot and the Prisoners of Block 19.* Boston: Little, Brown and Company, 2006.

Newton, Ronald C. *The "Nazi Menace" in Argentina, 1931-1947.* Palo Alto: Stanford University Press, 1992.

Page, Joseph A. *Perón: A Biography.* Nova York: Random House, 1983.

Phayer, Michael. *Pius XII, the Holocaust, and the Cold War.* Bloomington: Indiana University Press, 2008.

_____. *The Catholic Church and the Holocaust.* Bloomington: Indiana University Press, 2000.

Posner, Gerald. *God's Bankers: A History of Money and Power at the Vatican.* Nova York: Simon and Schuster, 2015.

Stangneth, Bettina. *Eichmann before Jerusalem: The Unexamined Life of a Mass Murderer.* Nova York: Vintage, 2015.

Stavans, Ilan; Jaksič, Ivan. *What is La Hispanidad? A Conversation*. Austin: University of Texas, 2011.

Steinacher, Gerald. *Nazis on the Run: How Hitler's Henchmen Fled Justice*. Oxford: Oxford University Press, 2011.

Talbot, David. *The Devil's Chessboard: Allen Dulles, the CIA, and the Rise of America's Secret Government*. Nova York: HarperCollins, 2015.

Valenti, Paulo. *Merano. Breve storia della città sul confine*. Bolzano: Raetia, 2008.

Wiesenthal, Simon. *The Murderers among Us: The Simon Wiesenthal Memoirs*. Nova York: McGraw-Hill, 1967.

DOCUMENTOS

"The 'Fosse Ardeatine' Memorial." *Commissariato Generale per le Onoranze ai Caduti in Guerra, Ministero della Difesa*, 2011.

JORNAIS, REVISTAS

Chandler, Adam. "Eichmann's Best Man Lived and Died in Syria." *Atlantic*, 1º de dezembro de 2014.

Elam, Shraga; Whitehead, Dennis. "In the Service of the Jewish State". *Haaretz*, 29 de março de 2007. https://www.haaretz.com/israel-news/in-the-service-of-the-jewish-state-1.216923.

Iyengar, Rishi. "A Notorious Nazi War Criminal Died in Syria Four Years Ago." *Time*, 2 de dezembro de 2014.

"Nazi Salute Given at War Criminal's Grave." Associated Press, em *The Day*, New London, CT, 16 de maio de 1984.

RECURSOS *ON-LINE*

"Exclusive: Interview with Jorge Priebke." Vídeo do Vimeo, 32:37. Postado por Davide Scalenghe, 5 de novembro de 2013. https://vimeo.com/78665357.

"Nazi Capt. Erich Priebke: 'An Order Was an Order'." *ABC News*. Sam Donaldson, 15 de outubro de 2013. http://abcnews.go.com/International/video/nazi-captain-erich-priebke-found-abc-news-20575216.

14. CONEXÕES, A GUERRA FRIA

ENTREVISTAS
Bernardi, Patricia; Bruzzi, Ines; Careaga, Ana Maria; Goñi, Uki; Grunpeter, Hanni; Jaksič, Ivan; Portales, Felipe; Rodriguez, Alberto; Seelmann, Gunter; Sohr, Raul.

LIVROS
Anderson, Scott; Anderson, Jon Lee. *Inside the League: The Shocking Expose of How Terrorists, Nazis, and Latin American Death Squads Have Infiltrated the World Anti-Communist League*. Nova York: Dodd Mead, 1986.

Dinges, John. *The Condor Years: How Pinochet and His Allies Brought Terrorism to Three Continents*. Nova York: The New Press, 2004.

Finchelstein, Federico. *The Ideological Origins of the Dirty War: Fascism, Populism, and Dictatorship in Twentieth Century Argentina*. Oxford: Oxford University Press, 2014.

Grandin, Greg. *Kissinger's Shadow: The Long Reach of America's Most Controversial Statesman*. Nova York: Metropolitan Books, 2015.

Lowy, Maxine. *Memoria latente. Una comunidad enfrentada por el desafío de los derechos humanos en Chile*. Santiago: LOM Ediciones, 2014.

Menjivar, Cecilia; Rodriguez, Nestor (Orgs.). *When States Kill: Latin America, the U.S., and Technologies of Terror*. Austin: University of Texas Press, 2005.

Nelson-Pallmeyer, Jack. *School of Assassins, Guns, Greed, and Globalization*. Maryknoll, NY: Orbis Books, 2001.

ÍNDICE REMISSIVO

A Face do Führer, 190
Achilles (cruzador ligeiro), 256-58
Admiral Graf Spee (*Panzerschiff*, navio blindado alemão), 235, 246, 255-61, 265
African Star (cargueiro), 268
Agee, James, 192
Agência Central de Inteligência (CIA), 12, 14, 30-31, 225-26, 228, 245-47, 316, 325, 330, 336-37
Agosin, Marjorie, 122-23
Águias Astecas (Esquadrão da Força Aérea Mexicana 201), 34-37
Alemán Valdés, Miguel, 36, 207, 211, 233
Alemanha
    Abwehr (serviço secreto), 26, 118, 206-09, 211-18, 232, 235, 237-244, 248, 269
    alemães em campos de detenção, 161-64, 165, 168, 171-73
    comunidade teuto-brasileira, 102-04
    comunidade teuto-guatemalteca, 115-21, 124-40
    espionagem, 23, 118, 134, 206-13, 218-49, 269-72
    Indústria da borracha e, 66, 69-71
    Indústria petrolífera e, 39-40, 45, 49-56
    integralismo brasileiro e, 102
    Leis de Nuremberg, 109
    Lufthansa, 22, 33
    Luftwaffe, 21-23, 52, 208, 303, 322
    Milchkühe ("vacas leiteiras", submarinos de suprimento), 243, 268
    Operação Bolívar, 234-249, 269-71
    Partido Nacional-Socialista dos Trabalhadores Alemães (NSDAP), 133

Todt Organization, 278, 282
U-boats, 35, 56-58, 62-63, 162, 233, 235-36, 242-45, 262-75
Vertrauensmann (V-man), 26, 212, 236-38
viagem aérea, 18-28, 33-34
Wehrmacht, 248, 269, 278, 295
Allende, Salvador, 330-31, 339, 341, 343
Alô, Amigos [Saludos Amigos], 184, 189-93
Amazonas, rio, 18, 63-64, 69, 71, 91-92, 99, 147, 270-71
Amazônia Desperta, A (documentário), 205
America First", movimento, 29-30, 79, 110, 216-17
Antissemitismo, 79, 101-16, 210, 310, 313-14, 323
Argentina, 11-13, 217, 221
    Batalha do Rio da Prata, 257-61
    Brasil e, 70
    Down Argentine Way (filme), 17
    El Grupo e, 186-88, 191
    emigrantes de países do Eixo, 132
    eugenia e, 108
    indústria do petróleo, 39
    junta militar (1976-83), 332-39
    lavagem de dinheiro nazista, 228
    Mães dos Desaparecidos da Praça de Maio (*Madres*), 333-35
    migração judia para, 99-101, 110
    música, 177, 183, 187
    Operação Bolívar, 234-41, 245, 269-71
    Ratlines nazistas e, 307, 311, 315-27
    viagem aérea e, 20-23
Arianismo, 106. *Ver também* eugenia
Asteca, povo 34, 64, 210, 233

Ávila Camacho, Manuel, 35- 36, 58-61, 227

Baker, Walter, 208
Balanchine, George, 183
Barbie, Klaus, 13, 317, 325
Barnegat (tênder de hidroaviões), 272
Barth, Theodor, 26
Baruch, Bernard, 66-68
Batista, Fulgencio, 119, 244
Becker, Johannes Siegfried "Sargo," 237, 246
Benitez, Manuel, 119-20, 244
Benz, Karl Friedrich, 65-66
Bernardi, Patricia, 334-35
Bezerra da Costa, Vicência, 85-86
Biddle, Francis, 126-27, 146
Bismarck (couraçado alemão), 265-66
Blair, Mary, 188-89, 192
Bolívar, Simón, 234
Bolívia, 98, 187
    delegação na Conferência de Évian, 111
    emigrantes de países do Eixo, 18, 111, 132
    fuga de Barbie para a, 317, 325
    fuga de Mengele para a, 324
    indústria do petróleo, 38, 39, 43
    LAB (Lloyd Aéreo Boliviano) linhas aéreas, 21
Boskovics, Hildegard, 113
Bosques Saldívar, Gilberto, 110
Braden, Spruille, 24-25
Branca de Neve e os Sete Anões, 185, 189, 1983-94
Brasil
    Acordos de Washington (Tratado Político-Militar Brasil-Estados Unidos) 72-73, 89
    aeroporto Santos Dumont, 21
    Batalha do Atlântico e, 253-54, 261, 267-70
    brasilidade (identidade compartilhada), 109
    Cobras Fumantes (Força Expedicionária Brasileira), 12-13, 274-98
    comunidade nipo-brasileira, 18, 132-33
    comunidade teuto-brasileira, 11, 18, 102-04
    Departamento de Ordem Política e Social (DEOPS), 113-14
    Departmento de Imprensa e Propaganda, 196, 202
    El Grupo e, 184-85, 187, 191-92
    emigração judia para, 104-114
    Espionagem e, 211-12, 214, 232
    Filmes da Disney e, 191-94
    Flying Down to Rio (filme), 17-18
    Força Expedicionária Brasileira (FEB), 12-13, 274-98
    golpe de 1964, 297, 336
    indústria da borracha, 69
    indústria do petróleo, 38-39
    Integralistas ("Verdes"), 33, 102-04
    mapeamento do, 18
    Operação Bolívar, 234-42, 245, 269-71
    Panair do Brasil (linha aérea), 22
    Plano Borracha (Plano Básico Conjunto para a Ocupação do Norte do Brasil), 71
    Ratlines nazistas e, 324, 325, 326
    Rockefeller, Nelson, e, 182
    Sindicato Condor (linha aérea), 22, 26
    teuto-brasileiros (alemães do Brasil), 21-22, 289
    Welles, Orson, e, 196-205
Bryk, Mordechay, 104-05
budismo, 169, 177

Cabeza de Vaca, Álvar Núñez, 165
Caffery, Jefferson, 27, 33-34, 197
Caggiano, Antonio, 321-21
Calles, Plutarco, 43-45
Campo de Internamento Crystal City, 151, 163-73, 338-39
Canaris, Wilhelm, 12, 206-07, 210, 218-21, 224-26, 232-33, 238-39, 245-49, 253-54
Cárdenas del Río, Lázaro, 42, 45-49, 53-55, 61, 210-11, 235

nacionalização da indústria petrolífera, 47-49, 53, 58
Careaga, Ana Maria, 332-35
Careaga, Esther, 333
Carnos, Sofia Wolff, 101
Cartier, Louis, 20
Casement, Roger, 75-76, 81, 86
Castellanos, José Arturo, 109
Castello Branco, Humberto de Alencar, 292-93, 297
Católica, Igreja
    judaísmo e, 97-98, 107
    Organização de Refugiados do Vaticano, 13, 301, 306, 310-18
    teologia da libertação, 91, 343
Cavalieri, Pedro, 27
Chabloz, Jean-Pierre, 84
Chagas, Nilo, 201
Chesterton, G. K., 105
Chile, 122
    Diretório de Inteligência Nacional (DINA), 331, 340, 343
    golpe de 1973, 336
    limpieza de sangre e, 97
    música, 187
    Operação Bolívar e, 234, 236, 240-41
    Rauff, Walter, e, 107, 327
    treinamento militar alemão, 135
    viagem aérea e, 21, 26
    Villa Grimaldi, 341-44
Churchill, Winston, 28-29, 38, 248, 266, 270
Clark, Mark, 276, 279, 286, 290, 296
Clemm, Karl von, 51
Clemm, Werner von, 51
Colégio Alemão (escola alemã na América Latina), 130, 133, 137
Colômbia, 125, 183, 207, 234
    emigrantes de países do Eixo, 18
    indústria da borracha, 75
    indústria do petróleo, 38, 39, 43, 48, 58
    migração judia para, 100
    SCADTA (linha aérea), 21, 24-26
    separação do Panamá da, 24
Colombo, Cristóvão, 96-97

Colonia Dignidad (Colônia Dignidade; campo de trabalho forçado), 340-41
Comitê Internacional da Cruz Vermelha (ICRC), 121, 169, 171, 311-12, 326
Conferência de Estados Americanos, 135
Congresso Internacional contra a Guerra e o Fascismo, 55
Coolidge, Calvin, 43, 107, 223
Copland, Aaron, 183
Coppola, Giovanni, 32-34
Corbett, P. Scott, 141, 167
Cortés, Hernán, 44, 233
Costa Rica, 67, 161, 163, 171, 337
Crittenberger, Willis, 289
Crosby, Bing, 183
Cuba, 100, 116-20, 192, 220, 242-45, 336

Da Cruz, Eronides João, 278-79, 296
Daimler, Gottlieb, 66
Daniels, Josephus, 53, 55
Davis, William Rhodes, 49-58, 61
Daye, Pierre, 323
Deutsche Zeitung (jornal centro-americano em alemão), 131
Dewoitine, Émile, 322
Díaz, Porfirio, 39-42, 59, 233
Diels, Rudolf, 51
Disney, Walt, 12, 80, 184-94, 199, 205
Doença de Chagas, 89
Doenitz, Karl, 57
Doheny, Edward L., 40-41
Dominicana, República, 111
Donovan, "Wild Bill," 12, 217, 225-31, 247
Dossiê Odessa, O (Forsyth), 302
Draganović, Krunoslav, 311-13, 315-17, 324, 325
Ducceschi, Manrico "Pippo," 281, 284
Dulles, Allen, 247, 316-17

Eagle (petroleiro), 267-68
Earhart, Amelia, 20
Edward D. White (Liberty ship), 273
Egidy, Moritz von, 19
Eichmann, Adolf, 118, 302, 306, 325

Einstein, Albert, 108
Embaixadores da Boa Vontade, 44, 80, 183-89, 199-200
emigrantes de países do Eixo, 18
Emmerson, John K., 144-45
Engels, Albrecht "Alfredo," 213-14, 237-38, 246
Equador, 95, 98, 207
Escritório de Serviços Estratégicos (OSS), 217, 225-30, 245-47, 307-08, 316-17, 337
R&A (Pesquisa e Análise), 229
Escritório do Coordenador de Assuntos Interamericanos (CIAA) (Rockefeller Office), 83, 87, 182-84, 193-99, 204
Espionagem
    agentes duplos, 214-16, 237
    Bletchley Park, 236
    CIA, 12, 14, 30-31, 225-26, 228, 245-47, 316, 325, 330, 336-37
    espionagem do Eixo, 23, 118, 134, 207-14, 218-49, 268-271
    espionagem dos Aliados, 206, 217-18, 221-33, 246-48
    FBI, 214-19, 223-33, 238, 242, 245, 247
    MAGIC, projeto de criptografia, 225
    mapa secreto, 217-18
    Máquinas Enigma, 236, 269
    MI5, 214-16
    MI6, 238, 244
    Operação Bolívar, 234-49, 269-71
    OSS, 217, 225-30, 245-47, 307-08, 316-17, 337
    tecnologia *microdot*, 213-18
Estados Unidos
    American Jewish Joint Distribution Committee, 120
    campos de internamento, 143, 151, 163-73, 338-39
    Doutrina de Segurança Nacional, 336-37
    Escritório de Serviços Estratégicos (OSS), 30-31, 217, 225-30, 245-47, 307-08, 316-17, 337

FCC's Radio Intelligence Division (RID), 240-42
Lei de Imigração (1924), 107
Lei Modelo de Esterilização Eugênica, 107
Lei Seca, 78-79, 240
México e, 38-60
movimento "America First", 29, 79, 110, 217
Passagens Tranquilas (programa de troca de prisioneiros), 143, 167
Etiópia, 52, 283
eugenia, 83, 105-09, 112
Eurotank, 51-52

Fairbanks, Douglas, Jr., 183
Federal Bureau of Investigation (FBI), 143-44, 149, 162-63, 182, 214-19, 223-33, 238, 242, 245, 247, 319. *Ver também* Hoover, J. Edgar
Feuerlicht, Maurice, 194
Filipinas, 36, 142, 177
filmes da Disney, 184-94
Fleming, Ian, 28-29
Fly, James Lawrence, 242
Flynn, Errol, 150, 183
Ford Motor Company, 190
Ford, Henry, 18, 20, 73, 76-81, 87, 262
Ford, John, 229-31
Fordlândia, 18, 46-80
Forsyth, Frederick, 302
França
    colaboradores nazistas, 321-23
    governo de Vichy, 70
    invasão e ocupação da, 57, 70, 183, 277
    viagem aérea, 20, 23
Francisco, papa (Jorge Mario Bergoglio), 333
Franco, Francisco, 47, 49, 56, 110, 314, 319
Frank, Anne, 329
Frank, Otto, 329
Frank, Waldo, 183-84
Frenz, Helmut, 331
Freude, Rodolfo, 323
Friedman, Max Paul, 137

Fuenzalida, Samuel, 340
Fuldner, Carlos, 323

Galápagos, Ilhas, 95
Gallardo, Reynaldo, 36
Gardel, Carlos, 234, 338
Genebra, Convenções, 159, 166-67
genocidas (perpetradores de genocídio), 338
Genocídio, 111, 123, 338
Gerchunoff, Alberto, 100
Getty, John Paul, 40, 43, 207
Goebbels, Joseph, 132, 182, 185, 207, 248
Goñi, Uki, 320, 333
Goodyear, Charles, 64, 65-66
Gótica, Linha, 274, 278, 280
Gowen, William, 315
Goyeneche, Juan Carlos, 320-21
Grã-Bretanha
    Ark Royal (porta-aviões), 266-67
    Batalha do Atlântico, 253-73
    British Security Coordination (BSC), 28-29, 31, 62, 206, 217, 223, 232
    Clement (cargueiro a frete), 254-55
    espionagem, 28-32, 62, 206-07, 214-18, 224, 232, 238, 243-44
    HMS *Ajax*, 254, 257-58, 261
    HMS *Exeter*, 257-58, 261
    Ilhas Malvinas e, 319-21
    indústria da borracha, 64-65, 66-67, 75-77
    indústria petrolífera, 157, 210
    Radio Security Service, 240
    Sistema da Dupla Cruz, 214-16
    viagem aérea, 21-23, 26-34
Graf Zeppelin, 11, 103, 329
Grandin, Greg, 80-81
Green, Harry T. S., 51
Greene, Graham, 244
Groutman, Benjamin, 271-72
Grupo, El" 186-91. *Ver também* Disney, Walt
Guatemala
    comunidade teuto-guatemalteca, 115-22, 124-39
    golpe de 1954, 228, 336
    indústria da borracha, 67
    massacre de Dos Erres (1982), 334
    migração judaica para, 100, 114-16, 121, 124-39
guerra ao terror, 14, 126
Guerra Ítalo-Etíope (1935-1940), 54, 283
Guevara Lynch, Ernesto, 246
Guevara, Che, 246, 325
Guggenberger, Friedrich, 264-73
Guggenheim, Hans, 116-17, 121-22
Gurcke, família, 161-64, 168, 170

Halperin, Maurice, 229
Hansen, Gusti, 117-21
Harwood, Henry, 257-59
Hasson, Yaacov, 99
Hayashi, Kashiro, 158, 171
Hayashi, Thomas, 158, 171
Hayworth, Rita, 183
Hearst, William Randolph, 54, 196
Heinemann, William, 171
Hemingway, Ernest, 243
Heydrich, Reinhard, 31, 239
Hidalgo, Miguel, 98
Hier, Marvin, 305
Higashide, Seiichi, 156-60, 162, 172
Himmler, Heinrich, 303-05, 320
Hirsch, Maurice de, 99, 101
Hitler, Adolf, 59, 68, 101, 103
    admiração por, 11, 101, 103, 110-15, 123, 131-34, 135, 171, 317-18, 336
    Davis, William Rhodes, e, 49-52
    decreto "Noite e Neblina" (Nacht-und--Nebel-Erlass), 328
    espionagem e, 226, 238
    eugenia e, 106
    filmes da Disney e, 184-85
    genocídio e, 101, 103, 110-115, 123,
    Igreja Católica e, 305-06, 312-15
    indústria petrolífera e, 57
    massacre das Ardeatinas e, 307-10
    "pátria" de, 131-32, 239
    Perón, Juan, e, 320
    sobre brasileiros, 284-85

tentativas de assassinato, 249, 277
Hochschild, Moritz, 111
Holocausto, 13, 98, 110, 114, 171, 303-05, 317, 338
    campo de extermínio de Auschwitz, 121, 324, 335-36, 338
    campo de extermínio de Majdanek, 105
    campo de extermínio de Sobibor, 121, 306, 326
    campo de extermínio de Treblinka, 306, 326
Holocausto, 13, 98, 114, 303-05, 317, 338
Hoover, J. Edgar, 12, 28, 31, 206, 214-16
    Canaris, Wilhelm, e, 218-45
    captura de Lüning, 244
    combatendo o "inimigo interno" 246-47
    LATI (Linee Aeree Transcontinentali Italiane) e, 34
    Operação Bolívar e, 269
    sobre Perón, 319
    sobre Popov, 214-15
    Stephenson, William, e, 28
Hudal, Alois, 306, 311-13, 316-17, 324-26
Hull, Cordell, 27, 48, 54, 58, 134-35, 143, 146
Hyde, H. Montgomery, 28

Ilhas Malvinas, 220, 258, 319-21
indústria da borracha, 63-92
    Batalha da Borracha, 73, 83, 88-89
    borracha sintética, 66-68, 88
    flagelados, 75, 84, 90
    Hevea brasiliensis (árvore da borracha), 63, 67-68, 76, 80, 81
    história da, 64-67
    látex, 63-64, 76-77, 81, 88, 90-91
    seringueiros, 64, 76, 87, 90
    Soldados da Borracha, 81, 84-92
    U.S. Rubber Development Corporation (RDC), 82-88
    vulcanização, 65

indústria do café, 20, 69, 73, 124, 128, 129, 133, 136, 208, 267-69, 279, 289
indústria petrolífera, 38-62
    British International Petroleum Company (depois BP Oil), 157
    nacionalização da indústria petrolífera mexicana, 47-49, 55, 57-58
    Royal Dutch Shell, 41, 45, 46, 50, 52, 55-58
    Sinclair Oil, 57
    Standard Oil Company, 24, 27, 41, 46, 55, 82, 181
indústria petrolífera, 48-49
Inquisição, 98-99
internamento, 126-27, 141-60
    campo de Algiers (Louisiana), 171
    campo de Crystal City (Texas), 151, 163-73, 339
    campo de Stringtown (Oklahoma), 171
    de americanos pelo Japão, 142
    Gitterkrankheit (a doença da cerca), 170
isolacionismo, 29, 79, 217. *Ver também* movimento "America First"
Israel, 99-100, 301, 325
Itália, 13
    brasileiros na, 267-98
    Brigadas Negras, 283
    indústria petrolífera, 45, 49, 52, 56-57, 210
    internamento de ítalo-americanos, 126-27
    invasão da, 274-75
    LATI (Linee Aeree Transcontinentali Italiane), 23, 26-34
    Leis Raciais (1938-1943), 283
    Linha Gótica, 274, 278, 280
    Ratlines nazistas e, 310-18, 322-23
    Schloss Labers, 303-05, 312, 317

Jacaré, Manoel, 200-01
Japão
    comunidade nipo-brasileira, 133
    comunidade nipo-mexicana, 60

comunidade nipo-peruana, 143-60, 165
espionagem e, 215-16, 218, 225, 230-31
indústria da borracha e, 66, 69-70
indústria petrolífera e, 39, 45, 49
Manchúria, invasão da, 66
viagem aérea e, 26
japoneses, captura e internamento de, 59, 125-26, 141-60, 163-78
Jara, Joan, 339
Jara, Victor, 338-39
Joske, Ernest, 113
Juarez, Benito, 132-33
judeus, 79, 119-23, 171, 244, 247-48, 267, 283, 305-17, 325, 331, 335-36, 339

Kage, Augusto, 158, 160, 163
Kaiser, Henry, 262
Kalinowski, Ingo, 171
Kamisato, Cheiko, 151
Kamisato, Kami, 161
Kappler, Herbert, 310
Kehl, Renato, 108
Keitel, Wilhelm, 248
Kenedy, Alien Detention Center [Centro de Detenção de Estrangeiros], 138, 164, 175
Kenedy, Mifflin, 138
Kennedy, John F., 336
Kertzer, David, 313
Kesselring, Albert, 276-78, 285
Kikshi, Hijime, 153
Kissinger, Henry, 330
Knoetzsch, Martin, 137, 138
Koch, Charles, 51-52
Koch, David, 51-52
Koch, Fred, 51-52
Korda, Alexander, 31
Korda, Zoltán, 31
Kruger, Bernhard, 304
Krüger, Hilda, 207-09, 211, 233
Kuhn, Fritz, 171

Lagrou, René, 323
Langsdorff, Hans Wilhelm, 253-60

Laredo Brú, Federico, 119-20
Las Casas, Bartolomé de, 127
Lear, John, 18
Lend-Lease – Empréstimo e Arrendamento, programa de, 36
Letelier, Orlando, 339
Lewis, John L., 52, 55
Libertação, Teologia da, 91, 343
Liga Anticomunista Mundial (WACL), 337-38
Liga das Nações, 47
Lilienthal, Otto, 19
limpieza de sangre, 97
Lindbergh, Charles, 44, 79, 217
Liotta, Aurelio, 31
Loewe, Max, 118, 120
Lombardi, Lino, 282-84
Long, Breckinridge, 145-46
Luce, Henry, 182-83
Lüning, Heinz August, 242-45

Maia, Lupércio Freire, 83
malária, 83, 87, 89, 193, 221
Malaya, 67, 76
Manchúria, 66
Mandel, George, 109-10
Mangione, Jerre, 162
Maoki, família, 154-56, 160, 163-69, 173
Martins, Herivelto, 201
Mascarenhas de Moraes, João Baptista, 275-79, 286, 288-89, 294-97
Matsumoto, família, 60
Mendes, Antônio, 92
Mendes, Francisco "Chico," 91
Mendes, Sebastião, 92
Mengele, Joseph, 324
Mexicano-Americana Guerra, 34, 39
México
    Camisas Douradas (*Acción Revolucionaria Mexicana*), 210-11
    constituição (1917), 43-45
    declaração de guerra às potências do Eixo, 35

Esquadrão da Força Aérea Mexicana 201 – (Águias Astecas), 34-36
Incidente de Tampico, 39-40, 53
indústria petrolífera, 38-59
Junta de Conciliação e Arbitragem, 46
olmecas, 64
Pemex, 48
programa bracero, 60
Segunda Guerra Mundial e, 34-36, 58-59
supremo tribunal, 46-48
Millington-Drake, Eugen, 259
Miranda, Aurora, 192
Miranda, Carmen, 17, 192, 197
Mochizuki, Carmen Higa, 173
Moffitt, Ronni, 339
Monroe, Doutrina, 44, 48
Morrow, Dwight, 43-45
Munthe, Axel, 241
Mussolini, Benito, 43, 52, 69, 103, 115, 132-33, 135, 185, 232, 246, 282-83, 307, 313-14, 318

Naganuma, família, 14, 149-52, 156, 162, 168, 170, 172
Nairne, Edward, 65
NASA, câmera Landsat da, 90
National City Bank of New York (depois Citibank), 51
Newbery, Jorge 20-21, 23, 338
Nicolaus, Georg "Max," 207-08, 218, 232-33
Niebuhr, Dietrich, 235-36, 258
Nixon, Richard, 330
Nottebohm, Karl, 136-37
Nottebohm, Kurt, 136-37
NS-Frauenschaft (Liga das Mulheres Nacional-Socialistas), 11
Nuremberg, julgamentos de, 310, 323

Oliveira, Wolney, 85-87
Otelo, Grande (Sebastião Bernardes de Souza Prata), 197-99, 201-02, 204
Pan Am Clipper (hidroavião), 195, 200

Pan American Airways, 22, 24-28, 55, 72, 224
Panamá, 24, 98, 128, 156, 171, 174, 230, 231
campos e instalações militares dos Estados Unidos, 338-39, 340
indústria da borracha, 67
viagem aérea, 217
Panamá, Canal do, 18, 23, 56, 70, 95, 158, 161, 218, 238
pan-americanismo, 191, 197-02
Panzerschiff (navio blindado), 253-58. Ver também *Admiral Graf Spee*
Patiño, Simón Iturri, 111
Patton, George, 277
Pavelić, Ante, 312, 315, 324
Pearson, Weetman Dickinson, 41
Pereira Pinto, Alfonso, 87
Pereira, Mario, 298
Pereira, Miguel, 298
Pereira, Nunes, 98
Perón, Juan, 317-24, 338
Pershing, John J., 226, 240
Peru
comunidade nipo-peruana, 143-60
emigrantes judeus para, 99, 108
indústria da borracha, 73-6
indústria petrolífera, 38, 39, 48, 96-7
prisão Panóptico, 145
terremoto de 1940, 153-54
Phillips, Wallace, 227
Pike, Tommy, 263, 271-72
Pinochet, Augusto, 327, 330-31, 340
Pio XI, papa, 312-14, 315-16
Pio XII, papa, 314-15
Popov, Duško "Triciclo," 212-16, 237
Porto Rico, 107, 183
Portugal, 56, 69, 320
história latino-americana e, 38, 97-9, 209, 267, 276
nazistas buscando refúgio em, 310
Operação Bolívar e, 235-37, 238-39
rota Nova York-Lisboa da Pan Am, 27
Prado, Manuel, 153
Prado, Nery, 275, 279

Prata, rio da. *Ver* Rio de la Plata
preconceito, 174
    eugenia e, 106, 112
    preconceito racial, 142, 153
Preger, Alexandre, 104
Prestes, Luís Carlos, 91, 112
Prestes, Olga Benário, 112
Priebke, Erich, 307-11, 326
Primeira Guerra Mundial
    armamento, 277
    Batalha das Ilhas Malvinas, 320-21
    Batalha de Coronel, 259
    Batalha de Heligoland, 267
    Batalha do Somme, 37
    Canaris, Wilhelm, e, 247
    Daniels, Josephus, 53
    Davis, William Rhodes, e, 49
    Donovan, William J., e, 226
    Dresden e, 220
    emigração alemã para a América Latina no pós-guerra, 132
    explosão Black Tom, 221-22
    Hudal, Alois, e, 306
    México e, 40
    Morrow, Dwight, e, 43
    petróleo como recurso, 38
    Phillips, Wallace, e, 227-28
    SCADTA airline e, 21
    Stephenson, William, e, 28
    Sterling, George, e, 240
    Telegrama de Zimmerman, 222
    Tratado de Versalhes, 18-19, 247, 253
    Unger, Ludwig, 114
Protocolos dos Sábios de Sião, Os, 113-14

Q'eqchi', povo maia, 124, 128
Queirós, Ademar de, 292

racial, preconceito, 142, 153
racismo, 48, 106, 126
Ratlines (*Rattenlinien*), 301-24
Ratlines nazistas (rotas de fuga), 301-24
Rauff, Walter, 107, 301-02, 306, 317, 327, 340
Reagan, Ronald, 150, 279, 338

Reichsbank, 51, 52, 305
Reiss, Curt, 23
Retelsdorf, Carlos "Glenn," 208
Revolução Mexicana, 42-44
Ribbentrop, Joachim von, 22, 51, 320-21
Richard Caswell (Liberty ship), 261-64, 269-72
Riefenstahl, Leni, 72
Rio de la Plata, 22, 235, 269, 335
    Batalha do Rio da Prata, 257-61, 265-66
    nome do, 17
Rivera, Diego, 44, 203-04
Rockefeller Office (Escritório do Coordenador de Assuntos Interamericanos, CIAA), 83, 87, 182-84, 193-99, 203
Rockefeller, Nelson, 12
    Embaixadores da Boa Vontade, 44-45, 80, 183-90, 199
Rodriguez, Alberto "Beto", 341-44
Rodriguez, Catalina, 343
Rodriguez, Rolando, 343
Rommel, Erwin, 59
Roosevelt, Eleanor, 110
Roosevelt, Franklin Delano, 11
    Conferência de Casablanca, 248
    Conferência de Évian, 111
    conversas ao pé da lareira, 234
    encontro com Ávila em Monterey, 58-61
    FBI e, 223-24, 226-27, 230, 247
    inteligência britânica e, 28, 29-30
    mapa secreto" e, 217-18
    medo de subversão fascista na América Latina, 11-12
    México e, 43, 45, 49, 52-61
    política da Boa Vizinhança, 44, 58, 193-94
    programa Passagens Tranquilas e, 143
    reinstalação de judeus e, 110
    Rockefeller, Nelson, e, 82-83, 182, 195
    sobre os italianos, 126-27
    Stephenson, William, e, 28-29
    Welles, Orson, e, 196
Roschmann, Eduard, "Açougueiro de Riga", 325

Rosemblatt, Mauricio, 103
Rossi, Pedro, 292-93
Rússia, 246, 277
    indústria da borracha, 66
    judeus na, 99, 107, 113-14
    Revolução de Outubro (1917), 66, 107, 301-02
    Ver também União Soviética

Saint-Exupéry, Antoine de, 23
Salazar, Antônio, 69
samba, 17, 187, 191, 198, 205
Santos Dumont, Alberto, 20, 23
Santos, Eduardo, 24-26
Sapper, família, 14, 124-40
Sargent, Francis, 288
SCADTA (Sociedad Colombo-Alemana de Transportes Aéreos), 21, 24-26
Schaefer, Paul, 340
Schaffrick, Horst, 340
Schlebrügge, Friedrich Karl von "Morris", 208, 233
Schroeder, Gustav, 118-21
Schuler, Friedrich, 47
Schwend, Friedrich, 303-05, 312, 317, 324
Scliar, Judith, 105, 122
Scliar, Moacyr, 101, 102, 105
Seabrook Farms, 172
SEDTA (linha aérea), 22
Seeger, Alan, 37
Seelmann, Gunter, 329-32
Segunda Guerra Mundial
    Acordos de Washington, 72-73, 89
    anexação da Checoslováquia, 55, 206
    Batalha do Atlântico, 233, 253-73
    Batalha do Caribe, 242-43
    Batalha do Rio da Prata, 257-61, 265-66
    bombardeio de Dresden, 220-21
    campanha "Tempestade de Inverno" 274-75
    Conferência de Casablanca, 248
    Conferência de Évian, 111
    Conferência do Rio (1942), 125
    invasão da Áustria, 47, 110-11, 134-35
    invasão da Polônia, 57, 206, 208, 247-48, 254
    invasão da Sicília, 72, 230, 274-75
    massacre das Ardeatinas, 307-10, 314-15, 326
    Operação Bernhard, 303-05, 317, 324
    Operação Bolívar, 234-49, 269-71
    Plano Borracha, 71
Serviço Especial de Inteligência (SIS), 223-24, 231, 233, 245
Shimomura, família, 145, 153, 174-78
Sinclair, Harry, 57
Sindicato Condor, 22, 26
Singlaub, John, 337
sionismo, 108-09, 319
Skolnick, Paul, 96
Skolnick, Saul, 95-96
Smith, R. Harris, 225
soft power, 188
South of the Border with Disney, 190
Soviet Russian Pictorial, The, 113
Stalin, Joseph, 305-06
Stangl, Franz, 306, 326
Stephenson, William "Intrépido", 28-33, 62, 218, 232
Sterling, George, 240
Suggs, Solomon, 261-64, 269-73
Suggs, Solomon, Jr., 273

Taft, William Howard, 59
tango, 13, 17, 177, 187, 234, 338
    "Caminito", 178
    "Chile by Night", 23
    "El Gato", 23
    "Night Flight", 23
Tank, Kurt, 322
Tello Pineda, Héctor, 37
Tisserant, Eugène, 322
Tochio, Taijiro, 158
Torres, Luís de, 97
Tratado de Versalhes, 18-19, 247, 253
Triana, Rodrigo de, 97
Trippe, Juan, 24-26
Triunfo da Vontade (filme), 72

Trujillo, Rafael, 111
Truman, Harry, 279
Truscott, Lucien, 290
Tsuneshige, Cesar, 147-50
Tsuneshige, Makoto, 147, 150, 156
Tsuru, Kiso, 56, 60
Tunney, Gene, 29

U-513 (submarino alemão), 261, 264-72
Ubico, Jorge, 115-16, 121, 134-35
Ugarte, Marta, 343
Unger, família, 115-21
União Soviética, 112, 227, 229, 317, 322
    embaixada no México, 43
    Guerra Fria, 338
    indústria de borracha sintética, 66
    MiG-15, 322
    Pacto de Não Agressão, 22
    Segunda Guerra Mundial, 59, 245, 277, 282, 306
    Ver também Rússia
Uruguai, 12
    Batalha do Rio da Prata e, 257-60
    emigração de judeus para, 100
    neutralidade do, 258
    Operação Bolívar e, 234
    rio da Prata e, 257, 269-70
    viagem aérea para, 22

Vargas Llosa, Mario, 74, 75
Vargas, Getúlio, 27, 33, 69, 72, 78-86, 89, 102, 112, 135-36, 198, 232, 296-97
Venezia (navio cargueiro), 267
Venezuela, 18, 192, 233
    indústria petrolífera, 38, 39, 43, 48, 58, 181
    Rockefeller e, 181, 182
Vidal, Gene, 20
Vidal, Gore, 20
Você Já Foi à Bahia? (*The Three Caballeros*), 189, 192
Von Collenberg, Rüdt, 209, 211-12
Von Cossel, Hans Henning, 103

Wagner, Gustav "A Besta", 326
Wagner, Regina, 127, 132
Walmsley, Walter 89
Walters, Vernon, 279, 288, 292, 296-97
Watanabe, José, 146
Wehrle, Erna, 61-62
Weisblat, Edgard S., 209, 233
Weizmann, Chaim, 108
Welles, Orson, 12, 184, 194-05
    Cidadão Kane, 195-96, 198-99
    É Tudo Verdade, 197-05
    "Meu Amigo Bonito", 199, 204-05
Welles, Sumner, 71, 125
Whitney, John Hay "Jock," 184, 186-88, 196, 198, 203
Wiazovski, Taciana, 113
Wickham, Henry, 76
Wilkinson, Xenia, 88
Wilson, Richard, 202, 204
Wilson, Woodrow, 39, 53
Winkler-Koch Engineering, 51
Wolf, Max, 289-93
Wolff, Emil, 238
Wright, Orville, 19
Wright, Richard, 203
Wright, Wilbur, 19, 220

xenofobia, 105

Yamamoto, Isoroku, 56

Zannoni, Elmo Gaetano, 168
Zenóbio da Costa, Euclides, 280-81, 287, 289-90
Zophel, Hans, 266

Novos filmes rompiam com a tradição popularesca de Hollywood de apresentar rudes personagens hispânicos em um fim de mundo. A mensagem, então, passou a ser: os latino-americanos são aliados valiosos na guerra que se aproxima.

Down Argentine Way [Serenata Tropical] © 1940 *Twentieth Century Fox*.
All rights reserved

Flying Down to Rio [Voando para o Rio]. A Pan Am foi o "instrumento escolhido" – transportadora oficial – pelo governo dos EUA no tempo da guerra. Ela é apresentada nesta extravagância de Hollywood.

Harold Seroy, Wikimedia Commons.

Cartaz de recrutamento do governo, extrair a borracha vital para os Aliados.

Serviço Especial de Mobilização para a Amazônia.

Direitistas como esses, da ação integralista brasileira, compartilhavam a "saudação romana" com nazistas e fascistas italianos.

Arquivo Histórico de Joinville.

Os filhos de Iwaichi e Isoka Naganuma nasceram no Peru e foram batizados como católicos, com nomes espanhóis e destacados padrinhos peruanos. Todos foram levados para um campo americano de "inimigos estrangeiros".

Cortesia da família Naganuma.

Heidi (à esquerda) e Ingrid Gurcke nasceram na Costa Rica; são filhas de mãe americana e pai alemão. Ingrid parou de falar durante todo o primeiro ano em um campo dos EUA para "inimigos estrangeiros".

Cortesia de Heidi Gurcke Donald.

Heidi Gurcke Donald passou seus primeiros anos de vida cercada por guardas armados no campo de concentração Crystal City, no Texas.

Mary Jo McConahay.

Starr Pait se casou com Werner Gurcke, um alemão, na casa de Starr, na Califórnia, e depois eles se mudaram para a Costa Rica. O FBI disse que ela era apenas "mais ou menos cidadã americana" e devia ser "enviada para o campo de concentração com o marido".

Cortesia de Heidi Gurcke Donald.

As irmãs Gusti Collin e Betty Unger a bordo do *St. Louis*, um navio de refugiados judeus em rota para Cuba, em 1939. Os cubanos não deixaram o navio atracar. Todos os outros países das Américas fizeram o mesmo, incluindo os Estados Unidos.

Cortesia de David Unger.

Autoridades americanas reuniram pessoas de etnia japonesa no Panamá e as colocaram em acampamentos da Zona do Canal.

AP Photo.

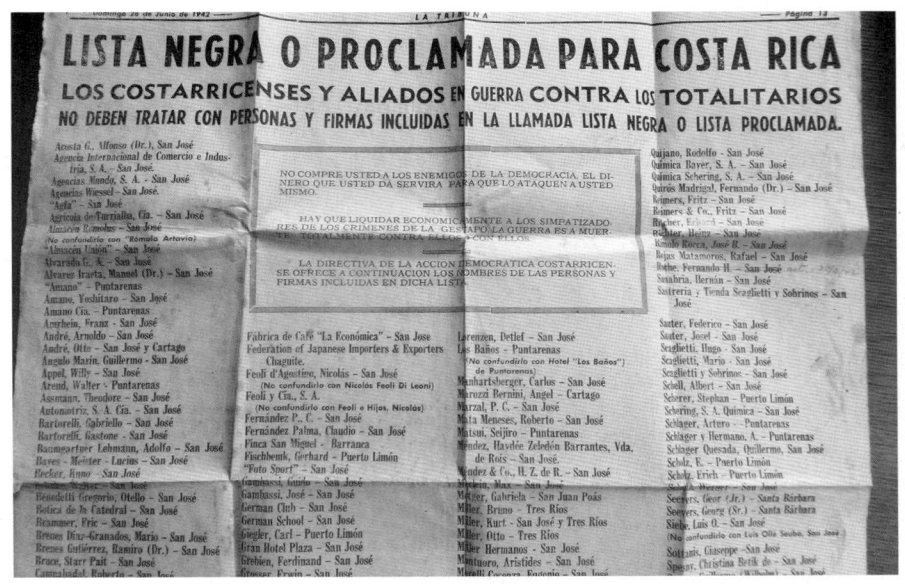

A "Lista Negra" — lista negra do FBI — aparecia em jornais locais. Nenhuma prova de colaboração com o inimigo era necessária. As pessoas às vezes acusavam outras para desviar as suspeitas sobre si próprias ou para agradar as autoridades.

Cortesia de Heidi Gurcke Donald.

"O Brasil está Presente nos Campos da Europa!". Uma força expedicionária de 25 mil brasileiros lutou ao lado dos Aliados em batalhas decisivas para a Itália.

O Globo, Rio de Janeiro.

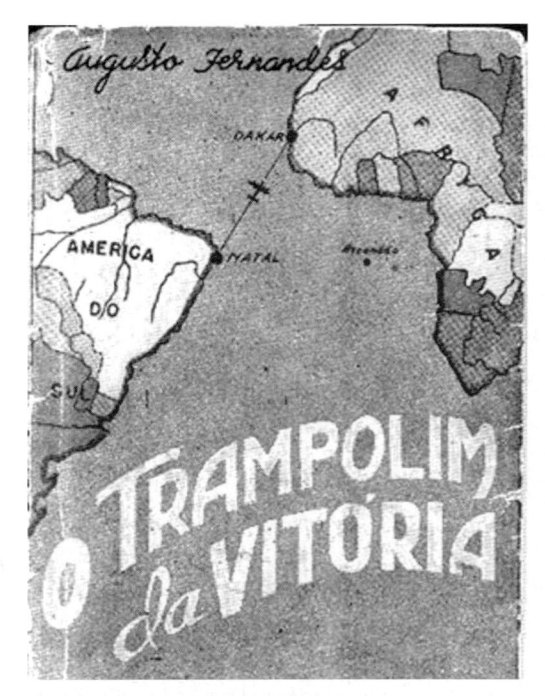

Em 1943, bases navais e aéreas dos Estados Unidos proliferaram na região. Natal, a somente 2.900 quilômetros da costa da África, era "o Trampolim da Vitória".

Augusto Fernandes,
Trampolim da Vitória.

A espiã alemã Hilda Krüger gostava da vida noturna mexicana. Aparece aqui com Cantinflas – Mario Moreno, à esquerda – e o toureiro espanhol Manuel Laureano Rodríguez Sánchez, o Manolete.

Juan Guzmán, Fundación Televisa.

Carmen Miranda, a "Pequena Notável", personificava uma imagem atraente, amável, da América Latina. No final da guerra, era a mulher mais bem paga dos Estados Unidos.

Propaganda, de 1943, da revista Billboard. *Wikimedia Commons*

Grupos nazistas em Blumenau, no Brasil, convidavam a população local para eventos esportivos, bailes, palestras, jogos e filmes, como o filme em alemão *A Alemanha Desperta*.

Fundação Cultural de Blumenau

O dirigível *Graf Zeppelin*, construído na Alemanha, registrado aqui sobre Buenos Aires em 1934, fez os primeiros voos transatlânticos de passageiros, programados com regularidade, entre Berlim e o Rio de Janeiro.

Archivo General de la Nación Argentina, Wikimedia Commons.

Uma bandeira nazista ao vento em um parque em Santa Catarina, no sul do Brasil.

Fundação Cultural de Blumenau.

Enquanto a guerra civil e a repressão arrasavam a Espanha, a cultura em língua espanhola florescia na Argentina, um dos dez países mais ricos do mundo. Viveram na cosmopolita Buenos Aires Jorge Luis Borges, Federico Garcia Lorca e alguns dos melhores cineastas da região.

Horacio Coppola, Wikimedia Commons.

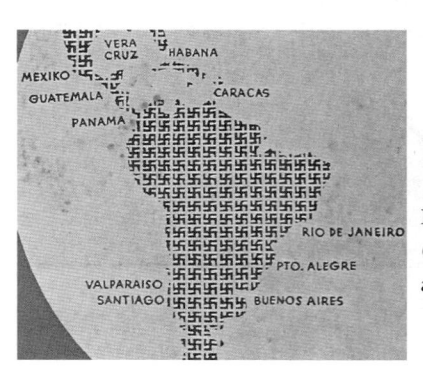

Detalhe da capa de *The Overseas German Observer*, uma publicação nazista mensal alemã que chegava a Joinville, no Brasil.

Arquivo Histórico de Joinville.

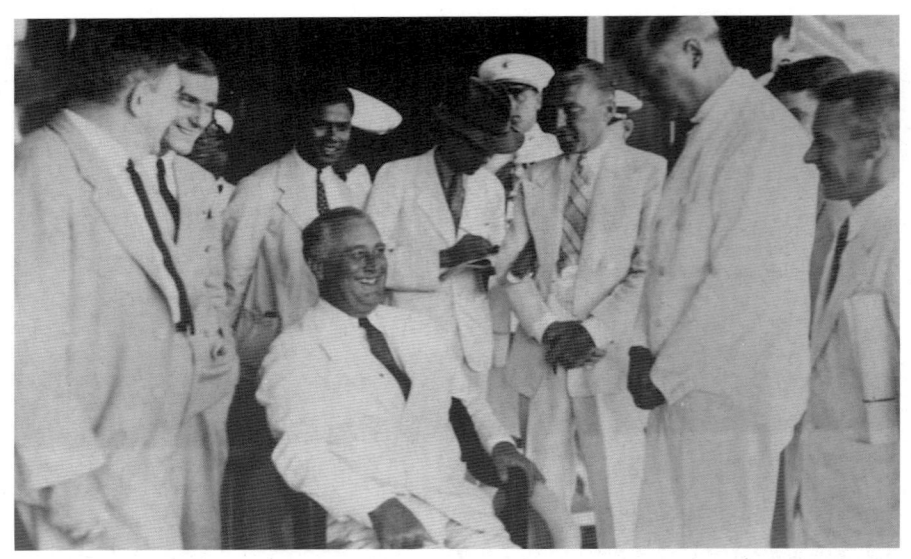

O grande temor de Franklin D. Roosevelt no período que antecedeu a guerra era a penetração do Eixo na América Latina. O presidente fez um cruzeiro pelas capitais latinas para promover sua política da Boa Vizinhança.

Franklin D. Roosevelt Presidential Library.

Alemães que viviam na Colômbia fundaram a primeira companhia aérea nas Américas em 1921, três anos antes da Delta, a primeira companhia aérea a operar nos EUA.

Utopia Airport.

Os nazistas patrocinavam grupos de lealdade com representantes de todas as idades no sul do Brasil.

Fundação Cultural de Blumenau.

Menino de um grupo jovem nazista no Brasil faz a saudação.

Arquivo Histórico de Joinville.

Italianos e experientes tripulações alemãs que emigraram para a América Latina após a Primeira Guerra Mundial operavam linhas aéreas que cruzavam os céus austrais.

SCADTA: Utopia Airport.

Turma na Escola Alemã da Cidade da Guatemala, em 1938. A maior parte dos pais "alemães" na Guatemala criavam os filhos para serem guatemaltecos sem esquecer as raízes alemãs. O Brasil tinha 1.500 escolas alemãs.

Regina Wagner, Los alemanes en Guatemala, 1828-1944.

Só em maio de 1942, quando U-boats afundaram dois de seus petroleiros, o México desistiu da neutralidade que tentara preservar.

Secretaria de Educação Pública, México.

Manuel Ávila Camacho, do México, via a si mesmo como um presidente em um tempo de guerra. Aviadores mexicanos lutaram contra os japoneses nas Filipinas.

Secretaria do Interior, México.

Lázaro Cárdenas (de terno), o maior presidente do México, nacionalizou as ferrovias do país e o petróleo, contrariando os monopólios de empresas internacionais.

Doralicia Carmona Dávila, Wikimedia Commons.

"Reconhecemos uma interdependência mútua dos nossos recursos conjuntos", Roosevelt declarou no México, em 1943.

Leon Helguera, United States Office of War Information.

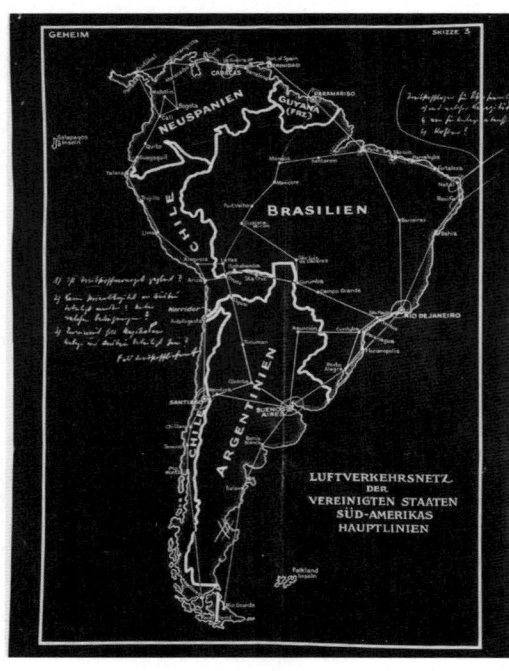

Um controvertido "mapa secreto" dividia a América do Sul do pós-guerra em quatro territórios nazistas. O fundo é escuro devido à tecnologia do mimeógrafo usada para criar esta cópia que chegou à Casa Branca.

Franklin D. Roosevelt Presidential Library.